LES LIVRETS DU VIN

DICTIONNAIRE HACHETTE DES

vins de France

ISBN : 978-2-01-238444-6

DICTIONNAIRE HACHETTE DES

vins de France

hachette
VINS

ROYAUME-UNI
BELGIQUE
ALLEMAGN
LUXEMBOURG
SUISS
ITA
ESPAGNE
Manche
océan
Atlantique
mer
Méditerranée
Lac Léman
Seine
Oise
Marne
Meuse
Meurthe
Rhin
Saône
Loire
Vienne
Creuse
Allier
Dordogne
Lot
Tarn
Garonne
Adour
Rhône
Drôme
Reims
Épernay
Champagne
Paris
Metz
Est
Toul
Strasbourg
Alsace
Colma
Bar-sur-Aube
Les Riceys
Auxerre
Chablis
Orléans
Vendôme
ANJOU
Angers
PAYS
NANTAIS
Nantes
Saumur
SAUMUROIS
Tours
TOURAINE
vallée de la Loire
Poitiers
Fiefs Vendéens
Sancerre
Pouilly-
sur-Loire
Bourges
Centre
Châteaumeillant
Saint-Pourçain-
sur-Sioule
AUVERGNE
Roanne
Clermont-
Ferrand
Dijon
CÔTE-
DE-NUITS
Bourgogne
Beaune
CÔTE-DE-BEAUNE
CHALONNAIS
Chalon-sur-Saône
MÂCONNAIS
Mâcon
Beaujolais
Jura
Arbois
Savoie
Chambéry
Lyon
Vienne
vallée
Valence
DIOIS
Montélimar
du Rhône
Avignon
Cognac
Pineau
des Charentes
MÉDOC
BLAYAIS
Bordelais
Bordeaux
LIBOURNAIS
ENTRE-
DEUX-MERS
GRAVES
Bergerac
Cahors
AVEYRON
Agen
Sud-Ouest
Gaillac
Albi
Floc-de-Gascogne
Armagnac
Toulouse
Bayonne
Pau
BÉARN
Irouléguy
Nîmes
COTEAUX
DU
LANGUEDOC
Montpellier
MINERVOIS
Languedoc
Narbonne
Limoux
CORBIÈRES
Perpignan
Roussillon
Banyuls-sur-Mer
Aix-en-Provence
Provence
Marseille
Cassis
Bandol
Patrimo
Cor
Ajaccio
Bordelais région viticole
MÉDOC sous-région viticole
100 km

Comprendre les appellations d'origine

Il est un fait que les vignerons ont constaté depuis l'Antiquité, mais dont la connaissance a atteint un degré de raffinement sans égal en France : la qualité d'un vin est liée à la fois au terroir qui l'a vu naître et aux usages de ceux qui l'ont produit – choix des cépages, des pratiques culturales et des modes de vinification. Le système hiérarchisé que ce pays a mis en place à partir de 1935 a servi de base à l'Union européenne depuis 1970 et à de nombreux pays du monde désireux de cerner les spécificités de leurs vignobles.

La pyramide des vins

Deux catégories de vins ont été définies : les *vins de table* et les *vins de qualité produits dans une région déterminée*, dits VQPRD. Dans la première catégorie sont regroupés les vins de table *stricto sensu*, c'est-à-dire des vins issus des pays membres de l'Union européenne, sans mention d'origine géographique. S'y ajoutent les vins de pays qui, pour leur part, sont produits sur une zone géographique bien délimitée mais assez vaste (région, département, zone historique*) et répondent à des règles imposant des cépages particuliers, des rendements maximaux à l'hectare, etc. Les VQPRD regroupent les appellations d'origine vins de qualité supérieure (AOVDQS) et les appellations d'origine contrôlées (AOC). Ils sont produits dans une aire strictement délimitée. Les AOVDQS, créées en 1949, sont aujourd'hui moins d'une vingtaine. Cette catégorie, qui représentait une sorte de tremplin vers l'AOC, est vouée à disparaître.

** À l'exclusion des départements dont le nom est aussi celui d'une AOC.*

Reconnaître l'origine : un principe ancestral

La France possède quelque quatre cent cinquante appellations d'origine, dont la plupart ont été consacrées entre 1935 et 1940. La notion d'origine n'est pourtant ni récente ni exclusivement hexagonale. Dans l'Antiquité, les Romains avaient délimité des terroirs réputés, notamment celui de Falerne en Campanie. En Bourgogne, au XIIe siècle, les moines cisterciens s'étaient attachés à reconnaître les meilleures parcelles de vignes en Côte d'Or, selon la nature du sol où elles étaient plantées, et en vinifiaient le fruit séparément.

Répondre aux crises

La naissance de l'appellation d'origine est certes liée à la reconnaissance d'un terroir de qualité, mais elle répond aussi à la nécessité de codifier des pratiques dans des situations de crise. En 1756 déjà, le Premier ministre portugais, le marquis de Pombal, avait limité la production du porto aux terrasses du Douro afin de réguler un marché mis à mal par des pratiques frauduleuses et une surproduction.
En France, une succession de crises allait mobiliser les législateurs aux XIXe et XXe siècles. La première commença dès 1851 avec l'arrivée de l'oïdium, suivi en 1860 par le redoutable phylloxéra et, en 1878, par le mildiou. Avec un vignoble ravagé, la France n'arriva bientôt plus à répondre à la demande, ce qui ouvrit la voie à de multiples fraudes : coupages, fabrication de vin avec des succédanés.

Unir autour d'une propriété collective

En 1905, une loi fut votée sur la répression des fraudes, complétée deux ans plus tard par une définition stricte du vin comme un produit « provenant exclusivement de la fermentation alcoolique du raisin frais ou du jus de raisin frais ».
En 1908, les législateurs s'accordèrent sur une délimitation des aires viticoles. La première région concernée fut la Champagne, mais les limites imposées par voie administrative soulevèrent des émeutes. Les législateurs s'orientèrent alors vers la recherche d'un consensus avec les acteurs de la viticulture en reconnaissant l'appellation comme une « propriété collective » en 1919. Enfin, en 1935, fut adopté le projet de loi prévoyant la création d'un comité constitué de professionnels de la filière vin qui serait responsable des textes réglementant l'activité viticole de qualité : le comité national des appellations d'origine, devenu Institut en 1947 (INAO). Dès 1936, les premiers décrets paraissaient au Journal officiel, réglementant les conditions de production des appellations d'origine contrôlées arbois, cassis, châteauneuf-du-pape et monbazillac. Les décrets ont été sans cesse améliorés pour tenir compte des progrès de la viticulture et de l'œnologie. Ils fixent une délimitation parcellaire à l'intérieur des aires géographiques, dressent une liste des cépages autorisés, décrivent la conduite de la vigne (taille, palissage, nombre de pieds à l'hectare), définissent les rendements, les degrés d'alcool minimaux et maximaux, les pratiques œnologiques.

Des appellations... et des crus

Une appellation peut être régionale (bordeaux, bourgogne), sous-régionale (entre-deux-mers, bourgogne-hautes côtes de beaune) ou communale (pauillac, volnay). Dans le paysage viticole français, quatre régions se distinguent par un système de classification plus complexe encore au sein même de l'appellation et qui est parfois antérieur à la création des AOC : c'est la notion de crus dont la définition varie selon les régions.
En Bordelais, dès 1855, la chambre de commerce fut chargée par Napoléon III de recenser les meilleurs crus de la région. Des courtiers analysèrent le prix des vins des principaux châteaux, estimant que cette donnée était un indice de leur qualité, et établirent un classement : des premiers crus (les plus chers) aux cinquièmes crus classés. C'est ainsi que soixante crus du Médoc, un cru rouge des Graves (Haut-Brion) et les grands châteaux de Sauternes-Barsac furent classés. Cent ans plus tard, en 1955, ce fut le tour des saint-émilion, puis en 1959 celui des graves (aujourd'hui AOC pessac-léognan). Alors que le classement bordelais s'applique à des domaines, en Bourgogne, la classification s'inspire de l'œuvre des moines cisterciens qui avaient sélectionné au sein des villages des parcelles (lieux-dits ou *climats* selon la terminologie bourguignonne) pour leur qualité. Elle distingue des grands crus (tel chambertin), qui sont des appellations à part entière, et des premiers crus dont le nom s'adjoint à celui de l'appellation communale.
En Alsace, un long travail mené à partir de 1975 a permis de délimiter au pied des Vosges et dans les collines sous-vosgiennes cinquante-et-un grands crus, lieux-dits reconnus sur la base de leur notoriété historique et de la qualité de leur terroir.
En Champagne, le classement s'applique aux communes en fonction de la qualité de leur production. Il s'agit d'une cotation, apparue dès la fin du XIXe siècle et appelée « échelle des crus ». Il existe ainsi dix-sept communes grands crus et quarante-trois communes premiers crus.
Cette définition fine des terroirs a permis de préserver la diversité de la production française. Chaque appellation possède des caractères originaux, à l'œil, au nez et en bouche, c'est-à-dire une typicité. C'est cette diversité du patrimoine viticole que vous découvrirez dans cet ouvrage.

Comment lire le dictionnaire...

Les appellations sont classées par ordre alphabétique strict, toutes régions confondues.

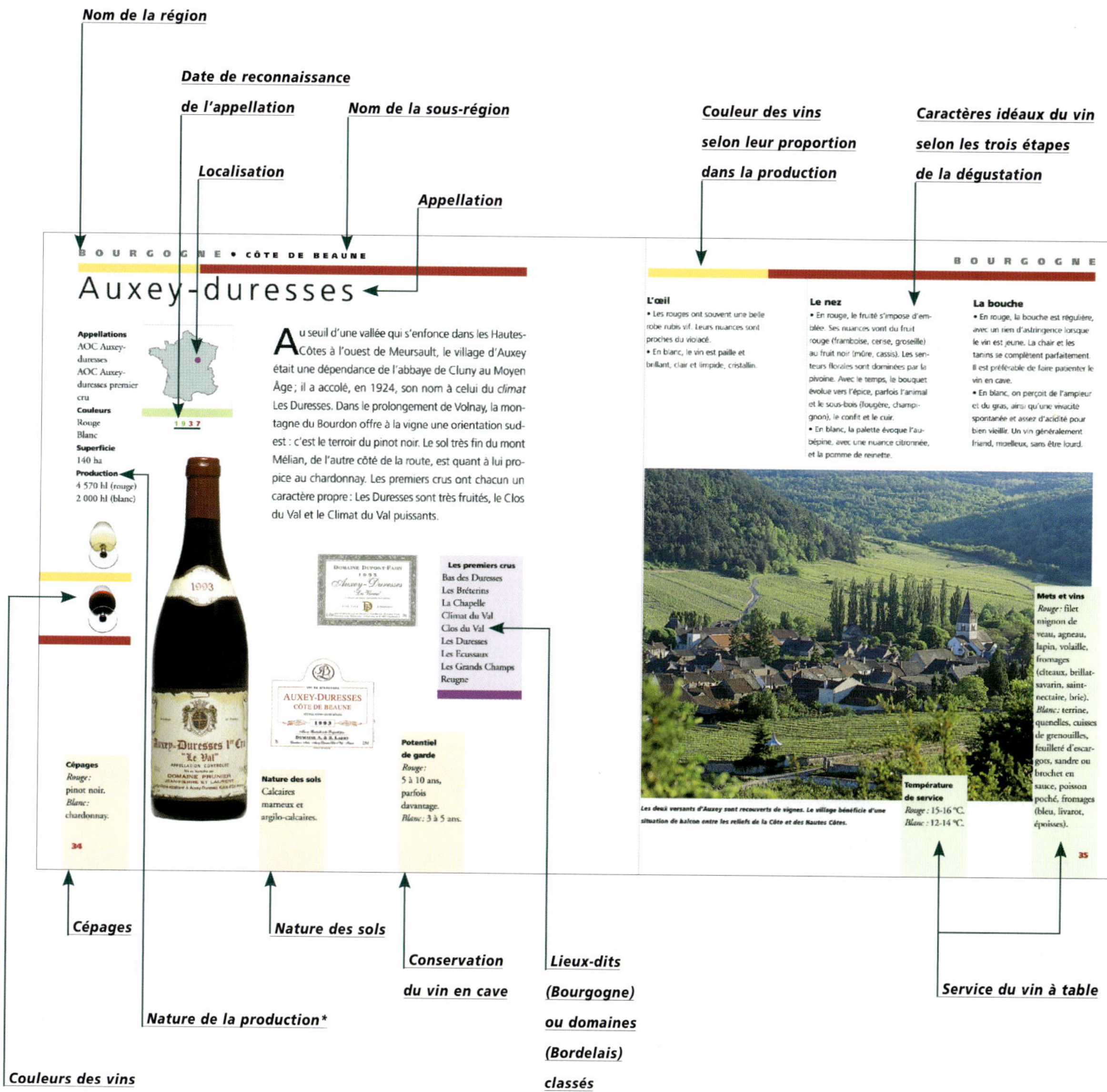

*Les chiffres indiqués sont des moyennes.

Les bouteilles, étiquettes et propriétés viticoles mentionnées ne sont pas publicitaires et répondent au seul choix de l'Éditeur.

Ajaccio

Appellation
AOC Ajaccio
Couleurs
Rouge
Rosé
Blanc
Superficie
250 ha
Production
8 500 hl

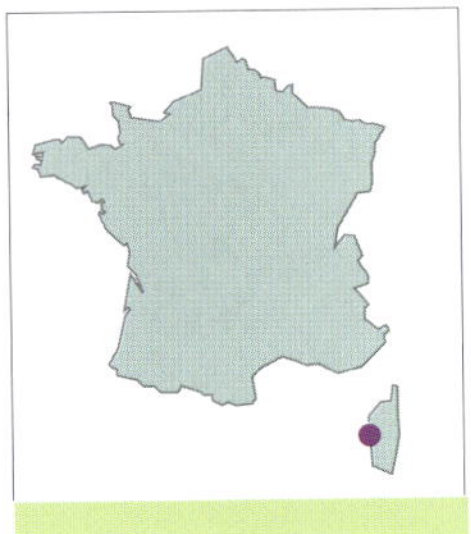

1971

Ajaccio peut être fière des vins ensoleillés de son AOC, en majorité des rouges et des rosés. Les vignobles s'étendent sur les collines environnantes du chef-lieu de la Corse du Sud, dans un rayon de quelques dizaines de kilomètres, joignant le charme de leur verdure aux attraits de l'une des régions les plus pittoresques du pays : golfes, îles, ciel d'azur, végétation exubérante, rivage tourmenté exaltent toute la splendeur de la Méditerranée. Dans un paysage montagneux, la vigne est essentiellement implantée autour des villages, sur des coteaux qui ne dépassent pas 300-350 m d'altitude. D'ailleurs, la première dénomination de l'appellation était « coteaux d'ajaccio ». Sur les trente-six communes délimitées, seulement douze revendiquent l'AOC. Environ 30 % de la production globale proviennent de l'unique coopérative de l'appellation.

Le vignoble d'ajaccio est en majeure partie palissé, taillé en cordon de Royat.

Cépages
Rouge et rosé : sciacarellu (au moins 40 %), barbarossa, nielluccio, vermentinu. *Blanc :* vermen-tinu (malvoisie de Corse). *Cépages d'appoint :* ugni blanc, grenache, cinsault, carignan.

Nature des sols
Essentiellement granitiques.

Potentiel de garde
Rouge : jusqu'à 5 ans ; agréable dans sa jeunesse. *Rosé :* dans l'année de production. *Blanc :* 1 à 2 ans.

L'œil

- La robe des vins d'Ajaccio est d'un rouge rubis subtil.
- Les rosés sont d'un rose franc, enrichi d'une multitude de nuances.
- Les vins blancs, quant à eux, sont très brillants, aux reflets dorés.

Le nez

- Les rouges présentent un nez très fin, aux arômes de violette et de café. Selon les terroirs, on y perçoit parfois des senteurs minérales iodées.
- Le nez des vins rosés est très aromatique. On y décèle des fragrances de rose et de cerise.
- Les vins blancs doivent au vermentinu leurs arômes de fleurs et d'agrumes. Les vins de vermentinu monocépage offrent des arômes de fruits mûrs.

La bouche

- Les rouges sont élégants, tout en finesse, persistants et fluides.
- Les rosés sont des vins d'été par excellence, messagers de la fraîcheur et de la gaieté. Ils se révèlent généreux, sans agressivité.
- À la fois nerveux et souples, les vins blancs se distinguent par leur ampleur et leur fruité. Les impressions de souplesse et de rondeur dominent. Enfin, la persistance est remarquable.

Le sciacarellu, implanté sur des coteaux ensoleillés, donne des vins fruités à boire jeunes.

La région comporte de nombreux microclimats en raison de son relief très varié.

Mets et vins
Rouge : grillade d'agneau, fromages corses.
Rosé : charcuterie corse, poisson.
Blanc : poisson grillé, bouillabaisse, paella, fromages doux, dessert.

Température de service
Rouge : 16-18 °C.
Blanc et rosé : 7-10 °C.

Aloxe-corton

Appellations
AOC Aloxe-corton
AOC Aloxe-corton premier cru

Couleurs
Rouge, blanc (confidentiel)

Superficie
Aloxe-corton : 120 ha sur Aloxe-Corton
Aloxe-corton 1er cru : 40 ha

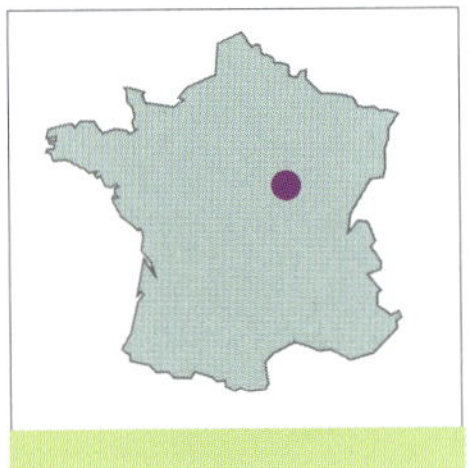

1938

Production
5 000 hl

Cépages
Rouge : pinot noir.
Blanc : chardonnay.

Potentiel de garde
5 à 10 ans (et au-delà selon les millésimes).

À la charnière des Côtes de Nuits et de Beaune, la Montagne de Corton forme un amphithéâtre au sein duquel s'inscrivent trois villages : Aloxe-Corton, Ladoix-Serrigny et Pernand-Vergelesses, dont les appellations s'interpénètrent. Sur les pentes de la Montagne, les grands crus et les premiers crus rouges sont implantés sur des sols marneux et calcaires, tandis que dans la partie basse, l'AOC communale repose sur des sols semés de chailles.

L'œil

La robe est presque toujours assez foncée, parfois violacée, rubis soutenu ou pourpre intense.

Le nez

Lorsque le vin est jeune, les arômes évoquent les fleurs (jardin au printemps) et les fruits (griotte, cassis, mûre). Avec l'âge, ces accents s'intensifient en évoluant.

La bouche

Sur les sols profonds de cette partie basse de la Montagne de Corton, le pinot noir offre un vin corsé et généreux, qui ne perd jamais sa distinction. Quelquefois tendre et fruitée, la bouche peut attendre quelques années pour s'ouvrir. Le corps est structuré, porté par des tanins aimables. La soie équilibre la mâche.

Les premiers crus
Clos des Maréchaudes
Clos du Chapitre
La Coutière
Les Chaillots
Les Fournières
Les Guérets
La Maréchaude
Les Maréchaudes
Les Moutottes
Les Paulands
Les Petites Lolières
La Toppe au Vert
Les Valozières
Les Vercots

Nature des sols
Bruns rougeâtres, argilo-calcaires, avec beaucoup de rognons siliceux, débris de calcaires à silex (« chaillots »), des sols meubles, riches en potasse et en acide phosphorique.

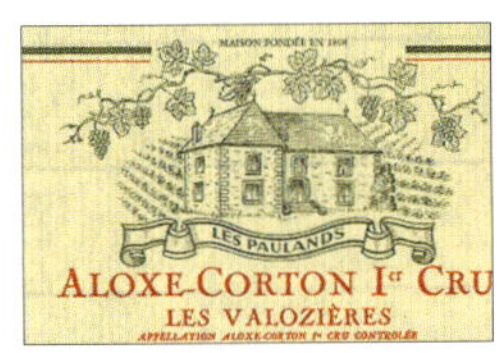

Température de service
Rouge : 15-18 °C.
Blanc : 12-14 °C.

Mets et vins
Viandes rôties ou en sauce assez relevées, gibier (lapin chasseur), fromages (chaource).

Alsace gewurztraminer

Le cépage gewurztraminer est apparu à la fin du XIXe siècle en Alsace, où il s'est substitué peu à peu au traminer. Vigoureux, il est aussi très précoce, et ses rendements sont faibles (55 hl/ha). La couleur de ses baies, colorées en rose à maturité, est caractéristique. Cultivé surtout en coteau, ce plant donne des vins blancs corsés et bien charpentés, au bouquet inimitable et d'une grande intensité.

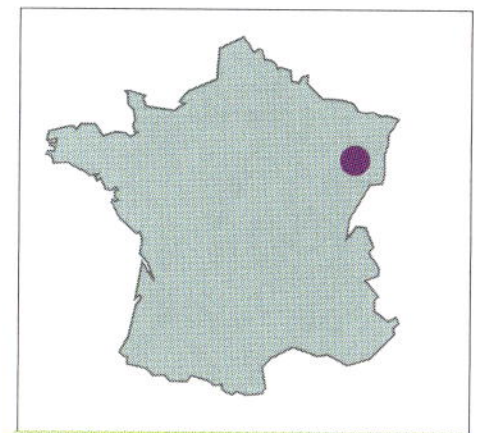

1945

Appellation
AOC Alsace
Dénomination
Gewurztraminer
Superficie
2 500 ha
Production
172 000 hl

L'œil

Les vins présentent une certaine intensité à l'œil due à la pigmentation rosée des baies du cépage.

Le klevener de Heiligenstein

Implanté sur les communes de Heiligenstein, Bourgheim, Gertwiller, Goxwiller, Heiligenstein et Obernai, le klevener de Heiligenstein n'est autre que le savagnin rose. Historiquement désigné sous le nom de « traminer », il est originaire de Termino (Haut-Adige), c'est-à-dire dans le Tyrol italien. À l'instar du gewurztraminer, il présente une grappe assez petite, rose à maturité, des baies à la pellicule particulièrement épaisse qui produisent toujours des vins blancs. C'est un vin original et trop méconnu. À la fois charpenté, élégant et discrètement aromatique (fruits jeunes, fruits exotiques, fruits secs), il est très apprécié en gastronomie.

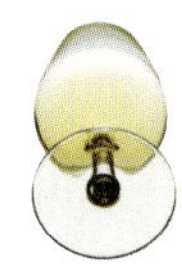

Le nez

Cépage très aromatique, le gewurztraminer offre des arômes puissants, évoquant des fleurs comme la rose ou des fruits tropicaux comme le litchi.

Température de service
10-12 °C.
Mets et vins
Apéritif, foie gras, fromages (munster, livarot, roquefort), kouglof, tarte aux fruits.

Ci-dessus : paysage typique du vignoble alsacien : de beaux villages fleuris cernés par les vignes.

La bouche

L'alsace-gewurztraminer a en général une forte teneur en alcool, parfois jusqu'à 14 % vol. et plus, associée à une acidité relativement faible. On y décèle des arômes de muscat, de fruits exotiques, mais aussi souvent la réglisse ou le fumé. Très sensible aux sols où il est cultivé, ce cépage peut prendre des allures sévères en vieillissant, avec des accents de cuir.
En toute période, puissant, ample et structuré, le vin est dominé par l'onctuosité qui le rend toujours flatteur en bouche.

Cépage
Gewurztraminer.

Nature des sols
Marno-calcaires, calcaires coquilliers, granitiques.

Potentiel de garde
2 à 10 ans.

Alsace grand cru

Appellation
AOC Alsace grand cru suivi du nom du lieu-dit
Couleur
Blanc
Superficie
850 ha
Production
43 300 hl

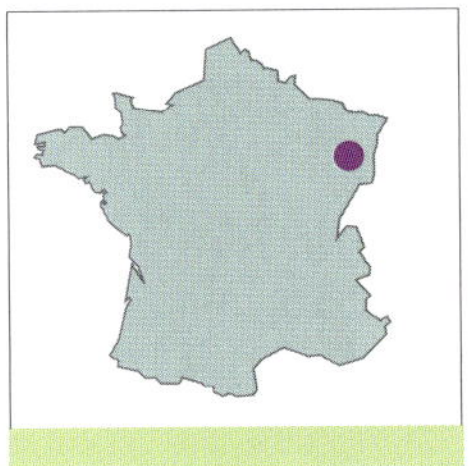

1975

En Alsace, le cépage tient la vedette : l'appellation d'origine est presque toujours suivie des dénominations de cépages. Si la notion de grand cru est très ancienne dans cette région, l'AOC alsace grand cru n'a été mise en place qu'en 1975. En 1983, un décret a défini vingt-cinq lieux-dits, puis, en 1992, un autre décret a reconnu cinquante grands crus, auxquels s'est rajouté le Kaefferkopf en 2007. Les grands crus obéissent à des règles strictes, notamment de délimitation (terroir), de rendements, de teneur en sucres et de degré alcoolique (11 % vol. minimum pour les riesling et muscat, 12,5 % pour les pinots gris et gewurztraminer). Sur ces terroirs très pentus, les vendanges sont manuelles. Hormis le sylvaner, autorisé dans le grand cru Zotzenberg et en assemblage avec les gewurztraminer, pinot gris et riesling dans l'Altenberg de Bergheim, l'AOC est réservée aux quatre « cépages nobles » : riesling, gewurztraminer, muscat et pinot gris, mentionnés sur l'étiquette (sauf en cas d'assemblage : Altenberg de Bergheim et Kaefferkopf). La mention du nom du grand cru est aussi obligatoire. On peut également trouver des vendanges tardives et des sélections de grains nobles. Production haut de gamme, les alsaces grands crus représentent à peine 4 % des vins d'Alsace.

L'alsace grand cru hengst (commune de Wintzenheim).

Cépages
Gewurztraminer, pinot gris, riesling, muscat.

Potentiel de garde
2 à 10 ans.

Les 51 grands crus alsaciens
(suivis de la nature des sols et des cépages dominants)

DÉPARTEMENT DU BAS-RHIN		
Altenberg de Bergbieten	marnes dolomitiques	riesling, gewurztraminer
Altenberg de Wolxheim	marno-calcaire	riesling
Bruderthal	marno-calcaire	riesling, gewurztraminer
Engelberg	calcaires du muschelkalk	gewurztraminer
Frankstein	arènes granitiques	riesling
Kastelberg	schisteux caillouteux	riesling
Kirchberg de Barr	calcaires	gewurztraminer, riesling, pinot gris
Moenchberg	limono-sableux	riesling
Muenchberg	sableux	riesling
Praelatenberg	gneissique, sableux	riesling
Steinklotz	marneux recouverts d'éboulis calcaires	riesling, gewurztraminer
Wiebelsberg	gréseux, sableux	riesling
Winzenberg	arènes granitiques	riesling
Zotzenberg	calcaires jurassiques et conglomérats marno-calcaires	riesling, sylvaner
DÉPARTEMENT DU HAUT-RHIN		
Altenberg de Bergheim	marno-calcaires, caillouteux	gewurztraminer
Brand	granite	riesling, gewurztraminer
Eichberg	marnes mêlées de cailloutis calcaires	gewurztraminer, riesling, pinot gris
Florimont	marno-calcaires	gewurztraminer, riesling
Froehn	marnes schisteuses	gewurztraminer
Furstentum	brun calcaires	gewurztraminer
Geisberg	marnes dolomitiques	riesling
Gloeckelberg	sableux, grès vosgien	gewurztraminer, pinot gris
Goldert	marneux riches en cailloutis calcaires	gewurztraminer
Hatschbourg	marneux	gewurztraminer, pinot gris, muscat
Hengst	marno-calcaires	gewurztraminer, pinot gris
Kaefferkopf	sols bruns d'origine granitique, calcaire ou gréseuse	gewurztraminer, assemblages
Kanzlerberg	marno-calcaires	riesling, gewurztraminer
Kessler	sable et grès rose sur matrice argileuse	gewurztraminer
Kirchberg de Ribeauvillé	marnes dolomitiques	riesling
Kitterlé	gréseux	riesling
Mambourg	marno-calcaire	gewurztraminer
Mandelberg	marno-calcaire	riesling, gewurztraminer
Marckrain	marno-calcaire	gewurztraminer
Ollwiller	marnes caillouteuses	riesling
Osterberg	marneux	gewurztraminer, riesling
Pfersigberg	caillouteux calcaires	gewurztraminer, riesling
Pfingstberg	grès et calcaires	riesling
Rangen	volcanique	pinot gris, riesling
Rosacker	marnes et calcaires	riesling
Saering	marno-sableux et cailloutis	riesling
Schlossberg	arènes granitiques	riesling
Schoenenbourg	marnes recouvertes de calcaires coquilliers	riesling
Sommerberg	arènes granitiques	riesling
Sonnenglanz	conglomérats et marnes	gewurztraminer, pinot gris
Spiegel	marnes et sables gréseux	gewurztraminer
Sporen	marnes	gewurztraminer
Steinert	cailloutis calcaires	gewurztraminer, pinot gris
Steingrubler	marnes	gewurztraminer, riesling, pinot gris
Vorbourg	marno-calcaires	gewurztraminer, riesling, pinot gris
Wineck-Schlossberg	granitiques	riesling
Zinnkoepflé	calcaro-gréseux	gewurztraminer

Alsace muscat

Appellation
AOC Alsace
Dénomination
Muscat
Couleur
Blanc
Superficie
350 ha
Production
24 700 hl

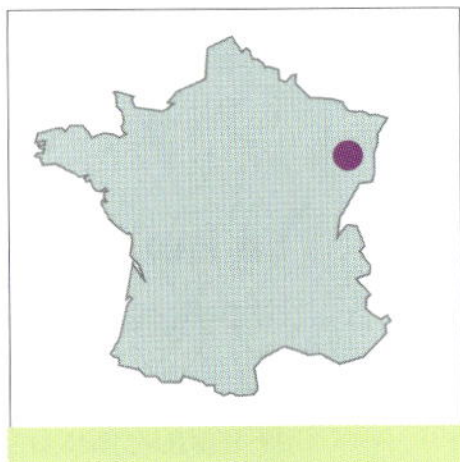

1971

Cité dès le XVIe siècle, le muscat, à la différence des autres vins d'Alsace, n'est pas le fruit d'un seul cépage, mais celui d'un équilibre subtil entre trois variétés. Selon la précocité de la maturation et les expositions, les producteurs jouent sur la part relative des cépages qui entrent dans la composition du vin : le muscat blanc à petits grains, dit muscat de Frontignan, le muscat ottonel et, de façon marginale, le muscat rose à petits grains. L'alsace muscat provient le plus souvent des deux cépages principaux.

L'œil

D'une nuance jaune-vert sur vin jeune, la robe évolue avec le vieillissement du jaune pâle au jaune doré. Elle est généralement limpide et brillante.

Le nez

Selon la part relative de muscat à petits grains, le caractère muscaté est plus ou moins associé à des arômes végétaux du type « bourgeon de cassis », mais dans tous les cas, les produits se caractérisent par l'intensité et par l'élégance des parfums. Lorsqu'ils ont vieilli, les vins changent soudain d'expression en offrant des notes épicées et anisées.

La bouche

Ce vin sec est plutôt nerveux et structuré lorsqu'il est dominé par le cépage muscat blanc, plus rond au contraire lorsqu'il est issu du cépage muscat ottonel. La structure en bouche et l'intensité aromatique en font un produit persistant. Souvent, le dégustateur a la sensation de croquer le grain de raisin.

Cépages
Muscat blanc à petits grains, muscat ottonel, muscat rose à petits grains (rare).

Nature des sols
Marno-calcaires principalement.

Potentiel de garde
1 à 2 ans pour conserver les arômes du cépage. 5 ans ou plus si l'on apprécie le caractère anisé lié à l'évolution.

Mets et vins
Apéritif, saumon fumé, asperges, cuisine asiatique, kouglof.

Température de service
8 à 10 °C.

Alsace pinot blanc

Sous ses deux dénominations, pinot blanc ou bien klevner (la seconde étant un vieux nom alsacien), l'alsace pinot blanc peut provenir de plusieurs cépages : le pinot blanc et l'auxerrois blanc. Ce sont deux variétés capables de donner des résultats remarquables dans des situations moyennes. Le vin allie agréablement fraîcheur, corps et souplesse. Du point de vue gastronomique, il s'accorde avec de nombreux plats, à l'exception des fromages et des desserts.

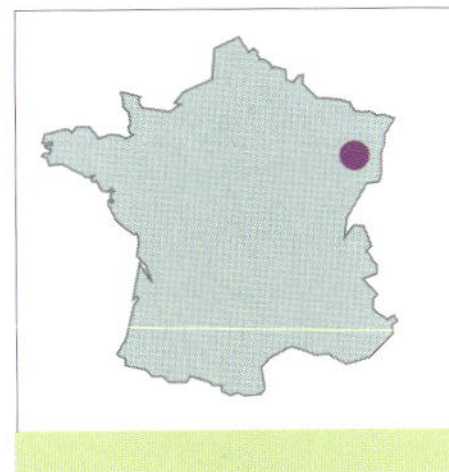

1945

Appellation
AOC Alsace
Dénomination
Pinot blanc (ou klevner)
Couleur
Blanc
Superficie
1 586 ha
Production
127 611 hl

L'œil
L'alsace pinot blanc possède une couleur très pâle.

Le nez
La palette se montre riche, intense, avec des arômes de pêche et d'agrumes, des notes de fleurs blanches élégantes et des nuances d'abricot.

La bouche
Au palais, des notes épicées apparaissent. D'une bonne attaque vive, l'alsace pinot blanc est un vin équilibré, plutôt gras et puissant.

Température de service
10-12 °C.
Mets et vins
Fruits de mer, quiche lorraine, tarte à l'oignon, blanquette de veau, spätzle.

Potentiel de garde
1 à 2 ans.

Nature des sols
Marno-calcaires.

Cépages
Pinot blanc, auxerrois blanc.

Alsace pinot gris

Appellation
AOC Alsace
Dénomination
Pinot gris
Couleur
Blanc
Superficie
1 800 ha
Production
124 500 hl

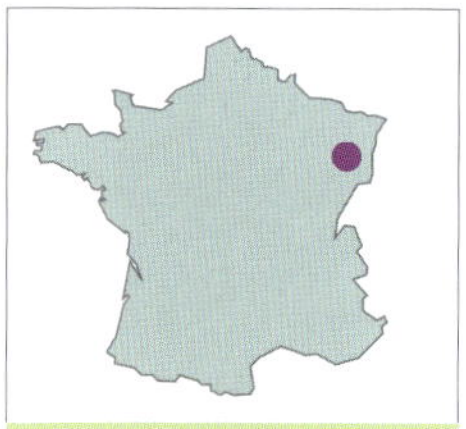

1945

Hongrois d'après la légende – ce qui lui valut longtemps le nom de tokay –, mais sans doute bourguignon d'origine, le pinot gris est implanté en Alsace depuis le XVIIe siècle. Il affectionne les terrains tertiaires de la région de Cléebourg, mais aussi les sols calcaires et volcaniques. Il est présent dans l'ensemble de l'appellation alsace. Exceptionnel par sa puissance, ce vin se distingue aussi par son moelleux et son aptitude au vieillissement.

Cépage
Pinot gris.

Potentiel de garde
3 à 10 ans.

Nature des sols
Calcaires ou argilo-calcaires, parfois volcaniques.

Température de service
10-14 °C.

Mets et vins
Asperges, choucroute, poisson de rivière, volaille (oie, chapon), fromages (munster).

L'œil

D'une robe jaune, nuancé de vert dans sa jeunesse, l'alsace pinot gris évolue vers une somptueuse teinte dorée.

Le nez

Après quelques années de bouteille, le vin développe une palette aromatique d'une rare complexité, dans laquelle les arômes de vieillissement, qui mêlent senteurs fumées, odeurs de sous-bois ou de champignon et concentration miellée, prennent le pas sur les arômes du cépage.

La bouche

Au palais, le pinot gris révèle toute sa puissance et son opulence. L'acidité a tendance à s'effacer derrière l'alcool et le sucre. La sucrosité est toujours équilibrée par une structure d'une extraordinaire étoffe, conférant une persistance remarquable au palais.

Alsace pinot noir

Le pinot noir, venu très tôt de Bourgogne, est un cépage rouge prestigieux qui était déjà cultivé au Moyen Âge. Après avoir presque disparu, il occupe aujourd'hui 8,7 % du vignoble alsacien. Précoce et bien adapté aux sols calcaires, le pinot noir produits des vins rouges et rosés. L'expression de ce vin charmeur n'est pas uniforme, aussi faut-il le présenter sous ses différents habits.

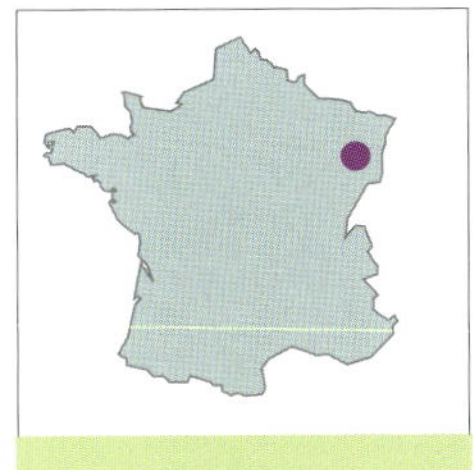

1945

Appellation
AOC Alsace
Dénomination
Pinot noir
Couleurs
Rouge
Rosé
Superficie
1 000 ha

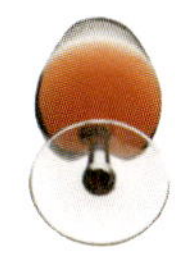

Production
66 000 hl

L'œil

La robe peut prendre toute une gamme de nuances, du rosé clair au rouge grenat soutenu. La production classique présente une teinte rubis d'intensité moyenne qui peut évoluer vers des caractères tuilés, légèrement orangés au cours du vieillissement.

Le nez

Le pinot noir se situe dans le registre des petits fruits rouges, avec des notes de cassis et de framboise. Les vins rouges élevés en foudre de bois ou en fût ajoutent à cette note fruitée une touche boisée ou vanillée, le tout évoluant vers des caractères de sous-bois et des nuances animales au cours du vieillissement.

La bouche

Bien que peu coloré, le pinot noir tire profit d'une macération qui l'enrichit en tanins, ce qui se traduit par une très belle structure qui vient étayer ses qualités aromatiques et lui conférer une grande persistance et une bonne aptitude au vieillissement.

Un règne sans partage

S'il a dû longtemps côtoyer d'autres cépages rouges ou noirs, l'AOC alsace réserve à présent une place exclusive au pinot noir pour la production de vins rouges ou rosés. Toutefois, alors que ce plant a revêtu beaucoup d'importance au cours des siècles passés, il ne subsiste aujourd'hui que dans quelques localités (Ottrott avec son fameux Ottrotter Rotter – rouge d'Ottrott en français – Rodern, Marlenheim) qui font sa réputation.

Température de service
Rouge : 10-14 °C.
Rosé : 8-10 °C.

Mets et vins
Grillade, palette de porc fumée, baeckenofe, fromages, (comté, brie, gruyère, cantal).

Cépage
Pinot noir.

Nature des sols
Argilo-calcaires principalement, sols granitiques pour la production de vins plus légers.

Potentiel de garde
2 à 10 ans.

Alsace riesling

Appellation
AOC Alsace
Dénomination
Riesling
Couleur
Blanc
Superficie
2 700 ha
Production
215 700 hl

1945

Cépage rhénan par excellence, le riesling aurait déjà été cultivé à l'époque où les légions romaines occupaient l'Alsace. Le climat de la vallée du Rhin lui convient parfaitement. On rencontre cette variété tardive sur la plupart des formations géologiques, particulièrement sur les terrains acides d'origine granitique ou gréseuse, mais aussi sur les terrains sédimentaires des collines sous-vosgiennes et les sols graveleux constitués par les cônes de déjection des vallées. Très régulier en production, le riesling produit des vins appréciés pour leur finesse aromatique et leur grande élégance.

L'œil
Vin blanc sec, le riesling se présente dans une robe limpide, brillante, jaune avec des nuances vertes dans sa jeunesse et plus dorées dans sa maturité.

Le nez
Le riesling se classe parmi les cépages aromatiques. Il exhale des arômes terpéniques agréables qui lui confèrent une grande élégance : ce sont des senteurs florales parmi lesquelles on reconnaît parfois des odeurs de fleur de pêcher ou encore de tilleul. Le riesling vieux évolue vers les notes minérales.

La bouche
Le riesling est un vin d'accompagnement accompli. Il doit cette qualité à sa vivacité et à une acidité de bon aloi héritée de la maturation tardive des raisins. Lorsque le rendement est bien maîtrisé, le vin s'avère puissant, parfaitement structuré et d'une rare persistance aromatique.

Température de service
8-10 °C.

Mets et vins
Fruits de mer, terrine de poisson, saint-pierre à l'oseille, truite au bleu, faisan au chou, coq au riesling, civet de lièvre, gratin dauphinois, gâteau aux noix.

Cépage
Riesling.

Potentiel de garde
2 à 10 ans.

Nature des sols
Granitiques ou argilo-calcaires, sous les meilleures expositions.

Alsace sélection de grains nobles

Cette mention s'applique aussi bien à des vins d'appellation alsace qu'à ceux de l'AOC alsace grand cru, à condition qu'ils proviennent uniquement des cépages gewurztraminer, pinot gris, riesling et muscat. Le climat de la vallée du Rhin est propice à l'obtention de ces vins très riches en sucres ; en effet, l'alternance des brouillards nocturnes assez chauds et du soleil dans la journée est favorable à l'action d'un champignon – le *Botrytis cinerea* – sur la vendange, qui concentre les composants du raisin. Ces grands vins liquoreux présentent une superbe intensité aromatique et une longueur en bouche exceptionnelle.

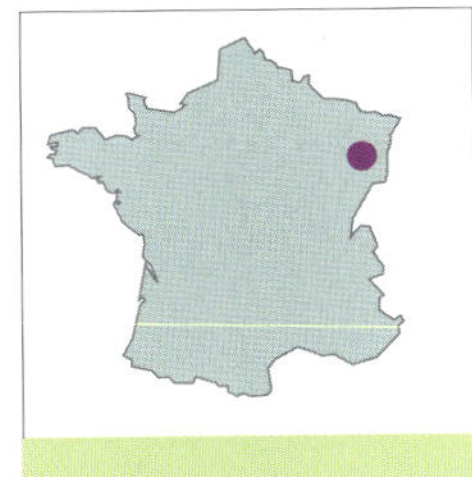

1984

Appellation
AOC Alsace
AOC Alsace grand cru

Mention
Sélection de grains nobles

Couleur
Blanc

Superficie
100 à 1 000 ha

Production
De 1 000 à 5 000 hl selon les millésimes

Teneur en sucre (g/l) des sélections de grains nobles	
Gewurztraminer	306
Muscat	276
Pinot gris	306
Riesling	276

Température de service
7-10 °C.

Mets et vins
Asperges, flamiche, cuisine au curry, tarte fine aux pommes.

Nature des sols
Arènes granitiques ; marneux à marno-calcaires.

Potentiel de garde
5 à 10 ans.

Cépages
Gewurztraminer, pinot gris, riesling, muscat.

L'œil

Quel que soit le cépage, la robe jaune doré, franche et soutenue évoque d'emblée un caractère très chaleureux. En outre, le gras et le sucre restant donnent à ces produits une onctuosité qui se traduit par de nombreuses jambes sur le verre après l'agitation. Ils viennent renforcer l'impression de chaleur et de richesse.

Le grand cru Sommerberg présente une exposition sud, une forte pente et un sol d'arènes granitiques idéal pour le riesling.

Le nez

Le riesling, par la constitution de la pellicule de ses baies, est le cépage le plus résistant au *Botrytis cinerea*. La surmaturation et le passerillage renforcent ses arômes qui restent floraux et racés et qui évoluent vers les notes minérales lors du vieillissement. Au contraire, pinot gris et gewurztraminer expriment la surmaturation dans un registre qui transcende le cépage : les caractères de sous-bois, de champignon, mais aussi de miel, de pain d'épice, voire de cacao ou de grillé complètent les senteurs fumées du pinot gris, les notes épicées ou les arômes de peau d'agrume du gewurztraminer. Quant au muscat, il exprime dans cette palette botrytisée ses notes muscatées.

La bouche

Même si le sucre restant est parfois abondant dans les plus grandes sélections de grains nobles, il est rarement dominant. Il s'équilibre avec une charpente elle-même solide, caractérisée par une présence d'alcool, d'acides et d'une multitude d'éléments apportés par le raisin, par le *Botrytis* ou encore par la fermentation qui confèrent à ces vins leur surprenante complexité. Les arômes explosent au palais.

Alsace sylvaner

Originaire d'Autriche, le sylvaner est connu dans cette région depuis le XVIIIe siècle. Présent uniquement dans l'encépagement de l'AOC alsace – surtout dans le Bas-Rhin –, il se distingue par une nuance vert clair, car ses feuilles presque rondes présentent une pilosité très réduite. En outre, ce cépage blanc plutôt tardif offre une production assez abondante et très régulière pour une situation septentrionale. L'alsace sylvaner se situe dans la gamme des vins légers, assez vifs et fruités.

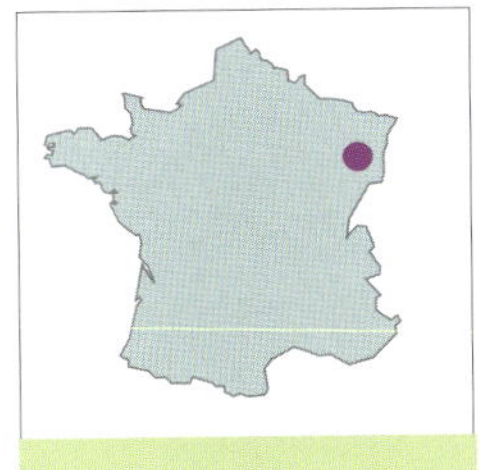

1945

Appellation
AOC Alsace
Dénomination
Sylvaner
Couleur
Blanc
Superficie
1 400 ha
Production
109 400 hl

Cépage
Sylvaner.

Potentiel de garde
1 à 3 ans.
Nature des sols
Sols granitiques, marneux, argilo-calcaires.

L'œil

Le sylvaner se distingue par sa nuance jaune-vert constante dans les vins jeunes, sauf peut-être lorsque ce cépage est originaire de terroirs particulièrement bien exposés et lorsqu'il est le fruit d'une politique de maîtrise des rendements. Dans ces cas, il peut révéler des nuances plus dorées. C'est un vin toujours séduisant à l'œil par sa limpidité cristalline.

Le nez

Le sylvaner appartient à la catégorie des cépages aromatiques ; cette faculté d'exprimer les arômes primaires étant renforcée par son caractère relativement tardif. D'une intensité moyenne, il développe des notes florales qui rappellent parfois l'acacia ou les fleurs blanches, ainsi que des notes citronnées.
Des nuances végétales peuvent être présentes dans des vins issus des terroirs les plus lourds. Bien que le sylvaner soit habituellement consommé jeune, il peut être intéressant de laisser vieillir certaines bouteilles originaires des terroirs les mieux exposés. On sent poindre alors ces arômes minéraux si typiques des vieux vins d'Alsace.

La bouche

Toujours en liaison avec le caractère tardif du cépage, le sylvaner dévoile sa typicité lorsqu'il est dégusté sec et lorsqu'il présente une certaine vivacité au palais qui le rend désaltérant. Il s'accorde volontiers avec les entrées ainsi qu'avec les fruits de mer et spécialement les huîtres.

Le sylvaner, traditionnellement implanté dans le Bas-Rhin, a cependant acquis une notoriété dans certains terrroirs haut-rhinois comme le Zinnkoepflé.

Température de service
8-12 °C.
Mets et vins
Fruits de mer, charcuterie, cuisses de grenouille, flameküche, rôti de porc, choucroute, tarte aux fruits.

Le chasselas dans la gamme des vins d'Alsace

Le chasselas appartient à la catégorie des cépages les plus précoces : il est identifié comme cépage de « première époque » pour la maturité de ses fruits. Il ne figure que dans l'encépagement de l'AOC alsace et n'est pas retenu en grand cru. Qu'il se présente à l'état pur (alsace chasselas ou gutedel) ou au sein d'un assemblage de cépages, il produit toujours un vin sec et léger. Lorsque le statut des vins d'Alsace fut publié officiellement en 1945, deux catégories des vins d'assemblages furent définies :

- la catégorie Zwicker (littéralement « mélange ») pour les assemblages de cépages qualifiés de « courants » à cette époque, et comprenant notamment le chasselas ;
- la catégorie Edelzwicker (littéralement « mélange noble ») pour les assemblages de cépages qualifiés de « nobles » à cette même époque, et comprenant le sylvaner, très présent alors sur le vignoble bas-rhinois. Aujourd'hui, la catégorie Zwicker, jugée insuffisamment valorisante, a été supprimée, et la catégorie Edelzwicker a été étendue à l'ensemble des cépages retenus dans l'encépagement de l'appellation vins d'Alsace.

Alsace vendanges tardives

Le climat de la vallée du Rhin, si favorable au développement de la pourriture noble et à la surmaturation de la vendange, permet la production de vins liquoreux en Alsace. Mais cet usage est resté longtemps l'apanage de quelques maisons qui avaient choisi de faire de ces produits leurs vins de prestige. Depuis 1984, la mention vendanges tardives concernant les AOC alsace et alsace grand cru n'est accordée qu'à des vins issus à 100 % de l'un des cépages autorisés – gewurztraminer, pinot gris, riesling et muscat – et commercialisés sous ce nom de cépage. Les richesses minimales en sucre de la vendange figurent parmi les plus élevées des AOC françaises.

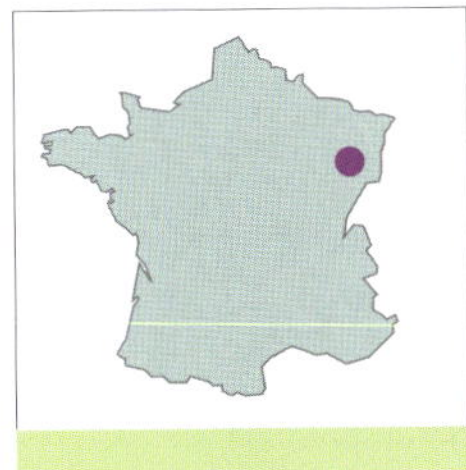

1984

Appellations
AOC Alsace
AOC Alsace grand cru

Mention
Vendanges tardives

Couleur
Blanc

Superficie
100 à 1 000 ha

Production
De 10 000 hl à 30 000 hl selon les millésimes

L'œil

Les rieslings, comme les gewurztraminers et les pinots gris, ont une robe soutenue, or jaune à reflets brillants. Les muscats sont or pâle à reflets verts.

Le nez

- Dans les rieslings, le nez d'une finesse extrême mêle agrumes (citron), fruit de la Passion, miel et fleur d'acacia.
- Les gewurztraminers ont un nez discret, marqué par les senteurs de rose, de muguet et de fruits confits.
- La palette des pinots gris offre des parfums de violette, de fruits confits et de miel, auxquels se mêlent le sous-bois et la réglisse.
- Les muscats livrent des fragrances musquées et des notes de lilas.

Teneur en sucre (g/l) des vendanges tardives

Gewurztraminer	257
Muscat	235
Pinot gris	257
Riesling	235

Nature des sols
Arènes granitiques ; marneux à marno-calcaires.

Potentiel de garde
5 à 10 ans.

Cépages
Gewurztraminer, muscat, pinot gris, riesling.

La bouche

- Le palais ample, riche, gras et généreux a une bonne longueur dans les rieslings.
- Celui des gewurztraminers est délicat, captivant par son velouté ; il associe les fruits confits (abricot) et le miel.
- La bouche des pinots gris livre d'intenses notes exotiques.
- Les muscats ont une approche moelleuse, veloutée et ample.

Vignoble aux environs de Riquewihr (ci-dessus) et de Zellenberg (à gauche).

Mets et vins
Gibier à plume (faisan, perdreau, pigeon, grive) ou à poil (noisette de chevreuil aux raisins), chapon aux truffes, gigot ou selle d'agneau, fromages (époisses, cîteaux, munster, livarot, maroilles), tartes au citron, aux quetsches, aux mirabelles ou à la rhubarbe.

Température de service
8-10 °C.

Anjou

L'Anjou présente deux grands ensembles géologiques bien distincts. À l'est, les terrains sédimentaires de la bordure sud-ouest du Bassin parisien, caractérisés par les terres blanches provenant du tuffeau, constituent l'Anjou blanc et correspondent au Saumurois. À l'ouest, les terrains schisteux de la bordure orientale du massif Armoricain forment l'Anjou noir, où sont produits non seulement des vins rouges mais aussi des vins blancs secs et liquoreux, élaborés à partir du cépage chenin, et quelques rares mousseux et rosés. Ce sont des vins agréables qui peuvent être consommés dès mars-avril et qui ont suffisamment de caractère pour attendre trois ans en cave.

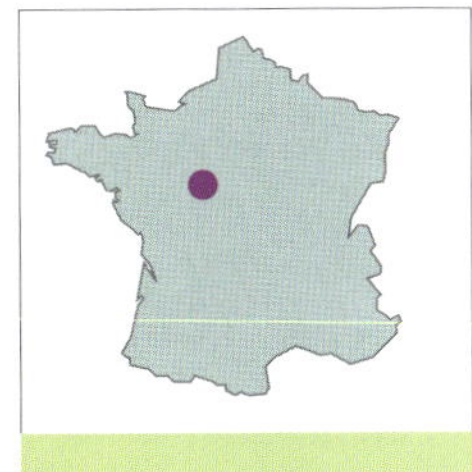

1936

Appellation
AOC Anjou

Couleurs
Rouge
Blanc (tranquille)
Rosé et mousseux (rares)

Superficie
4 700 ha

L'œil

- L'anjou rouge dévoile une robe vive, printanière, rubis éclatant.
- Le blanc se présente sous une teinte jaune pâle à reflets verts qui tire vers le doré quand il est issu d'une vendange très mûre.

Le nez

- Les vins rouges révèlent la gamme primaire du cépage. Leur palette réunit les notes florales, les fruits rouges parfois épicés. Les arômes ne sont jamais végétaux.
- L'anjou blanc est flatté par une palette de fleurs blanches typiques du chardonnay ; apparaissent également des nuances citronnées, des notes de fruits du chenin (pêche de vigne, poire), ainsi que des accents minéraux. Lorsque le raisin a été longuement attendu, des arômes de fruits confits, de coing et de mirabelle se manifestent.

La bouche

- L'anjou rouge se caractérise par sa fraîcheur, son équilibre entre l'alcool et l'acidité. Sa structure est tout en finesse. Le caractère fruité se retrouve dans une finale persistante.
- L'anjou blanc bénéficie d'une matière ronde et structurée par des tanins fins et élégants.

Production
270 500 hl

Cépages
Rouge : cabernet franc (breton), cabernet-sauvignon en complément.
Blanc : chenin blanc (ou pineau de la Loire), chardonnay et sauvignon (20 % minimum).

Nature des sols
Sols développés sur roches sombres et dures du Massif armoricain.

Potentiel de garde
À boire jeune ou dans les 3 ans.

Température de service
Rouge : 15 °C.
Blanc : 8-10 °C.

Mets et vins
Rouge : viande rouge ou blanche, civet de lièvre, poisson (sandre, brochet).
Blanc : asperge, poisson.

Anjou-coteaux-de-la-loire

Appellation
AOC Anjou-coteaux de la loire
Couleur
Blanc
Superficie
30 ha
Production
100 hl

1946

De part et d'autre de la Loire, à l'ouest de l'AOC savennières, l'appellation anjou-coteaux de la loire est réservée à des vins blancs liquoreux, issus du seul chenin blanc et produits en volumes confidentiels. Le raisin, soigneusement récolté par tries successives, ne provient que des schistes et calcaires de Montjean. Ce terroir peu profond se réchauffe rapidement, favorisant ainsi la maturation d'un cépage semi-tardif.

L'œil
De teinte jaune or pâle, l'anjou-coteaux-de-la-loire a les atours d'un vin liquoreux fin et tout en légèreté. Il se distingue du coteaux du layon par des reflets verts plus marqués.

Le nez
Des arômes délicats de fruits exotiques (litchi), de fruits mûrs (compote d'abricots, pêche) se mêlent au nez.

La bouche
La bouche est agréable, alliant fraîcheur et moelleux. La finale s'étire sur des notes miellées.

Le chenin est le cépage vedette des vins liquoreux des coteaux de la Loire. Les volumes de l'appellation sont cependant confidentiels, car la région angevine poursuit sa reconversion vers la production de vins rouges.

Cépage
Chenin blanc (ou pineau de la Loire).

Nature des sols
Schistes et calcaires de Montjean.

Potentiel de garde
5 à 20 ans.

Température de service
8-10 °C.

Mets et vins
Bouchées à la reine, poisson.

Anjou-gamay

Parmi la grande diversité des vins d'Anjou, l'AOC anjou-gamay est un vin rouge produit à partir du cépage gamay noir. Issu des sols les plus schisteux de son aire de production, c'est un excellent vin de carafe, charmeur dans sa prime jeunesse, dont le fruité perdure agréablement lors de la dégustation.

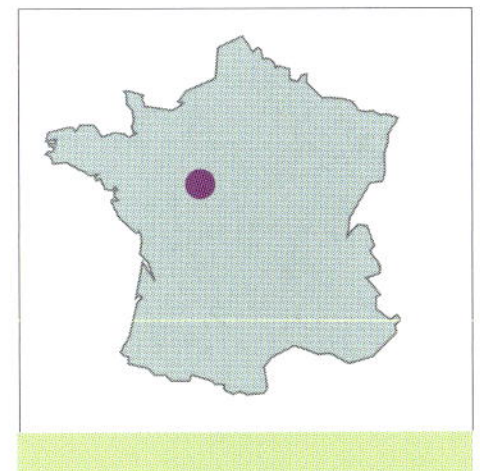

1957

Appellation
AOC Anjou-gamay
Couleur
Rouge
Superficie
180 ha
Production
9 100 hl

Les vignobles de l'Anjou sont ponctués de moulins à vent (ici à Montsoreau).

L'œil

Élaboré pour plaire dans l'année de sa récolte, l'anjou-gamay se pare d'une robe attrayante, rouge intense à reflets violacés.

Le nez

Les arômes de fleurs et de petits fruits rouges évoluent parfois vers des accents animaux et des notes de fruits grillés.

La bouche

Une belle matière ample est perceptible en bouche, soutenue par des tanins qui ne tardent pas à se fondre. Le fruité fait ricochet en finale.

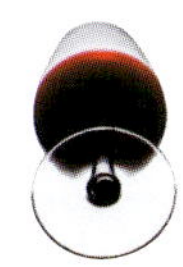

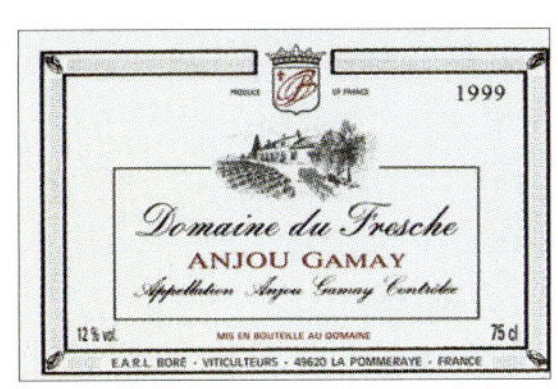

Cépage
Gamay noir.

Nature des sols
Sols développés sur roches sombres et dures du Massif armoricain.

Mets et vins
Charcuterie, viande blanche.

Température de service
12-13 °C.

Potentiel de garde
1 an.

Anjou-villages

Appellations
AOC Anjou-villages
Couleur
Rouge
Superficie
200 ha
Production
6 000 hl

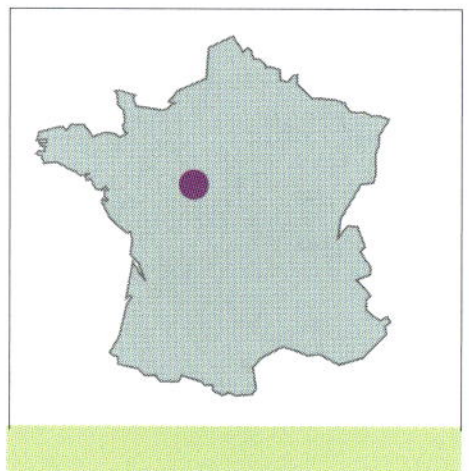

1991

L'aire de l'AOC anjou-villages correspond à une sélection de terrains sur quarante-six communes ; seuls les sols sains, précoces et bénéficiant d'une bonne exposition, ont été retenus. La plupart sont développés sur schistes. Le cépage traditionnel des vins rouges de l'Anjou est le cabernet franc, appelé breton, car il fut importé dès l'époque des Plantagenêts par les portes de la Bretagne. Associé ou non à un autre cépage du Sud-Ouest, le cabernet-sauvignon, il donne des vins de semi-garde.

L'œil

L'anjou-villages est d'une couleur soutenue, intense et profonde, qui rappelle la cerise bien mûre.

Le nez

Le nez, complexe, livre des arômes de réglisse, de sous-bois et de fruits noirs.

La bouche

L'anjou-villages se distingue par son attaque et son côté charnu, plein. Sa structure est fondue, équilibrée entre l'alcool et les tanins. Ce vin fait preuve d'une bonne longueur en bouche. Charpenté et harmonieux, il est apte au vieillissement.

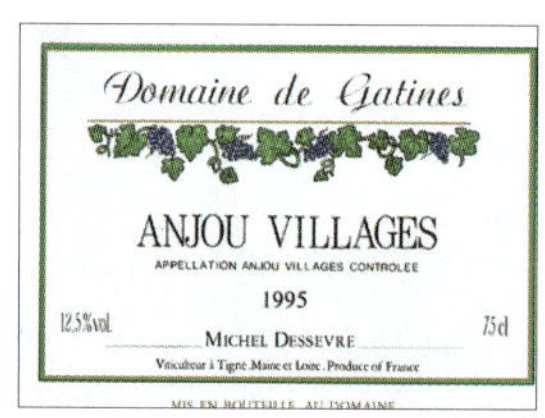

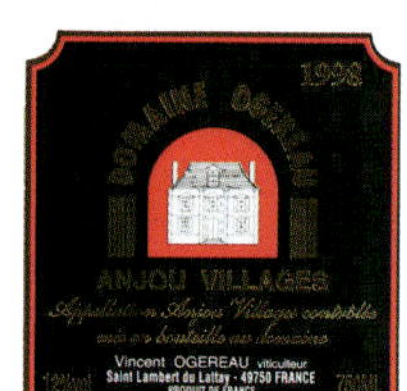

Cépages
Cabernet franc (breton) ; cabernet-sauvignon en complément.

Potentiel de garde
2 à 3 ans (10 ans dans les bons millésimes).

Nature des sols
Sols peu profonds sur schistes altérés.

Température de service
15 °C.

Mets et vins
Viande rouge ou blanche, civet de lièvre, poisson de rivière (sandre, brochet).

Anjou-villages-brissac

Les dix communes constituant l'aire géographique de l'AOC anjou-villages-brissac forment un plateau s'inclinant en pente douce vers la Loire, limité au nord par ce fleuve et, au sud, par les coteaux abrupts du Layon. Le terroir de cette appellation est l'Anjou noir avec ces terres sombres, schisteuses et caillouteuses du Massif armoricain. Y naissent des vins rouges denses qui ressemblent aux paysages qui les voient naître.

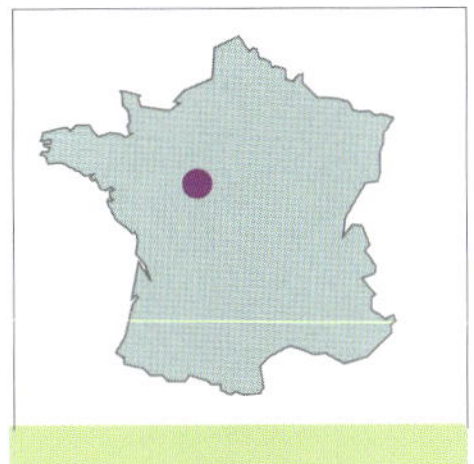

Appellation
AOC Anjou-villages-brissac

Couleur
Rouge

Superficie
85 ha

Production
3 000 hl

L'œil

La robe est rouge sombre, profonde et intense. Sa teinte rappelle celle de la cerise burlat bien mûre.

Le nez

Complexe, la palette affiche généralement une note dominante de fruits rouges et de fruits noirs bien mûrs. Toute une gamme aromatique accompagne cette sensation fruitée, notamment des arômes empyreumatiques (fumé, grillé), des notes de sous-bois, de tourbe, d'humus, des touches d'épices et de réglisse, des parfums entêtants de fleurs (pivoine).

La bouche

La bouche est caractéristique d'un vin de semi-garde. La première impression est celle de charnu, alors que la finale est marquée par la structure tannique lorsque le vin est très jeune.

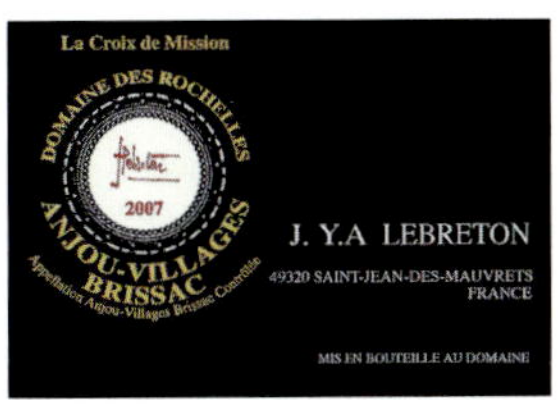

Cépages
Cabernet franc (breton) ; cabernet-sauvignon en complément.

Nature des sols
Argiles du lias et du trias avec quelques éboulis calcaires du plateau.

Température de service
17 °C.

Mets et vins
Viande en sauce ou grillée, gibier.

Potentiel de garde
2 à 10 ans.

Arbois

Appellation
AOC Arbois
Couleurs
Rouge
Rosé
Blanc (sec, vin de paille, vin jaune)
Superficie
835 ha

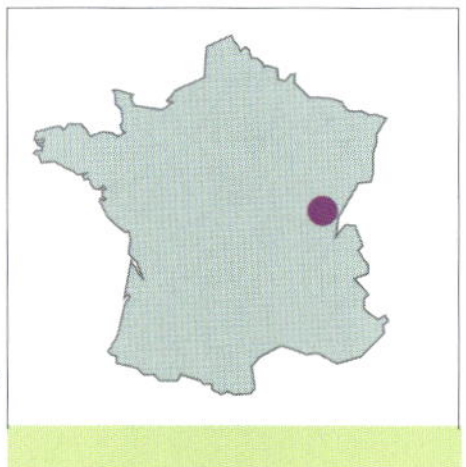

1936

Production
31 966 hl

Principaux cépages
Rouge et rosé : poulsard, trousseau, pinot noir. *Blanc :* chardonnay, savagnin (seul dans le vin jaune).

Au nord du Jura, arbois produit aujourd'hui davantage de vins rouges et rosés que de vins blancs, alors que l'AOC est surtout célèbre pour ses vins jaunes et ses vins de paille. Disposé autour de la ville d'Arbois, le vignoble est réparti sur treize communes et propose une large palette de vins : le poulsard, vinifié en rouge, est clairet et se laisse prendre pour un rosé ; les vins jaunes issus du savagnin élevés six ans sous voile et les vins de paille élaborés à partir de raisins rouges ou blancs, récoltés très tôt et passerillés sur claies, ont de fortes personnalités. On trouve aussi des chardonnays en blanc et des trousseaux en rouge. Il faut savoir découvrir avec patience ces vins au caractère déjà un peu montagnard et inimitable.

Nature des sols
Argiles du lias et du trias avec quelques éboulis calcaires du plateau.

VIN JAUNE : VOIR CHÂTEAU-CHALON

Potentiel de garde
Blanc issu du chardonnay : 3 ans.
Rouge issu du poulsard : 3 à 5 ans.
Vin jaune : 50 ans.
Vin de paille : plus de 10 ans.
Rosé : à boire jeune.

L'œil

• L'arbois rouge issu du poulsard possède une robe claire, d'un rosé léger à un rouge rubis quand le vin est jeune. Il évolue vers la pelure d'oignon.

• Le vin blanc de savagnin présente une couleur or. La présence de chardonnay se traduit par de jolis reflets verts.

Le nez

• Le fruité domine dans l'arbois rouge avec de petits fruits rouges souvent agrémentés d'une touche « sauvage ».

• L'arbois blanc évoque la noix sèche et la pomme verte.

La bouche

• À l'instar du nez, la bouche des vins rouges est fruitée, peu tannique, plus ou moins légère selon le temps de cuvaison. Une note acidulée est fréquente et la persistance durable.

• Les vins blancs de savagnin laissent noix et orange (écorce) s'exprimer dans une bouche opulente, mais équilibrée et déjà très longue.

Pupillin

Depuis le 12 juin 1970, le nom de Pupillin peut être adjoint au nom de l'appellation d'origine contrôlée arbois pour les vins obtenus sur le territoire délimité de la commune éponyme. Cette particularité est due à la notoriété ancienne dont jouissent les produits issus de ce village. Une dizaine de viticulteurs mettent leur production en bouteilles, les autres livrent leur vendange à la fruitière (cave coopérative). Le poulsard se trouve dans son élément et donne le meilleur de lui-même.

Température de service

Rouge : 15 °C.
Blanc : 12 °C.
Vin jaune : légèrement chambré.
Vin de paille et effervescent : 8 °C.

Ci-contre, vendanges dans le vignoble d'Arbois. En haut, chais du Sorbief.

Mets et vins

Vins jaune et blanc de savagnin : viande blanche, comté.
Vin blanc : poisson, viande blanche à la crème.
Vin rouge de poulsard : viande rouge rôtie, fromages.
Vin rouge de trousseau : viande rouge en sauce, gibier.
Vin de paille : desserts.
Vin jaune : homard grillé, poulet au vin jaune.

Armagnac et blanche-armagnac

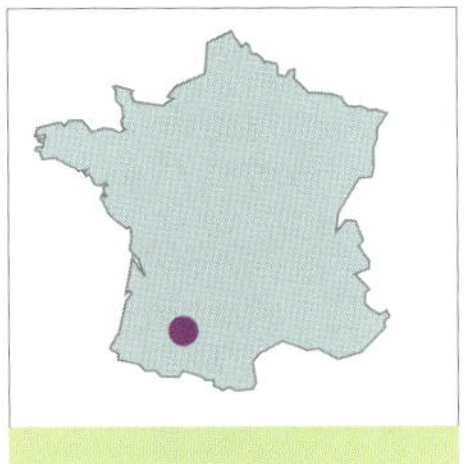

Appellation
AOC Armagnac
AOC Blanche-armagnac
Superficie
3 700 ha
Production
6 millions de bouteilles

Armagnac :
1936

Blanche Armagnac :
2005

Principaux cépages
Folle blanche, ugni blanc, baco 22A, colombard.

Nature des sols
Sables fauves ferrugineux (Bas-Armagnac) ; boulbènes et argilo-calcaires (Armagnac-Ténarèze) ; calcaires et argilo-calcaires (Haut-Armagnac).

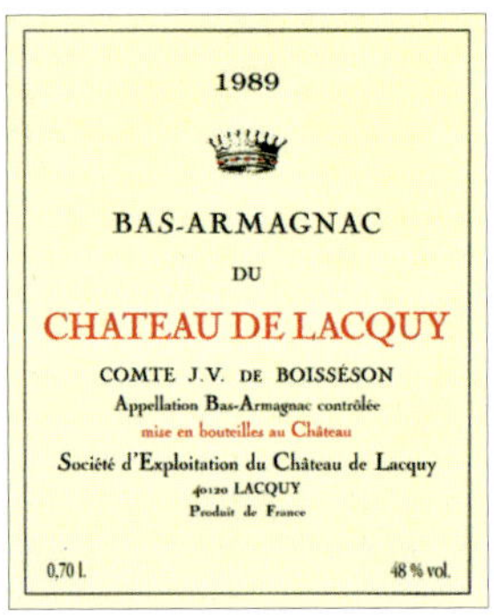

Si les alcools mondiaux sont souvent devenus des produits industriels, l'armagnac – « l'eau qui brûle » en gascon – demeure une production presque artisanale. La plus ancienne eau-de-vie de France, mentionnée dès le XIVe s., est élaborée à partir de quatre cépages principaux, vinifiés le plus souvent en assemblage : l'ugni blanc, cépage de distillation par excellence, utilisé surtout en assemblage ; la folle blanche, en déclin car délicate mais donnant des eaux-de-vie fines et florales ; le baco 22 A, seul hybride subsistant en France, conférant des arômes de fruits mûrs ; et le colombard, très cultivé en Gascogne. Trois terroirs se partagent la production : à l'ouest, le Bas-Armagnac, dans les Landes et le Gers, autour d'Eauze, qui produit les eaux-de-vie les plus réputées ; au centre, l'Armagnac-Ténarèze, du nord-ouest du Gers au sud du Lot-et-Garonne, qui donne des armagnacs plus corsés ; et, au sud et à l'est, le Haut-Armagnac, la zone la plus étendue mais ne produisant que 5 % des eaux-de-vie. Dernière née, en 2005 : la blanche-armagnac, une eau-de-vie cristalline qui ne connaît pas le bois et qui est conservée sous contenant inerte dès la distillation terminée.

L'œil

L'examen visuel est moins riche d'enseignements que pour un vin, la couleur traduisant avant tout l'élevage sous bois : ce sont les tanins du chêne qui colorent peu à peu une eau-de-vie sortie incolore de l'alambic. On trouve néanmoins une large palette de couleurs : du brun à l'ambré, en passant par l'orangé et le doré. La blanche-armagnac, comme son nom l'indique, se présente dans une robe limpide et brillante.

Principales dénominations

Les étiquettes portent diverses dénominations attribuées en fonction de la durée de vieillissement sous bois. L'âge indiqué est toujours celui de l'eau-de-vie la plus jeune entrant dans l'assemblage. Trois Etoiles : plus de 2 ans ; VSOP (Very Superior Old Pale) : plus de 4 ans ; Extra, Napoléon, Vieille Réserve, XO (Extra Old) : plus de 5 ans ; Hors d'Âge : plus de 10 ans (15 ans, 20 ans, 25 ans…). Certaines cuvées sont millésimées (10 ans d'âge minimum, le millésime correspondant à l'année de récolte).

Le nez

D'une manière générale, un nez chaleureux, qui évoque la cuisson (alambic, vin chaud, bouillon de viande), les fleurs (tilleul, rose, jacinthe, violette…), les fruits (prune, poire, pomme, pêche, banane…) et la pâtisserie, caractérise les armagnacs jeunes. Les dix ans d'âge dévoilent des notes d'épices, de fruits confits et de boisé grillé. Avec les vingt d'âge et plus, apparaissent les fruits secs, les notes animales et de rancio (truffe, noix, cire…). Les terroirs ont aussi leur influence : pruneaux, zest d'orange et vanille pour les Bas-Armagnac ; parfums soutenus de violette et d'épices pour les Armagnac-Ténarèze... La blanche-armagnac se distingue quant à elle par ses notes très fruitées (prune et poire notamment) et florales (fleur de vigne, tilleul).

La bouche

L'aire du Bas-Armagnac produit l'eau-de-vie la plus fine, délicate et fruitée. Les Armagnec-Ténarèze sont plus corsés, plus viriles et fougueux. Ils atteignent leur plénitude après un long vieillissement.
Le Haut-Armagnac a du caractère en bouche, se montrant parfois même un peu rustique. La blanche-armagnac est ronde, souple, ample et fruitée.

Température de service

Armagnac : 18-20 °C.
Blanche-armagnac : frappé ou avec un glaçon.

Mets et vins

Armagnac : tapas, foie gras, cuisine sucrée-salée (magret de canard au miel, pintadeaux pruneaux ou aux pêches…), cuisine asiatique, roquefort, dessert au chocolat.
Blanche Armagnac : caviar, poissons fumés, tarte aux fruits (citron, poires, Tatin…).

Auxey-duresses

Appellations
AOC Auxey-duresses
AOC Auxey-duresses premier cru
Couleurs
Rouge
Blanc
Superficie
150 ha
Production
4 570 hl (rouge)
2 000 hl (blanc)

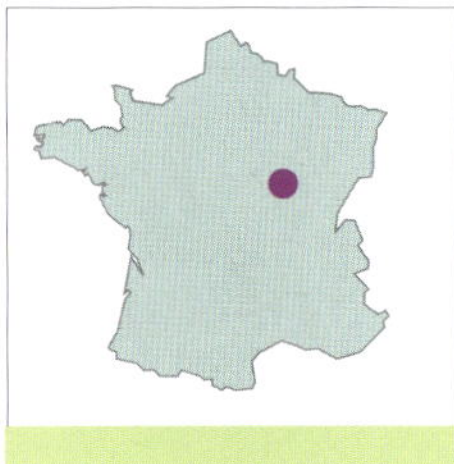

1937

Au seuil d'une vallée qui s'enfonce dans les Hautes-Côtes à l'ouest de Meursault, le village d'Auxey était une dépendance de l'abbaye de Cluny au Moyen Âge ; il a accolé, en 1924, son nom à celui du climat Les Duresses. Dans le prolongement de Volnay, la montagne du Bourdon offre à la vigne une orientation sud-est : c'est le terroir du pinot noir. Le sol très fin du mont Mélian, de l'autre côté de la route, est quant à lui propice au chardonnay. Les premiers crus ont chacun un caractère propre : Les Duresses sont très fruités, le Clos du Val et le Climat du Val puissants.

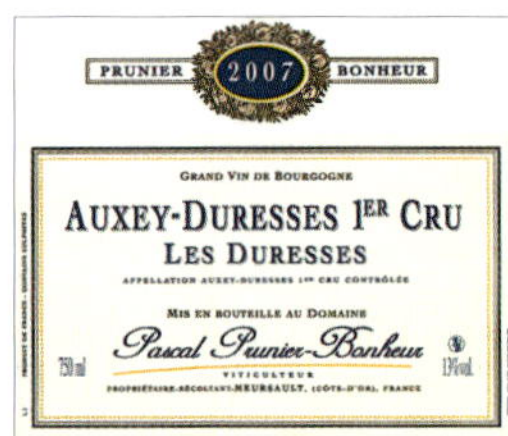

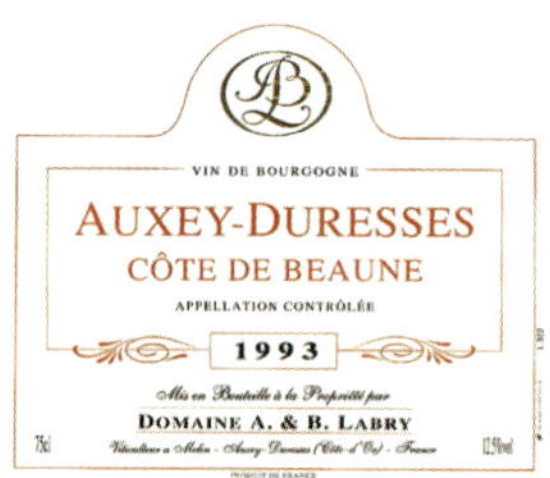

Les premiers crus
Bas des Duresses
Les Bréterins
La Chapelle
Climat du Val
Clos du Val
Les Duresses
Les Ecussaux
Les Grands Champs
Reugne

Cépages
Rouge : pinot noir.
Blanc : chardonnay.

Nature des sols
Calcaires marneux et argilo-calcaires.

Potentiel de garde
Rouge : 5 à 10 ans, parfois davantage.
Blanc : 3 à 5 ans.

L'œil

• Les rouges ont souvent une belle robe rubis vif. Leurs nuances sont proches du violacé.
• En blanc, le vin est paille et brillant, clair et limpide, cristallin.

Le nez

• En rouge, le fruité s'impose d'emblée. Ses nuances vont du fruit rouge (framboise, cerise, groseille) au fruit noir (mûre, cassis). Les senteurs florales sont dominées par la pivoine. Avec le temps, le bouquet évolue vers l'épice, parfois l'animal et le sous-bois (fougère, champignon), le confit et le cuir.
• En blanc, la palette évoque l'aubépine, avec une nuance citronnée, et la pomme de reinette.

La bouche

• En rouge, la bouche est régulière, avec un rien d'astringence lorsque le vin est jeune. La chair et les tanins se complètent parfaitement. Il est préférable de faire patienter le vin en cave.
• En blanc, on perçoit de l'ampleur et du gras, ainsi qu'une vivacité spontanée et assez d'acidité pour bien vieillir. Un vin généralement friand, moelleux, sans être lourd.

Les deux versants d'Auxey sont recouverts de vignes. Le village bénéficie d'une situation de balcon entre les reliefs de la Côte et des Hautes Côtes.

Température de service

Rouge : 15-16 °C.
Blanc : 12-14 °C.

Mets et vins

Rouge : filet mignon de veau, agneau, lapin, volaille, fromages (cîteaux, brillat-savarin, saint-nectaire, brie).
Blanc : terrine, quenelles, cuisses de grenouilles, feuilleté d'escargots, sandre ou brochet en sauce, poisson poché, fromages (bleu, livarot, époisses).

Bandol

Appellation
AOC Bandol
Couleur
Rouge
Rosé
Blanc
Superficie
1 700 ha
Production
58 200 hl

1941

L'aire de l'appellation bandol, adossée à un vaste amphithéâtre de collines, s'étend sur huit communes (Bandol, Le Beausset, La Cadière-d'Azur, Le Castellet, Évenos, Ollioules, Saint-Cyr-sur-Mer et Sanary) aux portes de Toulon. Dans ce contexte géographique, l'association d'un climat chaud à influence maritime et d'un sol squelettique à influence calcaire a offert au mourvèdre, cépage exigeant, sa niche écologique. Les vins issus de ce terroir aiment à se faire attendre avant de dévoiler leur secret. Grands seigneurs de bandol, les vins rouges, puissants et charpentés, sont de longue garde. Les rosés occupent une place croissante, tandis que les blancs constituent une production plus confidentielle.

Nature des sols
Sols squelettiques sur grès calcarifères et marnes sableuses ou sur éboulis avec caractère rendziniforme.

L'œil

- Dans leur jeunesse, les vins rouges ont une robe pourpre. Celle-ci évolue vers des teintes rubis et grenat foncé au cours de la garde en bouteille.
- Les vins rosés présentent généralement une robe pâle églantine ou saumonée.
- Les vins blancs ont une robe jaune paille clair.

Le nez

- Caractérisés au départ par des arômes agrestes – cassis, framboise, mûre, pivoine, héliotrope –, les vins rouges acquièrent après quatre ou cinq années en bouteille des arômes spécifiques de truffe et de sous-bois, de réglisse, de cannelle ou de musc.
- Dans les rosés, l'expression aromatique s'ordonne autour des fruits rouges ou du couple pêche-abricot assez caractéristique avec, selon les terroirs, des nuances d'ananas, de fenouil ou de menthe.
- Les vins blancs expriment soit une palette olfactive dans la série fruitée – pamplemousse ou fruits secs, soit un bouquet dans la série florale – fleurs blanches (tilleul), ou fleurs jaunes (genêt).

La bouche

- La structure tannique du mourvèdre dans les vins rouges se civilise et s'arrondit avec les années. Sur fond de réglisse ou de cannelle s'inscrit le caractère spécifique de truffe qui s'exprime sur des tanins affinés et veloutés.
- Légers et frais en bouche, les rosés peuvent acquérir plus de structure et une meilleure longévité grâce à la présence de mourvèdre.
- En bouche, les blancs peuvent être très vifs et frais. La structure gagne parfois en puissance, avec des saveurs onctueuses : vins de bouche, ils doivent alors accompagner une gastronomie élaborée.

Page de gauche : le château de Pibarnon, l'un des cinquante-huit domaines du vignoble de Bandol.

Principaux cépages

Rouge : mourvèdre (minimum 50 %), grenache, cinsault ; syrah, carignan.
Rosé : mourvèdre, grenache, cinsault ; syrah, carignan et cépages blancs de l'appellation.
Blanc : clairette, ugni blanc, bourboulenc (60 % minimum de l'encépagement) ; sauvignon.

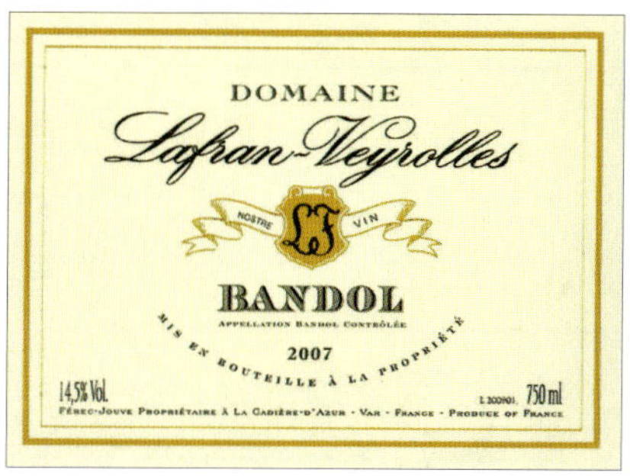

Mets et vins

Rouge : gibier, daube, agneau grillé, dessert au chocolat.
Rosé : bouillabaisse, soupe de poisson, gambas et rougets grillés, tomate à l'ail, à l'apéritif avec des olives, anchoïade, pissaladière.
Blanc : poisson, fromages.

Potentiel de garde

Rouge : plus de 10 ans.
Rosé et blanc : 1 à 3 ans.

Température de service

Rouge : 16-18 °C.
Rosé : 8-10 °C.
Blanc : 11-12°C.

Banyuls et banyuls grand cru

Appellations
AOC Banyuls
AOC Banyuls grand cru
Couleurs
Rouge
Blanc
Rosé (rare)

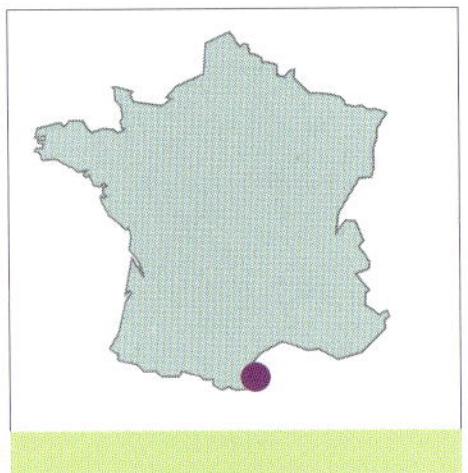

1936

Bien qu'au bord de la mer, les communes de la Côte Vermeille (Collioure, Port-Vendres, Banyuls, Cerbère), retenues dans l'aire de banyuls, sont montagnardes ; elles sont cernées par l'Espagne au sud, la Méditerranée à l'est et les Pyrénées à l'ouest. Sur des sols schisteux, le vignoble a des rendements très faibles (20 hl/ha en moyenne). Ce vin doux naturel se conjugue aussi bien en *rimages* (vins d'un seul millésime avec mise en bouteilles précoce, afin de préserver au mieux les arômes du fruit) qu'en vins d'assemblage ou de millésimes anciens. Les vignerons réservent un élevage de trente mois au banyuls grand cru et d'un an au banyuls. Puissant et rond, le banyuls est un vin d'une longueur exceptionnelle.

Superficie
600 ha (banyuls)
260 ha (grand cru)
Production
9 400 hl (banyuls)
3 500 (grand cru)

Nature des sols
Schistes du primaire.

Cépages
Grenache noir (50 % minimum obligatoires en banyuls ; 75 % minimum obligatoires en banyuls grand cru) ; grenache gris ; de rares grenache blanc, carignan et macabeu ; muscat et malvoisie (pour mémoire).

Page de droite : Vieillissement du banyuls en fûts exposés en plein air.

Potentiel de garde
Plusieurs dizaines d'années.

L'œil

Rimage, le banyuls est d'un rouge rubis profond. Les produits élevés offrent une palette allant du rouge tuilé au brun acajou. C'est l'oxygène de l'air qui provoque une chute de la matière colorante, phénomène accentué par l'élévation de la température. Parfois, l'oxydation poussée confère au vin une couleur café ou des reflets verts indiquant l'acquisition du caractère rancio. Riche en alcool et en glycérol, ce vin doux naturel laisse apparaître à l'agitation de très belles jambes.

Le nez

Caractère marquant des vins doux naturels, le nez est toujours très puissant. Le raisin mûr, la cerise, le kirsch, la mûre ou le fruit rouge sont l'apanage des *rimages*. Cet univers aromatique très varié va, selon l'intensité de l'oxydation et la durée d'élevage, des fruits cuits aux fruits secs avec des notes grillées, épicées. Torréfaction, café, cuir et noix en sont les stades ultimes. Les banyuls et banyuls grand cru sont rarement monocordes et chacun développe son propre bouquet.

La bouche

Les *rimages* ont l'ardeur de la jeunesse et la charpente solide des vins en devenir. Le fruit est présent, charnu accompagné de tanins puissants sur une touche d'alcool conférant une finale très fraîche. Après élevage, ces vins s'ouvrent sur un autre monde : du pruneau à l'eau-de-vie au café torréfié, sans oublier les fruits secs, le cacao, la figue, le tabac, etc. L'ensemble est accompagné par une structure remarquable. Alcool et tanins s'équilibrent ; le sucre ainsi entouré se fond et amplifie le volume. La puissance se fait velours.

Température de service

Vin jeune : 12-14 °C.

Vin plus âgé : 15-17 °C.

Mets et vins

Apéritif ou dessert (notamment chocolat) ; foie gras, fromages persillés, café ou cigare.

Barsac

Appellation
AOC Barsac
Couleur
Blanc (liquoreux)
Superficie
500 ha
Production
9 500 hl

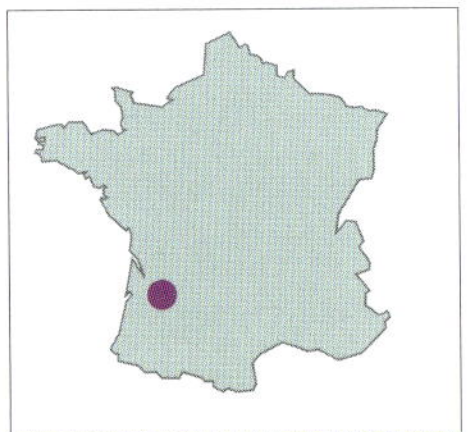

1936

Sur la rive gauche du Ciron, qui la sépare de sauternes, l'appellation barsac bénéficie d'un microclimat spécifique : en effet, la confluence des eaux froides du Ciron et de celles plus chaudes de la Garonne engendre en automne des brouillards matinaux. Alliés à un ensoleillement fort dans l'après-midi, ces conditions sont propices au développement du *Botrytis cinerea* (pourriture noble) qui concentre le sucre dans le raisin et permet la production de grands liquoreux, voluptueux et racés, dont l'évolution réserve de belles surprises, notamment dans les grands millésimes. Notez que tous les vins de l'AOC barsac peuvent bénéficier de l'appellation sauternes. Comme cette dernière, plusieurs de ses crus ont été classés en 1855.

L'œil

Jeune, le barsac est d'une puissante couleur d'or. Puis, il évolue vers des teintes ambrées avant d'arriver, au bout de quelques décennies, à des notes rappelant le thé.

Le nez

Aux notes de miel, de noisette et de fleurs s'ajoutent des parfums d'orange confite et d'abricot sec, ou de vanille. Après quelques années de garde, de subtiles odeurs de grillé, d'épices, de noix de coco, d'anis, de cire et de cognac ou de rancio apparaissent.

La bouche

Riche, onctueux et généreux, le barsac se montre frais, fruité, nerveux et élégant dans sa jeunesse. S'il étonne par son gras, sa richesse et sa puissance, le grand liquoreux âgé surprend plus encore par son élégance, sa finesse et sa race. Les arômes du palais s'harmonisent avec les sensations tactiles pour donner un ensemble parfaitement équilibré.

Cépages
Sémillon, sauvignon, muscadelle.

Nature des sols
Calcaires, graveleux, argilo-calcaires et sable rouge.

Mets et vins
Foie gras, poisson fin (lotte safranée à l'orange), viande blanche à la crème, volaille, roquefort et fromages à pâte persillée, salade de fruits.

Température de service
8-9 °C.

Potentiel de garde
20 ans (jusqu'à 100 ans pour certains crus).

Bâtard-montrachet

Sur les communes de Puligny et de Chassagne, dans le sud de la Côte de Beaune, ce grand cru est implanté le long de la route, sur un terrain en faible pente. Aucun domaine ne dépasse ici un hectare. La plupart ne couvrent pas plus de 15 ares. Les sols bruns calcaires à forte teneur en argile sont composés d'alluvions anciennes. Le vignoble produit des vins au parfum pénétrant, qui ont une étonnante longévité. Ils possèdent du corps et de la puissance.

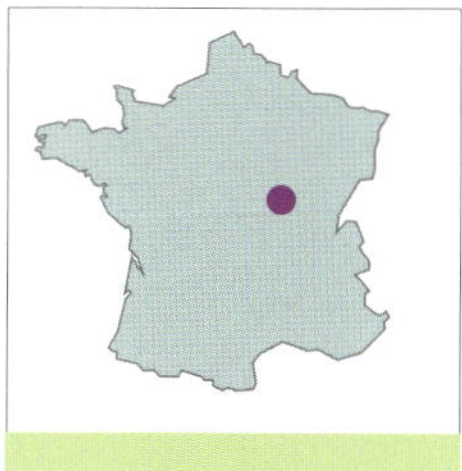

1937

Appellation
AOC Bâtard-montrachet
Classement
Grand cru
Couleur
Blanc
Superficie
11 ha
Production
500 hl

L'œil
La couleur classique du bâtard-montrachet brille d'or clair, illuminé de reflets émeraude. Avec le temps, cette nuance évolue vers le jaune d'or vif.

Le nez
Nuance de fougère côté Puligny, de beurre et de croissant chaud côté Chassagne. Il s'y ajoute souvent la citronnelle, le fruit sec, l'amande amère, un rien de minéral, quelques épices encore et le miel. Des notes d'orange parfois.

La bouche
Le bâtard-montrachet bénéficie dans sa jeunesse de toute l'acidité nécessaire ; il est onctueux et pourtant sec, ferme et caressant, enveloppé et profond. Aucun excès de gras ni de puissance, un raffinement extrême.

Mets et vins
Quenelles de brochet, vol-au-vent, dodine de canard, jambon du Morvan à la crème, poularde de Bresse à la crème et aux morilles.

Température de service
12-14 °C.

On ignore l'origine exacte du nom « bâtard-montrachet », mais il est depuis longtemps utilisé, sans doute en raison de la situation par rapport au montrachet, appelé autrefois « montrachet aîné ».

Nature des sols
Sols bruns calcaires de plus en plus argileux et épais vers l'est.

Cépage
Chardonnay.

Potentiel de garde
10 à 15 ans (jusqu'à 30 ans dans les grandes années).

Les baux-de-provence

Appellation
AOC Les baux-de-provence
Couleurs
Rouge
Rosé
Blanc (rare)
Superficie
325 ha

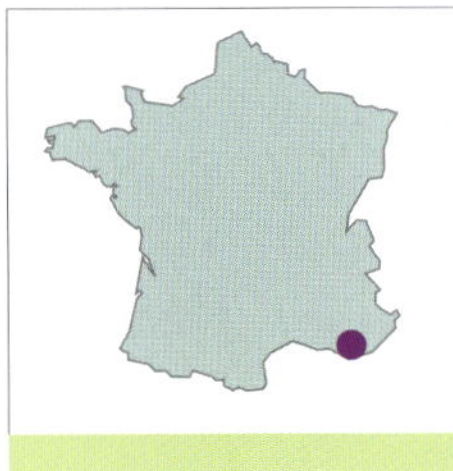

1995

Au pied des Alpilles, l'extraordinaire citadelle des Baux, fondée sur les ruines d'un oppidum celte, veille aujourd'hui sur les vignes et les oliviers. Sur ce terroir situé au sud de Saint-Rémy-de-Provence, le vignoble est implanté sur des épandages de pente et des colluvions. Il produit des vins rouges structurés et des rosés qui concilient robustesse et finesse, et désormais de rares vins blancs.

L'œil

- Les vins rouges prennent une teinte rubis et grenat foncé après les douze mois d'élevage minimum exigés.
- Élaborés par saignée, les rosés ont une robe qui va du rose saumon à la pivoine.

Le nez

- Les rouges dévoilent des notes végétales (romarin, thym, tabac) évoluant vers des accents de fruits noirs ou des touches animales (ambre, gibier, ventre de lièvre).
- Les rosés libèrent un nez fruité (fruit rouge), floral (fenouil, aneth) et empyreumatique (pierre à fusil).

La bouche

- Les vins rouges sont robustes, charpentés, dotés d'une bonne réserve de tanins fins, anoblis par l'élevage.
- Les vins rosés sont généralement structurés, avec une certaine rusticité et du gras. Il n'est pas rare de trouver des notes de fruits secs (noisette).

Production
6 500 hl

Potentiel de garde
Rouge :
5 à 10 ans.
Rosé et blanc :
2 ans.

Cépages
Rouge et rosé : grenache, mourvèdre, syrah, cinsault, cabernet-sauvignon, carignan, counoise.
Blanc : clairette, grenache blanc, vermentino, roussanne, bourboulenc, marsanne, ugni blanc.

Nature des sols
Épandages de pente et colluvions ; glacis, cônes de déjection ; éboulis ou grèzes litées.
Sols caillouteux brun rouge à brun jaunâtre, à matrice argilo-sableuse ou issus de grèzes de limon brun jaune.

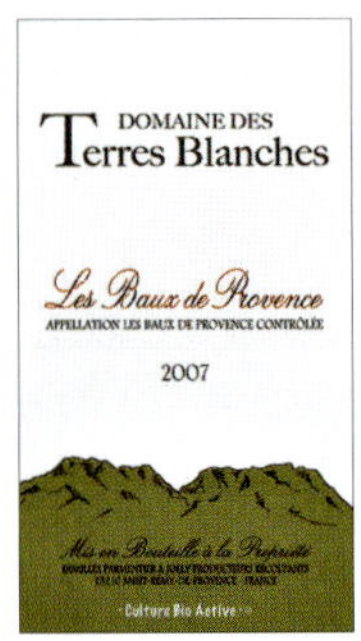

Température de service
Rouge : 12-14 °C.
Rosé et blanc : 8-10 °C.

Mets et vins
Rouge : gibier à poil, gigot d'agneau, bœuf en daube.
Rosé : apéritif accompagné d'olives, fleurs de courgette en beignets, grillade.

Béarn

L'appellation régionale béarn couvre, en aval d'Orthez, l'aire des vignobles du Jurançonnais, du Madirannais et de Salies-Bellocq, dans les Pyrénées-Atlantiques, les Hautes-Pyrénées et le Gers. Le vignoble, planté sur les collines prépyrénéennes et les graves de la vallée du Gave, produit des vins rouges corsés, des rosés aromatiques, vifs et délicats, et des blancs légers.

1975

Appellations
AOC Béarn
Couleurs
Rouge
Rosé
Blanc (confidentiel)
Superficie
230 ha

L'œil

- La robe intense est d'un rouge sombre à reflets grenat.
- Les rosés sont reconnaissables à leur robe brillante tirant sur le jaune.
- Les blancs sont illuminés de reflets verts.

Le nez

- Expressive et dense dans les vins rouges, la palette évoque la compote de fruits rouges et noirs bien mûrs, les épices et la réglisse.
- Les rosés sont riches en fruits. Ils libèrent des arômes fins de cabernet.
- Les blancs exhalent des parfums végétaux (mentholés), floraux et fruités (citron, pamplemousse).

La bouche

- Le fruit marque les vins rouges depuis leur attaque franche jusqu'à leur matière puissante.
- Les rosés sont des vins vifs et délicats, dotés d'une bonne structure en bouche.
- Les blancs, d'abord fringants, s'arrondissent et acquièrent de la persistance sur le fruit.

Principaux cépages
Rouge et rosé : tannat, cabernet-sauvignon, cabernet franc (bouchy) ; manseng noir, courbu rouge, fer servadou.
Blanc : petit et gros mansengs, ruffiat ; courbu, sauvignon, camaralet.

Nature des sols
Argilo-calcaires et terrasses graveleuses du gave de Pau.

Température de service
Rouge : 15-16 °C.
Blanc et rosé : 8-10 °C.

Mets et vins
Rouge : garbure, fromages de brebis des Pyrénées.
Rosé : charcuterie, viande blanche, cuisine méditerranéenne.
Blanc : apéritif (nature ou en kir), volaille, saumon.

Production
9 900 hl

Potentiel de garde
Rouge : 2 à 5 ans.
Blanc et rosé : dans l'année de production.

Beaujolais

Appellation
AOC Beaujolais
Couleurs
Rouge
Rosé
Blanc
Superficie
9 400 ha
Production
458 200 hl

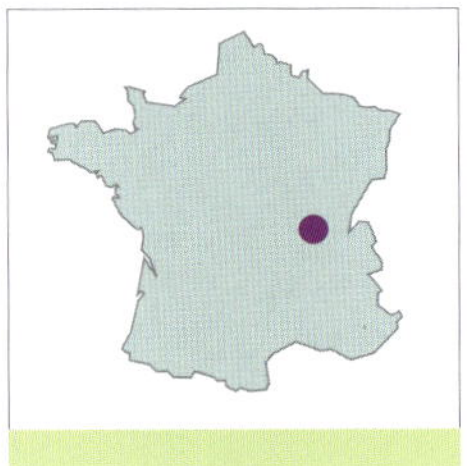

1937

Prolongeant la Bourgogne au sud de Mâcon et s'étendant sur 50 km jusqu'aux coteaux du Lyonnais, le Beaujolais est officiellement rattaché à la Bourgogne viticole. La région, de caractère déjà méridional, doit son nom aux sires de Beaujeu qui en furent les détenteurs jusqu'en 1400. L'appellation beaujolais produit essentiellement des vins rouges à partir du gamay vinifié en grains entiers, selon les principes de la vinification beaujolaise qui apporte des arômes floraux et fruités. Les reliefs anciens aux formes arrondies du nord-ouest de l'aire géographique sont les terrains privilégiés des dix crus du Beaujolais et de l'appellation beaujolais-villages. Le vignoble de l'AOC beaujolais est implanté sur des terrains sédimentaires. Ici, la vigne couvre les coteaux en bordure du Massif central, jusqu'à 500 m d'altitude.

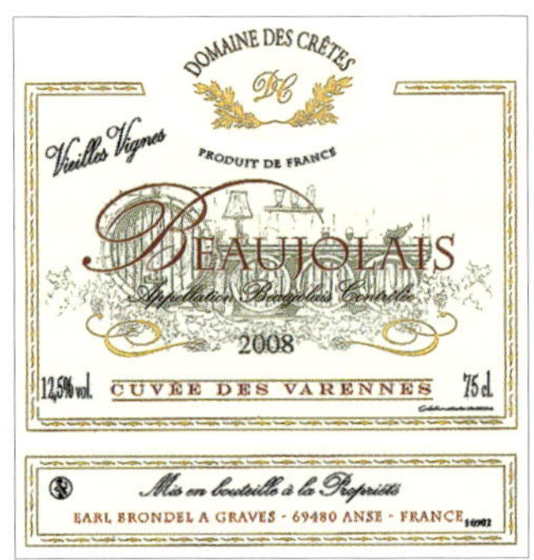

Cépages
Rouge et rosé : gamay noir.
Blanc : chardonnay.

Nature des sols
Calcaires et argilo-calcaires surtout ; roches cristallines dans la haute vallée de l'Azergues (ouest).

Potentiel de garde
1 à 2 ans.

L'œil

Le beaujolais idéal affiche un rouge vif, intense, limpide et brillant. Il est revêtu de pourpre, de carmin, de cerise, de vermillon même, ou décline toutes les nuances du rubis. Il peut aussi être grenat, mais jamais très foncé. Il se pare souvent de reflets violets, signe de jeunesse.

Le nez

Le charme du beaujolais réside dans son fruité intense, qui s'impose dès le premier nez. On reconnaît, seuls ou associés, la framboise, le cassis, la groseille ou la fraise. Dans les vins les plus subtils, quelques touches florales et des nuances végétales se mêlent aux fruits, composant un nez d'une grande fraîcheur.
Les beaujolais nouveaux se distinguent par des notes amyliques – banane mûre, bonbon anglais.

La bouche

Les arômes fruités se retrouvent en bouche, avec une grande persistance dans les meilleures bouteilles. Le beaujolais est généralement vif et tendre. Toutefois, quand la vinification est réussie, il peut être bien charnu et donner l'impression de croquer un fruit. Contrepartie de cette amabilité immédiate, une durée de vie assez courte – un an ou deux. Les primeurs doivent être consommés dans les trois mois et avant la fin du printemps suivant la récolte.

Le beaujolais nouveau

Vin de primeur, le beaujolais nouveau écoule entre 50 et 60 % de la récolte des appellations beaujolais, beaujolais-villages, quelques semaines après les vendanges, à la mi-novembre. C'est un vin rouge tendre et gouleyant, résultat de cuvaisons courtes et de macérations semi-carboniques, qui permettent de développer les arômes de fruits.

L'encépagement du Beaujolais est dominé à 99 % par le gamay. Pendant les dix premières années de sa culture, ce plant au port retombant doit être soutenu par des échalas.

Température de service

Rouge : 11-12 °C.
Rosé et blanc : 10 °C.

Mets et vins

Charcuterie, rôti de porc, pot-au-feu, fromages.

Beaujolais-villages

Appellation
AOC Beaujolais-villages ou beaujolais suivi du nom de la commune d'origine

Couleurs
Rouge
Rosé

Blanc (confidentiel)

Superficie
6 300 ha

Production
312 590 hl

1937

Sélection des meilleurs coteaux du Beaujolais, l'appellation rassemble trente-huit communes de la partie nord du vignoble. La délimitation marque la transition entre les argilo-calcaires du sud du Beaujolais et ne retient que les sols granitiques. À partir du gamay noir, les vignerons obtiennent des vins rouges bien structurés ou fruités. Les rares beaujolais-villages blancs proviennent des plants de chardonnay de ces villages.

L'œil

Les vins issus des sables granitiques et vinifiés en primeur s'habillent d'une robe légère. Ceux provenant de vieilles vignes plantées sur sols schisteux, un peu plus argileux, et bénéficiant d'une vinification plus longue, dévoilent des tonalités plus sombres.

Le nez

Tous les parfums des fruits rouges et des fleurs des champs se déclinent selon l'origine des cuvées. Les odeurs fruitées rappellent souvent le cassis, la fraise des bois, la framboise. Les composés amyliques évoquent des fruits plus exotiques comme la banane. Les senteurs florales (genêt, violette) caractérisent en général les terroirs les plus élevés.

La bouche

Les caractères recherchés en beaujolais-villages sont la souplesse, la finesse et le fruité. Peu tanniques, ces vins laissent s'épanouir tout le fruité pressenti à l'olfaction avec une très bonne persistance. Peu acides, ils se dégustent facilement.

Le beaujolais supérieur

Cette appellation confidentielle ne comporte pas de territoire délimité spécifique : chaque année, une sélection parcellaire des vignes est réalisée et déclarée avant l'été. Les moûts en doivent présenter une richesse équivalent en alcool de 0,5° supérieure à ceux de l'appellation beaujolais. L'AOC produit entre 1 500 et 5 000 hl de vins rouges structurés et de garde, et de vins blancs.

Nature des sols
Sables granitiques, schistes, gneiss.

Cépage
Gamay noir.

Potentiel de garde
2 à 4 ans.

Mets et vins
Charcuterie, gratin, viande blanche.

Température de service
Rouge : 13 °C.
Rosé et blanc : 10 °C.

Beaumes-de-Venise

En 2005, les vins rouges de Beaumes-de-Venise, classés depuis 1979 en côtes-du-rhône-villages, accèdent au rang de cru et se placent aux côtés d'autres prestigieuses appellations communales comme châteauneuf-du-pape, vacqueyras et gigondas. Jouxtant ces deux dernières AOC, Beaumes-de-Venise tire son nom des grottes (*balmes* en provençal) creusées dans les roches de la commune éponyme. Quant au nom de Venise, il est à relier au terme de « Comtat venaissin », possession des papes du XIIIe siècle à la Révolution. L'aire géographique est délimitée au nord-est d'Avignon sur quatre communes du Vaucluse : Beaumes-de-Venise, Lafare, La Roque-Alric et Suzette. En partie implanté sur des restanques ou faysses (terrasses), sur des sols sablo-argileux, le vignoble occupe le versant sud des célèbres Dentelles de Montmirail, aux formes déchiquetées. Protégé du mistral par les reliefs avoisinants, il bénéficie d'un climat méditerranéen chaud, rafraîchi localement par une certaine altitude. L'appellation ne produit que des rouges issus majoritairement du grenache noir (50 % minimum). Vendangés obligatoirement à la main et triés, ces raisins donnent naissance à des vins puissants et concentrés.

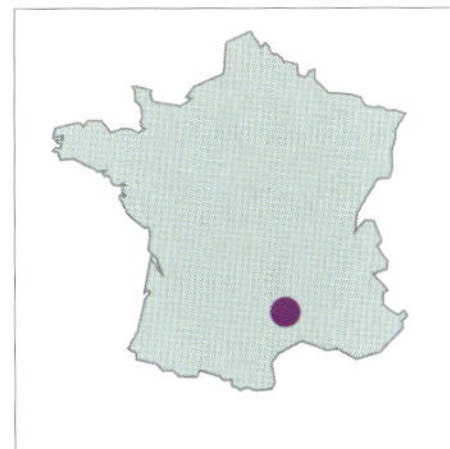

2005

Appellations
AOC Beaumes-de-venise
Couleurs
Rouge
Superficie
580 ha
Production
20 000 hl

Cépages
Grenache noir, puis syrah ; mourvèdre et 18 cépages accessoires, y compris des blancs.

Nature des sols
Sols marneux, calcaires, argilo-sableux, molasses, grès, sur marnes.

Potentiel de garde
1 à 5 ans.

L'œil
Les vins se parent d'une robe dense, auréolée de pourpre dans leur jeunesse. La profondeur de la robe annonce une matière riche et puissante.

Le nez
Complexe et expressif, le nez mêle les fruits rouges compotés (cerise, myrtille, cassis) aux épices et à la réglisse.

La bouche
Les beaumes-de-venise sont des vins amples et charnus. Leur structure construite sur des tanins serrés et sur un alcool généreux leur permet d'évoluer dans le temps. La bouche dévoile une matière concentrée aux parfums de fruits mûrs et d'herbes aromatiques et affiche d'une bonne persistance.

Température de service
14-16 °C.
Mets et vins
Daube de bœuf provençale, civet de lapin, sauté d'agneau au curry, brouillade de truffes, dessert au chocolat.

Beaune

Appellations
AOC Beaune
AOC Beaune premier cru
Couleurs
Rouge
Blanc
Superficie
400 ha
Production
16 000 hl

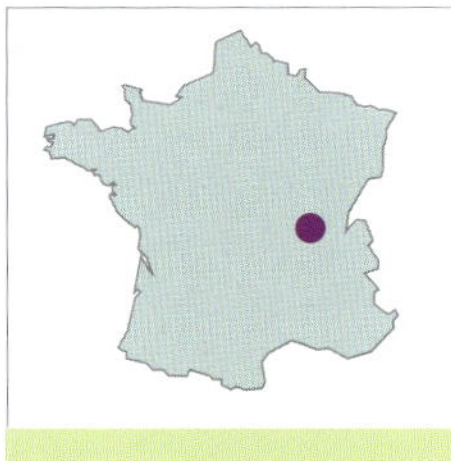

1936

Beaune, son hôtel-Dieu et sa « Montagne » sont l'image même de la Bourgogne, la capitale de son vin. L'appellation produit pour l'essentiel des vins rouges nés du pinot noir dans une aire à l'identité géologique très forte – calcaires et marnes. L'exposition varie de l'est au sud-est en passant par le plein sud. Si le vin de Beaune était réputé autrefois pour sa nuance claire, œil-de-perdrix, sa jeunesse de tempérament, il est aujourd'hui généreux et corsé, de garde, plein de corps et d'esprit. Les premiers crus sont assez légers dans les Grèves, plus charnus dans le Clos des Mouches.

Cépages
Rouge : pinot noir.
Blanc : chardonnay.

Potentiel de garde
Rouge : de 5 à 10 ans (parfois jusqu'à 20 ans).
Blanc : de 3 à 5 ans.

Nature des sols
Sols bruns calcaires et rendzines noires d'éboulis en hauteur ; marnes blanches et jaunes ; cailloutis ferrugineux en descendant la pente ; calcaires et argiles jaunes et rougeâtres sur le piémont.

Mets et vins
Rouge : volaille rôtie, gibier, fromages (reblochon, brie).
Blanc : fruits de mer, tourtes et pâté chauds, charcuterie fine, poisson.

Température de service
Rouge : 16-18 °C.
Blanc : 12-14 °C.

L'œil

• En rouge, le beaune premier cru revêt une robe éclatante et vive, évitant le pourpre assombri mais restant lumineuse et écarlate.

• En blanc, le vin est or clair et discret, du moins tant qu'il est jeune.

Les premiers crus

À l'Écu
Aux Coucherias
Aux Cras
Belissand
Blanches Fleurs
Champs Pimont
Clos de la Féguine
Clos de la Mousse
Clos de l'Écu
Clos des Avaux
Clos des Ursules
Clos du Roi
Clos Saint-Landry
En Genêt
En l'Orme
La Mignotte
Le Bas des Teurons
Le Clos des Mouches
Les Aigrots
Les Avaux
Les Boucherotes
Les Bressandes
Les Cent Vignes
Les Chouacheux
Les Épenotes
Les Fèves
Les Grèves
Les Marconnets
Les Montrevenots
Les Perrières
Les Reversés
Les Sceaux
Les Seurey
Les Sizies
Les Teurons
Les Toussaints
Les Tuvilains
Les Vignes Franches
Montée Rouge
Pertuisots
Sur les Grèves
Sur les Grèves-Clos Sainte-Anne

Le nez

• En rouge, et avec des nuances selon les crus, les arômes beaunois évoquent les fruits noirs (cassis, mûre), les fruits rouges (cerise, groseille), le sous-bois, l'humus, la truffe, le cuir, la fourrure, les épices avec l'âge.

• En blanc, le bouquet tourne autour de l'amande amère, des fruits secs, de la fougère et des fleurs blanches classiques. Les arômes végétaux sont assez fréquents, de même que les accents beurrés et une note de miel parfois. Épices ? La cannelle.

La bouche

• Les rouges ont dans leur adolescence un charme croquant, de raisin frais. On mord dans la grappe. La plupart sont assez robustes, souvent corsés et épicés, mais ni trop minces ni trop capiteux, sensuels et fruités. Les vins du versant Savigny sont assez puissants, intenses et fermes, profonds ; ceux de Pommard plus ronds et plus souples, plus sensibles à la nuance, parvenant plus tôt à la maturité.

• Relativement rares, sauf quelques figures de proue comme au Clos des Mouches, les blancs doivent être bus assez jeunes. Ils méritent d'être goûtés sur le fruit.

Côté Pommard, le Clos des Mouches, avec ses vignes de chardonnay plantées au sommet du coteau, produit des vins ronds et flatteurs. Il doit son nom aux abeilles (mouches à miel) car des ruches étaient autrefois installées sur les hauteurs de la Côte.

Bellet

Appellation
AOC Bellet
Couleurs
Rouge
Rosé
Blanc
Superficie
50 ha
Production
1 000 hl

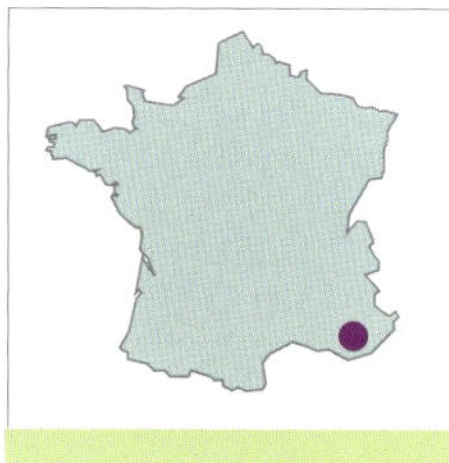

1941

Cette minuscule appellation tournée à la fois vers le massif du Mercantour et la baie des Anges, sur la rive gauche du Var, propose une production réduite et presque introuvable ailleurs qu'à Nice. Ce vignoble de collines au bord de la mer repose sur des terrasses graveleuses. Il est complanté de cépages originaux qui donnent naissance à des vins blancs aromatiques, à des vins rosés soyeux et frais, à des vins rouges charnus.

L'œil

- Les rouges dévoilent une teinte rubis ou grenat foncé.
- Les rosés se parent d'une robe variant du rose saumon à la pivoine.
- Les blancs, jaune pâle, s'ornent de reflets verts, évoluant vers le jaune paille.

Le nez

- Après des notes de prune et d'abricot, apparaît un bouquet de cerise dans les vins rouges.
- Les rosés dévoilent des notes de fruits rouges et un caractère floral (genêt).
- Les blancs livrent des parfums d'agrumes. Ils évoluent sur des notes florales (tilleul).

La bouche

- Les rouges sont robustes et charpentés. Ils disposent d'une bonne réserve tannique qui se fond dans la matière après l'élevage.
- Les rosés sont ronds et frais. Généralement structurés, ils ont suffisamment de gras.
- Les blancs ont une structure équilibrée, ronde et fraîche. Ils dévoilent en vieillissant des notes de fruits secs (noisette fraîche).

Principaux cépages
Rouge et rosé : braquet, fuella nera ; cinsault, grenache.
Blanc : rolle ; roussan (ugni blanc), chardonnay.

Nature des sols
Terrasses du pliocène supérieur constituées de poudingues et de galets roulés.

Potentiel de garde
Rouge : 10 à 15 ans.
Blanc et rosé : 2 à 10 ans.

Mets et vins
Rouge : agneau, bœuf en daube, ravioli.
Rosé : grillade, tian de légumes, pissaladière, fraises.
Blanc : apéritif accompagné de toasts grillés à la tapenade, poisson à la provençale, fromages de chèvre.

Température de service
Rouge : 12-14 °C.
Blanc et rosé : 8-10°C

Bergerac

Prolongeant en Périgord le vignoble bordelais avec la même gamme de cépages, l'appellation bergerac constitue une mosaïque de terroirs presque aussi divers que ceux de son grand voisin girondin. De part et d'autre de la vallée de la Dordogne, elle occupe les terres du Périgord, où truffe, cèpe et foie gras complètent un merveilleux paysage gourmand. L'ensemble du Bergeracois est très vallonné et bien drainé. La diversité des sols et les cépages aquitains sont à l'origine de vins rouges souples et ronds mais aussi structurés, de rosés secs ou tendres et de blancs secs.

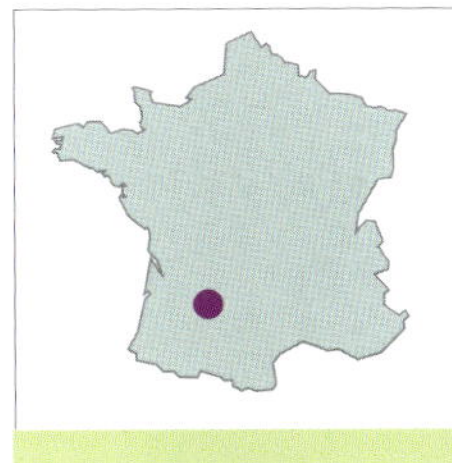

1936

Appellations
AOC Bergerac
Couleurs
Rouge
Rosé
Blanc

Nature des sols
Sables au nord de la Dordogne ; molasses, marnes et calcaires au sud ; argilo-calcaires.

Principaux cépages
Rouge et rosé : merlot, cabernet-sauvignon, cabernet franc, malbec (côt), mérille (accessoirement).
Blanc : sémillon, sauvignon, muscadelle, ugni blanc (accessoirement pour les blancs secs).

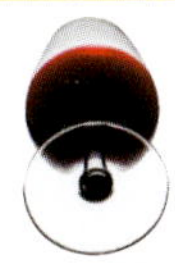

Superficie
10 000 ha
Production
500 560 hl

L'œil

- Les rouges sont d'une couleur franche et brillante, d'une nuance soutenue.
- Les rosés varient du gris au clairet.
- Les blancs secs sont pâles et limpides, avec des reflets tilleul quand ils sont jeunes.

Le nez

- Les rouges dévoilent un bouquet simple et chaleureux. Les meilleurs d'entre eux, plus riches, peuvent exprimer des nuances fruitées (groseille, cassis, griotte).
- Cassis, framboise, grenadine et violette se partagent les arômes du nez des rosés.
- Selon la proportion de sauvignon, les blancs présentent une échelle aromatique très large : agrumes, fleurs séchées, boisé, épices.

La bouche

- Le bergerac rouge est avant tout un vin souple, qui peut se boire assez rapidement. L'élevage en barrique se développant, on trouve des vins plus structurés, avec des arômes grillés.
- La production de rosé fournit des vins agréables, souples et aromatiques.
- La diversité des terroirs et des méthodes de vinification interdit de définir un type pour le blanc sec qui reste cependant assez vif et aromatique.

La maison du Vin, à Bergerac, occupe l'ancien cloître des Récollets (XVIe siècle).

En bergerac, la production reste relativement stable d'une année sur l'autre, ce qui confirme la bonne maîtrise des rendements.

Potentiel de garde
Rouge : 3 à 5 ans.
Rosé : 2 ans.
Blanc : jusqu'à 3 ans.

Température de service
Rouge : 14-15 °C.
Blanc et rosé : 10-12 °C.

Mets et vins
Rouge : grillade, volaille rôtie.
Rosé : entrée, charcuterie.
Blanc sec : fruits de mer, poisson.

Bienvenues-bâtard-montrachet

Au sud de la Côte de Beaune, ce grand cru longe la route au nord de bâtard-montrachet sur la commune de Puligny-Montrachet. Le vignoble est implanté en bas de pente sur des sols composés d'éboulis riches en argiles et limons ainsi qu'en chailles. Il produit des vins aux multiples arômes, qu'il faut savoir attendre cinq ans au moins.

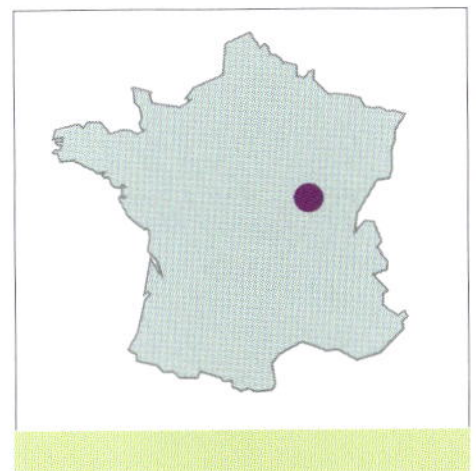

1939

Appellation
AOC Bienvenues-bâtard-montrachet
Classement
Grand cru
Couleur
Blanc
Superficie
4 ha
Production
170 hl

L'œil
Le bienvenues-bâtard-montrachet s'habille d'une robe or clair, à reflets verts.

La bouche
Le corps est parfaitement équilibré et tout en finesse. Au palais, le vin révèle son ampleur et sa richesse.

Le nez
Floral et minéral, le bouquet offre des arômes d'acacia, d'agrumes, de verveine et de miel. Une note de tilleul ainsi que des effluves gourmands de brioche chaude signent le cépage chardonnay.

Le chardonnay.

Mets et vins
Grands crustacés à la nage, quenelle de brochet, poisson poché et crémé, poularde de Bresse à la crème et aux morilles, fromage (munster, bleus, vieux comté).

Température de service
12-14 °C.

2007
Bienvenue-Batard-Montrachet
GRAND CRU
Domaine Bachelet-Ramonet Père et Fils

Potentiel de garde
10 à 15 ans (jusqu'à 30 ans dans les grandes années).

Cépage
Chardonnay.

Nature des sols
Sols bruns calcaires de plus en plus argileux et épais vers l'est.

Blagny

Appellations
AOC Blagny
AOC Blagny premier cru
Couleur
Rouge
Superficie
50 ha, dont 48 ha en premier cru
Production
200 hl

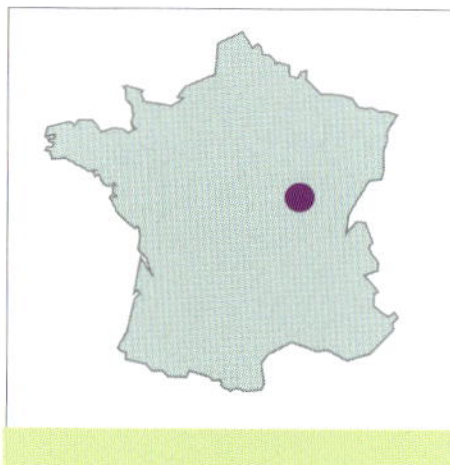

1937

Le vignoble de ce hameau de la Côte de Beaune, à cheval sur Meursault et Puligny-Montrachet, s'étend le long de la pente, sur des marnes recouvertes d'éboulis. Il produit des vins qui portent des noms différents selon qu'ils sont rouges ou blancs. Les vins blancs bénéficient de l'AOC communale puligny-montrachet et de l'AOC communale meursault selon leur commune de production, avec des premiers crus. Les vins rouges s'appellent blagny et blagny premier cru.

L'œil
La robe est le plus souvent d'un rouge intense, pourpre foncé, et se colore de reflets mauves. Elle évoque des lueurs crépusculaires, jusqu'à la cerise noire, le rubis profond.

Le nez
Bien fruitée, la gamme aromatique va du petit fruit rouge (fraise, framboise) au petit fruit noir (cassis, mûre). Les arômes de maturité regroupent fruits macérés dans l'eau-de-vie, cuir, poivre, cacao et réglisse. On décèle peu de sensations florales.

La bouche
Le blagny est un vin charpenté et structuré, concentré, qu'il faut attendre un peu, le temps que la mâche se fonde. Il est toujours excellemment parfumé.

Les premiers crus
Hameau de Blagny
La Garenne ou Sur la Garenne
La Jeunelotte
La Pièce sous le Bois
Sous Blagny
Sous le Dos d'Âne
Sous le Puits

Cépage
Pinot noir.

Potentiel de garde
4 à 10 ans.

Nature des sols
Marnes recouvertes d'éboulis. En bas : terrains argilo-calcaires. En haut : sols bruns calcaires.

Le vignoble de Blagny, un îlot de pinot noir entre deux vignobles de grands vins blancs.

Mets et vins
Gibier à poil (lièvre, sanglier), bœuf bourguignon, fromages puissants (soumaintrain, époisses, langres, Ami du chambertin, munster).

Température de service
14-16 °C.

Blanquette-de-limoux
et limoux méthode ancestrale

L'aire d'appellation, située à l'ouest des Corbières et au sud de la Malepère, traversée du nord au sud par l'Aude, est entrecoupée de ruisseaux. Cependant, c'est perpendiculairement à l'Aude, au regard de l'étroit d'Alet que l'aire se divise en deux régions : au nord, le relief est doux et les sommets sont inférieurs à 400 m ; au sud, l'altitude s'accroît et le relief devient plus important et plus dur. Le traditionnel mauzac est utilisé seul pour la méthode ancestrale (une seule fermentation), alors qu'il est associé au chenin et au chardonnay pour la blanquette élaborée selon la méthode traditionnelle (double fermentation). Au dire des vignerons limouxins, les moines de l'abbaye de Saint-Hilaire seraient les « inventeurs » de l'effervescence, bien avant dom Pérignon en Champagne.

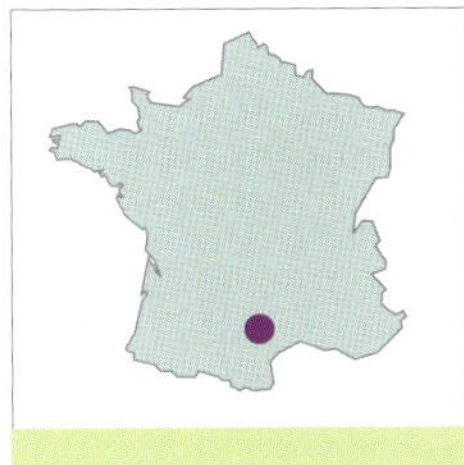

1938

Appellations
AOC Blanquette-de-limoux (sec, demi-sec, doux)
AOC Limoux méthode ancestrale (anciennement blanquette ancestrale)

Couleur
Blanc

Superficie
1 015 ha

Production
Blanquette-de-limoux : 38 700 hl
Limoux méthode ancestrale : 4 000 hl

Le vignoble de Pauligne.

Potentiel de garde
Plusieurs années, mais agréable aussi dès l'achat.

Nature des sols
Quelques terrasses ; sols issus de dégradation du calcaire dur et marneux, de grès et poudingues à ciment argileux.

Cépages
Blanquette-de-limoux : mauzac à 90 %, chardonnay, chenin.
Limoux méthode ancestrale : mauzac à 100 %.

L'œil

La robe de la blanquette est généralement jaune pâle brillant, éclairée de reflets verts. Parfois, la teinte devient légèrement dorée. L'effervescence fine et persistante est un signe de qualité. L'agrément visuel se complète par un cordon persistant.

Le nez

La blanquette révèle des senteurs de pomme agrémentées de touches florales : acacia, aubépine. Sur des vins plus âgés apparaissent des notes de fruits mûrs, des accents miellés ou finement grillés.

La bouche

Les effervescents de Limoux se caractérisent par une continuité aromatique entre le nez et la bouche. La fraîcheur du fruit, la légèreté des notes florales et les touches grillées se mêlent avec des variantes propres aux cuvées ou aux millésimes. Celles-ci vont de la pomme à l'abricot, avec parfois quelques accents fruités plus exotiques. Aubépine et acacia constituent la note fleur blanche, tandis que les nuances grillées, les arômes de noisettes et de pain doré complètent l'harmonie aromatique.

Le mauzac, appelé blanquette, a donné son nom au terroir vallonné : les blanquettières.

Mets et vins
Blanquette de limoux : apéritif (nature ou en kir), poisson, viande blanche, dessert (crêpes Suzette).
Limoux méthode ancestrale : cake au citron, quatre-quarts, salade de fruits, tarte aux pommes.

Température de service
8 °C.

Une élaboration délicate

• Pour la blanquette, 150 kg de raisins sont nécessaires pour obtenir 1 hl de moût qui, débourbé, fermente à basse température. Après clarification, assemblage et adjonction de la liqueur de tirage, le vin subit une seconde fermentation en bouteille ; on procède ensuite à la mise sur lattes et à l'élevage. Ce n'est qu'après dégorgement et adjonction de la liqueur d'expédition que le vin sera le compagnon de toutes les fêtes. Le chardonnay donne un agréable parfum et surtout, du moelleux et du gras à la blanquette de limoux.

• La méthode ancestrale fait appel à une seule fermentation. Elle est obtenue par prise de mousse directe en bouteille à partir de sucres du raisin. Cela est rendu possible par un appauvrissement en levures du moût en fermentation grâce à des filtrations successives. Obtenu à partir du seul mauzac sans adjonction de liqueur, c'est un produit délicat à élaborer, très original et ne titrant guère plus de 6 % vol. d'alcool.

Blaye-côtes-de-bordeaux,
blaye et côtes-de-blaye

Aux confins de la Charente, sur la rive droite de la Gironde, la citadelle construite par Vauban pour protéger Bordeaux des invasions navales anglaises et hollandaises est l'emblème de Blaye. Avec Saint-Savin et Saint-Ciers, elle propose en AOC Blaye-côtes-de-bordeaux des vins de côtes rouges ou blancs secs. L'AOC blaye bénéficie d'une charte de qualité qui encourage la production de rouges de garde, élevés dix-huit mois en fût. L'AOC côtes-de-blaye, très peu renvendiquée, s'applique à des blancs secs à forte proportion de colombard.

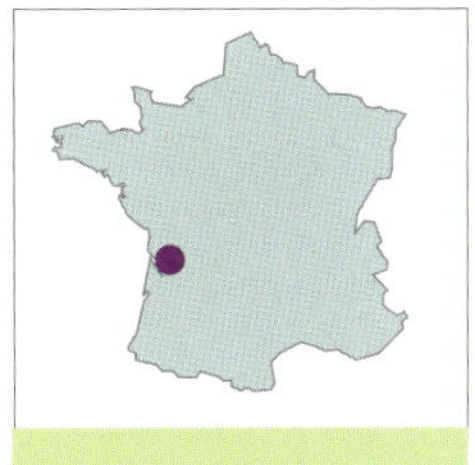

1936

Appellations
AOC Blaye ou blayais
AOC Blaye-côtes-de-bordeaux
AOC Côtes-de-blaye

Couleurs
Rouge
Blanc sec
(Blaye : uniquement rouge ; côtes-de-blaye : uniquement blanc)

L'œil

- Le blaye-côte-de-bordaux rouge est d'une couleur pourpre à reflets noirs.
- En blanc, il est clair à reflets verts.

Le nez

- Les rouges offrent des notes de fruits rouges mûrs et des odeurs d'épices, de gibier, de chocolat et de boisé vanillé lorsqu'ils sont élevés en barrique.
- Le blaye-côte-de-bordeaux blanc présente des notes de citron, de pamplemousse, de mandarine et d'amande grillée. Plus simple, le côtes-de-blaye est plaisant par ses côtés floraux et fruités.

La bouche

- Souples, ronds et équilibrés, les blaye-côtes-de-bordeaux rouges bénéficient d'un bon soutien tannique qui sert de support au vieillissement. Les blaye sont plus charpentés et de garde.
- Gras et élégant, le blaye-côtes-de-bordeaux blanc retrouve au palais la vivacité du bouquet, avant de s'ouvrir sur une jolie finale.

Superficie
4 000 ha

Production
277 000 hl

Mets et vins
Rouge : veau braisé, pot-au-feu, bœuf en daube, thon grillé aux poivrons.
Blanc : fruits de mer, saumon, risotto aux fruits de mer, poulet à la crème.

Température de service
Rouge : 16-17 °C.
Blanc : 10-12 °C.

Nature des sols
Calcaires, sables, argilo-calcaires.

Principaux cépages
Rouge : merlot, cabernet-sauvignon, cabernet franc, malbec, carmenère, petit verdot.
Blanc : sauvignon, sémillon, muscadelle, sauvignon gris-colombard et ugni blanc en AOC côtes-de-blaye.

Potentiel de garde
Rouge : 3 à 7 ans.
Blanc : dans l'année ou de 2 à 3 ans pour certains vins.

Bonnes-mares

Appellation
AOC
Bonnes-mares
Classement
Grand cru
Couleur
Rouge
Superficie
16 ha
Production
500 hl

1936

À la limite de Morey-Saint-Senis et de Chambolle-Musigny, prolongeant le clos-de-tart, bonnes-mares est l'un des grands crus les plus réputés de Bourgogne. Ses vins offrent au pinot noir l'une de ses expressions les plus accomplies. Bonnes-mares doit sans doute son nom au vieux mot « marer », cultiver. Des parcelles bien soignées, ou aisées à cultiver.

L'œil

La robe est d'un beau rubis net et franc, tirant sur des nuances pourpre sombre ou grenat foncé avec des reflets mauves.

Le nez

Les arômes forment un bouquet teinté de violette. Autre rappel : le sous-bois, la mousse, le champignon, la terre mouillée et quelques notes animales. L'âge apporte des touches de cuir, de musc, de fourrure et d'épices. Le vin devient en outre plus fleuri (lilas, bouton de rose) que fruité (mûre, myrtille).

La bouche

Ce vin très racé a besoin de plusieurs années pour s'ouvrir. D'une nature assez tannique, il s'affine peu à peu pour devenir riche, gras, d'une belle texture et d'une structure charpentée. Son caractère est souvent corsé, parfois un peu sauvage. Le bonnes-mares possède une longévité remarquable, jusqu'à trente ou cinquante ans.

Cépage
Pinot noir.

Nature des sols
Terre argilo-siliceuse assez légère et graveleuse, brune et rougeâtre, reposant sur des dalles calcaires.

Potentiel de garde
10 à 20 ans.

Température de service
14-16 °C.

Mets et vins
Canard, poulet de Bresse aux petits légumes, gibier, fromages (époisses, Ami du chambertin, soumaintrain, langres).

Bonnezeaux

Le village de Thouarcé, sur la rive gauche de la Loire, et non loin de Brissac, abrite l'un des plus célèbres crus des coteaux du Layon : le bonnezeaux. Le vignoble est implanté sur des coteaux aux pentes abruptes d'exposition sud-ouest, dont les sols superficiels sont riches en éléments grossiers. L'action desséchante des vents dominants et l'alimentation hydrique très faible permettent une concentration des baies par flétrissement sur souche. L'originalité de ce cru est liée à ce type de surmaturation. Les vins acquièrent une grande finesse et une belle complexité.

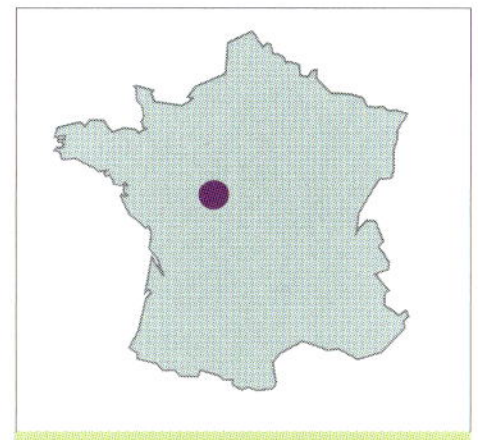

1951

Appellation
AOC Bonnezeaux

Couleur
Blanc (liquoreux)

Superficie
90 ha

Production
2 000 hl

L'œil

Le bonnezeaux a une teinte jaune doré à reflets verts (alors que les vins issus de concentration après action de la pourriture noble présentent des notes orangées).

La bouche

La même complexité apparaît à l'examen gustatif, associée à un sentiment d'intensité et de puissance. Le vin exprime ses arômes pendant de nombreuses caudalies.

Le nez

Chacune des notes aromatiques se dévoile avec franchise, mais jamais de manière envahissante. Se déclinent toutes les nuances de fruits secs (abricot, figue, raisin de Corinthe), de fruits mûrs (poire, prune) et de fleurs blanches (acacia, aubépine, etc.).

Mets et vins
Apéritif, foie gras, poisson, viande blanche en sauce, tarte aux fruits, salade de fruits.

Nature des sols
Sols superficiels et caillouteux sur schistes.

Température de service
7-9 °C.

Cépage
Chenin blanc (ou pineau de la Loire).

Potentiel de garde
Sans limite pour les grands millésimes ; 5 à 20 ans pour les années moyennes.

Bordeaux et bordeaux supérieur

Le Bordelais possède le plus vaste vignoble d'appellation du monde. On y trouve en AOC régionales les trois couleurs. Ce sont pour la grande majorité des vins issus d'assemblages des cépages bordelais dans des proportions variables. En rouge, les bordeaux et bordeaux supérieurs (dominante de merlot ou de cabernet-sauvignon) sont en général fruités, peu corsés, idéaux pour être consommés assez jeunes. Toutefois, depuis quelques années, des producteurs de renom proposent des cuvées plus structurées, élevées en fût. Les blancs secs – il existe de très rares moelleux en AOC bordeaux supérieur – sont des vins en général nerveux et fruités, qui ont largement bénéficié des progrès œnologiques. Mais de nombreux producteurs cherchent à exprimer le terroir dans leurs vins ; d'autres privilégient la macération pelliculaire et le fût pour plus d'ampleur et d'arômes. Les bordeaux se déclinent enfin en rosé et en clairet ; ce dernier, rouge léger, obtenu par une faible macération de raisins rouges, est le digne descendant du *French Claret* prisé des Anglais au Moyen Âge.

Appellations
AOC Bordeaux
AOC Bordeaux clairet
AOC Bordeaux supérieur

1936
1943
(bordeaux supérieur)

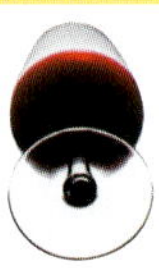

Superficie
Bordeaux rouge : 40 000 ha
Bordeaux rosé : 2 600 ha
Bordeaux clairet : 420 ha
Bordeaux blanc : 7 000 ha
Bordeaux supérieur : 12 000 ha

Couleurs
Rouge (bordeaux et bordeaux supérieur)
Rosé (bordeaux et bordeaux clairet)
Blanc sec (bordeaux) et moelleux (rare : uniquement bordeaux supérieur)

Production
Bordeaux rouge : 1 700 000 hl
Bordeaux rosé : 145 000 hl
Bordeaux clairet : 26 000 hl
Bordeaux blanc : 380 000 hl
Bordeaux supérieur : 590 000 hl

Principaux cépages
Rouge et rosé : merlot, cabernet-sauvignon, cabernet franc, malbec (côt), petit verdot, carmenère
Blanc : sémillon, sauvignon, muscadelle.

Nature des sols
Graves, argilo-calcaires, argilo-siliceux, boulbènes (limons), argiles, calcaires, sables, palus.

Potentiel de garde
Rouge : 2 à 5 ans (bordeaux) ; 5 à 10 ans (bordeaux supérieur).
Rosé : 1 an.
Clairet : 1 à 2 ans
Blanc : 1 à 3 ans

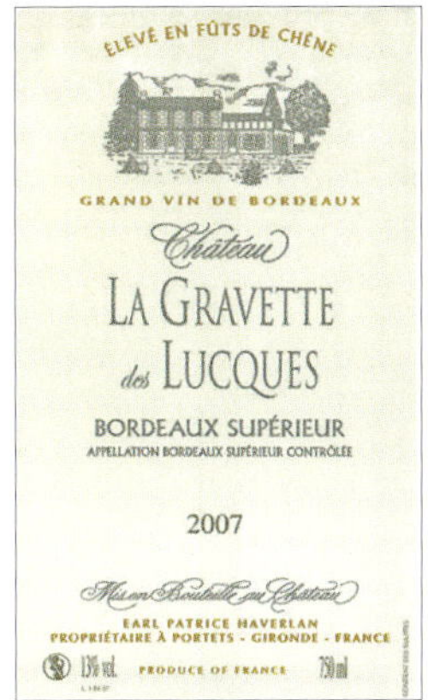

Mets et vins
Bordeaux rouge : charcuterie, viande blanche ou rouge, fromages.
Bordeaux supérieur rouge : pavé de bœuf, rôti de porc, champignons, lapin rôti, gibier.
Bordeaux supérieur blanc : charcuterie, viande blanche ou rouge, escalope de foie gras, fromages à pâte persillée, tarte aux fruits jaunes, salade de fruits.
Bordeaux rosé et clairet : charcuterie, viande blanche ou rouge, légumes farcis (tomates, poivrons, aubergines…), grillades, cuisine exotique.
Bordeaux blanc : quiche lorraine, quenelles de brochet, fruits de mer, poisson grillé ou en sauce, volaille.

Les vignobles voués au bordeaux se situent dans trois secteurs : le Cubzadais, autour de la Gironde et dans l'Entre-deux-Mers (à droite). À gauche, l'abbaye de la Sauve-Majeure.

L'œil

• L'un des traits caractéristiques des bordeaux rouges est la couleur… rouge, avec quelques reflets grenat léger et brillants.
• Les rosés offrent le plus souvent un couleur rose franc à rose soutenu. Mais on rencontre une large palette de nuances, jusqu'au saumon. Plus colorée, la robe du clairet est vive, allant du rose pourpre au rose grenat à nuance violine.
• Si beaucoup de bordeaux blancs s'annoncent par une couleur or pâle à reflets verts, certains sont presque incolores, tandis que d'autres attirent l'œil par un jaune profond. Les bordeaux supérieurs

Température de service
Rouge : 16 °C.
Rosé : 8 °C.
Blanc : 10-12 °C.

Le bordeaux claret

Remis au goût du jour, le bordeaux claret doit son nom – de *French Claret* – aux Anglais, qui importaient ce type de vin au Moyen Âge. Il se distingue par sa couleur peu soutenue et offre un bouquet intense de fruits rouges (fraise, groseille) agrémenté de notes florales (rose, pivoine). Ces mêmes saveurs animent une bouche fraîche et légère, veloutée et aux tanins fins.

moelleux sont couleur jaune d'or aux reflets scintillants.

Le nez

• En rouge, le bouquet varie selon les assemblages et le pourcentage de la variété dominante. Certains évoquent le cassis (marque du cabernet), d'autres la violette (merlot). Avec l'âge, les bordeaux supérieurs peuvent dévoiler les nuances de cuir et de champignon, souvent accompagnées de notes boisées.

• Les rosés se caractérisent par des senteurs fines, florales, avec une prédominance d'arômes primaires. Les notes de fruits rouges sont plus intenses dans les clairets : fraise, cassis ou encore grenadine, arômes qui laissent présager des vins ronds et charnus.

• Bouquetés, les bordeaux secs dévoilent des parfums fruités et floraux. Mais les notes aromatiques varient selon les assemblages et les modes de vinification. Ainsi trouve-t-on de nombreuses nuances dans les crus issus de macération pelliculaire : citron, mandarine, pamplemousse, amande grillée, vanille ou encore fruits exotiques. Les moelleux offrent un nez complexe de fleurs blanches, de fruits exotiques, surmûris ou confits, parfois accompagnés de notes miellées ou grillées.

La bouche

• Souple et fin, mais soutenu par de jolis tanins, le bordeaux révèle au palais un corps rond et suave, plus puissant pour le bordeaux supérieur. Grâce à son amabilité, le premier peut être consommé jeune ; le second demande d'être attendu, mais sa richesse en tanins, notamment s'il est à dominante de cabernet-sauvignon, lui offre des possibilités de garde plus importantes.

• Les rosés sont souples, gouleyants, équilibrés entre alcool, acidité et tanins, et plaisent par leurs arômes légers et frais. Les clairets s'apparentent à des vins rouges légers, souples et dotés d'un certain corps porté par de doux tanins, ainsi que d'une plénitude aromatique.

• De nombreux blancs secs plaisent par leur fraîcheur, leur fruité et leur vivacité : de parfaits compagnons pour les fruits de mer, poissons grillés et hors d'œuvre. Certains présentent plus de complexité, de gras et de volume : ils accompagneront viandes blanches, volailles, poissons en sauce et crustacés raffinés. Les bordeaux supérieurs moelleux présentent une matière riche et onctueuse, accompagnée de persistantes notes miellées et confites.

La différence entre bordeaux et bordeaux supérieur

L'AOC bordeaux supérieur s'étend, comme l'AOC bordeaux, sur l'ensemble du vignoble girondin. Sélectionné parmi les bordeaux, les bordeaux supérieurs se différencient de ceux-ci non pas par un terroir spécifique, mais par un rendement autorisé inférieur, un degré alcoolique supérieur et un élevage de neuf mois minimum.

Bourgogne

La Bourgogne viticole s'étend du nord de l'Yonne (Joigny) au sud de la Saône-et-Loire (Pouilly-Fuissé, Saint-Vérand), sur quelque 300 km. Elle couvre des départements proprement bourguignons et quelques cantons du Rhône, mais le Beaujolais a pris ici son autonomie. Le pinot noir, cépage bourguignon par excellence, produit les plus grands crus rouges du vignoble (romanée-conti, chambertin, corton), mais aussi les simples bourgognes rouges et rosés (AOC régionale à la base de la hiérarchie bourguignonne). Le bourgogne blanc, issu du chardonnay, est récolté sur l'ensemble du territoire régional, au sein d'aires de production strictement délimitées. Les étiquettes de l'appellation portent parfois le nom du lieu-dit (le *climat*) sur lequel le vin a été produit.

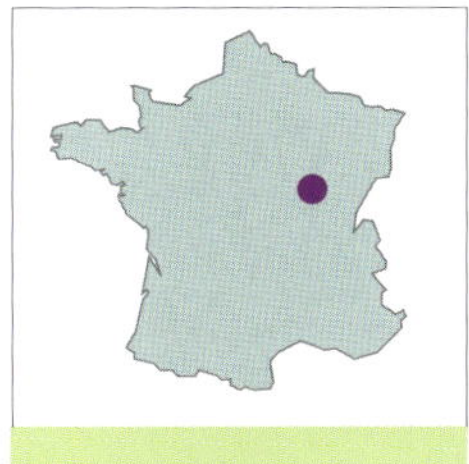

1937

Appellation
AOC Bourgogne
Couleurs
Rouge (tranquille et exceptionnellement mousseux)
Rosé
Blanc
Superficie
3 200 ha

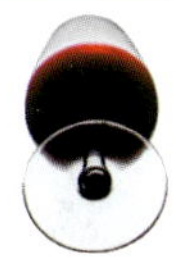

Production
166 600 hl

Principaux cépages
Rouge et rosé : pinot noir (et pinot gris pour le rosé).
De façon exceptionnelle : césar (Yonne).
Blanc : chardonnay.

Coteaux bourguignons et bourgogne-grand ordinaire

L'AOC régionale bourgogne-grand ordinaire (de « grand ordinaire », la bouteille du dimanche dans les années 1930) est remplacée par l'appellation coteaux bourguignons depuis le millésime 2011 (vins rouges, rosés et blancs).

Potentiel de garde
2 à 5 ans (jusqu'à 10 ans pour les blancs).

Nature des sols
Calcaires mêlés à des marnes et à des argiles.

L'œil

• Jeune, le bourgogne rouge est pourpre ; plus âgé, il se pare d'un rubis plus profond qui va jusqu'à la cerise intense, la violine. En général, la robe est égayée de reflets brillants, bien vifs. La couleur classique est d'un rouge franc, un peu foncé.

• Le rosé est rose bonbon assez intense.

• Pour les blancs, une couleur limpide et cristalline, d'un léger jaune doré à reflets verts.

Le nez

• Le bourgogne rouge s'ouvre souvent sur une corbeille de fruits rouges et noirs (fraise, framboise, groseille, cerise d'un côté, mûre myrtille et cassis de l'autre), mais peut évoluer sur le fruit cuit (pruneau) et même le fruit confit. Les nuances épicées (poivrées) et réglissées ne sont pas rares, de même que celles évoquant l'animal, la mousse, le sous-bois, le champignon et, avec l'âge, le cuir.

• Les rosés rappellent la fraise des bois, la groseille et les fruits exotiques.

• Les arômes du bourgogne blanc sont ceux du chardonnay : fleurs blanches, aubépine, citronnelle et fougère, champignon (mousseron, rosé-des-prés), amande et noisette, épices, beurre, toast pas trop grillé, miel parfois.

La bouche

• Un bon bourgogne rouge est un vin vivant, structuré et plein de passion. Il est souple et rond. Les tanins et le fruit doivent tenir longtemps un dialogue. Après quatre ou cinq ans de garde, le vin révèle du volume, de la chair ; il est vineux et présente un honnête potentiel de garde, sans aller au-delà des huit à dix ans. Néanmoins, un bourgogne peut être radieux quinze ans plus tard.

• Les rosés sont vifs et fruités.

• Les blancs sont amples sans être pesants, fins sans être légers, aromatiques et fruités, peu charpentés, mais présentant une bonne persistance quand la bouteille est de qualité.

Température de service

Rouge : 12-14 °C.

Blanc et rosé : 10-12 °C.

Mets et vins

Rouge : viande rouge (pavé de charolais, entrecôte forestière), canard au poivre vert, gibier, andouillette, fromages (époisses, soumaintrain, camembert).

Rosé : salade tiède de rougets.

Blanc : tourte chaude, poisson fin, crustacés, volaille et viande blanche.

Bourgogne-aligoté

Il y a autant d'aligotés que d'aires bourguignonnes où ils sont élaborés : à Pernand, ils sont souples et fruités ; dans les Hautes-Côtes, ils sont frais et vifs ; enfin, ceux de Bouzeron ont acquis une appellation distincte. Ce vin blanc sec est un vin de carafe à boire jeune. Il est idéal pour le kir, apéritif composé de crème de cassis et de vin blanc vif et frais.

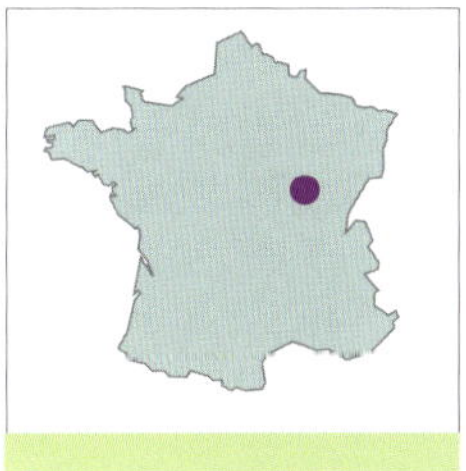

1937

Appellation
AOC Bourgogne-aligoté
Couleur
Blanc
Superficie
1 700 ha
Production
113 100 hl

L'œil
Généralement or pâle, minéral, la robe peut être aussi de couleur paille.

Le nez
Profond, l'aligoté exprime un bouquet floral (acacia, aubépine), puis fruité (pomme). Le terroir influe sur la palette : les aligotés de Pernand ont un nez fruité, ceux de Saint-Bris, dans l'Yonne, laissent apparaître des notes de sureau.

La bouche
Un vin tendre, coulant, élégant et léger, qui a du caractère. La bouche est marquée par des notes citronnées. L'acidité se déclare en finale.

Remplacé par le chardonnay dans la Côte, l'aligoté est descendu dans l'aire de production qui lui est réservée, alors qu'autrefois il était cultivé en coteaux.

Mets et vins
Apéritif avec des gougères, escargots à la bourguignonne, terrine, crustacés, poisson frit, fromages de chèvre, comté.

Température de service
10-12 °C.

Potentiel de garde
1 à 3 ans.

Cépage
Aligoté.

Nature des sols
Calcaires mêlés à des marnes et à des argiles.

Bourgueil

Appellation
AOC Bourgueil
Couleurs
Rouge
Rosé
Superficie
1 400 ha
Production
70 000 hl

1937

La culture de la vigne date de l'époque romaine. Mais c'est au Moyen Âge qu'elle prit son essor, sous l'impulsion de l'abbaye de Bourgueil. L'essentiel de la production provient aujourd'hui de Benais, Bourgueil, Ingrandes, Saint-Patrice et Restigné, en Indre-et-Loire, couvrant une haute terrasse alluviale sur la rive droite de la Loire. Celle-ci se partage entre terroirs de tuf et sols de graves : les uns produisent des vins structurés et de longue garde, les autres des vins aimables dès leur jeunesse, très aromatiques et élégants.

L'œil

- Le bourgueil rouge jeune porte une robe brillante, cerise, pourpre ou grenat. Avec l'âge naissent des reflets ambrés.
- Le rosé est issu de saignée de vins rouges dès le début de leur fermentation. Il dévoile une couleur rose soutenu.

Le nez

- Le bourgueil est un vin très aromatique. Apparaissent d'abord la cerise, la griotte, la fraise ou le cassis, puis les arômes de framboise. Il rappelle parfois la réglisse ou le poivron vert. On dit alors qu'il « bretonne » (le breton est le nom local du cabernet franc). Après quelques années de cave, les arômes de fruits rouges frais évoluent vers les fruits cuits et les épices. En fin de garde, se dégagent des odeurs animales comme le cuir ou la fourrure, associées au sous-bois. Les notes de gibier sont caractéristiques des vins assagis.
- Les vins rosés exhalent une palette fraîche de fruits.

La bouche

- Dans les vins des graves, on retrouve au palais les arômes du nez. La petite pointe d'acidité en fin de dégustation rappelle que l'on est en Val de Loire et donne une impression de légèreté. Dans les vins de tuf, on sent les tanins, enrobés, charnus.
- Les vins rosés sont structurés et frais. S'ils n'ont pas l'ampleur des vins rouges, ils sont idéals pour un repas d'été.

Mets et vins
Rouge jeune et rosé : charcuterie, viande blanche, fromages (sainte-maure), salade de fruits rouges.
Rouge plus âgé : viande rouge, gibier, fromages.

Cépages
Cabernet franc ou breton, 10 % maximum de cabernet-sauvignon autorisé.

Nature des sols
Tuf (argilo-calcaire) ; graves (silico-argileux ou siliceux) des terrasses de Loire.

Potentiel de garde
5 à 10 ans.

Température de service
Rouge : 14-16 °C selon l'âge.
Rosé : 8-10 °C.

Bouzeron

Entre Chagny et Rully, au nord de la Saône-et-Loire, l'aire géographique de Bouzeron ne peut être plantée qu'en aligoté. Le vignoble suit une vallée orientée nord-sud. Le climat est continental avec des hivers assez froids et des étés souvent chauds. L'aligoté se plaît sur ce terrain calcaire du bathonien et donne un vin blanc sec, aigu comme le silex, fruité, charmeur à l'apéritif ; certains *climats* sont justement appréciés, comme Les Clous. C'est la seule appellation communale à autoriser ce cépage.

1998

Appellation
AOC Bouzeron
Couleur
Blanc
Superficie
50 ha
Production
2 900 hl

L'œil
Sa couleur or pâle, légèrement vert d'eau ne doit pas tirer sur le jaune.

Le nez
Le bouzeron évoque l'acacia, les fleurs blanches et un petit chemin bordé de noisettes. Les arômes minéraux (silex, pierre à fusil) complètent le bouquet. Un peu de miel ? Peut-être, mais cette touche doit rester légère et discrète sur une note de croissant chaud.

La bouche
C'est un vin de mise en bouche. Même si cela lui arrive, le bouzeron ne doit pas trop « chardonner ». Il doit en effet conserver sa nature, sa typicité. Ce vin, dont l'ampleur est satisfaisante, la complexité intéressante, fait rêver. Les Bourguignons parlent de sa rondeur pointue qui fait tout son charme.

Mets et vins
Apéritif avec des gougères, escargots à la bourguignonne, crustacés, poissons frits, rognons sautés, fromages de chèvre, comté.

Température de service
10-13 °C.

Potentiel de garde
3 à 5 ans.

Cépage
Aligoté.

Nature des sols
Calcaires bathoniens bruns et marneux de coteaux.

Brouilly et côte-de-brouilly

Appellations
AOC Brouilly
AOC Côte-de-brouilly
Couleur
Rouge
Superficie
Brouilly :
1 300 ha
Côte-de-brouilly :
320 ha
Production
Brouilly :
69 900 hl
Côte-de-brouilly :
18 000 hl

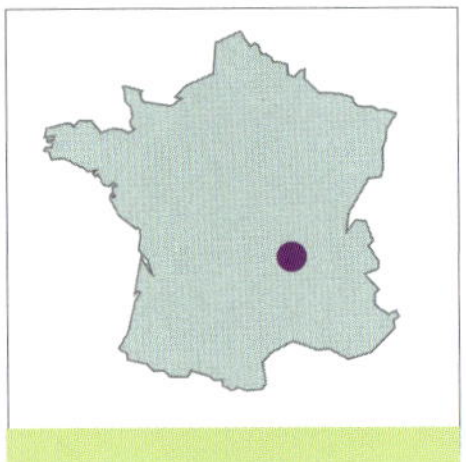

1938

À l'ouest de Belleville-sur-Saône, l'AOC côte-de-brouilly est limitée aux coteaux schisteux, tandis que l'appellation brouilly – le plus vaste et le plus méridional des crus du Beaujolais – rassemble des vins exprimant la grande diversité des sols granitiques qui leur donnent naissance à l'ouest, sur des roches compactes dures au centre, et sur des sols parfois recouverts d'alluvions à l'est du mont Brouilly.

L'œil

• Le brouilly se pare d'une robe rouge rubis, plus violacée dans les terroirs granitiques (La Chaize, Saburin), plus sombre dans la partie orientale (Pierreux, Buisantes).

• Le côte-de-brouilly peut être plus coloré, d'un rouge grenat profond.

Le nez

• Le brouilly exhale des arômes fruités où dominent la fraise et la framboise.

• Le côte-de-brouilly ajoute des arômes floraux, comme la violette et la pivoine, et des notes minérales et poivrées.

La bouche

• Le brouilly allie souplesse, chair et finesse. Les origines granitiques lui confèrent une précocité, ce qui permet de l'apprécier dès le printemps suivant la récolte.

• Le-côte-de-brouilly, au goût de raisin frais, est davantage charpenté, et ses tanins lui assurent une réelle aptitude au vieillissement.

Cépage
Gamay noir.

Potentiel de garde
Brouilly :
2 à 3 ans.
Côte-de-brouilly :
3 à 6 ans.

Nature des sols
Brouilly : arènes granitiques (50 %), alluvions argilo-siliceuses et argilo-calcaires.
Côte de brouilly : schistes, porphyres (« pierre bleue »).

Température de service
14 °C.

Mets et vins
Viande blanche, volaille, paupiettes de veau, hachis Parmentier, foie de veau, gibier à plume, pâtes, fromages.

Brulhois

Le comté de Brulhois, en Armagnac, occupe des coteaux qui font suite, sur les rives de la Garonne, à ceux de Moissac et aux collines gasconnes au sud. L'appellation produit surtout des vins rouges, issus des cépages bordelais ainsi que du tannat et du côt. Bien équilibrés et généreusement bouquetés, avec des notes de champignons et d'épices, ils sont à servir jeunes sur des mets régionaux, tels que confits ou magrets de canard. AOVDQS depuis 1984, les côtes-du-brulhois sont devenus AOC brulhois en 2011.

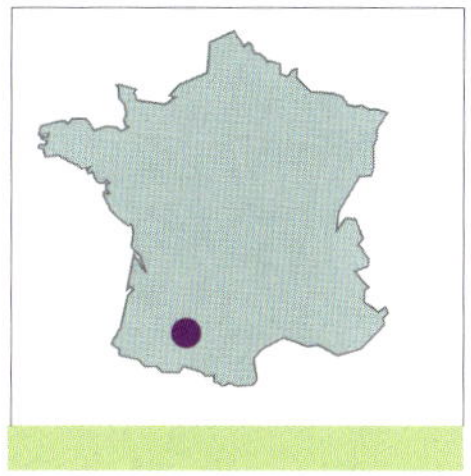

2011

Appellation
AOC Brulhois
Couleurs
Rouge
Rosé
Superficie
200 ha
Production
8 800 hl

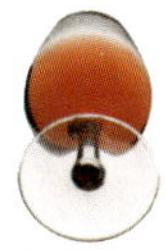

L'œil

- La robe classique est rouge sombre comme pour illustrer le nom qu'on donnait autrefois au brulhois : « le vin noir ».
- Le rosé est un vin d'une couleur légère et vive en même temps.

Le nez

- Cassis et cerise se partagent les fragrances fruitées des vins rouges que peuvent accompagner des notes épicées et des arômes de cacao.
- Le rosé est doté d'une palette délicate et puissante marquée par les fruits rouges.

La bouche

- Structurée, tannique dans sa prime jeunesse, la bouche des vins rouges est équilibrée.
- Les rosés sont légers, légèrement perlants et fruités.

Mets et vins
Rouge : gibier, confit de canard, cassoulet, civet, cèpes, viande rouge, fromages.
Rosé : charcuterie, grillade.

Température de service
Rouge : 15-17 °C.
Rosé : 8-10 °C.

Saint-sardos
Autre vignoble de la moyenne Garonne, l'AOVDQS saint-sardos est devenue AOC en 2011. Elle produit des vins rouges corsés, tanniques et épicés, à dominante de syrah et de tannat, complétés par le cabernet-franc et le merlot, ainsi que des rosés souples et fruités.

Potentiel de garde
Rouge : 2 à 4 ans.
Rosé : à boire jeune.

Principaux cépages
Cabernet franc, merlot, tannat ; cabernet-sauvignon.

Nature des sols
Graves, argilo-calcaires et boulbènes.

Cabardès

Appellation
AOC Cabardès
Couleurs
Rouge
Rosé
Superficie
650 ha
Production
20 000 hl

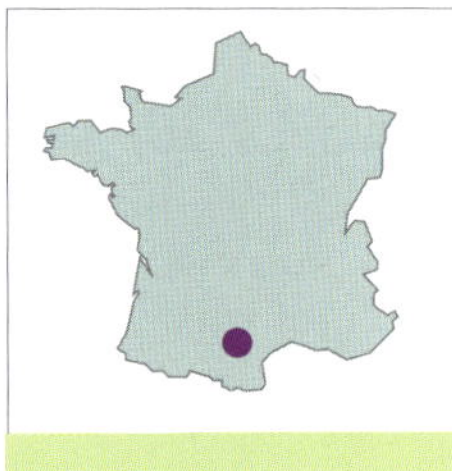

1989

Au nord-ouest de Carcassonne, le vignoble de Cabardès constitue la partie la plus occidentale du Languedoc. Ici, chaque forteresse résonne encore de la croisade des Albigeois. C'est aussi à cet endroit qu'en 1666 a débuté le creusement du canal du Midi. Soumis à l'influence océanique, l'encépagement se partage entre les spécialités de la Méditerranée et celles de l'Atlantique : grenache et syrah sur les terroirs les plus secs, cabernet-sauvignon et merlot sur les sols les plus profonds.

L'œil
Le cabardès est généralement soutenu avec une robe pourpre qui prend des nuances plus orangées après deux ou trois ans de garde, notamment lorsque le grenache est très présent.

Le nez
- Le cabardès rouge évoque la fraise ponctuée de notes de fruits confits ou de pruneau. Les vins de garde expriment la venaison, les épices et la vanille lorsque l'élevage a été conduit en barrique.
- Le rosé marie tout en délicatesse la fraise, les agrumes et les fleurs.

La bouche
Le mariage de la syrah et du merlot avec un faible pourcentage de grenache se traduit par une grande élégance associant le fondu apporté par le merlot et la puissance tannique de la syrah.

Mets et vins
Rouge : viande rouge, gibier, cassoulet, poulet basquaise.
Rosé : apéritif, entrée, grillade, hachua, cuisine exotique.

Température de service
Rouge : 16-18 °C.
Rosé : 12 °C.

Potentiel de garde
2 à 5 ans (jusqu'à 10 ans pour les grands millésimes).

Cépages
Grenache noir, syrah, merlot, cabernet-sauvignon, cabernet franc.

Nature des sols
Du nord au sud, gneiss et schistes, calcaires, marnes gréseuses et terrasses anciennes.

Cabernet-d'anjou et de saumur

Les vins rosés de l'Anjou et de Saumur sont représentatifs de cette région septentrionale. Ils sont issus du cabernet et vendus sous une appellation principale, le cabernet-d'anjou, et sous une appellation secondaire en terme de production, le cabernet-de-saumur (sec ou demi-sec), implantée uniquement sur les terres blanches crayeuses du Saumurois. Le cabernet-d'anjou est un vin demi-sec bien fruité, traditionnellement peu coloré car issu de pressurage direct. Original par sa finesse, il est apte au vieillissement dans les bons millésimes.

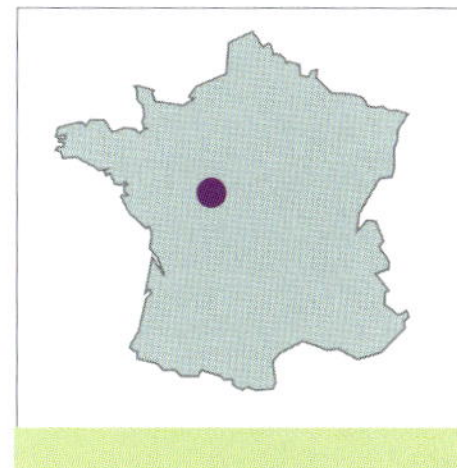

1964

Appellations
AOC Cabernet-d'anjou
AOC Cabernet-de saumur
Couleur
Rosé

L'œil

- Le cabernet-d'anjou est habillé d'une robe rose flatteuse. Les vieilles bouteilles étonnent par leur couleur franchement orangée.
- La robe du cabernet-de-saumur rappelle les pétales de rose.

Le nez

- Le cabernet-d'anjou se distingue par ses arômes de fruits rouges, blancs et jaunes (pêche, poire). Les fruits exotiques agrémentent une gamme riche intégrant aussi des nuances végétales (poivron), épicées et florales.
- Les notes de fruits rouges apparaissent avec douceur dans le cabernet-de-saumur.

La bouche

- Intensité aromatique et équilibre marquent le palais à la fois suave et frais du cabernet-d'anjou, vin tendre qui contient 10 g de sucre par litre au minimum.
- Moins riche en sucre, le cabernet-de-saumur (10 g/litre maximum) a une bouche équilibrée et discrète, suave et ronde.

Superficie
Cabernet-d'anjou : 4 000 ha
Cabernet-de-saumur : 75 ha
Production
Cabernet-d'anjou : 250 000 hl
Cabernet-de-saumur : 5 000 hl

Cépages
Cabernet-franc, cabernet-sauvignon.

Nature des sols
Cabernet-d'anjou : tous les terroirs d'Anjou aptes à être en AOC.
Cabernet-de-saumur : argilo-calcaires sur craie tuffeau en pente.

Potentiel de garde
1 à 2 ans, 5 à 10 ans pour les plus moeilleux.

Température de service
Cabernet-d'anjou : 8-10 °C
Cabernet-de-saumur : 12 °C.

Mets et vins
Cabernet-d'anjou : charcuterie, canard à l'orange, salade de fruits rouges.
Cabernet-de-saumur : apéritif, poisson.

Cadillac

Appellation
AOC Cadillac
Couleur
Blanc (liquoreux)
Superficie
150 ha
Production
6 000 hl

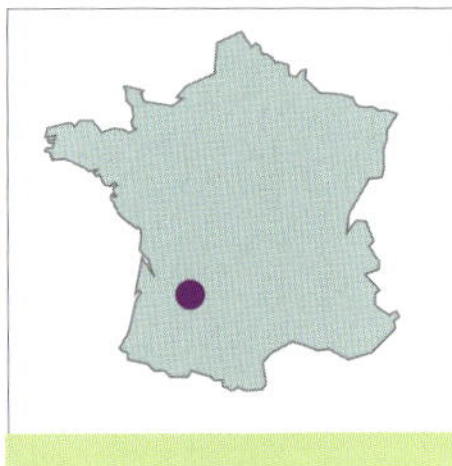

1973

Bastide dominée par un château du XVIIe siècle, Cadillac est considérée comme la capitale des coteaux de Garonne, qui bordent le fleuve sur la rive droite en amont de Bordeaux. C'est une appellation étendue qui regroupe vingt-deux communes, de Baurech à Saint-Maixent, enveloppant Loupiac et Sainte-Croix-du-Mont.Ses coteaux calcaires et graveleux sont favorables aux vins blancs liquoreux.

L'œil
Jaune d'or et topaze, la robe annonce le caractère liquoreux. En vieillissant, elle s'assombrit, prenant une teinte ambre. Le vin étant conditionné dans une bouteille transparente, il est facile de suivre son évolution à l'œil.

Le nez
Les arômes du bouquet complexe sont le miel, l'acacia, le chèvrefeuille, la vanille, les agrumes, l'abricot. Beaucoup de cadillac dévoilent leur typicité par une note de rôti, signe du *Botrytis cinerea*.

La bouche
Jeune, le cadillac est fruité et nerveux ; avec l'âge, il prend un caractère onctueux, fondu et corsé. Mais, dans les deux cas, on sent une bonne matière, tandis que le caractère liquoreux du vin, qui se confirme de millésime en millésime, se manifeste par une note de rôti.

Mets et vins
Apéritif,
foie gras,
viande blanche,
volaille,
poisson en sauce,
fromages (roquefort, bleus),
sorbet, tarte.

Potentiel de garde
10 ans (et plus pour certains crus dans les meilleurs millésimes).

Température de service
8-9 °C.

Principaux cépages
Sémillon, sauvignon et muscadelle.

Nature des sols
Argilo-calcaires, graves.

Cadillac-côtes-de-bordeaux
et premières côtes-de-bordeaux

En amont de Bordeaux, séparant l'Entre-deux-Mers viticole de la rive droite de la Garonne, cette zone forme une étroite bande de 60 km de long sur 5 km de large : on y dénombre près d'une vingtaine de types de sols. Depuis 2009, les vins rouges sont produits sous le nom de cadillac-côtes-de-bordeaux ; l'AOC premières-côtes-de-bordeaux est réservée aux moelleux, concentrés dans le sud de l'AOC, qui se confond avec l'aire de Cadillac.

1937

Appellation
AOC Cadillac-côtes-de-bordeaux
AOC Premières-côtes-de-bordeaux

Couleurs
Rouge
Blanc moelleux

Superficie
Cadillac-côtes-de-bordeaux : 1100 ha
Premières-côtes-de-bordeaux : 200 ha

Production
Cadillac-côtes-de-bordeaux : 49 200 hl
Premières-côtes-de-bordeaux : 7 000 hl

L'œil
- La robe des vins rouges est intense, de teinte rubis assez soutenu.
- Or plus ou moins profond, la couleur des vins blancs traduit bien leur caractère moelleux.

Le nez
- Les vins rouges jeunes sont marqués par les fruits rouges ou noirs et les épices. En vieillissant, les parfums gagnent en complexité et en intensité : prune cuite, pain grillé, café, cannelle.
- Les moelleux évoquent les fruits confits, la pêche et le coing.

La bouche
- Jeunes, les vins rouges sont tanniques, mais ils s'arrondissent rapidement et se bonifient au vieillissement. Après trois à cinq ans, ils gagnent en souplesse et suavité.
- Les moelleux sont amples, gras et aromatiques.

Nature des sols
Argiles, calcaires, graves, argilo-calcaires et argilo-graveleux.

Potentiel de garde
4 à 9 ans.

Cépages
Rouge : merlot, cabernet franc, cabernet-sauvignon et malbec.
Blanc : sauvignon, sémillon, muscadelle.

Les côtes-de-bordeaux-saint-macaire
Beaucoup moins étendue (50 ha), l'AOC côtes-de-bordeaux saint-macaire (1937) prolonge vers le sud-est celles de cadillac et des premières côtes. Elle produit des vins blancs secs, souples et ronds, et des doux, moelleux ou liquoreux selon les années, qui ont du corps et du fruit.

Mets et vins
Rouge : viande rouge ou blanche, gibier, poisson, fromages.
Blanc : apéritif, viande blanche, desserts.

Température de service
Rouge : 16-17 °C.
Blanc : 10-12 °C.

Cahors

Appellation
AOC Cahors
Couleur
Rouge
Superficie
4 000 ha
Production
192 600 hl

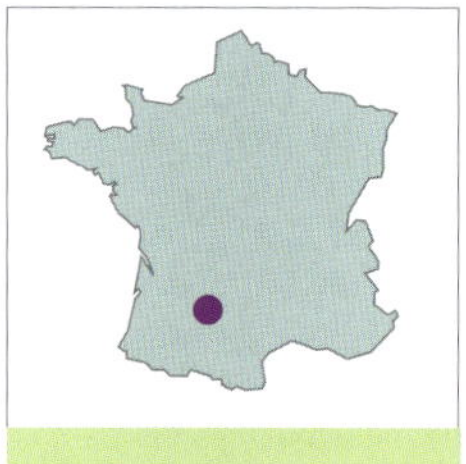

1971

Le vignoble cadurcien se glisse le long des méandres du Lot, se nichant sur les terrasses et les semi-coteaux aux sols maigres de galets et de graves. L'une des originalités du vignoble a été de conserver le cépage local : l'auxerrois, ou côt, qui renforce la couleur des vins par sa richesse en pigments. Solides et tanniques, les cahors sont de bonne garde, mais ils peuvent aussi être consommés jeunes.

L'œil
Hésitant entre le rubis, le pourpre et le grenat, la robe aux notes violacées est très sombre dans sa jeunesse.

Le nez
Très bouqueté, le cahors possède une grande complexité aromatique. Derrière une dominante de fruits rouges et noirs (pruneau, mûre et cassis), apparaissent des notes de confiture, d'épices (cannelle, poivre), de cacao et une touche de truffe.

La bouche
Puissant et tannique, le palais concilie la concentration et l'élégance. Équilibré, gras et long, il débouche sur une finale aux notes de réglisse, de torréfaction ou de violette. Charpenté et charnu, le cahors demande deux ou trois ans d'attente, afin que sa sévérité juvénile cède la place à un ensemble rond et harmonieux, avec des arômes de sous-bois et d'épices.

Principaux cépages
Malbec (auxerrois ou côt), merlot, tannat.
Nature des sols
Galets de quartz, argile rouge, sables ferrugineux, éboulis, calcaire.

Potentiel de garde
4 à 8 ans (10 et plus pour certains domaines et millésimes).

Température de service
17-18 °C.

Mets et vins
Charcuterie, confit de canard, gibier, cassoulet, champignons, fromages (bleu d'Auvergne, roquefort).

Canon-fronsac

Au xxe siècle, les AOC fronsac et canon-fronsac ont connu une transformation complète de leur encépagement. En 1900, le vignoble était dominé par le malbec. Aujourd'hui, ce cépage, très sensible au gel, a connu une forte régression, tombant à 1 % à peine de l'ensemble, tandis que le merlot est passé de 20 à 75 %. Avec fronsac, canon-fronsac est l'une des appellations communales du Bordelais les plus intéressantes.

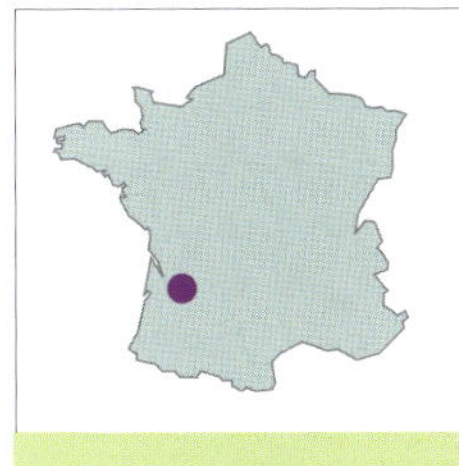

1939

Appellation
AOC Canon-fronsac
Couleur
Rouge
Superficie
300 ha
Production
13 000 hl

L'œil

La robe varie du rouge sombre à reflets violacés au rubis foncé ou au grenat.

Le nez

Intenses et d'une grande diversité, les parfums vont des fruits rouges aux notes épicées bien marquées, en passant par des notes de gibier qu'accompagne le boisé de l'élevage en barrique.

La bouche

Les canon-fronsac possèdent les caractères essentiels des fronsac : consistance remarquable, équilibre entre les tanins et les fruits. Leur puissance, contrebalancée par un très agréable côté croquant à l'attaque, laisse la place ensuite à beaucoup de gras. Leur riche sève et leurs saveurs veloutées leur confèrent une personnalité particulièrement séduisante, qui n'est pas sans rappeler celle de certains pomerol.

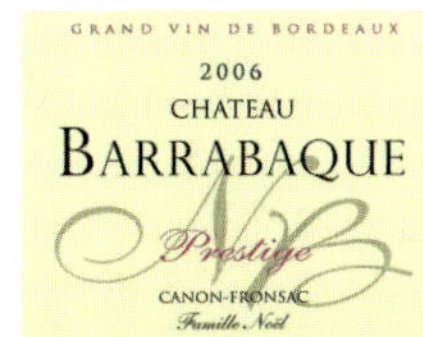

Le château Cassagne-Haut-Canon est établi sur un point culminant de la croupe de Canon-Fronsac.

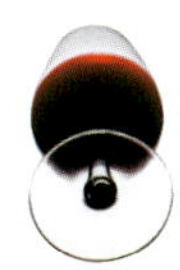

Température de service
18 °C.

Mets et vins
Lamproie à la bordelaise, viande rouge (entrecôte), confit, cassoulet, fricassée de champignons, fromages.

Nature des sols
Calcaires, argilo-calcaires sur bancs de calcaires à astéries, molasses gréseuses.

Principaux cépages
Merlot (dominant), cabernet franc, cabernet-sauvignon et malbec (rare).
Potentiel de garde
4 à 9 ans (jusqu'à 20 ans pour certains millésimes).

Cassis

Appellation
AOC Cassis
Couleurs
Blanc
Rosé
Rouge
Superficie
200 ha
Production
7 700 hl

1936

Principaux cépages
Blanc : clairette, marsanne ; ugni blanc, doucillon (bourboulenc), sauvignon, pascal blanc.
Rouge : grenache, cinsault, mourvèdre ; barbaroux, carignan.

Entre Marseille et Toulon, au pied de falaises imposantes, un creux de rochers abrite des calanques et, depuis l'époque romaine, un vignoble, dont les limites de l'appellation coïncident aujourd'hui avec celles de la commune de Cassis. Cette aire doit sa renommée à son vin blanc sec, un « vin de bouche », capiteux et parfumé.

L'œil

• La robe des cassis blancs est claire, brillante. Sa couleur verte évolue vers le jaune paille au cours de l'élevage.
• Les vins rosés dévoilent une parure brillante, rose pétale.
• Les vins rouges ont une belle teinte rubis.

Le nez

• La palette des cassis blancs est discrète et tout en finesse, avec une dominante fruitée (agrumes, coing, citron) et balsamique (résine de pin).
• Les vins rosés explosent de notes florales (jacinthe, pêcher) et fruitées (vanille et myrtille).
• Les notes de jeunesse végétales (laurier, thym) des cassis rouges évoluent vers des nuances florales ou épicées (réglisse).

La bouche

• Les vins blancs se distinguent par leur moelleux, leur rondeur, leur gras et leur longueur. La rétro-olfaction confirme les notes fruitées et balsamiques perçues au nez.
• Les cassis rosés offrent une bouche légère et souple.
• Bien charpentés et corsés, les vins rouges se montrent généreux et rustiques.

Nature des sols
Sols d'érosion et sols bruns peu profonds, très caillouteux.

Potentiel de garde
Blanc :
jusqu'à 10 ans.
Rosé :
à boire jeune.
Rouge :
3 à 5 ans.

Température de service
Blanc et rosé :
8-10 °C.
Rouge :
16-18 °C.

Mets et vins
Blanc : poisson, anchoïade, bouillabaisse, cuisine exotique.
Rosé : poisson grillé, viande blanche.
Rouge : viande en sauce, gibier, fromages de caractère.

Castillon-côtes de bordeaux

C'est près de Castillon, en 1453, que se déroula la fameuse bataille qui défit les troupes anglaises du général John Talbot et mit un terme à la guerre de Cent Ans. À 50 km de Bordeaux et à 40 km de Bergerac, jouxtant à l'est l'AOC saint-émilion et situées aux portes du Périgord, les côtes-de-castillon, devenus castillon-côtes-de-bordeaux en 2009, bénéficient d'un nombre important de vignes âgées aptes à produire un raisin concentré. On y distingue deux grands types de terroirs : d'une part, une plaine à l'origine de vins chaleureux et souples, d'autre part, un coteau et un plateau qui permettent d'obtenir une production plus robuste et de plus longue garde.

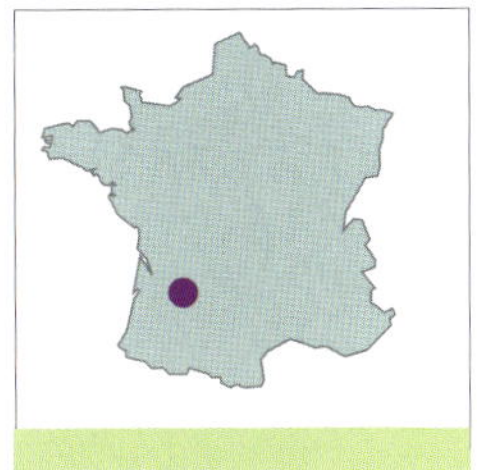

1936

Appellation
AOC Castillon-côtes-de-bordeaux ou côtes-de-castillon
Couleur
Rouge
Superficie
3 000 ha
Production
145 600 hl

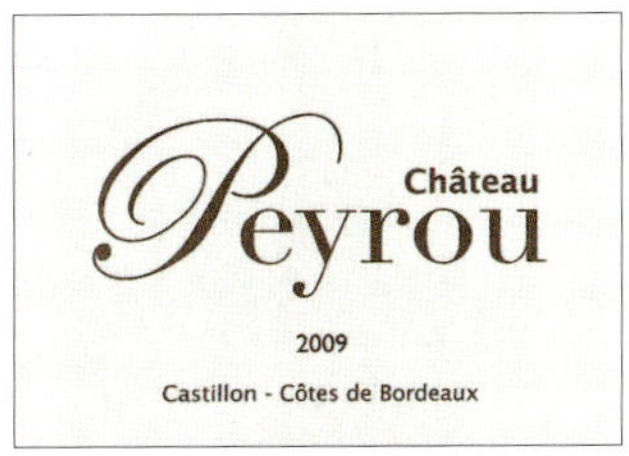

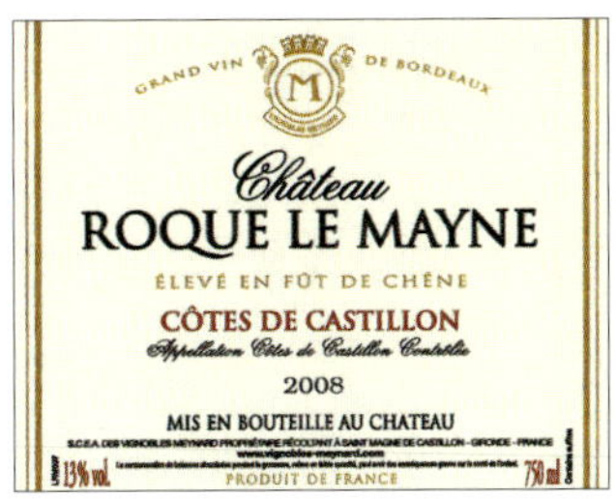

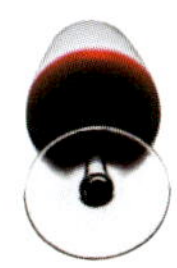

L'œil

D'une couleur très soutenue, la robe se situe entre le rubis et le topaze, avec une nuance prononcée vers le grenat. Par sa profondeur, elle annonce la solidité, la force et la concentration du vin.

Le nez

Les castillon-côtes-de-bordeaux développent un bouquet expressif, au sein duquel on sent l'influence du merlot, avec des parfums bien marqués de fruits rouges mûrs et de notes de noyau. Selon les crus et les millésimes, on trouvera ici des épices, des raisins mûrs et du pruneau, là de la réglisse ou des notes de fumée, de pain grillé et de lierre, tandis que la vanille révèle le passage en barrique.

La bouche

Le palais associe élégance et charpente. Solidement constitués, les castillon-côtes-de-bordeaux sont des vins de garde. Les tanins, très puissants, se manifestent autour d'une matière suave, généreuse, mûre et délicate.

Principaux cépages
Merlot, cabernet franc, cabernet-sauvignon, malbec (très minoritaire).
Nature des sols
Argilo-calcaires, sablo-graveleux, sables limoneux et calcaires.

Mets et vins
Viande rouge ou blanche, gibier, fromages.

Température de service
16-18 °C.

Potentiel de garde
4 à 9 ans.

Cérons

Appellation
AOC Cérons
Couleur
Blanc (liquoreux)
Superficie
100 ha
Production
1 300 hl

1936

Au nord-ouest de Barsac et située à l'intérieur de l'AOC graves, l'appellation cérons s'étend sur trois communes dont le sol, comme tout ce secteur de la rive gauche de la Garonne, se compose de terrasses de graves et de sables. Assez confidentiel par son volume, le cérons fait preuve d'une personnalité originale : il peut varier du moelleux au grand liquoreux. D'une bonne aptitude à la garde, ce vin se distingue par sa sève.

L'œil
La robe du cérons présente une belle teinte dorée, qui peut évoluer entre le jaune paille et le vieil or.

Le nez
Au bouquet, le cérons privilégie les notes d'abricot. Outre les agrumes, il développe des parfums de fruits exotiques. Les vins liquoreux affichent de puissants arômes de confit et de rôti. Les plus complexes évoquent le miel, le caramel, la confiture d'oranges, la vanille et les fleurs d'acacia.

La bouche
Jeunes, les cérons sont attachants par leur souplesse et leur rondeur. Les liquoreux se distinguent des barsac par un carac-tère plus vif. Dans les grands millésimes, ils font preuve d'une très bonne aptitude à la garde.
En vieillissant, ils montent en puissance et mûrissent tout en s'affinant.

Mets et vins
Foie gras, poisson fin, en sauce, volaille, tarte.

Potentiel de garde
8 à 10 ans (jusqu'à 25 ans et au-delà pour certains crus).

Température de service
8 °C.

Principaux cépages
Sémillon, sauvignon, muscadelle.

Nature des sols
Graves et argilo-calcaires.

Chablis

Dans la partie la plus septentrionale de la Bourgogne, les vignes du Chablisien longent le Serein sous une exposition dominante sud-sud-est favorisant la maturation des raisins. Adoptant très tôt une politique de qualité, se consacrant au chardonnay, le principal vignoble de l'Yonne a réussi à imposer au monde l'image d'un vin blanc sec à la personnalité affirmée. Quatre appellations ont ainsi été consacrées pour une vingtaine de villages : chablis grand cru, chablis premier cru, chablis et petit-chablis.

1936

Appellation
AOC Chablis
Couleur
Blanc
Superficie
3 300 ha
Production
187 100 hl

L'œil

La robe est discrète, blanc-vert, ou « petit or » (jaune pâle) mêlé à des reflets émeraude ou gris.

Le nez

Très frais et minéral, le chablis évoque le silex, la pomme verte, le citron et le pamplemousse.
Il gagne en se développant des notes de sous-bois et de champignon (mousseron). Les arômes de menthe, de fleur blanche (acacia), de tilleul ou de violette sont également présents. L'âge apporte une dimension épicée à la palette.

La bouche

Ce vin laisse au palais un goût de pierre à fusil ou de champignon (on dit qu'il « mousseronne »). Très sec, d'une finesse admirable, le chablis a une personnalité reconnaissable.

Cépage
Chardonnay (appelé ici beaunois).

Nature des sols
Sols bruns calcaires, calcaires durs et calcaires marneux en partie kimméridgiens.

Mets et vins
Fruits de mer, andouillette chablisienne, escargots, viande blanche en sauce, sauté ou curry d'agneau, asperges, poisson à l'oseille, fromages (chèvre ou comté).

Potentiel de garde
3 à 5 ans.

Température de service
10 °C.

Chablis grand cru

Appellation
AOC Chablis
Classement
Grand cru
Couleur
Blanc
Superficie
100 ha
Production
5 300 hl

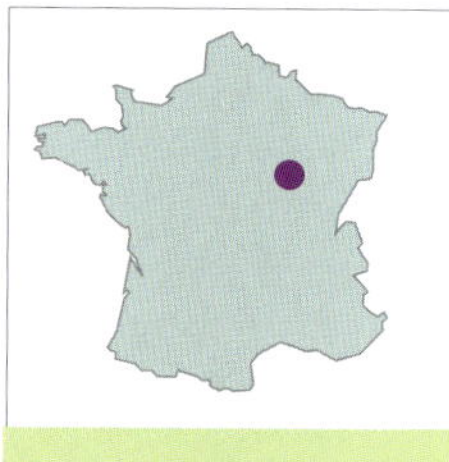

1938

L'appellation chablis grand cru concerne les terroirs les plus prestigieux. Elle couvre 100 ha, presque tous plantés sur la seule commune de Chablis. Sept *climats* (lieux-dits) constituent ainsi le fin du fin parmi les chablis. Il ne s'agit pas de sept grands crus, mais d'un seul grand cru – chablis grand cru – divisé en *climats*. Situé sur la rive droite du Serein, fort bien exposé, il bénéficie de terrains très favorables, enrichis par des colluvions argilo-pierreuses.

Le sol chablisien se caractérise par de minuscules huîtres fossiles.

Chablis, capitale des vins de l'Yonne.

Les climats

Les Blanchots
Bougros
Les Clos
Grenouilles
Les Preuses
Valmur
Vaudésir

Cépage
Chardonnay.

Nature des sols
Sols sur socle du jurassique supérieur, avec huîtres fossiles ; kimméridgien marneux.

Potentiel de garde
10 à 15 ans.

L'œil

Le chablis offre des traits discrets, dans cette tonalité or vert qui est ici le signe de la perfection.

Le nez

Les arômes classiques se distinguent par des notes beurrées (croissant chaud). Le chablis est minéral (silex, pierre à fusil), avec des accents de tilleul, de jujube disent certains, de fruits secs, de miel et d'amande grillée (élevage en fût). Le mousseron est le champignon le plus chablisien.

La bouche

Le chablis grand cru a naturellement le goût du chardonnay bourguignon, mais le miel y est plus discret, au profit des mêmes sensations minérales. L'équilibre parfait entre l'acidité et le gras fait tout le charme et l'originalité d'un vin inimitable et pourtant imité.

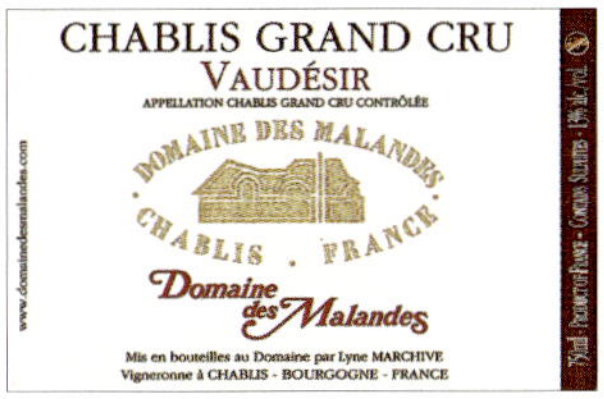

À la sortie de Chablis, la côte du grand cru s'étend sur des croupes de marnes à Exogyra virgula (huîtres fossiles).

Le kimméridgien

Le vignoble de l'Yonne repose sur des assises géologiques du jurassique supérieur : le kimméridgien inférieur (ancien séquanien), le kimméridgien moyen et supérieur où alternent sur 50 à 100 m d'épaisseur les argiles calcaires, les marnes et les calcaires marneux. Le paysage est fait de croupes arrondies qui ne forment jamais un vrai plateau ni une falaise rocheuse. Les coteaux bien exposés portent la vigne et sont souvent surmontés d'une touffe boisée. Chablis se situe au cœur du kimméridgien marneux. Aux environs, on trouve aussi du calcaire dur. Les meilleures terres à vigne sont des sols bruns calcaires sur des versants exposés au sud-ouest, entre 130 et 250 m d'altitude.

Température de service

12-14 °C.

Mets et vins

Fruits de mer, poisson en sauce, truite aux amandes, viande blanche, volaille (poularde à la crème), cuisses de grenouilles, escargots de Bourgogne.

Chablis premier cru

Appellation
AOC Chablis premier cru
Couleur
Blanc
Superficie
800 ha
Production
44 000 hl

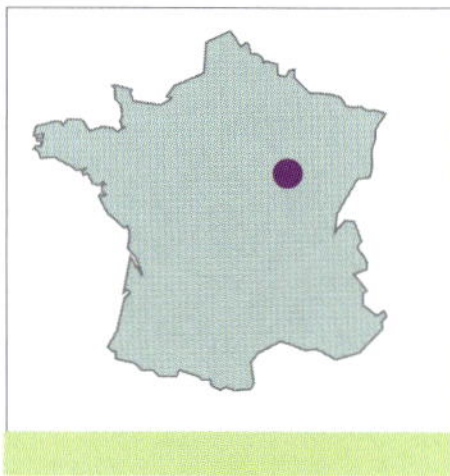

1938

Comme partout en Chablisien, la vigne est née des œuvres de l'abbaye cistercienne de Pontigny. Implantés sur des terrains de calcaires argileux et de marnes du kimméridgien et, un peu plus haut sur les coteaux, de calcaires, entre 150 et 190 m d'altitude, les premiers crus de chablis se situent sur les deux rives du Serein, encadrant les grands crus (rive droite), ou leur faisant face (rive gauche). L'aire de l'appellation s'étend sur les huit communes de Chablis, Fontenay, Maligny, Chichée, La Chapelle-Vautelpeigne, Courgis, Fleys et Beines. Les *climats* les plus renommés sont la Montée de Tonnerre, Mont de Milieu, Forêts, Fourchaume et Vaillons.

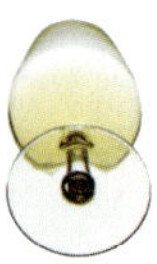

Les chablis premier cru sont établis dans la partie la plus septentrionale du vignoble de Bourgogne. Ils forment avec les grands crus la partie historique du Chablisien viticole.

Cépage
Chardonnay.

Nature des sols
Calcaires argileux et marnes à *Exogyra virgula* du kimméridgien moyen et supérieur. Plus haut sur les coteaux : calcaires portlandiens.

Potentiel de garde
10 à 15 ans.

L'œil

Le chablis était autrefois apprécié pour sa teinte pâle et limpide. Il se présente aujourd'hui sous des traits plus colorés, mais sans aller jusqu'au jaune, or pâle ou plus soutenu, à reflets verdâtres. Le fameux or vert.

Les premiers crus

Les Beauregards
Beauroy
Berdiot
Beugnons
Butteaux
Chapelot
Chatains
Chaume de Talvat
Côte de Bréchain
Côte de Cuissy
Côte de Fontenay
Côte de Jouan
Côte de Léchet
Côte des Prés Girots
Côte de Savant
Côte de Vaubarousse
Les Épinottes
Forêts
Fourchaume
Les Fourneaux
L'Homme Mort
Les Landes et Verjuts
Les Lys
Mélinots
Mont de Milieu
Montée de Tonnerre
Montmains
Morein
Pied d'Aloup
Roncières
Sécher
Troesmes
Vaillons
Vaucoupin
Vaugiraut
Vau Ligneau
Vau de Vey
Vaulorent
Vaupulent
Vaux Ragons
Vosgros

Le nez

Le chablis premier cru exprime un registre aromatique original. Les notes dominantes sont iodées et minérales (pierre à fusil, silex) sur fond de mousseron, de sous-bois. D'autres touches fréquentes sont le citron, les fruits secs, l'amande, le noyau, la feuille de cassis.

La bouche

Le chablis premier cru est sec, vif et léger. La rondeur et la distinction sont les points communs de tous les premiers crus. L'harmonie entre le corps et l'acidité est remarquable, selon un tempérament généralement incisif mais généreux : le gras enveloppe une flamme minérale. Souvent très long, ce vin a du montant.

Au cœur des vignes, à Préhy, l'église Sainte-Claire.

Température de service
12-14 °C.

Mets et vins
Fruits de mer, cuisses de grenouilles, chapon rôti, poularde de Bresse, poisson de rivière en sauce ou à l'oseille, fromages (bleu de Bresse, crottin de Chavignol).

Chambertin

Appellation
AOC Chambertin
Classement
Grand cru
Couleur
Rouge
Superficie
13 ha
Production
500 hl

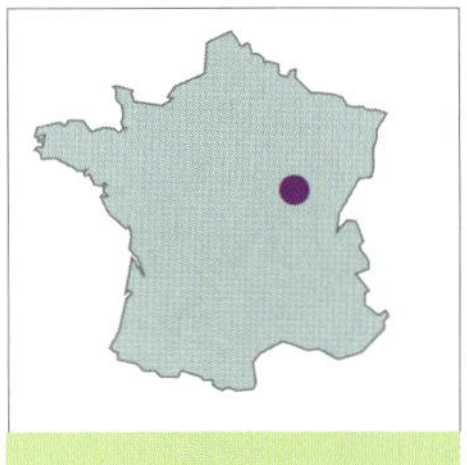

1937

Entré dans l'histoire au XIIIe siècle, le chambertin est considéré dès le XVIIe siècle comme l'un des tout premiers vins rouges d'Europe et fait alors figure de roi des vins. Propriété des chanoines de Langres, son terroir suit jusqu'à la Révolution un chemin identique à celui du clos-de-bèze voisin. Aujourd'hui, c'est l'un des neuf grands crus de la commune de Gevrey-Chambertin, qui est le premier bourg viticole rencontré sur la Route des grands crus en direction de Beaune. Le vignoble occupe la meilleure partie du coteau jusqu'à 300 m d'altitude. Il donne un vin puissant, structuré, d'une grande capacité de garde.

Lithographie extraite de **Histoire et statistique de la vigne et des grands vins de la Côte d'Or**, *de Jules Lavalle (1855). Cet ouvrage a servi de base aux travaux de classement des crus bourguignons.*

Nature des sols
Calcaires, sur la roche, avec peu de terre ; éboulis graveleux descendus de la montagne et emportés par l'érosion ; pente accusée, avec taux de calcaire actif élevé.

Potentiel de garde
10 à 20 ans (30 à 50 ans dans les grandes années).

Cépage
Pinot noir.

L'œil

Le chambertin est un vin à la robe vive, dont les nuances vont du rubis foncé jusqu'à la cerise noire.

Le nez

La partition aromatique peut comporter le cassis en ouverture, la groseille puis la framboise en finale. Mais la cerise à l'eau-de-vie, le noyau, l'épice et la réglisse sont souvent au rendez-vous. Quelques apports floraux – rose, jasmin ou réséda – et des notes de mousse, de sous-bois, de gibier apparaissent.

La bouche

Corps, finesse, bouquet, le chambertin regorge de sève et de moelleux. Un vin entier, très concentré, puissant, sûr de lui et quelque peu dominateur. Chair et charpente s'harmonisent à merveille. L'âge le rend somptueux.

La famille royale

À proximité immédiate du chambertin et du chambertin-clos-de-bèze se situent sept climats historiques associés à la famille royale, mais avec une nuance : ils ont postposés le nom de chambertin au leur. Le chambertin doit sa réussite à Claude Jobert (1701-1768). Exploitant civil des vignes des chanoines de Langres, celui-ci réussit à les expulser peu à peu de leurs propriétés. Il devint négociant-éleveur et vendit son vin dans les cours allemandes. Son sens des affaires lui permit d'acquérir, outre une immense fortune, un blason et un titre de noblesse. On sait également, d'après Las Cases dans le *Mémorial de Sainte-Hélène*, que Napoléon resta toute sa vie fidèle au chambertin.

Température de service

Vin jeune : 12-14 °C.

Vin plus âgé : 15-16 °C.

Mets et vins

Truite ou brochet poché au chambertin, daube, coq au chambertin, gibier (chevreuil, lièvre, sanglier), fromages de caractère (ami du chambertin).

Chambertin-clos-de-bèze

Appellation
AOC Chambertin-clos-de-bèze
Classement
Grand cru
Couleur
Rouge
Superficie
15 ha
Production
500 hl

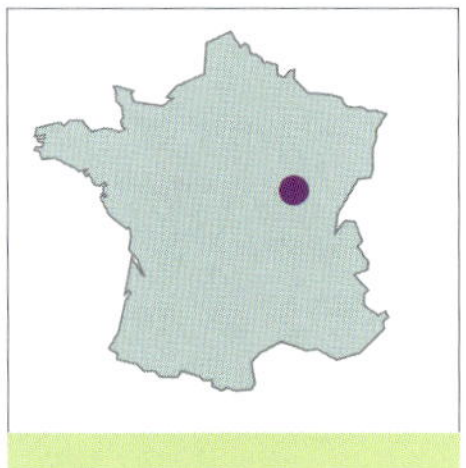

1937

Doyen de tous les clos bourguignons, le clos de Bèze est mentionné en 640 lorsque le duc de Bourgogne donne à cette abbaye située au nord-est de Dijon terres et vignes à Gevrey. Le clos appartient aux chanoines de Langres jusqu'à la Révolution. Ce cru, situé en haut du coteau, entre chambertin et mazis-chambertin, est devenu au fil des temps assez symbolique. Implanté sur des sols minces, il donne des vins complexes et racés.

L'œil
Le chambertin-clos-de-bèze a une robe colorée, limpide et profonde.

Le nez
Ouvert sur la griotte et la framboise, il est tendre et réglissé, fruité (cassis, mûre).

La bouche
Puissant et long, le chambertin-clos-de-bèze exprime la force, l'opulence et l'élégance. Sa chair est voluptueuse. Il faut savoir l'attendre une bonne dizaine d'années.

La roche mère calcaire apparaît à fleur de terre dans le vignoble.

Cépage
Pinot noir.

Nature des sols
Calcaires et éboulis graveleux.

Température de service
Vin jeune : 12-14 °C.
Vin plus âgé : 15-16 °C.

Potentiel de garde
10 à 20 ans (jusqu'à 30 à 50 ans dans les grandes années).

Mets et vins
Gigue de chevreuil, pigeon aux épices.

Chambolle-musigny

Ce village aux maisons serrées les unes contre les autres garde tout son sol pour la vigne : 200 ha produisant ce vin de soie et de dentelle qui est le plus « féminin » de la Côte de Nuits. Les Amoureuses produit la bouteille de proue des premiers crus, aussi estimée qu'un grand cru.

1936

Appellation
AOC Chambolle-musigny
AOC Chambolle-musigny premier cru

Couleur
Rouge

Superficie
150 ha,
56 ha en premier cru (sur la commune de Chambolle-Musigny)

Production
6 100 hl, dont 2 200 en premier cru

L'œil

La robe du chambolle-musigny s'accompagne parfois d'une nuance rouge brique ou rubis souvent très vif, avec une auréole de reflets brillants et lumineux.

Le nez

La violette se rencontre fréquemment, de même que les petits fruits rouges (fraise, framboise surtout). Un vin assez âgé exprimera le fruit mûr épicé, le pruneau, quelquefois des accents plus sauvages, la truffe, le sous-bois, l'animal.

La bouche

Riches, bouquetés et complexes, ces vins, en particulier les premiers crus, ont une personnalité caractéristique. Ils évoquent la soie et la dentelle. Leur finesse charnue ne les empêche pas de conserver une structure assez solide pour résister aux effets de l'âge.

Les premiers crus

Les Amoureuses
Les Baudes
Aux Beaux Bruns
Les Borniques
Les Carrières
Les Chabiots
Les Charmes
Les Chatelots
La Combe d'Orveau
Aux Combottes
Les Combottes
Les Cras
Derrière la Grange
Aux Échanges
Les Feusselottes
Les Fuées
Les Groseilles
Les Gruenchers
Les Hauts Doix
Les Lavrottes
Les Noirots
Les Plantes
Les Sentiers
Les Véroilles

Mets et vins
Volaille et viande tendre (tournedos chasseur, canard braisé au vin rouge ou à l'orange, sauté d'agneau), fromages (brillat-savarin, cîteaux).

Potentiel de garde
3 à 15 ans (au-delà pour les millésimes de garde et les meilleurs premiers crus).

Température de service
17 °C.

Cépage
Pinot noir.

Nature des sols
Calcaires et caillouteux ; très peu profonds dans la pente ; plus épais et marneux au pied du versant.

Champagne

Appellation
AOC
Champagne
Couleurs
Blanc effervescent
Rosé effervescent
Superficie
30 900 ha
Production
2 700 600 hl

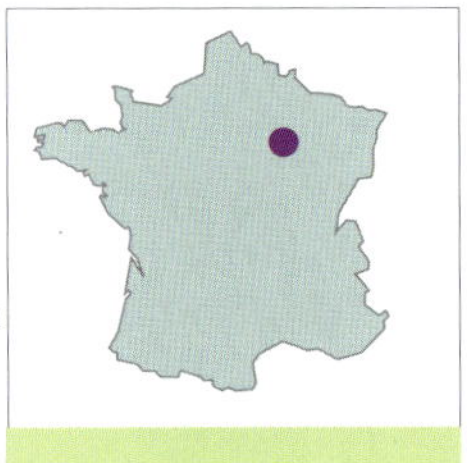

1936

La plus septentrionale des régions viticoles de France produit le plus célèbre des vins effervescents, modèle du vin de fête. Elle s'étend principalement sur les départements de la Marne et de l'Aube, avec de modestes extensions dans l'Aisne, la Seine-et-Marne et la Haute-Marne. Le vignoble est implanté sur un socle crayeux dont la perméabilité et la richesse en principes minéraux apportent leur finesse aux vins de Champagne. Dans le paysage vallonné, se découpent quatre régions principales : la Montagne de Reims, la Côte des Blancs, la vallée de la Marne et le vignoble de l'Aube. En dépit de l'appellation unique, il existe une infinité de champagnes. Ce sont certes des vins blancs ou rosés effervescents, mais l'on distingue dans la production des blancs de blancs (issus du chardonnay seul), des blancs de noirs (de pinot meunier, de pinot noir ou des deux variétés), ou des blancs issus de l'assemblage des trois cépages. Par ailleurs, le dosage différencie les bruts zéro (extra-secs), les bruts, les demi-secs, voire les doux. Il existe aussi des vins non millésimés et des millésimés. Les Champenois parlent de « brut sans année » (BSA) ou de « millésimé ». Les cuvées de prestige – ou cuvées spéciales – regroupent l'ensemble des types : leur prix de vente élevé devrait correspondre à des vins haut de gamme. Elles sont commercialisées dans des bouteilles aux formes recherchées.

Des artistes, tels Savignac et Alain Gauthier pour le champagne de Castellane, prêtent leur talent aux grandes maisons champenoises.

Principaux cépages
Blanc : chardonnay (100 % dans le blanc de blancs).
Rouge : pinot noir et pinot meunier (souvent vinifiés en blanc).

BRUT SANS ANNÉE

Le brut sans année est le vin le plus représentatif de la Champagne. La situation septentrionale du vignoble ne permet pas de présenter chaque année un champagne de qualité qui serait millésimé, c'est-à-dire issu intégralement de la vendange d'une seule année. Pour compenser les carences d'une année pauvre, les Champenois ont créé une banque de vins – les vins de réserve – dans laquelle peut puiser le chef de cave pour équilibrer ses cuvées. Dans ces conditions, la bouteille ne peut pas porter de millésime. L'élaboration d'un BSA ne se distingue pas, dans son principe, d'un millésimé. Tout repose sur l'assemblage dont chaque maison garde le secret. Le BSA est le plus répandu et le moins coûteux des champagnes. Tous les raisins champenois peuvent concourir à son élaboration : chardonnay, pinot noir et pinot meunier, en proportion variable. Mais ce peut être également un blanc de blancs ou un blanc de noirs.

La méthode champenoise

Appelé méthode traditionnelle dans les autres vignobles – l'expression méthode champenoise étant réglementairement réservée à la Champagne –, ce mode d'élaboration consiste à rendre mousseux un vin blanc tranquille en l'obligeant à une seconde fermentation après sa mise en bouteilles. Pour cela, on ajoute au vin, au moment de sa mise en bouteilles, une « liqueur de tirage », composée de sucre dissous dans du vin et de levures. Après la seconde fermentation, il ne reste plus qu'à éliminer le dépôt de levures et à combler la perte de vin par une liqueur de dosage. Un champagne brut reçoit moins de liqueur de dosage qu'un champagne demi-sec ou sec. Le dosage se mesure en grammes par litre. On appelle brut zéro ou brut absolu l'effervescent qui n'est aucunement sucré. Dans ce cas, on ajoute du vin pur. Cela est rare et ne peut idéalement s'appliquer qu'à des champagnes longuement vieillis « sur pointe ». En dehors de cette exception, le champagne est dit « brut » lorsqu'il contient de 0 à 15 g de sucre par litre, le dosage moyen se situant aux alentours de 10 g/l.

Des chaufferettes sont installées dans le vignoble champenois pour lutter contre le gel.

Mets et vins
Apéritif, feuilletés, poisson (saumon fumé), foie gras, viande blanche.

Nature des sols
Calcaire crayeux.

Potentiel de garde
À boire dès l'achat.

L'œil

Si les raisins de chardonnay sont majoritaires dans l'assemblage, le brut affiche une teinte or paille ou or brillant nimbé de reflets verts. Si les raisins noirs dominent, l'or blanc s'impose. Il peut arriver qu'un soupçon de rose marque la robe. Lorsque le champagne prend un peu d'âge, le jaune de l'or s'accentue.

Le nez

Le gaz carbonique dynamise les arômes. Selon la composition du vin, la palette est plus ou moins marquée par les pinots ou davantage par le chardonnay. Aux premiers le fruité, au second les agrumes, les notes de fleurs et de pain grillé. Le nez décline aussi beurre, brioche, citron, citronnelle, gelée de coing, pomme et abricot, pêche, poire, fleurs blanches, violette, fleur de cassis, aubépine, jacinthe, miel.

La bouche

Les cépages noirs sont à l'origine du fruité, les blancs confèrent la finesse et la nervosité. Tout l'art du chef de cave consiste à créer équilibre et harmonie.

Pendant la seconde fermentation, les bouteilles sont mises sur pointe et tournées régulièrement pour que le dépôt de levures glisse dans le goulot. Ce dépôt sera expulsé en fin d'élaboration.

Température de service
8 °C.

CHAMPAGNE BLANC DE BLANCS

Un blanc de blancs est un vin issu de raisins blancs ; cette dénomination désigne donc un champagne élaboré à partir du seul cépage chardonnay. Il se distingue des autres champagnes par de subtils caractères à l'œil, au nez et en bouche. Notez que dans la Côte des Blancs, seul le chardonnay est cultivé.

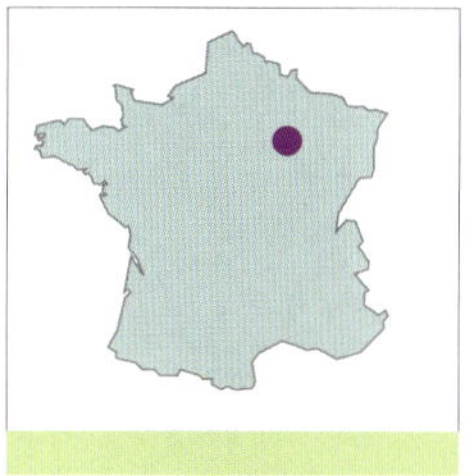

1936

Appellation
AOC
Champagne
Dénomination
Blanc de blancs
Couleur
Blanc effervescent
Superficie
27 % de chardonnay sur 30 000 ha environ

L'œil

Les vins de chardonnay se distinguent des champagnes blancs de noirs par leur teinte or animée de reflets verts.

Le nez

Le blanc de blancs offre des arômes assez typés de pain grillé, beurré, de brioche, d'amande, de noisette (fraîche ou grillée), de paille ou de foin : des odeurs fines et empyreumatiques. À son apogée ce vin évoque les fruits blancs : pêche blanche, pomme, poire et parfois abricot, coing, miel, toujours sur fond d'agrumes citronnés.

La bouche

Ce champagne brille par sa finesse, sa fraîcheur, sa vivacité, par une acidité accusée car la vendange de chardonnay est généralement plus acide que celle du pinot.

Potentiel de garde
4 à 10 ans.

Température de service
8 °C.

Mets et vins
Apéritif, entrée, crustacés, poisson, viande blanche.

Cépage
Chardonnay.

Nature des sols
Craie.

L'œil

- Rouge vif à reflets violets, le pinot est généreux en couleur : une nuance à la limite du noir.
- Le chardonnay s'exprime en lamé d'or. Une robe bien marquée, à reflets verts.

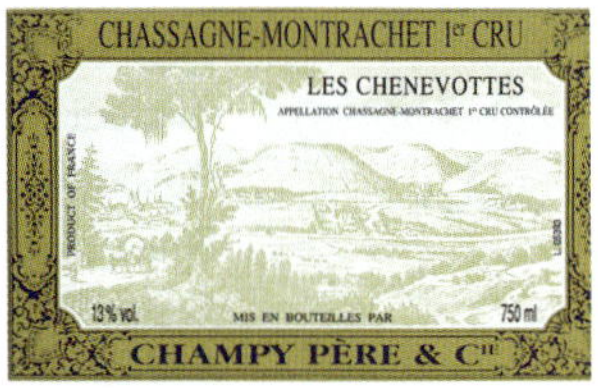

Le nez

- En rouge, la griotte, le noyau de cerise sont avec la framboise, la fraise des bois, la groseille les accents habituels. Un peu d'animal et d'épices complètent le tableau.
- En blanc, on ne s'étonnera pas de débusquer des arômes de fleurs blanches (chèvrefeuille), de verveine et de noisette. Apparaissent aussi des notes minérales (silex), ainsi qu'un bouquet toasté dû au fût et au caractère de ce vin spontanément beurre frais. Des notes miellées et parfois de poire mûre s'y ajoutent.

La bouche

- En rouge, sous une chair généreuse apparaissent des tanins quelquefois austères dans leur jeunesse. L'ensemble est généralement concentré et d'une agréable complexité.
- En blanc, l'attaque ne manque pas de vivacité mais quelques années de garde apportent ce qu'il faut de gras à une bouche agréablement fraîche. Le chassagne-montrachet premier cru est tout en courbes et souvent opulent.

Chassagne-montrachet compte dix-neuf premiers crus, qui représentent un tiers de l'aire viticole.

Mets et vins

Rouge : viande (gigot de mouton, tournedos béarnaise, coq au vin, civet de lièvre), fromages (époisses, soumaintrain, morbier).
Blanc : vol-au-vent, poisson, coquilles Saint-Jacques, volaille de Bresse à la crème, fromages (chèvre, comté).

Température de service

Rouge : 14-16 °C.
Blanc : 13-15 °C.

Château-chalon

Seules quatre communes du Jura peuvent produire cette appellation prestigieuse : Château-Chalon, Menétru-le-Vignoble, Nevy-sur-Seille et Domblans. En venant de la reculée de Baume-les-Messieurs, la route sinueuse sillonne le vignoble pour arriver sur le bord du premier plateau jurassien où est implanté le village de Château-Chalon. Le plus renommé des vins jaunes ne se laisse pas déguster dans n'importe quelles conditions. Blanc de naissance, il accompagne les mets les plus raffinés presque comme… un rouge. Il s'accorde mieux aux viandes blanches qu'au poisson, sympathise avec le fromage et se boit chambré. Très typé, ce vin de garde sait être généreux pour qui apprécie sa nature particulière.

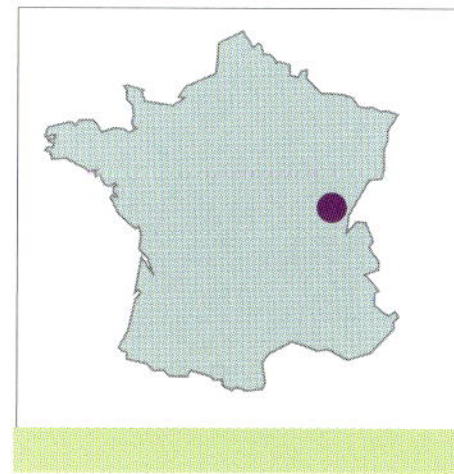

1936

Appellation
AOC Château-chalon
Couleur
Blanc (vin jaune)
Superficie
50 ha
Production
1 500 hl (très variable selon les années)

Potentiel de garde
50 à 100 ans.

Température de service
Légèrement chambré.

Mets et vins
Homard à l'américaine, truite, coq au vin jaune et aux morilles, viande blanche, fromages (gruyère, comté), gâteau au chocolat et aux noix.

Cépage
Savagnin.

Nature des sols
Marnes bleues ou grises du lias ; placages d'éboulis calcaires.

L'œil

Jaune doré soutenu, le château-chalon peut devenir ambré en vieillissant.

Le nez

Un surprenant « nez de jaune » rappelant principalement la noix. L'éthanal est le principal composé responsable de cette odeur inimitable. La pomme verte, la noisette et l'amande complètent cette note, apportant une touche de fraîcheur.

La bouche

D'une richesse étonnante, le château-chalon évoque la noix, souvent agrémentée d'épices, telles que la muscade ou la cannelle. Mais attention, le château-chalon est un vin sec, possédant une certaine vivacité, tempérée par un degré alcoolique assez élevé. Il est, à tort, souvent confondu avec le vin de paille. Même si ce n'est pas conseillé, le château-chalon peut se conserver ouvert assez longtemps, sans que sa qualité en soit affectée. Il peut être utilisé en cuisine, entre autre pour préparer le délicieux et célèbre coq au vin jaune et aux morilles.

Le village de Château-Chalon, perché sur le plateau jurassien, domine le vignoble.

Le vin de voile

En France, le Jura est quasiment le seul vignoble à pratiquer la vinification en jaune. Les baies de savagnin bien mûres sont vinifiées de manière classique, comme pour un vin blanc sec. Après la fermentation alcoolique, souvent lente en raison de la richesse naturelle en sucres des moûts, suivie de la fermentation malolactique, les vins sont transférés dans des fûts pendant une durée minimale de six ans. Il se forme à la surface du vin un voile de levures qui le protégera d'une oxydation trop rapide. Ces levures non seulement préservent le vin contre la madérisation ou la piqûre acétique, mais aussi provoquent, par oxydation ménagée de l'alcool, la production d'éthanal et d'autres constituants donnant le fameux « goût de jaune ». Cependant, il arrive que le vin « ne prenne pas le voile », les conditions de croissance de cette flore levurienne dépendant de la température de la cave et de l'hygrométrie. Le vin est embouteillé dans la célèbre bouteille clavelin. Sa contenance de 62 cl correspond, pour un litre, à la quantité de vin restant après les six ans de passage en fût.

Château-grillet

Au sud de Vienne, sur la rive droite du Rhône, l'appellation château-grillet est un cas rare dans la viticulture française puisqu'elle n'est produite que par un seul domaine. Elle ne connaît en outre que le seul cépage viognier, planté sur d'étroites terrasses. Il faut prendre le temps de humer ce vin, car une bonne aération est nécessaire pour que tous ses parfums se libèrent. Le château-grillet peut se boire jeune, mais acquiert en vieillissant des arômes qui en font un vin idéal sur le poisson.

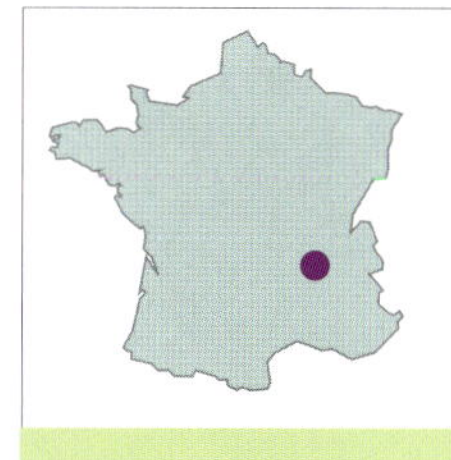

1936

Appellation
AOC Château-grillet
Couleur
Blanc
Superficie
4 ha
Production
50 hl

L'œil
Le château-grillet a une couleur dorée, aux multiples reflets.

Le nez
Lorsqu'il est bu jeune, le château-grillet explose de parfums de fruits frais (abricot, pêche, litchi), de camomille et surtout de violette, ainsi que de fleurs des champs.

La bouche
Riche en alcool, faible en acidité, ce vin est très parfumé en bouche et d'une finesse étonnante. L'acidité assez faible du viognier contribue à lui donner du gras et de la rondeur.

Le domaine de Château-Grillet et son AOC monopole sont situés en plein cœur de l'aire d'appellation de condrieu.

Température de service
12-14 °C.

Mets et vins
Poisson (saumon cru mariné), écrevisses, coquilles Saint-Jacques, asperges sauce mousseline, fromages de chèvre.

Cépage
Viognier.

Nature des sols
Sablo-argileux.

Potentiel de garde
2 à 10 ans.

Châteaumeillant

Appellation
AOC
Châteaumeillant
Couleurs
Rouge
Rosé
Superficie
90 ha
Production
4 000 hl

2010

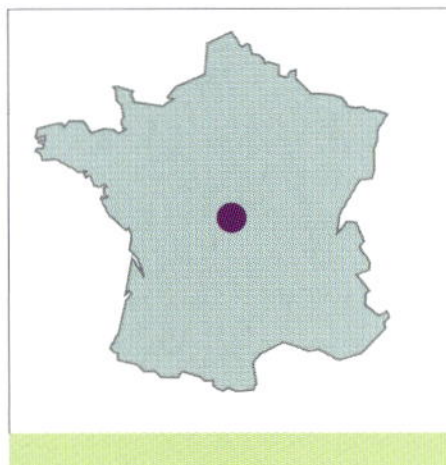

Au sud de Bourges, non loin de La Châtre, les vignes de châteaumeillant sont installées sur une succession de coteaux, entre 250 et 300 m d'altitude. Façonnés par les cours d'eau qui prennent leur source aux premières assises du Massif central, les sols sont composés de sables du trias, plus ou moins recouverts de formations tertiaires, ou bien de micaschistes à l'est du vignoble. Le gamay, le pinot noir et le pinot gris constituent l'encépagement de l'appellation, qui doit sa réputation au vin gris, rosé de pressurage direct au goût délicat. Les vins rouges sont gouleyants à souhait. Le châteaumeillant a été reconnu en 1965 en AOVDQS avant d'accéder à l'AOC en 2010.

L'œil

- Les vins rouges ont une couleur rubis ou grenat ponctuée de reflets violacés lorsqu'ils sont jeunes.
- Les rosés et les vins gris ont des nuances pelure d'oignon.

Le nez

- Les cuvées de châteaumeillant en rouge acquièrent des notes épicées et poivrées, ainsi que des arômes de fruits rouges.
- Les vins rosés expriment des arômes floraux très frais (violette) et fruités (agrumes, cerise).

La bouche

- Le châteaumeillant rouge possède une structure fraîche et légère, avec des tanins très discrets.
- Les vins rosés sont vifs et élégants. Ils possèdent un grain et un fruité remarquables. Ce sont des vins à boire jeunes et frais.

Cépages
Gamay noir ; pinot noir, pinot gris.

Nature des sols
Argilo-calcaires, granites, terrasses graveleuses.

Mets et vins
Rouge : viande rouge rôtie ou grillée, fromages.
Rosé : charcuterie.

Température de service
Rouge : 15 °C.
Rosé : 10 °C.

Potentiel de garde
2 à 5 ans.

Châteauneuf-du-pape

Au nord d'Avignon, le territoire de cette appellation prestigieuse s'étend dans la plaine du comtat Venaissin, sur les communes de Châteauneuf-du-Pape, d'Orange, de Courthézon, de Bédarrides et de Sorgues. Dominé par une tour de l'ancienne résidence des papes d'Avignon, le massif se présente sur la rive gauche du Rhône comme une succession de plateaux couverts de cailloux roulés, qui résistent à la sécheresse du climat méditerranéen et au mistral. Depuis 1929, treize cépages y sont autorisés pour la production de vins rouges et blancs. Si la notoriété des vins rouges est largement établie du fait, notamment, de l'importance de leur production, les amateurs connaissent bien les châteauneuf-du-pape blancs qui rivalisent avec les plus grands.

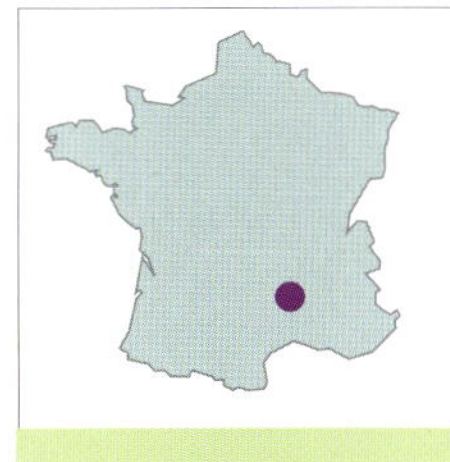

1936

Appellation
AOC Châteauneuf-du-pape

Couleurs
Rouge
Blanc

Superficie
3 200 ha

Production
100 000 hl

Principaux cépages

Rouge : grenache (noir, gris), syrah, mourvèdre, cinsault, terret noir, muscardin, vaccarèse, counoise ; clairette, picpoul noir.

Blanc : grenache blanc, clairette, bourboulenc, roussanne, picpoul, picardan.

Potentiel de garde

Rouge :
5 à 20 ans.

Blanc :
1 à 10 ans.

Mets et vins

Rouge : bœuf en daube, steak au poivre, civet de lièvre, gigue de chevreuil, risotto aux champignons sauvages, fromages (roquefort, brie de Melun).

Blanc : crustacés, saumon grillé, brandade de morue, côte de veau aux girolles, pigeon aux petits pois.

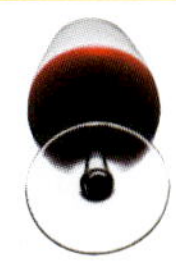

Nature des sols
Argile rouge, cailloux roulés.

L'œil

• Les vins rouges ont une couleur toujours intense due à la concentration de la matière. Rubis et brillante dans les vins jeunes, la robe s'orne de nuances orangées dans les millésimes anciens.

• Les vins blancs revêtent une couleur vive, allant du jaune clair au jaune plus soutenu, avec beaucoup de brillant.

Le nez

• Le nez est puissant, fin et complexe dans les vins rouges. Les arômes riches de fruits mûrs, de truffe, de champignon et de sous-bois dominent ; ils s'accompagnent des notes épicées et sauvages de la garrigue provençale.

• Lorsqu'ils sont jeunes, les vins blancs dévoilent un nez floral délicat (plutôt de fleurs blanches), souvent accompagné de notes fruitées (agrumes, abricot, poire) et d'une pointe d'exotisme (mangue, fruits de la Passion). Dès qu'ils ont atteint cinq ans, ils évoluent vers des nuances de miel et de cire d'abeille caractéristiques.

La bouche

• Puissance et matière sont les premiers termes qui viennent à l'esprit pour qualifier un vin rouge. Les arômes perçus par voie rétro-nasale confirment les notes épicées (réglisse, poivre, cannelle), fruitées (cassis, fruits à l'eau-de-vie, pâte de coings, fruits cuits), sauvages et parfois empyreumatiques ou animales. Ils persistent longtemps.

• En blanc, l'ampleur du vin et sa rondeur caractérisent la structure. Les notes fleuries et fruitées dominent avec parfois une touche de fruits secs (amandes grillées) qu'accompagne souvent une discrète signature boisée.

Silhouette historique dans le paysage de Châteauneuf-du-Pape, la tour de l'ancien palais des Papes.

Après le succès remporté par le vin des papes, dont l'exportation remonte à 1768, la commune de Châteauneuf-Calcernier prit le nom de Châteauneuf-du-Pape.

Température de service

Rouge : 16-18 °C.
Blanc jeune : 8-10 °C.
Blanc plus âgé : 12 à 14 °C.

Chénas

Chénas, « lieu planté de chênes », la plus petite appellation du Beaujolais, s'étend sur les communes de Chénas et de La Chapelle-de-Guinchay de part et d'autre de la Mauvaise, épousant ses versants ; elle domine d'est en ouest l'aire de moulin-à-vent, face à la vallée de la Saône. Sur des coteaux granitiques, les sols très sableux, maigres, ne permettent qu'une production limitée mais d'une grande qualité.

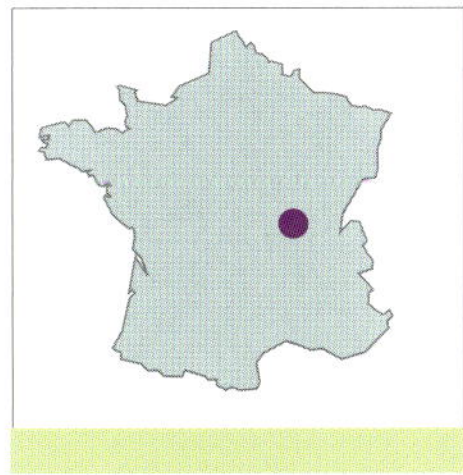

1936

Appellations
AOC Chénas
AOC Chénas et climat d'origine
Couleur
Rouge
Superficie
300 ha
Production
13 800 hl

L'œil

La cuvaison, souvent supérieure à dix jours, permet d'obtenir du gamay noir une couleur soutenue, rouge violacé, caractéristique des grands crus du Beaujolais. Au cours du vieillissement, la robe prend une nuance grenat profond.

Le nez

Le chénas présente des arômes fruités et floraux qu'accompagnent les parfums vanillés et épicés hérités des pièces de chêne. La rose et surtout la pivoine le caractérisent souvent au cours des premières années.

La bouche

L'attaque en bouche est nette, l'acidité peu marquée, et les tanins soutiennent sans le masquer le caractère charnu et fruité du chénas. Au cours du vieillissement, la note bourguignonne s'affirme réellement et permet d'apprécier un chénas racé jusqu'à huit ou dix ans.

Température de service
14-15 °C.

Mets et vins
Saucisson chaud, volaille, petit salé, blanquette de veau.

Nature des sols
Sables granitiques sur la commune de Chénas ; sables granitiques et alluvions anciennes argilo-siliceuses à La Chapelle-de-Guinchay.

Cépage
Gamay noir.

Potentiel de garde
4 à 8 ans (ou plus pour les grands millésimes).

Chinon

Appellation
AOC Chinon
Couleurs
Rouge
Rosé
Blanc
Superficie
2 300 ha
Production
110 000 hl

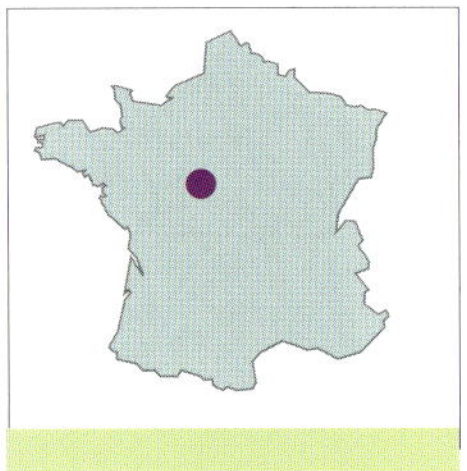

1937

Située dans un triangle compris entre la Vienne et la Loire, l'appellation chinon, renommée pour ses vins rouges, repose sur un sous-sol de craie plus ou moins tendre – le tuffeau. La ville de Chinon fut le lieu de résidence préféré d'Henri II Plantagenêt, et c'est pendant la guerre de Cent Ans, en 1429, que Jeanne d'Arc reconnut dans la Grande Salle du château le futur Charles VII. Le terroir de Chinon vit naître, en 1494, à La Devinière, l'un des grands humanistes français, Rabelais.

L'œil

- La robe du chinon, sans être aussi claire que celle de certains vins primeurs, n'est jamais très foncée : les dégustateurs évoquent le rubis soutenu plus que le pourpre ou le grenat.
- Le rosé a une robe rubis clair.
- Le blanc est d'une couleur jaune paille clair.

Le nez

- La palette des vins rouges et rosés est presque invariablement fruitée, avec une dominante de fruits rouges et de fruits à noyau : cassis, framboise, cerise, pruneau le plus souvent, groseille, mûre et fraise des bois parfois.
- Les arômes des vins blancs se déclinent dans le registre des agrumes. On perçoit aussi des touches de fleurs de giroflée et des évocations de miel et de coing.

La bouche

- Aromatique, la bouche des vins rouges l'est autant que le nez, construite sur des tanins élégants.
- Les rosés, fruités, manifestent une bonne structure et des arômes floraux persistants.
- Souples, frais, les vins blancs bénéficient d'une certaine rondeur.

Mets et vins
Rouge : viande rouge, gibier, fromages.
Rosé : charcuterie, viande blanche, fromages de chèvre (sainte-maure-de-touraine.
Blanc : poisson de rivière.

Température de service
Rouge jeune : 13-14 °C.
Rouge plus âgé : 16 °C.
Blanc et rosé : 12 °C.

Potentiel de garde
Rouge : 5 ans en moyenne, 10 ans ou plus dans les bons millésimes.
Blanc et rosé : 5 ans.

Nature des sols
Craie (tuffeau) dans les vignobles de coteaux et argile à silex ; alluvions anciennes de la Loire et de la Vienne ; sables (sur le plateau au nord de Chinon).

Cépages
Rouge et rosé : cabernet franc presque exclusivement (10 % de cabernet-sauvignon autorisé).
Blanc : chenin blanc (ou pineau de la Loire).

Chiroubles

À 10 km à l'ouest de Romanèche-Thorins et de la vallée de la Saône, l'appellation chiroubles est située sur des sols composés de sables granitiques. Elle s'insère entre Villié-Morgon au sud et Fleurie au nord-est, et ne dépasse pas ses limites communales. Dans un cirque naturel, le site de Chiroubles n'a d'égal que la qualité de ses vins, sans aucun doute parmi les plus fins et les plus fruités du Beaujolais.

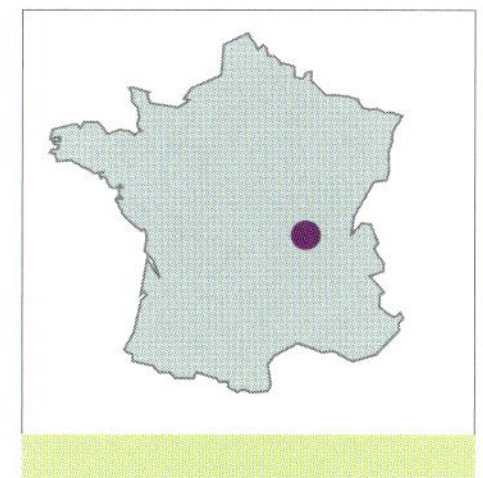

1936

Appellation
AOC Chiroubles
Couleur
Rouge
Superficie
360 ha
Production
18 800 hl

L'œil

Le chiroubles se pare d'une robe légère, rouge rubis. Les caractéristiques du terroir, en particulier la nature très sableuse de son sol maigre et aride alliée à une altitude moyenne de 400 m, privilégient davantage l'esprit que la matière.

Le nez

Les arômes floraux rappellent, avec la violette et l'iris, le cru de fleurie. Les petits fruits rouges, comme la fraise des bois et surtout la framboise, soulignent les qualités d'un grand cru.

La bouche

C'est un vin peu tannique, tendre et très fin. Les saveurs fruitées se développent délicatement en bouche et persistent longtemps. Ces caractères féminins ne l'empêchent pas de vieillir. Toutefois, même si la conduite de la vinification et la parcelle d'origine du raisin permettent l'élaboration de bouteilles aptes à une garde de dix ans, c'est dans ses trois premières années que le chiroubles révèle tous ses charmes.

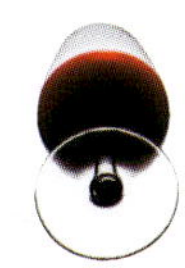

Potentiel de garde
2 à 5 ans.

Température de service
13 °C.

Mets et vins
Charcuterie, foie de veau, pieds de porc, poulet.

Cépage
Gamay noir.

Nature des sols
Sables granitiques.

Chorey-lès-beaune

Appellation
AOC Chorey-lès-beaune
Couleurs
Rouge
Blanc
Superficie
130 ha
Production
6 000 hl

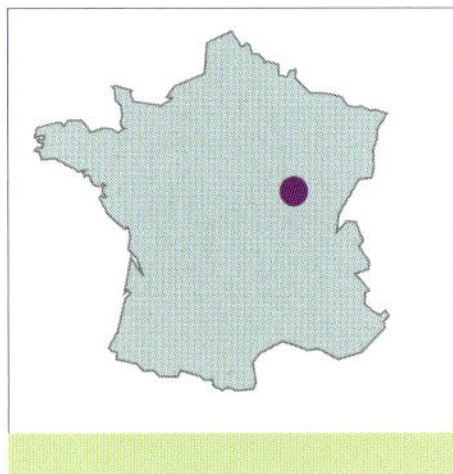

1970

Proche de Savigny-lès-Beaune et d'Aloxe-Corton, Chorey-lès-Beaune est implanté en plaine. Ses vignes s'étendent en direction de la Côte, occupant en grande partie un sol d'alluvions. Les vins provenant de cette aire communale sont vendus sous l'appellation chorey, ou chorey-lès-beaune, ou encore chorey-côte-de-beaune (en rouge). Tendres et friands, ils offrent une excellente clé d'initiation au bourgogne rouge.

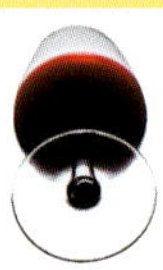

L'œil

• En rouge, le chorey présente une robe assez vive, souvent pourpre sombre avec des reflets violacés.
• En blanc, le vin offre des teintes or clair tirant parfois sur un jaune léger.

Le nez

• En rouge, dominent les petits fruits rouges (framboise, griotte) et noirs (cassis). Les arômes complémentaires sont la réglisse et le sous-bois. Parmi les notes plus évoluées figurent la prune très mûre, les fruits confits, la confiture de fraises, le pain d'épice, l'animal et le cuir.
• En blanc, l'aubépine et l'acacia, les fleurs blanches, agrémentées de noisette, d'amande, de citronnelle, de fruits blancs (poire) ou encore de miel discret composent la palette aromatique.

La bouche

• Le chorey rouge a une structure impeccable ; ses tanins bien présents et élégants traduisent sa réussite. Il laisse au palais un sentiment de jeunesse, mais ne manque pas de rondeur derrière sa charpente. Un vin bien fruité.
• Les vins blancs sont fruités, un peu vifs dans leur jeunesse. L'âge leur donne du gras et de la souplesse.

Cépages
Rouge : pinot noir.
Blanc : chardonnay.

Potentiel de garde
Rouge : 3 à 10 ans.
Blanc : 3 à 8 ans.

Mets et vins
Rouge : œufs en meurette, lapin, poisson (sandre, rouget), fromages (cîteaux, reblochon, brillat-savarin).
Blanc : bouchées à la reine, andouillette, poisson, fromages (comté, saint-nectaire).

Température de service
Rouge : 14-16 °C.
Blanc : 12-14 °C.

Nature des sols
Alluvions sur fond pierreux, parfois ferrugineux, proche des terres à sous-sol oolithique. Soubassement sablonneux très sec. Côté savigny-lès-beaune : matériaux argileux et caillouteux calcaires. Côté aloxe-corton, sols plus limoneux et riche en chailles.

Clairette-de-bellegarde

L'AOC clairette-de-bellegarde se situe sur la seule commune de Bellegarde, entre Beaucaire et Saint-Gilles dans le Gard. Les vignes sont implantées sur les coteaux et terrasses de la partie sud-est de la costière de Nîmes. L'autre partie de la commune se trouve dans la plaine basse des bords du Rhône, en limite de la Camargue, entre Arles et Nîmes. L'appellation ne produit que des vins blancs secs aux arômes bien typés, à partir du seul cépage autorisé, la clairette.

1949

Appellation
AOC Clairette-de-bellegarde
Couleur
Blanc
Superficie
25 ha
Production
1 000 hl

L'œil
Brillante, la clairette-de-bellegarde est jaune clair à reflets verts.

Le nez
Quelques notes d'écorces d'agrumes et de fruits secs ponctuent la palette aromatique par ailleurs riche en fleurs blanches.

La bouche
Bien équilibrée entre rondeur et une faible acidité, la bouche évolue vers une fine pointe d'amertume.

La clairette, cépage vigoureux, est adaptée aux sols pauvres de la région : cailloutis villafranchiens et terrasses caillouteuses.

Température de service
8-10 °C.

Mets et vins
Poisson en sauce.

Nature des sols
Cailloutis villafranchiens.

Cépage
Clairette.

Potentiel de garde
1 à 2 ans.

Clairette-de-die

Appellations
AOC
Clairette-de-die
Couleurs
Blanc effervescent (méthode traditionnelle et méthode ancestrale)
Superficie
1 400 ha
Production
84 300 hl

1942

Au sud-est de Valence, le Diois abrite l'un des vignobles les plus hauts de France, protégé par les falaises du Vercors et bénéficiant d'influences méditerranéennes. Il produit sur les deux rives de la Drôme trois AOC : clairette-de-die, crémant-de-die et châtillon-en-diois. La première fournit l'essentiel des volumes. Issue de méthode traditionnelle (double fermentation en bouteilles), elle provient uniquement de la clairette ; issue de méthode ancestrale ou dioise (une seule fermentation), elle privilégie largement le muscat, la clairette en appoint pour la vivacité. Majoritaire, cette seconde version est le porte-drapeau de l'AOC.

L'œil

La clairette-de-die présente une robe plutôt pâle à légers reflets verts. Les bulles très fines forment sur le disque une mousse assez persistante.

Le nez

Le nez est riche, élégant et fin. On y retrouve bien sûr le parfum du raisin muscat. Une analyse fine révèle une richesse aromatique élégante et fraîche : rose, citron, agrumes et miel. Il ne faut pas conserver trop longtemps la clairette-de-die, car ses parfums subtils sont vite remplacés par d'autres moins flatteurs, comme la figue sèche.

La bouche

On a d'abord l'impression de croquer dans un beau raisin de muscat bien doré, puis le pétillement caresse les papilles. Cette légèreté est associée à une sensation de douceur, apportée par le sucre non fermenté qui subsiste dans le vin. La fermentation incomplète fait de la clairette-de-die un vin peu alcoolisé (entre 7 et 8 % vol.), léger et élégant.

Châtillons-en-diois : des vins de montagnes

Adossé au massif du Glandasse qui culmine à plus de 2 000 m, le coteau de Châtillon-en-Diois domine la vallée du Bez, affluent de la Drôme. Ce coteau dont l'altitude moyenne est d'environ 550 m bénéficie d'une exposition sud extrêmement favorable. Cette AOC produit sur 65 ha des rouges et des rosés friands et fruités issus essentiellement du gamay. Les vins blancs frais et légers proviennent des cépages aligoté et chardonnay. La production s'élève à 2 300 hl.

Potentiel de garde
À boire jeune.

Nature des sols
Argilo-calcaire.

Cépages
Muscat blanc à petits grains, clairette.

Mets et vins
Apéritif, dessert.

Température de service
6-8 °C.

Clairette-du-languedoc

L'AOC clairette-du-languedoc est produite au cœur de l'Hérault, au pied du pic de Vissou, sur onze communes situées au nord de Pézenas. L'aire, située à 30 km de la mer, bénéficie d'un climat méditerranéen chaud et sec l'été ; la prédominance du vent du nord est atténuée par les premiers contreforts des Cévennes. Le vignoble produit non seulement des vins blancs secs, mais aussi quelques moelleux, des vins rancio ou des vins de liqueur.

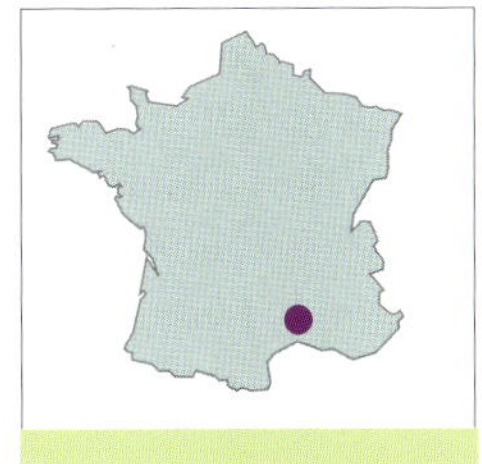

1948

Appellation
AOC Clairette-du-languedoc

Couleur
Blanc sec, et quelques vins de liqueur et moelleux

Superficie
100 ha

Production
2 500 hl

Trois styles de vins originaux

- La clairette-du-languedoc mœlleuse ou blonde présente une sucrosité faible. Elle doit généralement être consommée jeune.
- Le style rancio caractérise des vins vieillis pendant trois ans et titrant au moins 14 % vol.
- La clairette-du-languedoc vin de liqueur est obtenue après mutage à l'alcool. Sa teneur en sucre doit être comprise entre 9 et 40 g/l. Ces productions font l'objet d'une vente exclusivement directe dans la région.

L'œil

Jeune, la clairette, vin blanc sec, se présente dans une robe limpide et brillante, jaune clair à reflets verts. Avec le temps, sa couleur évolue vers le jaune doré.

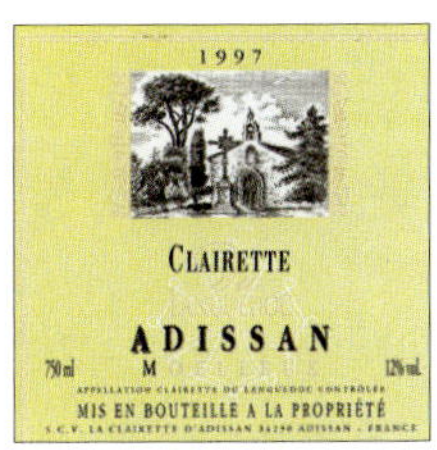

Le nez

La caractéristique du cépage, vinifié en blanc sec, est de révéler un nez marqué de pomme, quelquefois accompagné de pamplemousse et de fleurs blanches.

La bouche

Quoique d'acidité faible, la clairette jeune présente une légère amertume en fin de bouche, ce qui lui permet d'affronter les hors-d'œuvre.

Nature des sols
Basses et moyennes terrasses caillouteuses, couvertes de dépôts anciens de l'Hérault.

Potentiel de garde
Vin sec : 2 à 3 ans.
Autres types : 10 ans et plus.

Température de service
8-10 °C.

Mets et vins
Vin sec : hors-d'œuvre.
Vin moelleux : foie gras, gâteau au chocolat.

Cépage
Clairette.

Clos-de-la-roche

Appellation
AOC Clos-de-la-roche
Classement
Grand cru
Couleur
Rouge
Superficie
17 ha
Production
600 hl

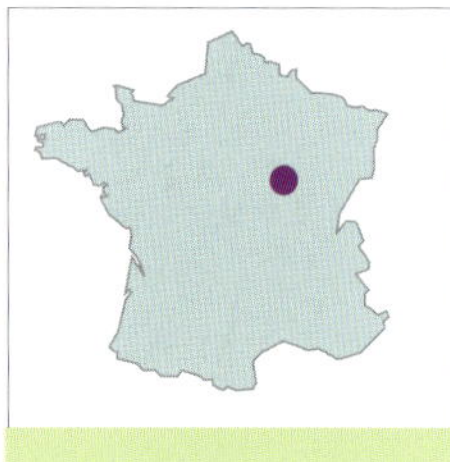

1936

Ce grand cru voisin de Gevrey-Chambertin est situé dans la partie nord de Morey-Saint-Denis, entre 250 et 300 m d'altitude sur le coteau, dans le prolongement des latricières-chambertin et des Combottes. Le « clos » est devenu un grand cru fédérateur de *climats* et comprend plusieurs lieux-dits. Nettement calcaire, l'AOC clos- de-la-roche se trouve sur l'assise rocheuse qui lui a donné son nom. Elle donne un vin charpenté, à la forte texture.

L'œil
La robe est rubis franc, tirant sur le framboisé ou quelquefois sur des nuances crépusculaires, sombres et violacées.

Le nez
Les arômes les plus courants s'inscrivent dans plusieurs familles. Le fruit : la merise (cerise sauvage), l'airelle. Le floral : la violette surtout. L'humus, le sous-bois, la terre mouillée. Autres arômes fréquents : truffe et réglisse.

Le clos-de-la-roche apparaît charpenté, avec une mâche, une puissance étonnante. Sa longueur en bouche s'éternise dans les grands millésimes.

Cépage
Pinot noir

Nature des sols
Peu de terre, le plus souvent nettement calcaire, peu de cailloutis mais des rochers nombreux.

Mets et vins
Jambon sauce au vin, râble de lièvre, cuissot de sanglier, chevreuil, palombe, côte de veau aux champignons, fromages (vacherin, mont-d'or, saint-nectaire, cîteaux).

Température de service
14-16 °C.

Potentiel de garde
10 à 15 ans (jusqu'à 30 ou 50 ans dans les grands millésimes).

Clos-des-lambrays

Sur la partie méridionale de Morey-Saint-Denis, le vignoble du clos-des-lambrays est implanté entre le clos-saint-denis et le clos-de-tart, autres grands crus, entre 250 et 320 m d'altitude. Ce clos résulte d'un remembrement de quelque 75 parcelles au milieu du XIXe siècle. Situé dans une zone centrale du village, le clos possède une partie marneuse sur sa hauteur, une partie argilo-calcaire dans le bas. Le domaine a pour siège une belle demeure construite en 1630, entourée d'un parc. À l'exception d'une petite parcelle, il appartient à un seul propriétaire. Le clos-des-lambrays a été reconnu tardivement faute de l'avoir sollicité dans les années 1930.

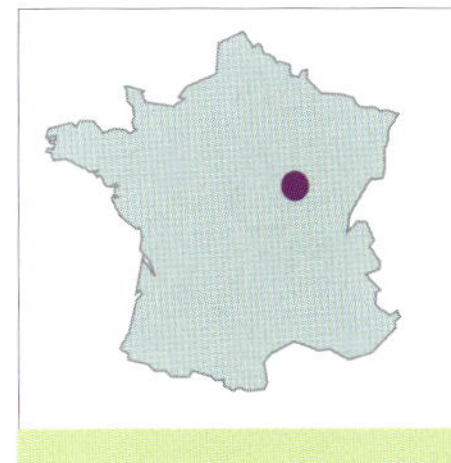

1981

Appellation
AOC Clos-des-lambrays

Classement
Grand cru

Couleur
Rouge

Superficie
9 ha

Production
250 hl

L'œil
La robe est rubis franc, tirant sur le framboisé ou quelquefois sur des nuances sombres et violacées.

Le nez
Le clos-des-lambrays exprime des arômes complexes de cuir, de fruits cuits, de feuilles mortes et de sous-bois. Un côté animal apparaît après la garde.

La bouche
Le clos-des-lambrays est un vin corsé, à la fois rude et souple, main de fer dans un gant de velours. Il exprime rarement les petits fruits rouges et noirs.

Potentiel de garde
10 à 15 ans (jusqu'à 30 ans pour les grands millésimes).

Température de service
14-16 °C.

Mets et vins
Gibier à plume (palombe, faisan, grive) et à poil (chevreuil, lièvre, marcassin), fromages à pâte molle.

Cépage
Pinot noir.

Nature des sols
Assez marneux dans sa partie haute, nettement argilo-calcaire dans sa partie basse.

Clos-de-tart

Appellation
AOC Clos-de-tart
Classement
Grand cru
Couleur
Rouge
Superficie
7 ha
Production
190 hl

1939

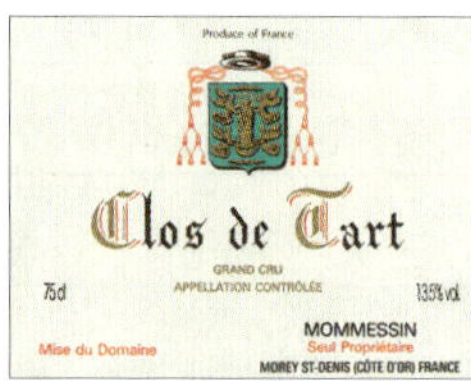

Trois propriétaires seulement depuis le Moyen Âge ! Situé entre 250 et 300 m d'altitude, le clos est d'un seul tenant auprès des bâtiments d'exploitation, entre le clos-des-lambrays et les bonnes-mares au sud de Morey-Saint-Denis. Il a appartenu aux religieuses de Tart de 1250 jusqu'à la Révolution, puis aux Marey-Monge, et enfin à la famille Mommessin depuis 1932. Le vin des jeunes vignes est vendu comme morey-saint-denis premier cru sous le nom de La Forge à la manière du second vin d'un grand cru du Bordelais. Le clos-de-tart est assemblé au moment de la mise en bouteilles (25 000 à 30 000 bouteilles par an), selon une cuvée unique.

L'œil
La robe est d'un rouge soutenu, rubis.

Le nez
Jeune, le clos-de-tart présente des arômes de fraise et de violette. Plus âgé (une dizaine d'années), il devient très parfumé, évoquant la venaison, les épices et le cuir, les fruits mûrs.

La bouche
Assez tannique dans sa jeunesse, le clos-de-tart s'assouplit avec l'âge pour devenir un très grand vin, élégant, structuré.

Le plus ancien des grands crus
Les Hospitaliers de Brochon offrent cette vigne en 1141 à l'abbaye Notre-Dame de Tart, fille de Cluny. Elle ne porte pas encore le nom de Clos de Tart, qui sera probablement formé au XVe s. Acquise en 1932 par la famille Mommessin, elle est conduite aujourd'hui par Sylvain Pitiot, spécialiste incontesté de la cartographie des terroirs bourguignons.

Nature des sols
Sol mince de calcaire et d'éboulis.

Cépage
Pinot noir.

Mets et vins
Jambon à la crème, gibier à poil (lièvre, sanglier, chevreuil), fromages (vacherin, mont-d'or, saint-nectaire, cîteaux).

Température de service
14-16 °C.

Potentiel de garde
10 à 15 ans (jusqu'à 30 ou 50 ans dans les grands millésimes).

Clos-de-vougeot

Fondé vers 1110 par l'abbaye de Cîteaux, le clos de Vougeot est à la fois un vignoble, un vin et un château, ceint des mêmes murs depuis des siècles. Entre Chambolle-Musigny et Flagey-Échézeaux en Côte de Nuits, ce grand cru s'étend (château non compris) sur quelque 50 ha, divisés en une centaine de parcelles appartenant à quatre-vingts propriétaires. Le grand nombre des parcelles et leur diversité expliquent la variété de caractères rencontrés, l'impossibilité réelle de présenter un portrait unique du clos-de-vougeot, même s'il existe des traits communs.

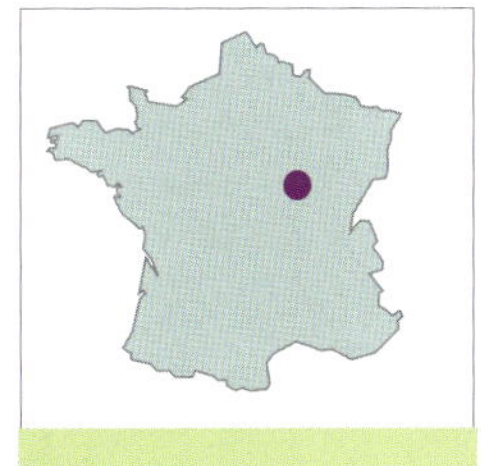

1937

Appellation
AOC Clos-de-vougeot

Classement
Grand cru

Couleur
Rouge

Superficie
49 ha

Production
1 640 hl

L'œil

Selon l'âge et la vinification, la robe varie du rouge framboise au grenat intense.

Le nez

La suavité d'un bouquet évoquant l'arôme du printemps. Cette gamme réunit la rose fraîchement éclose, la violette sous la rosée, les résédas mouillés, l'églantier. Il s'y ajoute d'autres registres : mûre, framboise, réglisse, menthe sauvage, truffe.

La bouche

Le clos-de-vougeot a de la sève et du moelleux, de la finesse, un goût souverain. Plein, charnu, il lui arrive d'exploser en bouche. Il possède deux traits remarquables : son aptitude à une longue garde et la persistance en bouche. Une fois qu'il s'installe au palais, il n'en bouge plus.

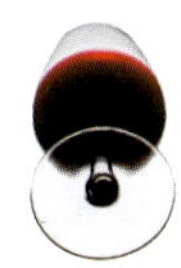

Nature des sols
Sol brun profond sur marnes (bas du clos) et sol brun argileux sur cailloux calcaires (milieu de clos) ; sol peu profond, de structure grenue, moins argileux, avec des graviers en abondance sur dalle calcaire du bajocien (partie haute du clos).

Mets et vins
Gibier à poil (chevreuil, marcassin), gibier à plume (perdreau, bécasse, grive), rôti de bœuf, jambon en croûte, pâté chaud, fromages (époisses, langres, Ami du chambertin, saint-florentin, soumaintrain).

Température de service
16-18 °C.

Cépage
Pinot noir.

Potentiel de garde
10 à 30 ans (au-delà dans les bons millésimes).

Clos-saint-denis

Appellation
AOC Clos-saint-denis
Classement
Grand cru
Couleur
Rouge
Superficie
6 ha
Production
225 hl

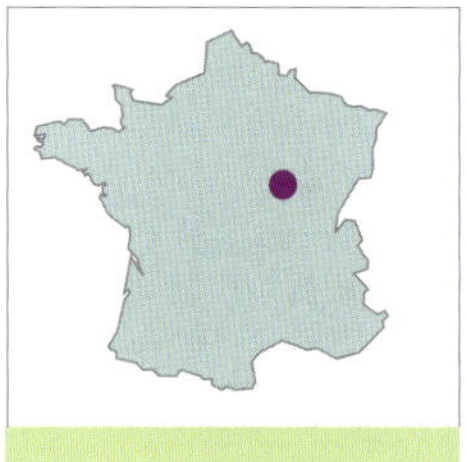

1936

Sur Morey-Saint-Denis, entre le clos de la Roche et le clos des Lambrays, le clos Saint-Denis date du XIe siècle. Situé entre 280 et 320 m d'altitude sur la partie médiane du coteau, ce vignoble donne des vins pleins, charnus et de bonne garde. Ses 2 ha initiaux se sont accrus de *climats* voisins (Maison Brûlée, Calouère et Chaffots en partie) pour atteindre aujourd'hui 6,5 ha. Une quarantaine de parcelles, pour quelque 20 000 à 25 000 bouteilles par an.

L'œil
La robe rouge grenat sombre se distingue par ses reflets violacés.

Le nez
Les parfums se mêlent de façon subtile et complexe : cassis, mûre, pain d'épice, mais aussi pruneau, musc, violette et café.

La bouche
Le clos-saint-denis est souvent d'une tendresse fruitée, il a un charme saisissant. Moins remarquable par son ampleur que par ses nuances, il gagne un caractère un peu plus chaleureux lorsqu'il est issu de la partie méridionale de l'appellation.

Mets et vins
Jambon à la crème (ou à la lie de vin), gibier (râble de lièvre, cuissot de sanglier, chevreuil), fromages (vacherin, mont-d'or, saint-nectaire, cîteaux).

Potentiel de garde
10 à 15 ans (jusqu'à 30 ou 50 ans dans les grands millésimes).

Nature des sols
Argiles du lias et du trias avec quelques éboulis calcaires du plateau.

Température de service
16-18 °C.

Cépage
Pinot noir.

Cognac

Le cognac naît sur l'un des vignobles les plus vastes de France (un million d'hectares !). La surface effectivement plantée, plus restreinte, en fait le second vignoble derrière le Bordelais. Irriguée par la Charente et ses affluents, l'aire délimitée s'étend au nord du Bassin aquitain, en bordure de l'océan Atlantique. La rive droite de la Gironde et les îles de Ré et d'Oléron en marquent la limite occidentale, et les premiers contreforts du Massif central les confins orientaux. L'aire d'appellation couvre la Charente-Maritime, une grande partie de la Charente et un peu de la Dordogne et des Deux-Sèvres. Au cœur de la région : les villes de Jarnac, de Segonzac et de Cognac. Si les décrets mentionnent neuf cépages, l'ugni blanc est le cépage roi du cognac, la folle blanche et le colombard étant marginaux. Les six crus, répartis en cercles concentriques autour de Cognac, se distinguent surtout par leurs capacités de vieillissement. Au sud de la ville, la Grande Champagne et la Petite Champagne, qui donnent naissance à des eaux-de-vie très fines et qui assemblées donnent la Fine Champagne de grande réputation. Au nord-ouest, les Borderies et ses eaux-de-vie également très appréciées. Tout autour, des crus de superficie très importante : les Fins Bois, les Bons Bois et les Bois à terroir (autrefois Bois ordinaires), les deux derniers ne contribuant qu'accessoirement à la production.

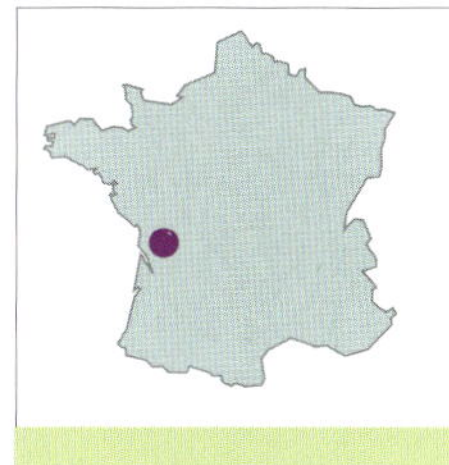

1936

Appellation
AOC Cognac

Superficie
78 000 ha

Production
230 millions de bouteilles

Principaux cépages
Ugni blanc, colombard, folle blanche.

Nature des sols
Argilo-calcaires assez superficiels (Grande Champagne, Petite Champagne) ; argilo-calcaires rouges et très caillouteux (Fins Bois) ; argiles à silex (Borderies) ; sableux (Bons Bois, Bois à terroir).

Températures de service
18-20 °C.

Mets et vins
Desserts (au chocolat, au praliné-noisette, à la vanille, aux fruits exotiques, aux pruneaux), fromages (comté bien affiné, pâte persillée), foie gras aux figues, poissons crus (tartare, sushis, carpaccios).

La distillation est dite « discontinue à repasse » : l'élaboration de l'eau-de-vie s'effectue en deux étapes ou chauffes successives.

Principales dénominations

Les mentions VSOP, Napoléon, XO… donnent des indications sur l'âge de l'eau-de-vie la plus jeune entrant dans l'assemblage. Aucun cognac ne peut être commercialisé sans avoir subi un minimum de vieillissement sous bois de 2 ans, à partir du 1er avril de l'année qui suit la récolte. Trois Etoiles ou VS : eau-de-vie la plus jeune âgée de plus de 2 ans ; VSOP (Very Superior Old Pale) : plus de 4 ans ; Napoléon, XO, Extra, Hors d'Âge : plus de 6 ans. Les meilleurs cognacs sont le résultat d'assemblages dont l'âge dépasse largement le minimum légal et peut atteindre plusieurs décennies. Contrairement à l'armagnac, les cuvées millésimées sont rares.

L'œil

L'examen visuel est moins riche d'enseignements que pour un vin, la couleur traduisant avant tout l'élevage sous bois : ce sont les tanins du chêne qui colorent peu à peu une eau-de-vie sortie incolore de l'alambic. On trouve néanmoins une large palette de couleurs : du brun à l'ambré, en passant par l'orangé et le doré.

Le nez

Les arômes principaux du cognac sont la vanille, le caramel, le pruneau, l'orange et l'abricot. Mais les profils varient aussi selon les crus. La Grande Champagne dévoile ainsi des parfums à dominante florale (fleur de vigne, tilleul séché, sarment sec…), de même que les Borderies (violette, iris). La Petite Champagne y ajoute des parfums fruités. Dans les Fins Bois, Bons Bois et Bois à terroir, on retrouvera notamment des notes de raisin pressé. Le long vieillissement en fût de chêne apporte des parfums spécifiques de rancio, de boîte à cigare, de truffe, de cuir, de café…

La bouche

La Grande Champagne et la Petite Champagne se distinguent par leur grande finesse et leur distinction, leur montant, leur souplesse et leur longueur. Elles s'épanouiront après un long vieillissement. Les Borderies sont fines, rondes, douces et bouquetées. Les Fins Bois, intenses, ronds et onctueux, les Bons Bois et Bois à terroir, aux goûts de… terroir, produisent des eaux-de-vie à consommer plus jeunes.

Collioure

Ce petit port, lové dans une crique de la Méditerranée, célèbre dans le monde entier, est aussi une toute petite aire d'appellation, qui cohabite avec celle de banyuls sur les communes de Banyuls-sur-Mer, Cerbère, Collioure et Port-Vendres. Collioure produit un vin rouge puissant et velouté, ainsi qu'un vin rosé élégant et généreux. Depuis 2002, il est possible d'élaborer des vins blancs. Le vignoble jouit sur les sols schisteux d'un climat fait de soleil, de tramontane et de vent marin.

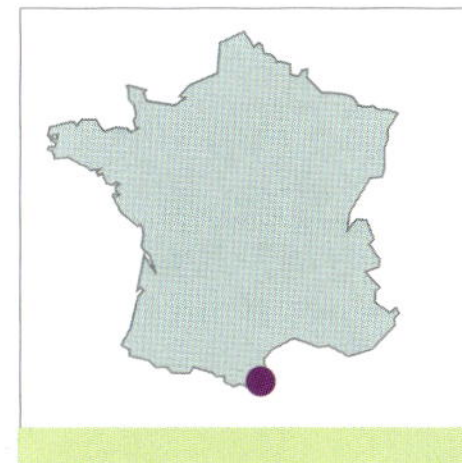

1971

Appellation
AOC Collioure

Couleurs
Rouge
Rosé
Blanc

Superficie
620 ha

Production
19 900 hl

L'œil

- La robe du collioure rouge est généralement profonde, grenat souvent légèrement tuilé.
- Le vin rosé est tendre, un peu saumoné, plus rarement gris.
- Le collioure blanc est jaune clair à reflets verts.

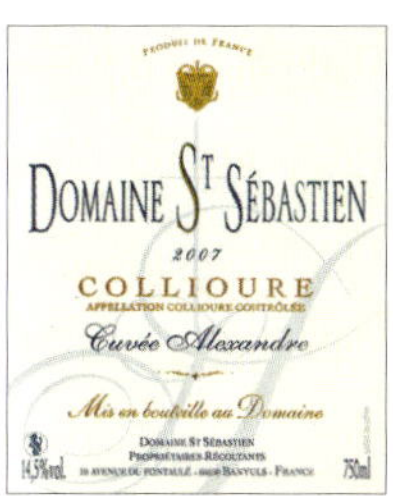

Le nez

- Les collioure rouges sont très fruités. Les vins jeunes dévoilent des arômes de baies rouges, des notes amyliques, tandis que les vins élevés se parent d'accents épicés et de senteurs de cuir. Des notes de torréfaction signalent la présence du mourvèdre.
- Tout en petits fruits rouges, légèrement amylique, le vin rosé peut parfois surprendre par ses senteurs de violettes sur des cuvées où la syrah domine.
- Les fleurs et les épices s'accompagnent d'une note minérale dans le collioure blanc.

La bouche

- Le collioure est puissant, chaleureux, riche en fruits mûrs : cerise, grenade, cassis. L'âge apporte des notes de fruits cuits. Ce vin se distingue par sa souplesse tannique, le velouté et le fondu en bouche, accompagnés par l'épice et le grillé.
- Les rosés peuvent surprendre car, sous des abords délicats empreints de fraîcheur, ils révèlent puissance et onctuosité sans perdre la nervosité qui fait leur charme.
- Les blancs sont amples, structurés et gras.

Principaux cépages
Rouge : grenache noir, mourvèdre ; syrah, carignan, cinsault ; grenache gris pour le rosé.
Blanc : grenaches blanc et gris, roussanne, marsanne, vermentino, macabeu, tourbat.

Mets et vins
Rouge : viande grillée, gibier.
Rosé : charcuterie catalane, pissaladière, paella.
Blanc : poisson.

Nature des sols
Schistes du primaire.

Potentiel de garde
5 ans et plus.

Température de service
Rouge : 16-18 °C.
Blanc et rosé : 10-12 °C.

Condrieu

Appellation
AOC Condrieu
Couleur
Blanc
Superficie
170 ha
Production
6 000 hl

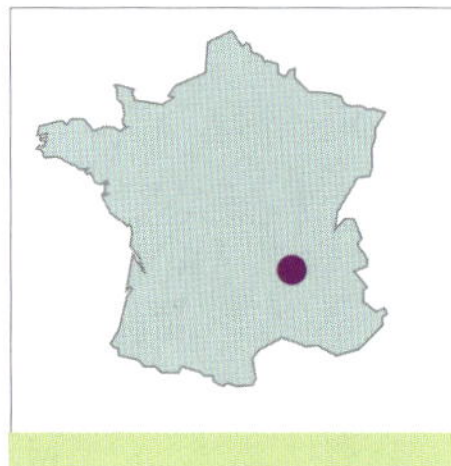

1940

À une dizaine de kilomètres au sud de Vienne, le vignoble s'étend sur le rebord du Massif central qui descend en coteaux abrupts vers la rive droite du Rhône. Condrieu, aux allures de petit port méditerranéen, possède des vignes qui s'inscrivent historiquement dans le prolongement de celles de côte-rôtie. L'appellation ne produit que des vins blancs délicats et onctueux élaborés à partir du seul cépage autorisé, le viognier.

L'œil
Selon l'état de maturité, l'aspect visuel est plus ou moins intense, allant de la couleur paille au doré, avec de légers reflets verts.

Le nez
Jeune, le condrieu explose de parfums. La dominante demeure les fruits frais, tels l'abricot ou la pêche ; cependant, des touches florales comme la violette enrichissent la palette. Les années de forte maturité sont marquées par des expressions miellées, voire grillées et minérales. À un âge un peu plus avancé, les notes de fruits frais s'estompent pour laisser la place aux fruits secs.

La bouche
L'acidité est dominée par les autres sensations gustatives. Cette particularité confère au condrieu un style très original, difficilement imitable. Ce vin laisse une sensation suave, marquée par le gras et la rondeur.

Nature des sols
Sablo-argileux.

Cépage
Viognier.

Potentiel de garde
1 à 5 ans (selon les terroirs et les millésimes).

Température de service
12-14 °C.

Mets et vins
Cuisses de grenouille, poisson de rivière, friture de goujons, quenelles de brochet, asperges sauce mousseline, tarte aux abricots.

Corbières et corbières-Boutenac

Massif montagneux aride, les Corbières sont limitées à l'est par la côte méditerranéenne, au sud par une barrière calcaire saisissante qui les sépare du Roussillon, au nord par l'axe Carcassonne-Narbonne, et à l'ouest par une série de hauteurs, tel le Pech de Bugarach. C'est surtout un vignoble de vins rouges. La syrah apporte partout sa richesse et son fruit, mais plus particulièrement à l'ouest de l'appellation où sa maturité est plus lente. À l'est, le mourvèdre, le carignan et le grenache noir donnent à ce vignoble son identité. Les vins blancs, dont la dominante principale est le gras et l'onctuosité, affirment leur caractère méditerranéen. Reconnue en 2005, l'appellation corbières-Boutenac atteste de la qualité de ce terroir. Elle s'applique à partir de la récolte 2006.

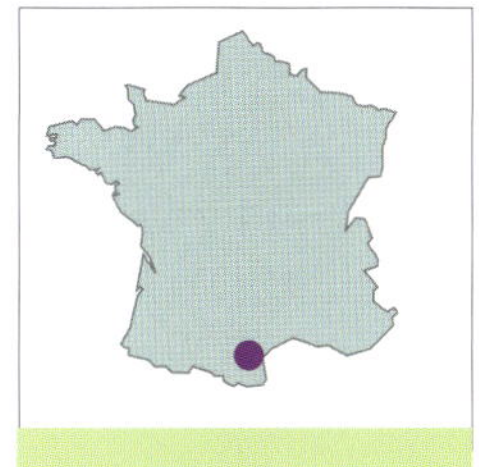

1985

Appellation
AOC Corbières
AOC Corbières-Boutenac

Couleurs
Rouge
Rosé
Blanc

Nature des sols
Du nord au sud, vastes terrasses de cailloux roulés, grès et marnes, puis calcaires et schistes en zone d'altitude.

Cépages
Rouge et rosé : carignan, grenache noir, syrah, cinsault, mourvèdre, lledoner, pelut, piquepoul noir.
Blanc : grenache, maccabéo, bourboulenc, marsanne, roussanne, vermentino.

Potentiel de garde
2 à 5 ans (au-delà de 10 ans pour les grands millésimes).

Superficie
13 200 ha (corbières)
1 400 ha (corbières-boutenac)

Production
551 800 hl (corbières)
6 100 hl (corbières-boutenac)

L'œil

• La robe des corbières rouges est toujours soutenue, rouge foncé dans leur jeunesse, noire sombre lorsque la syrah et les vieux carignans sont présents. Elle prend avec l'âge des teintes ambrées pour les grands millésimes.

• Du jaune pâle à reflets verts des corbières blancs jeunes au jaune doré des vins élevés en barrique.

• La robe des rosés est à tendance violine pour les vins de saignée.

Le nez

• Les vins rouges de garde moyenne déclinent les fruits, avec des notes de cassis et de mûre. Dans les vins de garde, souvent fermés les premiers mois, voire austères, les épices, le poivre et la réglisse ne tardent pas à apparaître en fin de printemps. La garrigue s'exprime par des essences de thym et de romarin. Avec l'élevage, vieux cuir (notamment pour les cuvées de mourvèdre), café et cacao, puis sous-bois et notes de gibier se manifestent dans les plus grands corbières.

• Les rosés sont marqués par leur fruit intense.

• Les vins blancs marient des arômes de fleurs blanches et de fruits exotiques, jamais trop intenses, tout en finesse.

La bouche

• Les corbières rouges, en général puissants et charpentés, sont le reflet de la biodiversité des terroirs de l'appellation. Chaleureux, avec des tanins solides sur les argilo-calcaires et les terrasses de galets roulés de la zone méditerranéenne, les vins sont plus tendres sur les grès de la région de Fontfroide et d'une grande finesse sur les schistes du bassin de Durban. En zone d'altitude, ils prennent un tout autre caractère avec un tanin élégant et une légère vivacité. Le carignan est généralement à la base des plus belles cuvées, avec une expression toute particulière dans le terroir de Boutenac.

• Les rosés, le plus souvent issus des cépages grenache noir, cinsault et syrah, en expriment les caractères : velouté, finesse et puissance aromatique.

• Les vins blancs sont peu acides, gras et onctueux, parfaits compagnons des poissons.

De l'intérieur des terres (ci-dessous aux environs d'Opoul) au bord de la Méditerranée, le terroir des Corbières offre une grande variété géologique et vinicole.

Mets et vins

Rouge : grillade de bœuf, fricassée de cèpes, fromages (livarot).
Rosé : charcuterie, artichauts à la barigoule, pissaladière.
Blanc : moules farcies, calamars, poisson grillé, poulet au citron, fromages de chèvre frais.

Température de service

Rouge : 14-18 °C.
Blanc et rosé : 12 °C.

Cornas

Au nord-ouest de Valence, le village de Cornas est bâti dans un grandiose amphithéâtre aux gradins abrupts. Son vignoble est implanté sur un versant où affleurent des granites qui, par décomposition, ont donné naissance à des sables argileux. Cornas, comme l'appellation côte-rôtie, ne produit que des vins rouges. Toutefois, elle se distingue parmi les grandes appellations rouges de la vallée du Rhône septentrionale par son terroir précoce et par la présence d'un cépage unique, la syrah. Il en résulte un « vin noir », de grande structure, puissant et charpenté, dont les tanins s'assouplissent au cours des ans.

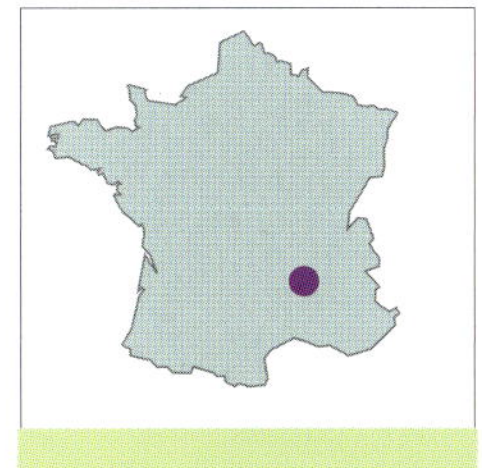

1938

Appellation
AOC Cornas
Couleur
Rouge
Superficie
130 ha
Production
3 700 hl

Potentiel de garde
5 à 20 ans (selon terroirs, millésimes et modes de vinification).

Le nom de Cornas viendrait d'un mot celtique signifiant « terre brûlée ». Le terroir est en effet très chaud, protégé du mistral par le massif des Arlettes.

Cépage
Syrah.

Nature des sols
Arènes granitiques, localement calcaires.

L'œil

Les cornas présentent une robe de couleur très soutenue et profonde pouvant justifier le qualificatif de « vin noir ». Le vieillissement laisse apparaître des nuances plus ou moins tuilées.

Le nez

Dans la phase de jeunesse, le nez est caractérisé par les fruits rouges ou noirs, tels que mûre et cerise, associés à des notes de sous-bois, d'épices et de poivre. Il est alors réservé. Il ne s'exprime pleinement qu'après cinq à six ans d'attente, en laissant apparaître des nuances plus typées de style animal (cuir), sous-bois, tabac, voire originales comme la truffe. Il est alors sauvage.

La bouche

Le palais est l'expression d'un équilibre subtil entre puissance et charpente. La syrah prend ici une expression presque « méridionale », marquée par la puissance et la chaleur – cette composante étant bien souvent masquée par une présence tannique. Avec une sensation rustique et sauvage pendant la phase de jeunesse, les tanins n'atteignent cette finesse si particulière qu'après plusieurs années de vieillissement sous bois.

Ce très bon « vin noir »

L'histoire ancienne des vins de Cornas se confond avec celle des autres appellations du Rhône. Ainsi, les Romains y auraient-ils créé des chalets ou chaillées (terrasses portant le vignoble) près des sources du Colombier, de la Fontaine et du Chemin de Pied de la Vigne. On y retrouve aussi l'influence ecclésiastique puisqu'un bref d'obédience des chanoines de Viviers, au Xe siècle, mentionne déjà les vignes in Cornatico. Une mention similaire apparaît dans un cartulaire de l'abbaye de Saint-Chaffre-de-Monastier.

Mets et vins

Lièvre à la royale, gigue de chevreuil, bœuf en daube, côte de bœuf, fromages (bleu des Causses).

Température de service

16-18 °C.

Corse ou vin-de-corse

Implanté par les Génois au XVIe s., le vignoble corse relève d'une longue tradition viticole. Déjà en 570 av. J.-C., les Phocéens y avaient implanté des ceps. Les vignes se concentrent à la périphérie de l'île, la côte orientale de Bastia à Ghisonaccia représentant la surface viticole la plus importante. C'est dans ce secteur que se situent les plus grandes caves coopératives et propriétés. Les vins corses sont à rattacher à la grande famille des vins du Sud, mais avec une typicité particulière liée à leurs cépages et à leur potentiel aromatique très développé.

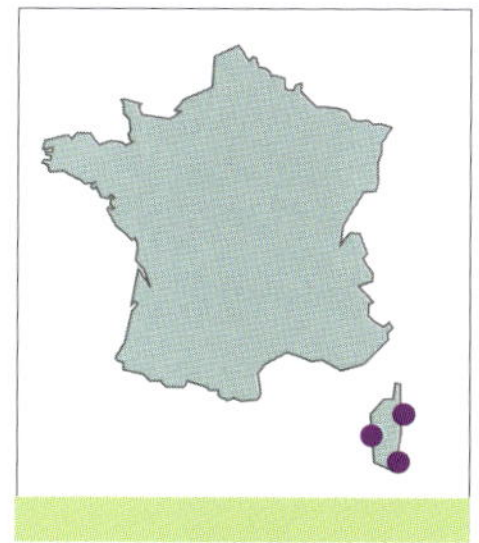

1972

Appellation
AOC Corse ou Vin-de-corse suivi des dénominations coteaux du cap Corse, Calvi, Figari, Porto-Vecchio, Sartène

L'œil

- Issus principalement des cépages niellucciu et sciacarellu associés au grenache et à la syrah, les vins rouges présentent une robe assez soutenue.
- Les rosés sont élaborés essentiellement à partir du sciacarellu, du niellucciu et du grenache. Leur robe varie d'un rose soutenu à un rose diaphane.
- Issus en grande majorité du vermentinu, les blancs s'habillent d'une robe claire à reflets dorés.

Le nez

- Les vins rouges offrent des arômes de fruits, de réglisse et de cuir.
- Les rosés sont francs et frais, aux fragrances d'églantine, de chèvrefeuille et de bruyère, ponctuées de touches poivrées.
- Les blancs offrent un nez floral, généreux et frais, mèlant les agrumes et les fruits exotiques.

La bouche

- Les vins rouges laissent une sensation soyeuse au palais. Leur longueur est surprenante.
- L'impression de fraîcheur offerte par les vins est liée à une attaque acidulée. Le milieu de bouche est rond et souple, la longueur est très honorable.
- Les blancs, subtilement épicés en rétro-olfaction, sont structurés sans être agressifs et de bonne persistance.

Température de service
Rouge : 16-18 °C.
Rosé et blanc : 7-10 °C.

Mets et vins
Rouge : civet et daube, viande grillée, fromages de brebis.
Rosé : salade, poisson grillé, cuisine orientale.
Blanc : apéritif, poisson en sauce, fromages de chèvre, brocciu, dessert.

Potentiel de garde
Rouge : 4 à 5 ans.
Rosé et blanc : 2 ans.

Nature des sols
Silico-argileux, schisteux, arènes granitiques, argilo-calcaires, tufs.

Principaux cépages
Rouge et rosé : miellucio, sciaccarello, grenache.
Blanc : vermentino.

Couleurs
Rouge
Rosé
Blanc

Superficie
2 300 ha

Production
90 400 hl

Corton

Appellation
AOC Corton
Classement
Grand cru
Couleurs
Rouge
Blanc
Superficie
100 ha
Production
4 000 hl

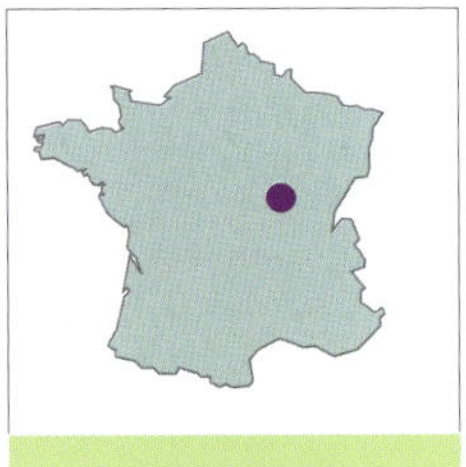

1937

À l'endroit où la Côte de Nuits laisse place à la Côte de Beaune, les villages d'Aloxe-Corton, Ladoix-Serrigny et Pernand-Vergelesses ont en commun ce grand cru situé au pied de la Montagne de Corton. Le corton est surtout connu comme un vin rouge issu du pinot noir, ample, puissant et généreux. Il existe cependant un corton blanc issu du chardonnay. La vaste superficie de l'appellation et le grand nombre de *climats* (lieux-dits) expliquent les nuances constatées dans le caractère de ses vins.

L'œil

• En rouge, le corton affiche le plus souvent une couleur pourpre soutenu ou rouge sombre d'une densité violacée.

• En blanc, la robe est d'un jaune généralement assez pâle, or clair à reflets verts.

Le nez

• En rouge, le bouquet est à la fois ample et généreux. Il s'exprime sur des accents fruités (myrtille, groseille, cerise, kirsch) ou fleuris (violette), évoluant avec l'âge vers le sous-bois, le cuir tanné, la fourrure, l'animal. L'abricot cuit lui offre parfois une note originale. Les autres arômes fréquents sont le poivre, la réglisse et le noyau.

• En blanc, le corton offre des arômes mariant des nuances minérales (silex), beurrées (beurre, pomme au four), végétales (fougère, genévrier), épicées (cannelle) et miellées (miel, hydromel).

Nature des sols
Calcaires, caillouteux, rougis par l'oolithe ferrugineuse et entrecoupés de marnes à forte teneur en potasse, marneux parfois (Le Clos du Roi) ou argileux (La Vigne au Saint).

Cépages
Rouge :
pinot noir.
Blanc :
chardonnay.

Potentiel de garde
Rouge :
8 à 15 ans.
Blanc :
4 à 12 ans.

La Montagne de Corton est enveloppée par la vigne sur trois côtés.

Mets et vins

Rouge : gibier à plume (canard à l'orange, caille aux raisins, perdrix), gibier à poil (lièvre, chevreuil), fromages (cîteaux, munster, tamié).

Blanc : crustacés cuisinés (écrevisses, homard, langouste), poisson, viande blanche ou volaille à la crème.

Température de service

Rouge : 14-16 °C.

Blanc : 12-14 °C.

La bouche

• En rouge, solide, costaud, puissant, structuré, le corton se montre volontiers démonstratif. De la mâche et du corps ! Il tire sa révérence sur une note tannique. Mais certains *climats* sont beaucoup plus tendres, fins et délicats. Par ailleurs, les vinifications actuelles donnent des vins moins austères, pouvant être dégustés au bout de deux à trois ans. En général, cependant, le corton apparaît dur et vif dans sa jeunesse. Ferme et franc, il a besoin de temps pour s'exprimer.

• En blanc, on a affaire à un vin souple et rond, élégant et racé, qui domine le paysage du chardonnay dans un style assez original.

Le nom des *climats* peut figurer sur l'étiquette du Corton

Sur Aloxe-Corton : le Clos du Roi, souvent considéré comme le plus corton de tous, est un vin puissant, équilibré et velouté ; Les Renardes ont un tempérament rugueux, accrocheur, animal ; Les Paulands dont la typicité est très voisine ; Les Perrières sont assez féminins et délicats ; Les Bressandes ont une texture charnue et lisse ; Les Pougets au gras profond est très rond ; le Clos des Meix est une merveille de subtilité et de finesse ; Les Languettes sont assez souples et réussissent superbement en blanc ; Les Chaumes sont élégants et pleins ; la Vigne au Saint donne un vin très fin produit sur support argileux.

Sur Ladoix-Serrigny, on trouve les *climats* Hautes Mourottes d'un tempérament fin et léger ; Les Grandes Lolières plutôt fermes et robustes, rustiques ; Les Vergennes – le corton blanc provient notamment de cet endroit ; Le Rognet-et-Corton qui s'apparente beaucoup aux Bressandes, Aux Renardes, un vin solide et charpenté. Côté Ladoix, la chair apparaît ferme et vigoureuse sous des accents floraux… Côté Pernand, elle est plus souple, élégante, fruitée. Il existe encore : Les Grèves, Les Maréchaudes, Les Moutottes, La Toppe au Vert, Les Carrières, Les Fiètres et Les Combes.

L'œil

• Les vins rouges présentent une robe intense et brillante, avec souvent des nuances violettes sur les vins jeunes.
• La robe des rosés va du rose pâle au rose plus soutenu à reflets violets lorsqu'ils sont jeunes, puis évolue vers des nuances saumonées. La syrah apporte plus de vivacité à la teinte.
• Les vins blancs ont une couleur jaune claire, brillante.

Le nez

• Les vins rouges sont caractérisés par les arômes de petits fruits rouges et de fruits à noyau. Leur palette évolue ensuite vers des notes de fruits confits et d'épices. La syrah apporte ses parfums de fruits rouges et de violette, tandis que le grenache lègue ses notes épicées.
• Les arômes de jeunesse des vins rosés sont floraux et fruités (cerise, fraise, framboise), avec parfois des notes de banane mûre.
• Les vins blancs laissent s'exprimer des arômes floraux (fleurs blanches, acacia), avec parfois des notes d'agrumes ou de fruits exotiques.

La bouche

• En rouge, le vin hérite de la syrah des tanins de qualité. Le grenache noir apporte sa rondeur et sa chaleur. Le carignan et le cinsault participent parfois à la complexité de l'ensemble.
• Les rosés font preuve d'un équilibre parfait entre rondeur et acidité. Élaborés généralement par saignée, ce sont des vins délicats.
• Les blancs sont caractérisés par la rondeur et le gras. Leur faible acidité est compensée par la fraîcheur des arômes.

Appelée costières-du-gard jusqu'en 1989, l'AOC costières-de-nîmes doit sa personnalité à un sol caractérisé par le cailloutis villafranchien.

Coteaux-champenois

Les coteaux-champenois peuvent être élaborés dans l'ensemble de l'aire du champagne, mais ce sont des vins tranquilles. Fréquemment figure sur l'étiquette le nom de la commune dont le vin est issu ; l'une des plus célèbres étant Bouzy, grand cru de pinot noir. Mais Vertus ou Sillery produisent aussi des coteaux-champenois réputés, tout comme Ay. Une grande majorité de ces vins ne sont pas millésimés : ils naissent d'un assemblage d'années différentes. Les coteaux-champenois sont des vins rares car leur production est faible. Et, lors de pénurie de raisin, la totalité de la récolte est dévolue au champagne.

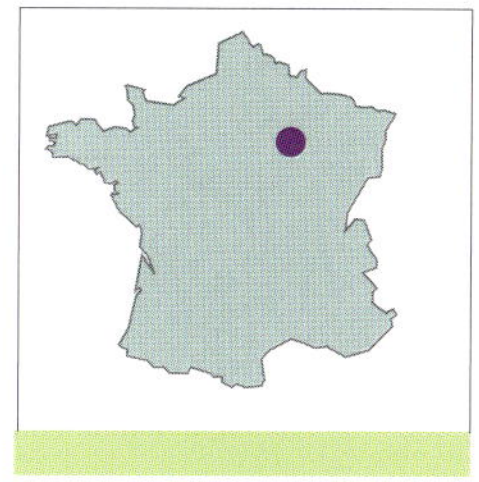

1974

Appellation
AOC Coteaux-champenois
Couleurs
Rouge
Blanc
Rosé (rare)

L'œil

- Les vins rouges sont habillés d'une robe modérément colorée.
- La robe idéale des vins blancs est teintée d'or clair aux reflets verts. Les blancs de noirs sont habillés d'or blanc, d'or argent.

Le nez

- Les vins rouges « pinotent ». (framboise et cerise). Le boisé n'est jamais envahissant. Dans les années exceptionnelles se développent des arômes tertiaires allant vers le cuir.
- La suprématie du blanc de blancs est indiscutable, avec des arômes de brioche beurrée, grillée, des accents de noisette (légers) mariés à des agrumes.

La bouche

- Les vins rouges ont une charpente fine, élégante, précise.
- La structure du coteaux-champenois blanc est fine et légère, en accord avec la nervosité apportée par une acidité à laquelle le vin doit sa fraîcheur.

Superficie
Toute la superficie viticole de la Champagne
Production
550 hl

Mets et vins
Rouge : viande blanche, volaille.
Blanc : fruits de mer, poisson grillé.

Température de service
Rouge : 11 °C.
Blanc et rosé : 8-9 °C.

Nature des sols
Calcaire crayeux.

Potentiel de garde
Jusqu'à 10 ans.

Cépages
Rouge : pinot noir, pinot meunier.
Blanc : chardonnay.

Coteaux-d'aix-en-provence

Appellation
AOC Coteaux-d'aix-en-provence
Couleurs
Rouge
Rosé
Blanc
Superficie
4 200 ha

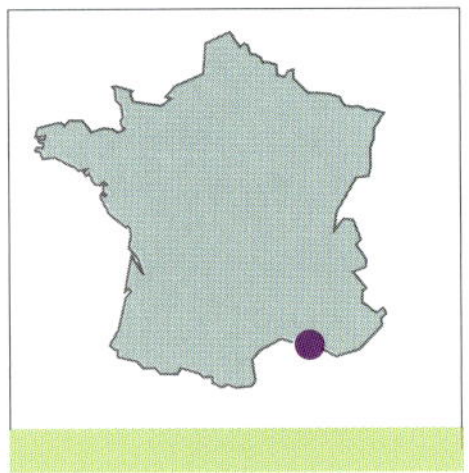

1985

Bordée par la Durance au nord et la Méditerranée au sud, par les plaines rhodaniennes à l'ouest et la Provence à l'est, cernant l'étang de Berre, l'AOC coteaux-d'aix-en-provence appartient à la partie occidentale de la Provence calcaire. Grenache, cinsault et syrah, à la base de l'encépagement, donnent des vins rouges et rosés agréables. Les blancs, produits à petite échelle, sont à découvrir.

Production
196 200 hl

Nature des sols
Argilo-calcaires caillouteux ; caillouteux à matrice limono-sableuse ; sableux et graveleux sur molasses et grès ; colluvions de pente.

Principaux cépages
Rouge et rosé : cinsault, counoise, grenache, mourvèdre, syrah ; cabernet-sauvignon, carignan.
Blanc : rolle (minimum 50 %) ; clairette, grenache blanc, sauvignon, ugni blanc ; bourboulenc, sémillon.

Potentiel de garde
Rouge : 10 à 15 ans.
Blanc et rosé : 2 à 5 ans.

L'œil

- Les rouges ont une teinte pourpre qui évolue vers une nuance rubis.
- Les rosés vont du rose diaphane au rose vif, saumoné ou corail.
- Les blancs dévoilent une robe brillante, jaune pâle à reflets verts.

Le nez

- Les rouges proposent des notes florales (violette) ou végétales (foin, menthe, laurier, tabac) qui laissent la place à des nuances plus évoluées (cannelle, fourrure) après quelques années de garde.
- Les rosés se distinguent par une palette fruitée (fraise, pêche), florale (tilleul, genêt) et balsamique (écorce de pin).
- Les blancs offrent un nez d'acacia, de genêt, et d'agrumes.

La bouche

- Légers et souples, les rouges ont besoin de temps pour que les tanins s'affinent.
- Les rosés proposent une attaque souple et de la fraîcheur.
- Les blancs sont généreux, mais réservent une finale fraîche.

Température de service
Rouge : 16-18 °C.
Blanc et rosé : 8-10 °C.

Mets et vins
Rouge : cuisine provençale.
Rosé : apéritif, coquilles Saint-Jacques, poisson, cuisine asiatique.
Blanc : entrée provençale, poisson, fromages de chèvre.

Coteaux-d'ancenis

Le vignoble des coteaux-d'ancenis, réparti sur vingt-sept communes, est situé de part et d'autre de la Loire, à l'est de Nantes. Voisin des terroirs du muscadet, il s'enracine dans les schistes et les gneiss. L'aire bénéficie d'un climat tempéré, à la fois plus ensoleillé et moins venteux que celui de la Bretagne. Les coteaux-d'ancenis se déclinent en rouge, rosé et blanc. Ils sont issus de cépages purs : gamay et malvoisie. AOVDQS depuis 1954, les coteaux-d'ancenis sont devenus AOC en 2011.

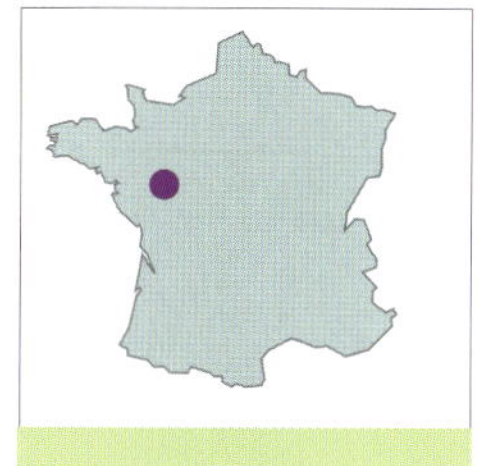

2011

Appellation
AOC Coteaux-d'ancenis

Couleurs
Rouge
Rosé
Blanc (moelleux ; confidentiel)

L'œil

- Le coteaux-d'ancenis rouge doit présenter une robe élégante, rouge à reflets violacés.
- Le rosé affiche une jolie teinte franche.
- Le blanc revêt une robe jaune pâle tirant sur le doré lorsqu'il a été vinifié en moelleux.

Le nez

- Les coteaux-d'ancenis rouges et rosés sont des vins aromatiques au nez élégant de cerise, de fraise et de framboise.
- Le miel et la cire sont les arômes typiques des beaux vins moelleux, bien mûrs.

La bouche

- Les rouges évoluent en bouche vers les fruits confits.
- Les rosés sont légers, vifs et fruités.
- En blanc, le coteaux-d'ancenis garde un parfait équilibre entre la teneur en sucres résiduels et une acidité bienvenue.

Mets et vins
Rouge : viande blanche et volaille, camembert, mont-d'or.
Rosé : entrée, charcuterie, beaufort.
Blanc moelleux : foie gras.

Température de service
Rouge : 12-13 °C.
Rosé : 10 °C.
Blanc : 8 °C.

Potentiel de garde
Rouge et rosé : 2 à 3 ans.
Blanc : 2 à 5 ans.

Nature des sols
Nord-Loire : schistes pourpres du synclinal d'Ancenis, micaschistes.
Sud-Loire : schistes verts et gneiss.

Superficie
220 ha

Production
16 000 hl

Cépages
Rouge et rosé : gamay noir.
Blanc : malvoisie (pinot gris).

Coteaux-de-l'aubance

Appellation
AOC Coteaux-de-l'aubance
Couleur
Blanc
Superficie
180 ha
Production
5 000 hl

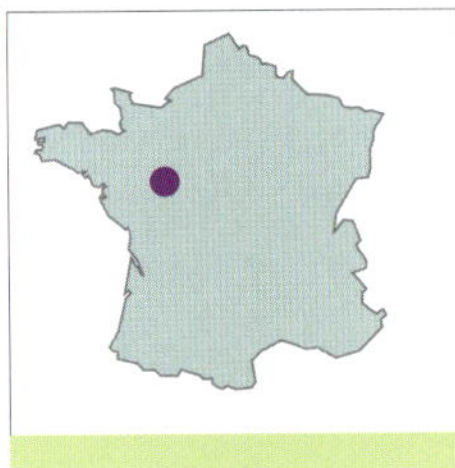

1950

La région viticole des coteaux de l'aubance se limite à l'ouest au point de confluence entre l'Aubance et la Loire et, au nord, par la vallée de la Loire. Elle appartient à l'enclave faiblement arrosée de l'Anjou viticole, protégée des influences océaniques par les reliefs plus élevés du Choletais et des Mauges. Elle produit des vins liquoreux qui peuvent porter la mention « sélection de grains nobles » lorsqu'ils sont issus de vendanges riches d'au moins 234 g/l de sucres naturels.

L'œil

Les reflets dorés devenant orangés au vieillissement sont le signe de l'action du *Botrytis cinerea* qui provoque la concentration des baies. Les nuances jaune citron et vertes correspondent à des vendanges passerillées, séchées par le soleil et le vent.

Le nez

L'impression olfactive d'ensemble est celle de légèreté (arômes aériens) et de délicatesse avec des notes minérales, florales (citronnelle, tilleul, fleurs blanches, acacia), grillées et fruitées (abricot, agrumes, pêche de vigne, coing).

La bouche

La sensation en bouche est celle de l'équilibre et de la fraîcheur. Même élaborés à partir de vendanges très riches, les coteaux-de-l'aubance restent désaltérants et ne donnent jamais l'impression de lourdeur. Si un coteaux-de-l'aubance laisse s'épanouir de multiples notes aromatiques, il s'agit d'un très grand vin qu'il convient de garder précieusement.

Cépage
Chenin blanc (ou pineau de la Loire).

Nature des sols
Sols peu profonds sur schistes.

Potentiel de garde
Sans limite pour les grands millésimes.
5 à 20 ans pour les années moyennes.

Mets et vins
Vin riche : apéritif, foie gras.
Vin plus léger : poisson, viande blanche en sauce, dessert.

Température de service
7-9 °C.

Coteaux-du-giennois

Voisine des AOC sancerre et pouilly-fumé, l'aire des coteaux-du-giennois constitue le vignoble le plus septentrional de la Loire nivernaise. Depuis les anciennes terrasses de la Loire à Gien, les vignes s'étendent vers Cosne-sur-Loire sur des sols argilo-calcaires. Orientés à leurs débuts vers des vins rouges et rosés, issus de l'assemblage du gamay et du pinot noir, les coteaux-du-giennois développent la culture du sauvignon.

1998

Appellation
AOC Coteaux-du-giennois

Couleurs
Rouge
Rosé
Blanc

Superficie
190 ha

Production
8 500 hl

L'œil

- Les vins rouges ont une robe rouge intense à reflets violets.
- La robe des rosés est très légèrement orangée ou saumonée.
- Les coteaux-du-giennois blancs ont une apparence or pâle brillant.

Le nez

- Les vins rouges laissent apparaître des notes de griotte, de queue de cerise ou de bigarreau bien mûr et de venaison.
- La pêche se distingue dans les coteaux-du-giennois rosés au fruité intense.
- Dans les blancs, aux notes d'agrumes se marient la fougère ou l'acacia, la pêche, la poire et l'abricot.

Aux environs de Saint-Père, le vignoble des coteaux-du-giennois.

La bouche

- Les coteaux-du-giennois ont une structure souple ; les tanins sont bien intégrés. On retrouve la cerise et la violette.
- Les rosés sont vifs et élégants. Le palais est flatté par beaucoup de rondeur.
- Les blancs sont légers et fruités. Au palais, la douceur et la rondeur se prolongent de façon équilibrée, laissant monter des arômes de fruit de la Passion.

Potentiel de garde
2 à 5 ans.

Température de service
Rouge : 15 °C.
Blanc et rosé : 10 °C.

Mets et vins
Rouge : viande rouge grillée, fromages.
Rosé : charcuterie.
Blanc : fruits de mer, poisson.

Cépages
Blanc : sauvignon.
Rouge et rosé : pinot noir, gamay.

Nature des sols
Marnes calcaires riches en coquillages, argiles à silex.

Coteaux-du-layon

Appellation
AOC Coteaux-du-layon
AOC Coteaux-du-layon suivi du nom de la commune
AOC Chaume

Couleur
Blanc (liquoreux)

1950

Superficie
Coteaux-du-layon : 1 400 ha
Chaume : 110 ha

Production
Coteaux-du-layon : 39 000 hl
Chaume : 2 500 hl

Le Layon est un affluent de la Loire qui prend sa source au sud du Maine-et-Loire, à la limite des Deux-Sèvres. Vingt-sept communes constituent l'aire géographique de l'AOC, parmi lesquelles on distingue six communes réputées, dont le nom peut compléter celui de l'appellation (Faye-d'Anjou, Beaulieu-sur-Layon, Rochefort-sur-Loire, Saint-Aubin-de-Luigné, Saint-Lambert-du-Lattay et Rablay-sur-Layon). Le Layon est à l'abri de l'humidité océanique grâce aux reliefs du Choletais et des Mauges. Les vignes y sont implantées sur des sols peu profonds, caillouteux, qui se réchauffent facilement. Les vins sont issus de vendanges très riches en sucre, obtenues par tries successives et manuelles de raisins con-centrés sous l'action ou non de la pourriture noble. Ils entrent dans la catégorie des liquoreux.

L'AOC Chaume

Petite enclave dans les coteaux-du-layon, l'AOC chaume a été reconnue en 2007, mais son décret a finalement éré annulé par le Conseil d'État en 2009. Les parcelles ont été délimitées autour du hameau de Chaune sur le territoire de Rochefort-sur-Loire. Les chaume sont des vins liquoreux : leur teneur en sucres résiduels ne peut être inférieure à 68 g/l et la richesse des vendanges est au moins égale à 272g/l, soit 16 % vol.

Potentiel de garde
Plus de 40 ans pour les grandes années.

Nature des sols
Coteau de schistes du carbonifère ou du briovrien avec filon de roches éruptives (phtanite, spilite) et localement poudingues carbonifères (Chaume).

Cépage
Chenin blanc (ou pineau de la Loire).

L'œil

Le coteaux-du-layon idéal est d'un bel or à reflets verts. Lorsque la pourriture noble domine, il prend avec l'âge une somptueuse couleur ambrée à reflets bronze orangé. La robe d'un vénérable coteaux-du-layon ne peut laisser indifférent. Ce vin marque le verre de généreuses larmes héritées de la lente surmaturation du raisin au soleil d'automne.

Le nez

Dans les cinq à dix premières années qui suivent la récolte, les vins expriment des arômes de fleurs blanches (rose, seringa, aubépine) et de fruits blancs (poire, pêche). Selon les millésimes, la nature des terroirs et leur situation topographique, ces nuances sont fortement enrichies d'agrumes (écorce de pamplemousse, bois d'oranger), de fruits exotiques (mangue, corossol, goyave) ou de fruits secs (abricot, figue). Dans certains cas apparaissent également des touches minérales (iode, huile de roche) qui, en excès, peuvent être mal perçues. Lorsque les vins atteignent leur maturité, les nuances florales se sont estompées. Des arômes rares se manifestent : bois précieux de marqueterie (bois d'agrumes, bois des Indes, résineux d'Asie Mineure), fruits secs et confits, bergamote, avec des nuances de miel et d'amande. Très souvent, les arômes minéraux se sont développés, ajoutant au plaisir de l'exotisme une note d'austérité agréable.

La bouche

Le coteaux-du-layon présente un bon équilibre entre les saveurs acides et le moelleux. Les arômes révélés à l'olfaction s'accompagnent de notes de menthe ou de réglisse.

En haut, vieilles maisons vigneronnes du XVIe siècle, à Saint-Aubin-de-Luigné.

Température de service
8-10 °C.

Mets et vins
Vin jeune : poisson, viande blanche en sauce, fromages persillés, dessert aux fruits.
Vin plus mûr : apéritif, foie gras, fromages persillés, dessert.

Coteaux-du-loir

Appellation
AOC Coteaux-du-loir
Couleurs
Rouge
Rosé
Blanc
Superficie
80 ha

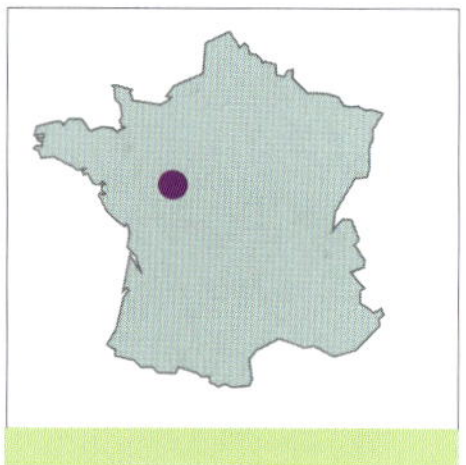

1948

Entre Vendôme et Château-du-Loir, les vignobles de l'AOC coteaux-du-loir s'accrochent aux pentes dominant le Loir, qui coule d'est en ouest dans une vallée large de 2 km et souvent profonde de près de 80 m. La forêt de Bercé peuplée de chênes rouvres protège cette vallée des vents du nord, tandis que les influences bénéfiques de l'Atlantique remontent vers les vignes.

L'œil

• Les vins rouges sont d'une teinte rubis plutôt clair.
• Les rosés sont peu colorés, mais brillants.
• Les blancs ont une robe jaune paille assez pâle.

Le nez

• Les vins rouges et rosés combinent des arômes de fruits rouges et d'épices, délicatement poivrés.
• Les blancs sont marqués par des arômes primaires d'acacia, d'agrumes, d'abricot et d'aubépine. Après quelques années de vieillissement, ils présentent le nez du chenin où dominent, dans les grandes années, le coing et le miel.

La bouche

• Les vins rouges issus de pineau d'Aunis sont peu tanniques et marqués par les épices (clou de girofle). Au vieillissement, les fruits rouges et, surtout, la griotte apparaissent. Provenant de gamay, les vins rappellent davantage la cerise et sont à boire jeunes.
• Les rosés sont rafraîchissants et agrémentés d'un délicat bouquet épicé.
• Les blancs secs ont une attaque franche suivie d'une sensation de fraîcheur. La fin de bouche délicate évoque les fruits. L'impression minérale de pierre à fusil demeure, plus au moins accentuée selon les années.

Production
2 700 hl

Cépages
Rouge : pineau d'Aunis ; cabernet franc, gamay noir.
Rosé : pineau d'Aunis, côt, groslot.
Blanc : chenin blanc (ou pineau de la Loire).

Mets et vins
Rouge : viande rouge ou blanche, fromage.
Rosé : charcuterie, viande blanche, cuisine nord-africaine.
Blanc : charcuterie, fruits de mer, poisson.

Température de service
Rouge : 12-14 °C.
Blanc et rosé : 8-10 °C.

Nature des sols
Argilo-calcaires.

Potentiel de garde
Rouge : 5 à 10 ans.
Rosé : 4 ans.
Blanc : 20 ans et plus.

Coteaux-du-lyonnais

Ce terroir très morcelé s'étend dans le département du Rhône, depuis le cours de l'Azergues jusqu'à la vallée du Gier. Il est limité à l'ouest par le Rhône, tandis qu'à l'est, la Saône et les pentes des monts du Lyonnais bornent l'appellation. Mais aujourd'hui on est loin des 12 000 ha des vignes préphylloxériques du XIXe siècle : les coteaux-du-lyonnais ne couvrent plus que 320 ha, dont la production fruitée et florale est surtout servie dans les « bouchons » de la capitale des Gaules.

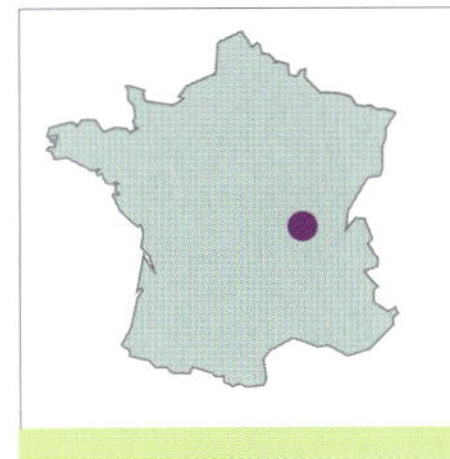

1984

Appellation
AOC Coteaux-du-lyonnais

Couleurs
Rouge
Rosé
Blanc

Superficie
340 ha

Production
15 600 hl

L'œil

- La robe de couleur rouge vif est parfois nuancée de violine dans les vins les plus structurés.
- Les blancs ornent de reflets verts leur lumineuse robe paillée.

Le nez

- Les rouges exhalent des arômes de petits fruits rouges et noirs, tels le cassis, la mûre sauvage, la fraise et la framboise.
- Les blancs acquièrent des parfums de pêche blanche après les arômes d'ananas et de pamplemousse des premiers mois.

La bouche

- Les rouges allient légèreté et équilibre. Ils confirment la dominante fruitée. Certaines cuvées ajoutent des notes minérales ; leur plus grande richesse en tanins assure une garde de quelques années.
- Les blancs, souples et ronds, sont quelquefois réveillés par le rare aligoté, plus frais et plus nerveux.

Nature des sols
Sables granitiques, sols schisteux, localement argilo-calcaires, et moraines.

Température de service
Rouge : 13 °C.
Blanc et rosé : 10 °C.

Mets et vins
Rouge et rosé : andouillette, saucisson de Lyon, viande blanche.
Blanc : poisson, fromages de chèvre.

Cépages
Rouge : gamay noir.
Blanc : chardonnay, aligoté.

Potentiel de garde
1 à 3 ans.

Coteaux-du-quercy

Appellation
AOC Coteaux-du-quercy
Couleurs
Rouge
Rosé
Superficie
250 ha
Production
1 000 hl

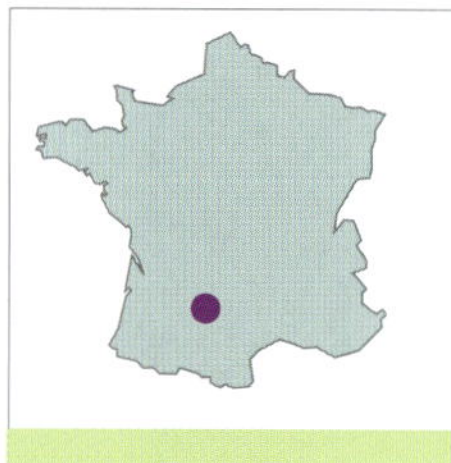

2011

Entre les appellations cahors et gaillac, l'aire des coteaux-du-quercy regroupe trente-trois communes des départements du Lot et du Tarn-et-Garonne dans le sud du Quercy. Le cabernet franc, principal cépage, se plaît sur les sols de molasses et les plateaux calcaires de la région. Les coteaux-du-quercy produisent essentiellement des vins rouges, charnus et généreux, et des rosés vifs et fruités, issus du même encépagement que les rouges. AOVDQS depuis 1991, les coteaux-du-quercy sont devenus AOC en 2011.

L'œil

- Les rouges sont d'une couleur pourpre soutenu.
- Les rosés sont cristallins.

Le nez

- En rouge, le coteaux-du-quercy manifeste de la complexité aromatique : fruits mûrs, cassis, framboise, cuir, sous-bois.
- Les rosés apparaissent fruités, légèrement acidulés.

La bouche

- Les rouges sont charnus et généreux, longs en bouche. Tanniques dans leur jeune âge, ils vieillissent bien. On retrouve alors dans les tanins fondus les fruits rouges et le cassis.
- Les rosés sont parfois vifs à l'attaque puis évoluent vers une bouche ronde et fruitée.

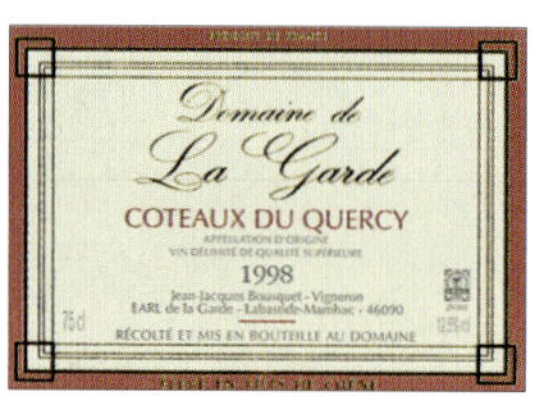

Mets et vins
Magret et confit de canard, cassoulet, fromages (cantal, salers, laguiole).

Température de service
Rouge : 12-14 °C.
Rosé : 10 °C.

Potentiel de garde
2 à 4 ans.

Nature des sols
Molasses, calcaires tertiaires.

Cépages
Cabernet franc (40 à 60 %), côt, merlot, tannat (25 % maximum), gamay (10 % maximum).

Coteaux-du-vendômois

Les vignes s'étendent sur la partie amont de la vallée du Loir, des deux côtés de la rivière, entre Vendôme et Montoire. Implantées sur les coteaux calcaires, elles se composent principalement de chenin blanc, de gamay et de pineau d'Aunis, ce dernier étant souvent vinifié en vin gris. Depuis quelques années, à la demande des consommateurs, les vins rouges se développent.

2001

Appellation
AOC Coteaux-du-vendômois

Couleurs
Rouge
Rosé (vin gris)
Blanc

Superficie
150 ha

L'œil

- Les rouges ont une robe grenat, aux reflets violets.
- Le vin gris est assez étonnant par sa couleur pâle, mordorée.
- Les blancs ont une belle couleur jaune d'or.

Le nez

- Les vins rouges livrent un nez complexe d'épices, de griotte et de cassis.
- Le vin gris est surprenant par son bouquet frais et puissant aux arômes poivrés.
- Les blancs de chenin sont secs et fruités, aux senteurs de miel et de tilleul.

La bouche

- Les rouges possèdent une agréable structure, souple, onctueuse et bien fondue.
- Le vin gris, équilibré et intense, fait preuve d'une belle longueur.
- Les blancs, frais et amples en bouche, présentent une bonne intensité aromatique.

Aujourd'hui havre de paix, la région du Vendômois était au Moyen Âge un axe de circulation très fréquenté. Un chemin de Saint-Jacques l'empruntait.

Mets et vins
Rouge : charcuterie (rillettes), viande rouge.
Blanc : fruits de mer, poisson.

Température de service
Rouge : 15 °C.
Blanc et rosé : 10 °C.

Potentiel de garde
1 à 2 ans.

Nature des sols
Sols bruns sur argiles à silex.

Production
7 200 hl

Cépages
Rouge : pineau d'Aunis ; gamay, cabernet franc, pinot noir.
Rosé : pineau d'Aumis
Blanc : chenin blanc (ou pineau de la Loire).

Côte-de-nuits-villages

Appellation
AOC Côte-de-nuits-villages
Couleurs
Rouge
Blanc (confidentiel)
Superficie
160 ha
Production
6 500 hl

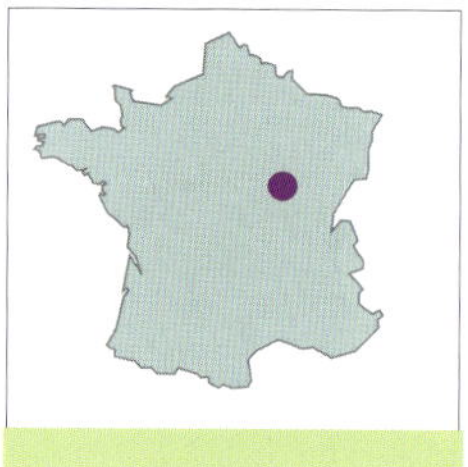

1937

L'appellation côte-de-nuits-villages est réservée à la production de cinq communes réparties aux deux extrémités de la Côte de Nuits : au nord, Fixin qui a le choix entre sa propre AOC et cette autre appellation ; Brochon, dont une partie est classée en AOC gevrey-chambertin ; au sud, une partie de Prissey, Comblanchien et Corgoloin. Le côte-de-nuits-villages est essentiellement un vin rouge, né du pinot noir. Quasiment inexistant autrefois, le blanc progresse peu à peu.

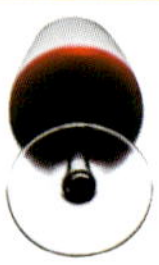

Nature des sols
Argilo-calcaires de coteaux sur calcaires à entroques au nord, sur calcaires grenus du Comblanchien au sud.

Potentiel de garde
3 à 5 ans.

L'œil

• En rouge, le vin tire jusqu'au grenat intense ou au rubis violacé, nuancé d'ambre avec l'âge. Jeune, il a une couleur cerise brillante.
• En blanc, il doit être or clair, légèrement doré, limpide.

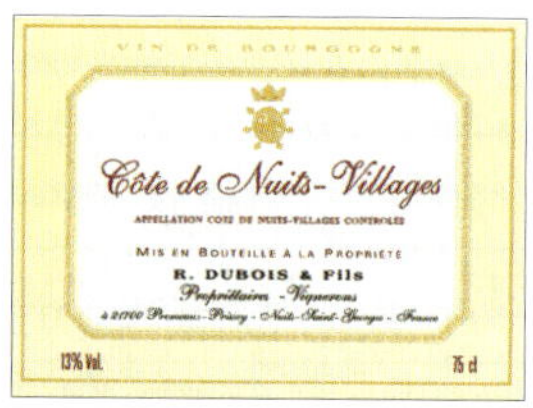

Le nez

• En rouge, les arômes s'expriment sur fond de cassis, de groseille, de cerise et de fraise. Ils sont évocateurs du sous-bois, du champignon, de la cannelle.
• En blanc, les arômes rappellent les fleurs blanches (acacia, aubépine), ainsi que la prune, la pomme mûre avec l'âge, la figue, la poire ou le coing. Notes épicées également.

La bouche

• En rouge, ce vin puissant a besoin de quelques années de garde pour acquérir sa plénitude. Du gras accompagne le fondu des tanins.
• En blanc, vif, net, le vin conserve une expression aimable.

Cépages
Rouge : pinot noir.
Blanc : chardonnay.

Mets et vins
Rouge : viande rouge grillée, volaille, fromages.
Blanc : poisson.

Température de service
Rouge : 14-16 °C.
Blanc : 12-13 °C.

Côte-roannaise

Adossé au versant oriental des monts de la Madeleine, au cœur du Massif central, le vignoble de la Côte roannaise se limite aux meilleurs coteaux à l'ouest de Roanne, dont les sols sont granitiques. C'est le pays du gamay. La production de vins rouges fruités et originaux est complétée d'agréables vins rosés qui bénéficient également de l'AOC.

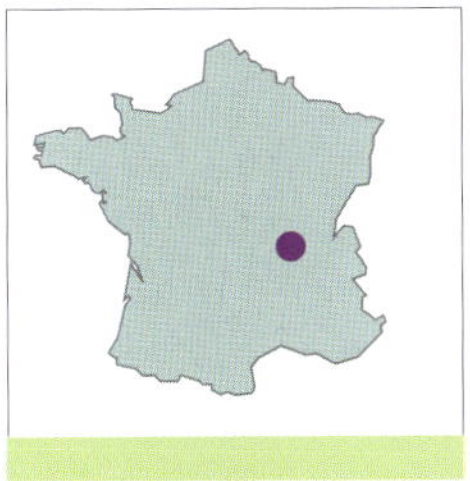

1994

Appellation
AOC Côte-roannaise
Couleurs
Rouge
Rosé
Superficie
220 ha
Production
10 000 hl

L'œil

- Les vins rouges se présentent dans une belle robe rouge cerise, vive à reflets violacés. Les cuvées de vieilles vignes obtiennent des tonalités plus sombres et plus profondes.
- La couleur des vins rosés obtenus par saignée est souvent légère, rose saumoné.

Le nez

- Les vins rouges libèrent des arômes variés où dominent les petits fruits, notamment le cassis, la framboise, la cerise, la mûre sauvage ou la fraise des bois.
- Les vins rosés peuvent allier des notes de fruits exotiques aux senteurs des fruits du terroir (pomme, poire, etc.).

La bouche

- Les vins rouges de la Côte roannaise allient légèreté, équilibre et fruité. La durée de cuvaison, l'origine de la vendange et l'âge des vignes définissent deux types de vins : des vins légers et fruités, ou des cuvées corsées, quelquefois minérales, dont la légère rusticité souligne bien l'originalité du terroir.
- Les vins rosés sont nerveux et fruités.

Mets et vins
Rouge : charcuterie, viande blanche, fromages (fourme de Montbrison).
Rosé : apéritif, grillade.

Température de service
Rouge : 13 °C.
Rosé : 10 °C.

Cépage
Gamay noir.

Nature des sols
Sables granitiques.

Potentiel de garde
1 à 3 ans.

Côte-rôtie

Appellation
AOC Côte-rôtie
Couleur
Rouge
Superficie
290 ha
Production
9 600 hl

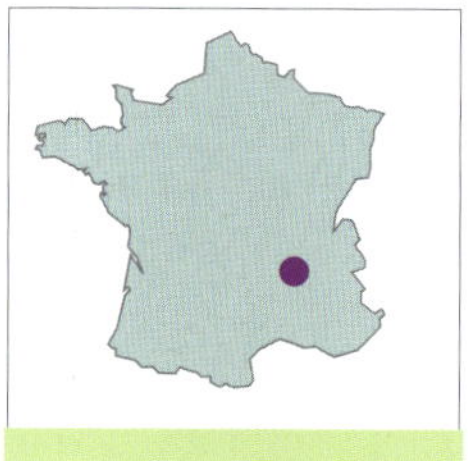

1940

Ce vignoble, qui est le plus ancien de la vallée du Rhône, serait le site originel de la culture de la vigne en Gaule. À quelques kilomètres au sud de Vienne, la vigne s'accroche aux pentes très abruptes de la Côte Brune et de la Côte Blonde, orientées sud-sud-est sur la rive droite du Rhône : côte-rôtie est bien l'image de ces coteaux brûlés par le soleil pendant la saison estivale. L'appellation se répartit sur les communes d'Ampuis, Saint-Cyr-sur-Rhône et Tupins-Sémons ; elle ne produit que des vins rouges issus majoritairement de la syrah qui apporte de la structure et des arômes complexes de violette, d'épices et de fruits. Avec l'âge, ces vins gagnent une ampleur exceptionnelle.

Nature des sols
Altération des roches cristallines issues de gneiss ou de micaschistes.

Cépages
Syrah et viognier (limité à 20 %).

Potentiel de garde
5 à 15 ans selon terroirs et millésimes.

Température de service
16-18 °C.

Mets et vins
Terrine, petit gibier (faisan, canard), navarin d'agneau, pigeon aux épices, dinde aux marrons, fromages (munster, livarot).

L'œil

Les vins rouges de côte-rôtie présentent une robe assez soutenue qui évolue de la nuance grenat, dans la phase de jeunesse, à une nuance plus orangée après un certain vieillissement.

Le nez

Le nez des vins rouges est très élégant et riche. Il est caractérisé dans les vins jeunes par les fruits rouges frais, tels que la mûre, la myrtille, le cassis, mais aussi par les épices douces. Dans les vins élaborés avec un peu de viognier, on retrouve des caractères aromatiques particuliers marqués par des notes florales apparentées à la violette. Au vieillissement, l'évolution se fait vers des notes originales : arômes empyreumatiques et surtout nuances de fruits cuits ou confits comme la griotte ou la cerise à l'eau-de-vie.

La bouche

Compte tenu de la situation de la syrah dans l'AOC côte-rôtie, la bouche est un peu plus fine que celle des autres vins d'appellation d'origine de l'entité septentrionale. Cette caractéristique confère aux vins rouges beaucoup d'élégance. La composante tannique n'est pourtant pas négligeable, mais la trame est soyeuse lorsque les vins ont atteint leur plénitude après quelques années d'élevage et de vieillissement. Cette finesse des tanins peut être amplifiée par la présence de moelleux et de rondeur, notamment dans les années de bonne maturité. Cette sensation de gras est renforcée lorsqu'un certain pourcentage de viognier (moins de 20 %) a été assemblé à la syrah au cours de la vinification. Comme pour les grands vins de syrah, l'élevage se fait dans le bois afin que les caractères olfactifs et gustatifs s'affinent.

Côte Brune et Côte Blonde

La légende distingue deux vallonnements, l'un appelé Côte Brune, l'autre Côte Blonde en souvenir, dit-on, des deux filles d'un seigneur d'Ampuis dont l'une était brune et l'autre blonde. Cette différenciation devrait plutôt être recherchée dans l'origine géologique du substrat au sein duquel ce vignoble plonge ses racines.
En effet, les terroirs qui s'apparentent à la Côte Blonde sont majoritairement constitués de gneiss. Par altération, ces roches ont donné naissance à des sols siliceux, de couleur claire, assez fréquemment recalcarisés par des apports issus de recouvrements lœssiques du plateau.
La Côte Brune, quant à elle, est plutôt constituée de micaschistes, dont l'altération a généré des sols moins siliceux, plus argileux et plus riches en fer. La couleur sombre de ces terroirs en est le résultat.

Principal cépage de l'AOC côte-rôtie, la syrah grimpe sur les bataillons d'échalas.

Côtes-d'auvergne

Appellation
AOC Côtes-d'auvergne
Couleurs
Rouge
Rosé
Blanc
Superficie
357 ha

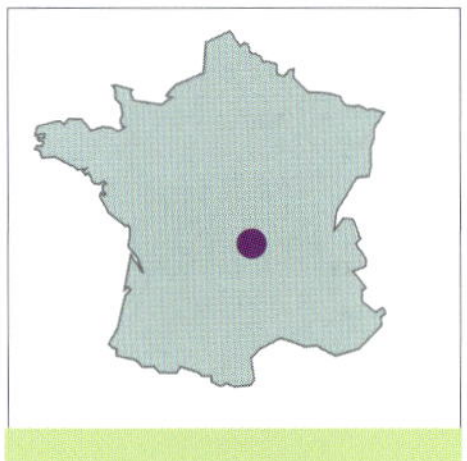

2011

Dans le Puy-de-Dôme, entre Riom, au nord, et Issoire, au sud, le vignoble auvergnat s'étend sur cinquante-deux communes. L'appellation est située sur les coteaux bordant la plaine de la Limagne et sur les flancs des puys (montagnes volcaniques d'Auvergne), entre 350 et 500 m d'altitude. Le gamay est le cépage le plus répandu. Selon sa situation et le type de sol, il est vinifié en rouge, principalement sur Chateaugay, ou en rosé à Corent. Sont également présents le pinot noir, ou auvernat, et le chardonnay. AOVDQS depuis 1951, les côtes-d'auvergne sont devenus AOC en 2011.

L'œil

- Les vins rouges s'habillent d'une robe rouge violacé.
- Les blancs prennent une teinte platine qui traduit leur côté juvénile et vif.
- Les vins rosés ont des nuances pelure d'oignon.

Le nez

- Les rouges évoquent la marinade et le bigarreau bien mûr, des fruits rouges acidulés.
- Les vins blancs offrent un bouquet de fruits très mûrs et de fleurs blanches.
- Les vins rosés expriment des arômes floraux très frais. Les côtes- d'auvergne rosés qui bénéficient des dénominations Corent, Chateaugay et Boudes présentent des caractères aromatiques plus nuancés et plus amples.

La bouche

- Les vins rouges d'Auvergne sont particulièrement charnus et puissants lorsqu'ils sont issus des coteaux de Boudes, Madargues, Chateaugay et Chanturgues. De structure assez tannique, ils sont recommandés avec la cuisine régionale.
- Les vins blancs sont à boire dans les deux ans qui suivent la récolte. Ils sont juvéniles et frais.
- Les vins rosés sont vifs et élégants.

Production
13 933 hl

Mets et vins
Rouge : charcuterie, viande rouge rôtie ou grillée, fromages (cantal, fourme d'Ambert).
Rosé : charcuterie.
Blanc : crustacés, poisson.

Cépages
Rouge et rosé : gamay, pinot noir.
Blanc : chardonnay.

Nature des sols
Argilo-calcaires mêlés d'éboulis volcaniques.

Potentiel de garde
2 à 5 ans.

Température de service
Rouge : 15 °C.
Blanc et rosé : 10 °C.

Côtes-de-bergerac

Soucieux de créer une catégorie supérieure à l'AOC bergerac, les professionnels ont obtenu la reconnaissance des côtes-de-bergerac (en rouge) et des côtes- de-bergerac moelleux (en blanc). Produits sur les mêmes terroirs que les bergerac, ces vins recherchés pour leur concentration s'en distinguent par des conditions restrictives de récolte ; ils doivent notamment bannir le cépage ugni blanc pour les moelleux.

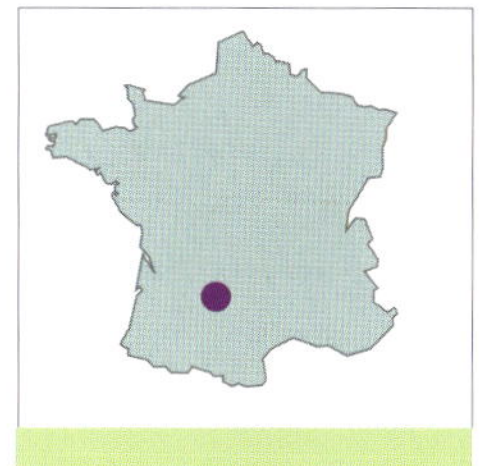

1936

Appellations
AOC Côtes-de-bergerac
AOC Côtes-de-bergerac moelleux
Couleurs
Rouge
Blanc (moelleux)
Superficie
1 700 ha
Production
76 600 hl

L'œil

- La robe des côtes-de-bergerac rouges est sombre, profonde et intense. Sa teinte rappelle celle de la cerise burlat bien mûre.
- Les vins moelleux sont jaune pâle.

Le nez

- Complexe, la palette des vins rouges affiche une note dominante de fruits rouges et de fruits noirs bien mûrs. Toute une gamme aromatique accompagne cette sensation fruitée : des arômes empyreumatiques (fumé, grillé), des notes de sous-bois, de tourbe, d'humus, d'épices et de réglisse, et des effluves entêtants de fleurs (pivoine).
- Les blancs moelleux ont des arômes de rôti, de cire et de miel, témoignant de la surmaturation.

La bouche

- La bouche du côtes-de-bergerac rouge est caractéristique d'un vin de semi-garde. La première impression est celle de charnu, alors que la finale révèle la structure tannique lorsque le vin est très jeune. Le côte-de-bergerac rouge titre 11 % vol., contre 10 % vol. pour le bergerac.
- La bouche des vins moelleux est fruitée et laisse une belle vivacité en finale. Le titre alcoométrique est de 11,5 % vol.

Mets et vins
Rouge : grillade, volaille rôtie.
Blanc moelleux : apéritif.

Température de service
Rouge : 14-15 °C.
Blanc moelleux : 10-12 °C.

Potentiel de garde
Rouge : 3 à 5 ans.
Blanc moelleux : jusqu'à 5 ans.

Nature des sols
Sables au nord de la Dordogne ; molasses, marnes et calcaires au sud ; argilo-calcaires.

Principaux cépages
Rouge : merlot, cabernet-sauvignon, cabernet franc, malbec.
Blanc : sémillon, sauvignon, muscadelle.

Côtes-de-bourg

Appellation
AOC Côtes-de-bourg
Couleurs
Rouge
Blanc (rare)
Superficie
4 000 ha
Production
213 000 hl

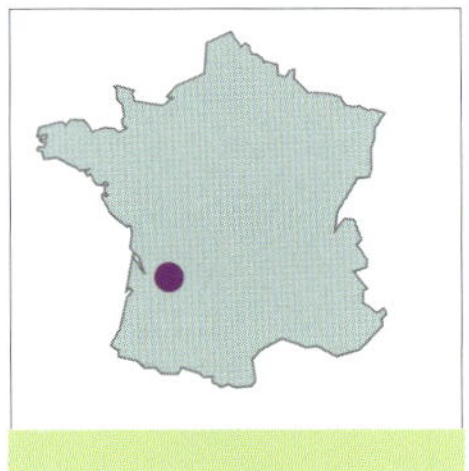

1936

Ce vignoble d'estuaire situé sur la rive droite de la Dordogne et de la Gironde est implanté sur trois lignes de côtes parallèles aux rives ; il encadre la citadelle de Bourg. D'une belle couleur, les vins rouges, fruités et charnus, ont une bonne aptitude au vieillissement. Les vins blancs secs constituent une production confidentielle mais très intéressante par son niveau qualitatif.

L'œil

• En rouge, une robe sombre et profonde annonce une solide constitution.

• Les blancs ont une belle couleur jaune à reflets verts.

Le nez

• Les vins rouges se caractérisent par des parfums de fruits rouges. Dans les grands millésimes apparaissent aussi des fruits noirs, comme le pruneau. Les uns et les autres sont complétés par des notes boisées (vanille) et épicées.

• Un bouquet typé aux notes florales s'exprime dans les blancs.

La bouche

• Les côtes-de-bourg rouges s'appuient sur des tanins soyeux agréables dans leur jeunesse. Leur rondeur est due à la présence du malbec. Le caractère des vins rouges varient selon la nature de sols.Ceux de la première ligne de côtes sont charpentés, avec des tanins riches qui peuvent être parfois un peu rudes dans les premières années. Ceux de la ligne de côtes centrale se signalent par des tanins plus ronds et par un côté chocolaté. Dans la partie orientale, les vins sont moins charpentés mais élégants.

• Dans les blancs au palais gras et harmonieux, on retrouve les notes florales du nez.

Principaux cépages
Rouge : merlot, cabernet franc, cabernet-sauvignon, malbec.
Blanc : sémillon, sauvignon, muscadelle, colombard.

Nature des sols
Argilo-calcaires, sablo-limoneux et placages de graves.

Potentiel de garde
Rouge : 3 à 8 ans.
Blanc : 3 à 4 ans.

Température de service
Rouge : 16-17 °C.
Blanc : 10-12 °C.

Mets et vins
Rouge : charcuterie, viande rouge, gibier, fromages à pâte cuite.
Blanc : fruits de mer, poisson en sauce, salade de gésiers, viande blanche, tartes.

Côtes-de-duras

Entre vignobles bordelais à l'ouest, bergeracois au nord et marmandais au sud, l'aire d'appellation se confond avec le canton du Duras. Prolongement de l'Entre-deux-Mers, elle accueille naturellement les cépages bordelais, à l'origine de vins blancs secs, nerveux et racés, ou moelleux, de rouges souples et fruités ou tanniques et de garde, et des rosés frais et fruités.

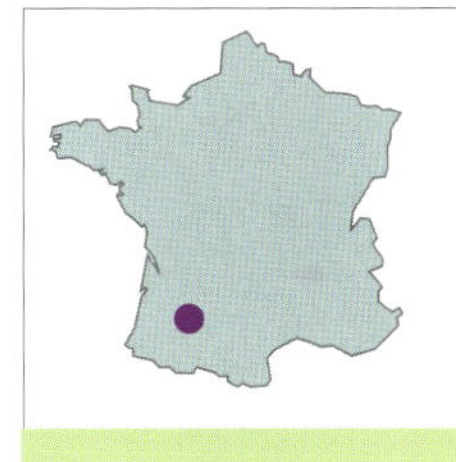

1937

Appellation
AOC Côtes-de-duras

Couleurs
Rouge
Rosé
Blanc
(sec et moelleux)

Superficie
1 900 ha

L'œil

• Issus de macération carbonique et destinés à être bus jeunes, les rouges auront une nuance plus violette et plus claire que ceux issus d'une cuvaison plus longue.
• L'intensité de couleur des rosés de saignée traduit la concentration aromatique et la durée de cuvaison.
• Les blancs secs possèdent une robe très claire à reflets métalliques, nuancée de vert.
• Les blancs moelleux s'habillent d'or jaune.

Le nez

• Les rouges de macération carbonique développent un nez de fruits rouges ; les autres sont plus classiques, proches des bordeaux.
• Les rosés dévoilent un nez très finement fruité.
• Les blancs secs se distinguent par leurs arômes floraux, surtout quand ils incluent une part notable de sauvignon.
• Les blancs moelleux ont des arômes de fruits.

La bouche

• Les rouges de macération carbonique sont légers. Les rouges traditionnels restent fruités, mais aussi tanniques, plus longs à s'assouplir.
• Les rosés sont légers et vifs comme les rouges de macération carbonique, agréables à boire frais.
• Les blancs secs sont vifs, légers, fruités.
• Les blancs moelleux sont fins et développent des goûts de fruits mûrs.

Principaux cépages
Rouge et rosé : merlot, cabernet-sauvignon, cabernet franc, côt.
Blanc : chenin, mauzac, sauvignon, sémillon, muscadelle, ondenc, ugni blanc.

Nature des sols
Molasses et boulbènes sur les plateaux et les crêtes (cépages blancs) argilo-calcaires sur les pentes (cépages rouges).

Température de service
Rouge traditionnel : 14-15 °C.
Rosé et rouge léger : 10 °C.
Blanc sec : 8-10 °C.
Blanc moelleux : 8 °C.

Mets et vins
Rouge traditionnel : plats régionaux (confit de canard, veau aux cèpes, lamproie).
Rosé et rouge léger : charcuterie, cuisine exotique.
Blanc sec : fruits de mer, poisson de rivière.
Blanc moelleux : apéritif, foie gras.

Production
117 000 hl

Potentiel de garde
Rouge : 5 à 10 ans.
Blanc sec et rosé : 1 à 3 ans.
Blanc moelleux : jusqu'à 5 ans.

Côtes-de-millau

Appellation
AOC Côtes-de-millau

Couleurs
Rouge
Rosé
Blanc

Superficie
60 ha

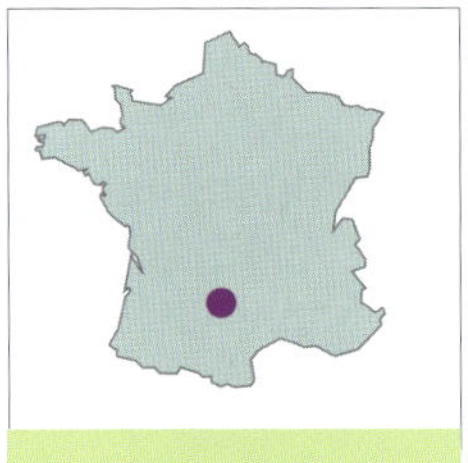

2011

Production
2 000 hl

Principaux cépages
Rouge et rosé : gamay noir, syrah, cabernet-sauvignon, fer-servadou.
Blanc : chenin ; mauzac.

L'histoire des côtes-de-millau, situés dans la vallée du Tarn aveyronnaise, est fort ancienne, comme en témoigne un pressoir préhistorique découvert à Montjux. Les vignes implantées en coteaux sur des terrains sédimentaires profitent de l'influence méditerranéenne ; elles sont à l'origine de vins rouges, tanniques, dominés par le gamay et la syrah, de vins blancs frais et de vins rosés de saignée. AOVDQS depuis 1994, les côtes-de-millau sont devenus AOC en 2011.

L'œil

- La robe des vins rouges varie d'un rouge profond à un rouge rubis, avec des reflets vifs.
- Rose brillant, les rosés sont d'intensité moyenne.
- Très pâles, les vins blancs affichent des reflets brillants et une teinte limpide.

Le nez

- Les vins rouges présentent des arômes évolutifs : violette, marc de raisins, fruits très mûrs voire cuits et une note épicée.
- En rosé, le nez, discret, est frais et agréable, rappelant le sirop de fraise.
- Les arômes des vins blancs sont discrets, type fleurs blanches avec, parfois, une touche de noisette.

La bouche

- L'équilibre des vins rouges varie en fonction du millésime, avec des tanins légèrement végétaux. La bouche laisse apparaître des arômes épicés.
- Les rosés se distinguent par une structure fraîche jusqu'en finale.
- En blanc, l'attaque est franche et l'équilibre dominé par la vivacité.

Température de service
Rouge : 14-17 °C.
Rosé : 10-12 °C.
Blanc : 10 °C.

Mets et vins
Rouge : viande grillée.
Rosé : charcuterie.
Blanc : poisson, crustacés.

Potentiel de garde
1 à 2 ans.

Nature des sols
Argilo-calcaires sur éboulis à l'est, grès du trias à l'ouest.

Côtes-de-provence

La vigne marque le paysage provençal, longeant les calanques et les plages entre Marseille et Nice, remontant les vallées de l'Arc et de l'Argens, et se gorgeant des senteurs de thym et de romarin. L'appellation côtes- de-provence se déploie sur trois départements (Var, Bouches-du-Rhône, Alpes-Maritimes). L'ensemble est soumis au climat méditerranéen, mais le relief désordonné et l'influence maritime déterminent des mésoclimats. La situation géo-pédologique est aussi diversifiée. On distingue une Provence cristalline – Maures et Estérel – et une Provence calcaire à l'ouest de la première. L'AOC possède un encépagement varié. Les trois couleurs sont vinifiées mais le rosé l'emporte.

1977

Appellation
AOC Côtes-de-provence
AOC Côtes-de-provence-Sainte-Victoire
AOC Côtes-de-provence Fréjus
AOC Côtes-de-provence La Londe

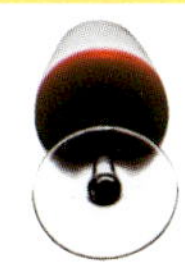

Couleurs
Rosé
Rouge
Blanc

Superficie
23 280 ha

Production
1 110 000 hl

Nature des sols
Sols rouges méditerranéens sur calcaire compact, marnes, grès ; sols squelettiques ou sols d'érosion sur roches métamorphiques, phyllades, marnes, calcaires, grès ou alluvions anciennes ; sols rendziniformes sur les éboulis calcaires de pentes.

Principaux cépages
Rouge et rosé : grenache, cinsault, syrah, mourvèdre, tibouren ; carignan, cabernet-sauvignon.
Blanc : rolle, ugni blanc, clairette, sémillon.

L'œil

• Les vins rouges, couleur pourpre avec des reflets violets dans leur jeunesse, évoluent vers des teintes rubis au cours de l'élevage.

• Les vins rosés dévoilent une robe limpide et fluide, allant du rose pâle au rose franc, orange clair, rose saumon, pivoine.

• Les vins blancs offrent une robe jaune pâle brillant à reflets verts.

Le nez

• Le bouquet des vins rouges jeunes exprime des notes fruitées (fruits rouges) ou végétales (laurier, romarin, thym, tabac) ; avec une personnalité plus puissante et quelques années d'élevage, les côtes-de-provence dévoilent des notes de fruits noirs, qui se conjuguent à des nuances épicées (réglisse, cannelle) ou animales.

• Les vins rosés peuvent être intenses ou discrets, puissants ou d'une tendre finesse. Le nez pourra être fruité (fruits rouges, fruits noirs), floral (fenouil, tilleul, thym, genêt, aneth), végétal (menthe, tabac, tisane), empyreumatique (pierre à fusil), balsamique (écorce de pin).

• Floral (fenouil, acacia, genêt), fruité (citron, pamplemousse), épicé (poivre) ou balsamique (résine), le nez des vins blancs se fait discret.

La bouche

• Les vins rouges peuvent être légers et souples ou plus rustiques ; dans ce cas, ils méritent d'accompagner un mets à forte personnalité. Aujourd'hui, quelques vins rouges présentent une belle structure, une réelle puissance et une bonne aptitude à la garde.

• Les vins rosés sont des vins secs, ronds, structurés, mais toujours frais et gouleyants. Ils présentent un équilibre acide-alcool-tanins délicat.

• Les vins blancs se montrent structurés, avec une finale fraîche.

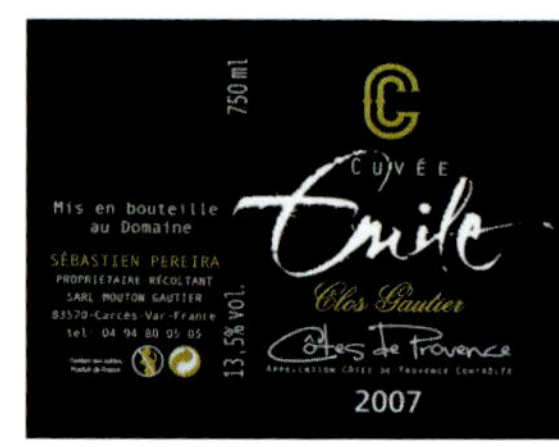

Potentiel de garde
Rouge : jusqu'à 10 ans.
Blanc et rosé : à boire dans l'année (mais certains millésimes peuvent vieillir).

Température de service
Rouge : 14 °C.
Blanc et rosé : 10-12 °C.

Mets et vins
Rouge : daube, civet, sauté d'agneau, grillade aux aromates.
Rosé : apéritif, charcuterie, entrées (tomates mozzarella, fleurs de courgette), poisson (rouget, bouillabaisse), viande rouge (grillade) ou blanche, fromages (pâtes molles, banon, pélardon), dessert (crème brûlée, fraises).
Blanc : entrée froide provençale, poisson grillé ou à la crème, fromages de chèvre.

Côtes-de-toul

L'aire de production intéresse huit communes situées sur la côte de Meuse et encadrant la ville de Toul. Son terroir se caractérise par des sols d'origine sédimentaire. Si l'appellation produit aussi bien des vins blancs (le plus souvent constitués d'auxerrois) que des vins rouges (généralement à base de pinot noir exclusivement), elle est surtout connue pour sa production originale de vins gris. Ces derniers sont le résultat de la vinification en blanc de cépages à pellicule rouge mais à pulpe incolore, tels le gamay ou le pinot noir.

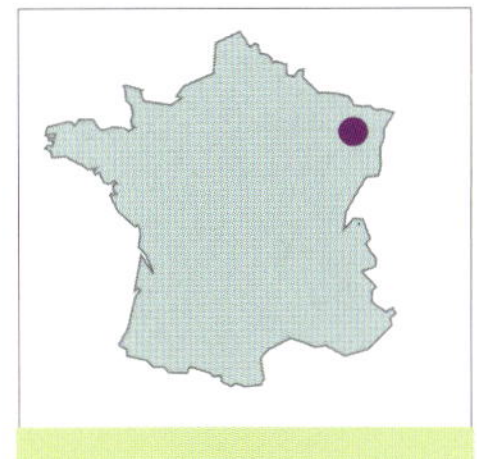

1998

Appellation
AOC Côtes-de-toul
Dénomination
Vin gris pour la majorité des côtes de toul ou nom du cépage

L'œil

- Les reflets de la robe des vins gris tirent plutôt sur le gris que sur le rose, sauf les années de forte maturité où la couleur a tendance à s'imposer très vite.
- Les vins rouges issus de pinot noir présentent toujours une robe très soutenue qui tire sur le grenat. Ils ne sont produits dans cette appellation que les meilleures années.
- Les vins blancs ont une robe à nuance jaune-vert dans leur jeunesse, plus dorée en vieillissant.

Le nez

- Les vins gris sont classiques au nez, généralement élégants et très fruités. Le bouquet comprend des parfums floraux (violette) et fruités (griotte, groseille, airelle).
- Les vins rouges sont souvent élevés en partie en barrique, ce qui donne une combinaison harmonieuse entre les notes de fruits rouges (cassis) et les nuances boisées ou vanillées.
- Les vins blancs ont des arômes floraux.

La bouche

- Les vins gris ont bien évolué grâce à la généralisation de l'assemblage des cépages gamay et pinot noir. S'ils restent vifs, ils ont gagné en complexité et en longueur et atteignent aujourd'hui une belle harmonie.
- Les vins rouges sont généralement charnus et puissants.
- Les vins blancs se dégustent toujours secs. Ils sont frais et fruités, avec une pointe d'amertume en finale.

Couleurs
Rosé (gris)
Blanc
Rouge
Superficie
60 ha
Production
2 500 hl

Principaux cépages
Rouge : pinot noir.
Rosé : pinot noir et gamay.
Blanc : auxerrois, aubin.

Nature des sols
Argilo-calcaires principalement, quelques lambeaux triasiques vers le nord.

Température de service
Rosé : 8-10 °C.
Blanc : 10 °C.
Rouge : 13 °C.

Mets et vins
Entrées, charcuterie, quiche lorraine.

Potentiel de garde
2 ans.

Côtes-du-forez

Appellation
AOC Côtes-du-forez
Couleurs
Rouge
Rosé
Superficie
170 ha
Production
7 400 hl

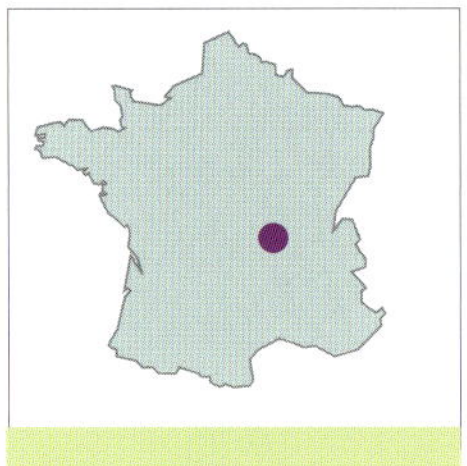

2000

Entre Clermont-Ferrand et Saint-Étienne, le vignoble des côtes-du-forez est magnifiquement exposé. Il se trouve à des altitudes comprises entre 400 et 600 m, protégé des perturbations météorologiques par les monts du Forez. Le gamay, cépage unique, est implanté sur des terrains granitiques alliés à des buttes basaltiques d'origine volcanique qui impriment aux vins un caractère original et leur assurent de la structure.

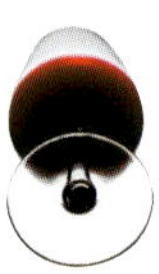

Le vignoble de Marcilly fut dès 1956 délimité en côtes-du-forez, alors AOVDQS.

L'œil

• Les vins se présentent dans une robe vive d'un rouge cerise assez léger. Les cuvées, issues de sols basaltiques, sont souvent plus sombres.
• La robe des vins rosés est saumon pâle et limpide.

Le nez

• La vinification en raisins entiers du gamay noir se traduit par un bouquet fruité où dominent les petits fruits rouges comme la groseille et, surtout, la framboise. Certaines cuvées développent des notes minérales originales.
• Les vins rosés libèrent de délicates senteurs d'abricot, d'ananas et de pamplemousse.

La bouche

• Souples, frais et fruités, les vins rouges sont gouleyants. Les cuvées issues des terrains basaltiques sont plus tanniques et racées. Elles jouissent d'un plus long potentiel de vieillissement.
• À côté des vins rouges, largement majoritaires, les vins rosés, souples et fins, proviennent le plus souvent de saignée et expriment la fraîcheur du cépage.

Le vin de saignée
Les rosés de macération partielle sont obtenus par "saignée". Les raisins triés et égrappés sont mis en cuve. La fermentation soulève alors le marc. Lorsque la couleur est suffisante, après douze à vingt-quatre heures de macération, on écoule une partie du jus qui continue à fermenter séparé du marc.

Cépage
Gamay noir.

Nature des sols
Sables granitiques et localement basaltiques.

Potentiel de garde
2 à 3 ans.

Mets et vins
Rouge : boudin, volaille, fromages (fourme).
Rosé : poisson grillé.

Température de service
Rouge : 13 °C.
Rosé : 10 °C.

Côtes-du-jura

En Franche-Comté, le vignoble s'étend d'ouest en est entre la plaine bressane et le premier plateau du Jura et, du nord au sud, de Salins-les-Bains à Saint-Amour, sur un terroir de coteaux situés entre 220 et 380 m d'altitude. C'est la gamme complète des vins jurassiens que l'on trouve sous l'appellation côtes-du-jura : blancs, rosés, rouges, vins jaunes, vins de paille, mousseux. En termes de volume produit, les blancs dominent nettement. Ils sont issus du chardonnay, de l'assemblage de chardonnay et de savagnin ou plus rarement du savagnin pur, ce dernier étant généralement réservé à l'élaboration du vin jaune.

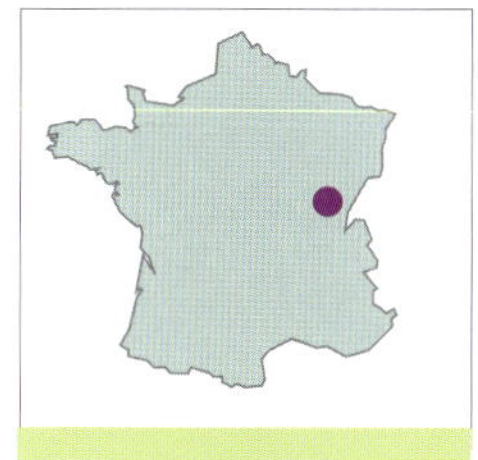

1937

Appellation
AOC Côtes-du-jura
Couleurs
Rouge
Rosé
Blanc
Superficie
530 ha

Production
20 500 hl

Principaux cépages
Rouge et rosé : poulsard, trousseau, pinot noir.
Blanc : chardonnay, savagnin.
Vin jaune : chardonnay, poulsard, savagnin, trousseau.

Nature des sols
Argiles du lias et du trias avec quelques éboulis calcaires du plateau.

Potentiel de garde
Blanc issu du chardonnay : 3 ans.
Rouge issu du poulsard : 3 à 5 ans.
Vin jaune : 50 ans.
Vin de paille : plus de 10 ans.
Vin effervescent : à boire jeune.

L'œil

• La robe cerise à reflets violacés dans les rouges jeunes évoluent vers des notes orangées typiques de leurs cépages jurassiens.

• Les vins blancs jeunes ont une robe jaune pâle, tandis que les vins d'assemblage chardonnay-savagnin prennent une teinte dorée.

• Le vin jaune est or rayonnant ; l'œil est très typé pour le savagnin.

• La robe du vin de paille a la séduction des blés d'or paille.

Le nez

• Dans les vins rouges, un panier de fruits rouges et de cassis se manifeste.

• Dans leur jeunesse, les vins blancs de chardonnay sont frais et floraux. Au contact du fût, miel, noisette et amande grillée viennent compléter les notes florales. Dans les vins à maturité, le savagnin apporte souvent une touche aromatique supplémentaire.

• Dans le vin jaune, la noix et l'abricot sec sont les grandes dominantes d'une palette par ailleurs épicée.

• Le vin de paille révèle des parfums de fruits exotiques associés aux fruits secs.

La bouche

• Le vin rouge est tannique et aromatique au palais.

• Fruitée et plutôt vive dans des vins de chardonnay jeunes, la bouche se fait plus ronde et plus étonnante, souvent sur fond de noix et d'amande, dans les vins de savagnin. Ce caractère « typé » est d'autant plus marqué que la proportion de savagnin est importante.

• Le vin jaune, riche, est doté d'une belle structure. La bouche est d'emblée conquise par les arômes exquis du vin jaune mais demande de longues années de garde pour se développer.

• Le vin de paille a une bouche ronde et équilibrée entre le sucre et l'alcool. Il associe les notes de coing et d'abricot, et peut s'achever sur des notes de cire.

Continental, le climat jurassien se caractérise par des hivers rudes et des étés irréguliers. Les cépages nécessitent un mode de conduite assez élevé au-dessus du sol pour éloigner le raisin d'une humidité parfois néfaste à l'automne.

Température de service

Rouge : 15 °C.
Blanc : 12 °C.
Effervescent et vin de paille : 6 °C.
Vin jaune : légèrement chambré.

Mets et vins

Rouge issu du poulsard : viande rouge, fromages (bleu de Gex).
Rouge issu du trousseau : gibier.
Blanc issu du chardonnay : poisson, plats à la crème.
Effervescent et vin de paille : dessert.
Vins jaune et blanc issus du savagnin : viande blanche à la crème, coq au vin jaune, fromages (comté, mont-d'or).

Côtes-du-marmandais

Entre Agen et Bordeaux, le Marmandais est un pays de coteaux et de vallons, bordé au sud par le massif forestier landais. Il constitue une zone de transition entre les coteaux de l'Entre-Deux-Mers à l'ouest et ceux de l'Agenais à l'est. L'appellation produit des vins blancs frais et fruités, des rosés et des rouges souples et bouquetés.

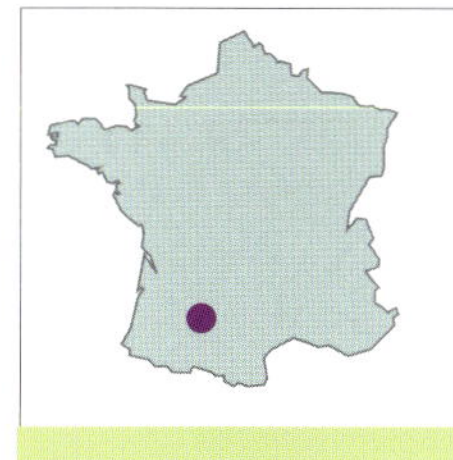

1990

Appellation
AOC Côtes-du-marmandais

Couleurs
Rouge
Rosé
Blanc

Superficie
1 300 ha

L'œil

- Les vins rouges sont habillés d'une robe profonde.
- Les rosés affichent une teinte franche, ni trop pâle ni trop soutenue.
- La robe des vins blancs secs est jaune pâle à reflets verts.

Le nez

- Des notes de fruits rouges et une petite pointe épicée se distinguent dans les vins rouges.
- Les notes de fruits rouges dominent dans les vins rosés.
- Le sauvignon lègue ses arômes variétaux caractéristiques aux vins blancs (fruits blancs).

La bouche

- En rouge, la matière est ronde, ample, sans excès, avec une sensation tannique bien équilibrée.
- Les rosés possèdent une structure légèrement tannique avec une pointe de vivacité qui en fait de parfaits compagnons pour un début de repas.
- Fruitée et fraîche, la bouche des vins blancs ne présente aucun excès d'acidité.

Production
67 400 hl

Mets et vins
Rouge : viande rouge, confit et magret d'oie ou de canard.
Rosé : apéritif, charcuterie.
Blanc : poisson de Garonne (brochet, alose à l'oseille).

Température de service
Rouge : 15-17 °C
Blanc et rosé : 8-10 °C.

Principaux cépages
Rouge et rosé : merlot, cabernet franc, cabernet-sauvignon, côt, abouriou, syrah, gamay.
Blanc : sauvignon ; sémillon, muscadelle, ugni blanc.

Potentiel de garde
Rouge : 5 à 10 ans.
Blanc et rosé : 1 à 3 ans.

Nature des sols
Sols bruns sur molasses et boulbènes, sols graveleux de terrasses.

Côtes-du-rhône

Appellation
AOC Côtes-du-rhône
Couleurs
Rouge
Rosé
Blanc
Superficie
35 000 ha

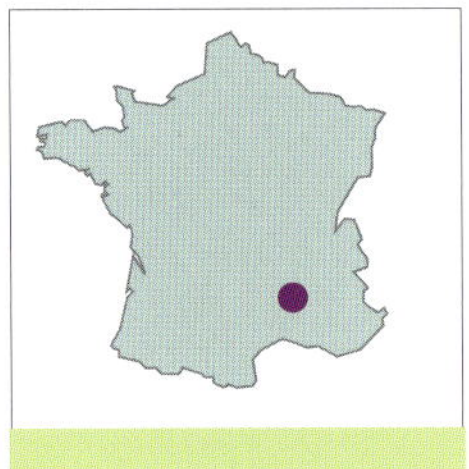

1937

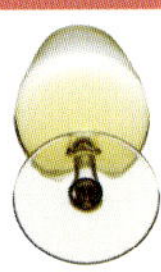

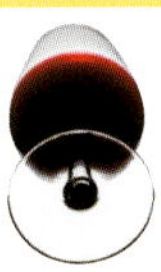

Production
1 400 000 hl

Nature des sols
Calcaires, cailloux roulés, molasse du miocène.

Sur 200 km, entre Vienne et Avignon, la vallée du Rhône possède la plus vaste appellation régionale après Bordeaux ; c'est aussi l'une des plus anciennes appellations d'origine contrôlée. Elle s'étend sur 163 communes réparties entre six départements (Rhône, Loire, Drôme, Ardèche, Gard et Vaucluse). Les vignobles du nord se consacrent à la production d'appellations communales (côte-rôtie, condrieu…) ; les côtes-du-rhône – qui ne sont pas des vins de garde – proviennent surtout de la partie méridionale, entre Bollène et Avignon. Sur la rive gauche du Rhône, les sols de galets mêlés à des argiles sableuses rouges sont d'excellents terroirs pour la vigne. Les vins rouges, largement majoritaires, revêtent une grande diversité qui répond à celle des sols et des microclimats.

Principaux cépages
Rouge et rosé : grenache ; syrah, mourvèdre ; carignan, counoise, cinsault.
Blanc : grenache blanc, clairette, bourboulenc, marsanne, roussanne, viognier.

Potentiel de garde
1 à 3 ans.

L'œil

• La robe des côtes-du-rhône rouges est claire, rubis, plus profonde lorsque la syrah domine.
• Les rosés ont une robe délicate à reflets violets.
• Un jaune limpide et brillant caractérise les vins blancs.

Les galets roulés des côtes-du-rhône méridionales jouent un rôle essentiel par leur aptitude à emmagasiner la chaleur du jour pour la restituer aux souches la nuit.

Le nez

• Les côtes-du-rhône rouges, discrètement fruités, évoquent les petits fruits rouges, mais peuvent parfois atteindre l'intensité des grands vins, avec des notes animales ou épicées ou des arômes de fruits mûrs.
• Les rosés ont des arômes intenses de bonbon anglais, de petits fruits rouges et des senteurs florales à dominante de violette.
• En blanc, la palette évoque des arômes très fins de fleurs.

La bouche

• Au palais, on retrouve dans les vins rouges les parfums du nez. Les côtes-du-rhône originaires des sols légers de Puymeras, Nyons, Sabran et Bourg-Saint-Andéol sont coulants ; tandis que ceux qui sont issus de zones plus chaudes et de terroirs formés d'alluvions anciennes, tels que Domazan, Courthézon et Orange, présentent des tanins bien structurés, mais souples.
• Riches, les rosés s'achèvent sur une longue note de fruits rouges.
• Agréables, ronds et pleins, les vins blancs possèdent un bel équilibre et une élégante persistance aromatique.

Ci-contre : la syrah, l'un des cépages vedettes du Rhône.

Température de service
Rouge : 14-16 °C.
Blanc et rosé : 10-12 °C.

Mets et vins
Rouge : grillade de bœuf, côtes d'agneau grillées, fromages (neufchâtel, bleu de Gex, picodon).
Rosé : salade niçoise, charcuterie.
Blanc : poisson de mer à la crème.

Côtes-du-rhône-villages

Appellation
AOC Côtes-du-rhône-villages suivi ou non d'un nom de commune

Couleurs
Rouge
Rosé (rare)
Blanc (rare)

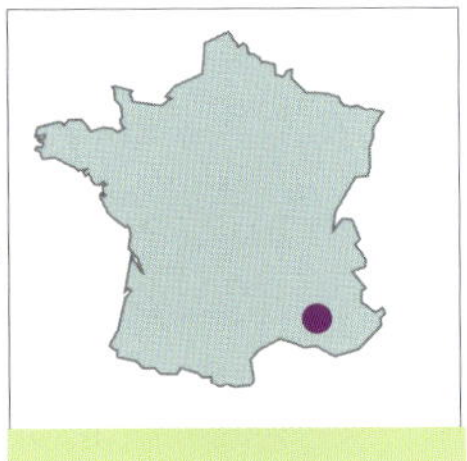

1966

Les côtes-du-rhône-villages n'existent que dans la partie méridionale de l'appellation et concernent quatre départements : l'Ardèche, la Drôme, le Gard et le Vaucluse, sous un climat méditerranéen marqué par une sécheresse non seulement estivale mais aussi hivernale, et par un vent violent, le mistral, qui souffle parfois plus de deux cents jours par an. La plupart des sols sont ici de nature calcaire. La variabilité dans leur texture, leur régime hydrique, leur fertilité, combinée aux aspects microclimatiques liés à l'exposition expliquent que les côtes-du-rhône-villages montrent, suivant les sous-régions productrices, des nuances. Les-côtes-du-rhône-villages se distinguent des côtes-du-rhône par leur caractère généreux, typé et leur aptitude à la garde.

Superficie
7 900 ha

Production
299 000 hl

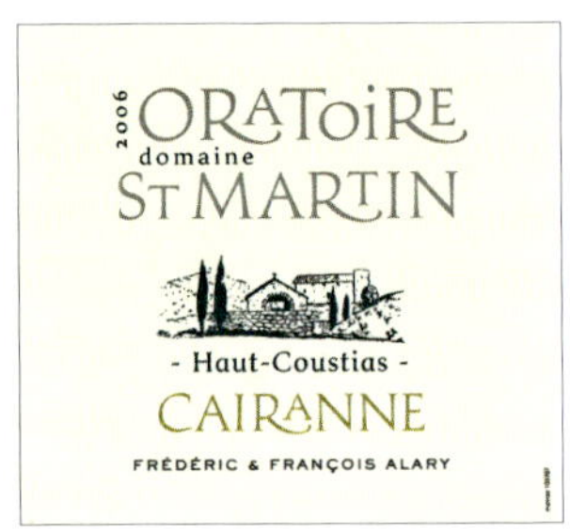

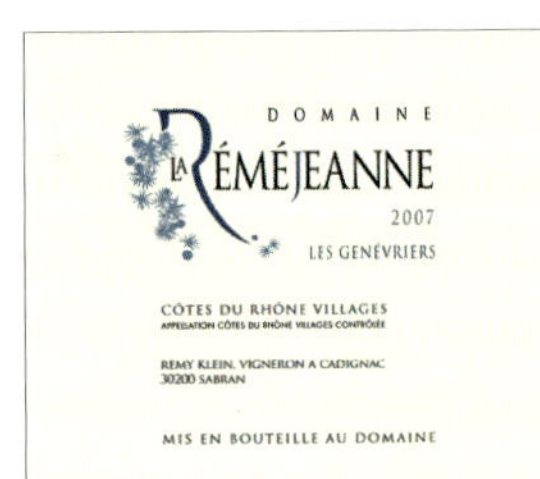

Nature des sols
Terrasses à cailloux roulés et pentes caillouteuses.

Principaux cépages
Rouge et rosé : grenache noir ; syrah, mourvèdre ; carignan, cournoise, cinsault.
Blanc : grenache blanc, clairette, bourboulenc, marsanne, roussanne, viognier.

Potentiel de garde
1 à 5 ans.

Dans le Gard

• **Chusclan.** Belle couleur, équilibre, parfum de fruits et de laurier caractérisent les vins rouges. Les vins rosés, de teinte assez soutenue, sont onctueux en bouche.

• **Laudun.** Des blancs gras et floraux ; des rosés rares mais distingués ; des rouges souples et fins.

• **Saint-Gervais.** Les vins rouges aux senteurs de fruits rouges et d'épices sont gras et tanniques. Les blancs sont frais et floraux.

• **Signargues.**

Dans la Drôme

• **Puyméras.** (à cheval sur la Drôme et le Vaucluse).

• **Rochegude.** Les vins rouges, assez légers et chaleureux, se boivent dans leurs premières années pour profiter des arômes de fruits.

• **Rousset-les-Vignes.** Des parfums de petits fruits dominent dans les vins rouges.

• **Saint-Maurice.** Les vins rouges élégants et tanniques présentent une bonne aptitude à la garde. Les rosés sont frais et rafraîchissants.

• **Saint-Pantaléon-les-Vignes.** Les rouges, à corps ferme, assez tanniques sont aptes au vieillissement.

Dans le Vaucluse

• **Cairanne.** Les vins rouges à dominante de fruits à noyau et de cuir présentent une structure puissante. Les blancs sont remarquables de rondeur.

• **Massif d'Uchaux.**

• **Plan de Dieu.**

• **Roaix.** Les rouges sont assez souples et fruités, les rosés frais et gouleyants.

• **Sablet.** Les vins rouges offrent un parfum de fruits mûrs et de fruits secs. Les rosés sont fruités et puissants.

• **Séguret.** Des vins rouges à fine nuance d'amande, tout en élégance. Des rosés frais et aromatiques.

• **Valréas.** Les vins rouges sont équilibrés, peu tanniques, aux arômes de fruits et d'anis. Les rosés et les blancs sont harmonieux et délicats.

• **Visan.** Les rouges dévoilent un parfum de fruits et de cuir, avec parfois une note minérale. Grande ampleur en bouche.

Beaumes-de-venise, vinsobres et rasteau

À l'image des deux anciens « villages » beaumes-de-venise et vinsobres, la dénomination rasteau a accédé à l'AOC en 2010 et est devenue la seizième appellation communale de la Vallée du Rhône. Longtemps réservée aux vins doux naturels (voir à Rasteau), la commune peut donc désormais revendiquer ses vins rouges « secs » en AOC. Le climat semi-aride de cette zone est particulièrement favorable au grenache, cépage principal de l'AOC, mais toujours utilisé en assemblage (syrah, mourvèdre et autres), qui donne ici des vins concentrés, charpentés, généreux et puissants, aptes à la garde (3 à 10 ans).

Vinsobres, l'un des villages des côtes-du-rhône villages, produit des vins rouges fruités et charpentés, et des vins blancs floraux.

Mets et vins

Rouge : viande rouge grillée, agneau.

Rosé : poisson de mer grillé.

Blanc : apéritif, poisson d'eau douce.

Température de service

Rouge : 14-16 °C.

Blanc et rosé : 10-12 °C.

Côtes-du-roussillon

Appellation
AOC Côtes-du-roussillon
Côtes-du-roussillon Les Aspres

Couleurs
Rouge
Rosé
Blanc

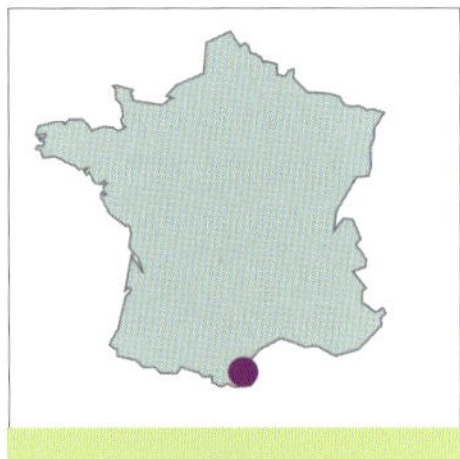

1977

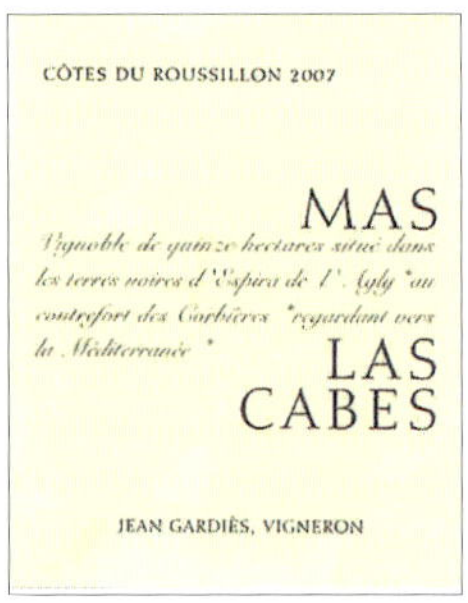

Près de la frontière espagnole, entre Corbières et Pyrénées, les premiers ceps ont été implantés par les Grecs au viie siècle avant J.-C. Aujourd'hui, les côtes-du-roussillon sont produits par cent dix-huit communes des Pyrénées-Orientales. La vigne, taillée en gobelets, s'est adaptée à la sécheresse, au vent et à des terroirs variés. La vinification en raisins entiers donne d'excellents résultats en rouge. Les vins rosés vinifiés par saignée présentent une richesse alcoolique de 12 % vol. environ. Les vins blancs sont les meilleurs alliés des coquillages. Au sud de Perpignan, depuis 2003, on produit des côtes-du-roussillon Les Aspres, une dénomination attribuée aux vins rouges après identification parcellaire.

L'œil

- Les vins rouges ont une robe rubis ou grenat assez intense à reflets tuilés.
- Une belle robe d'un rose très pâle habille les rosés.
- Les vins blancs sont d'une couleur or pâle à reflets verts.

Le nez

- Le grenache apporte la note fruitée (griotte et mûre), la syrah développe des senteurs de cassis et de violette, le carignan donne la touche grillée, l'épice. Puis apparaissent les notes de cuir, de pruneau, de ciste, de fruits confits.
- Les rosés offrent des accents amyliques et des arômes de petits fruits rouges.
- Les vins blancs dévoilent un arôme floral (fleur de vigne) élégant, rehaussé de notes boisées.

La bouche

- Les vins rouges sont puissants et généreux avec une structure solide lorsqu'ils proviennent de sols argilo-calcaires ; ce sont alors de bons vins de garde.
- Les rosés se montrent corsés.
- Les blancs sont légers.

Superficie
5 800 ha

Production
215 500 hl

Nature des sols
Calcaires, schistes, granite, gneiss, sables.

Potentiel de garde
1 à 4 ans.

Principaux cépages
Rouge et rosé : carignan, grenache noir, syrah, mourvèdre ; lladoner.
Blanc : macabeu, grenache blanc, malvoisie ; marsanne, roussanne, vermentino.

Température de service
Rouge : 14-17 °C.
Blanc et rosé : 10 °C.

Mets et vins
Rouge : gibier à plume, viande grillée.
Rosé : charcuterie, poulet à la catalane.
Blanc : fruits de mer, poisson.

Côtes-du-roussillon-villages

Au nord du Roussillon, entre le massif des Corbières et la Têt, la vigne est omniprésente sur des terrains d'une grande diversité géologique : terrasses de galets, schistes, arènes granitiques ; cette variété des sols est à l'origine de la reconnaissance des différents terroirs : quatre communes – Caramany, Latour-de-France, Tautavel et Lesquerde – peuvent adjoindre leur nom à l'appellation *villages* qui produit des vins fortement charpentés, issus des mêmes cépages que les côtes-du-roussillon mais avec des contraintes de qualité plus exigeantes.

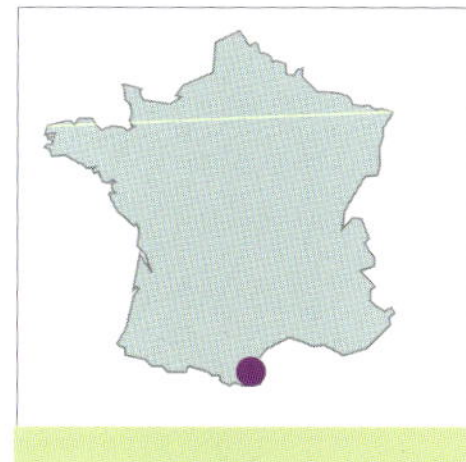

1977

Appellation
AOC Côtes-du-roussillon-villages
Couleur
Rouge
Superficie
2 300 ha
Production
67 500 hl

L'œil
Le côtes-du-roussillon-villages se pare d'une robe rouge soutenu.

Le nez
Intense et complexe, le nez évoque les fruits grillés, la confiture de vieux garçon, et laisse paraître des touches vanillées.

La bouche
Des tanins délicats, enveloppés par une onctuosité savoureuse, séduisent.

Le château de Jau a été créé en 1900 près d'un ancien monastère du XIIe siècle.

Mets et vins
Gibier (lièvre, marcassin), viande de bœuf grillée, selle d'agneau à la catalane.

Température de service
14-17 °C.

Nature des sols
Calcaires, schistes, arènes granitiques, terrasses de galets, gneiss, sables.

Cépages
Carignan, grenache noir, syrah, mourvèdre ; lladoner.

Potentiel de garde
3 à 10 ans.

Les *villages*

Gneiss de Caramany, arènes granitiques de Lesquerde, schistes bruns de Latour-de-France et argiles rouges de Tautavel : ces quatre terroirs confèrent aux vins une richesse et une diversité qualitatives que les vignerons ont bien su mettre en valeur. Les côtes-du-roussillon-villages varient ainsi selon la nature de leur terroir. Les plus à l'ouest, nés à 350 mètres d'altitude sur un plateau dominant la vallée de Maury, issus de vendanges assez tardives (fin septembre), les vins de Lesquerde sont réputés plus minéraux, frais, aux tanins fins. Commune du Fenouillèdes baignée par l'Agly, Latour-de-France produit des vins puissants mais sans excès, aux notes typiques de grillé et de fumée. Surplombant l'Agly, à 240 m. d'altitude, Caramany produit des vins plus généreux et veloutés, fruités et épicés. Tautavel, célèbre pour son site préhistorique de la caune de l'Arago où furent découverts des ossements d'Homo erectus (« l'Homme de Tautavel »), est aussi réputé pour son vin charpenté, « viril », aux arômes de garrigue, d'épices et de fruits mûrs. À noter que pour ces quatre villages, le carignan doit être vinifié en macération carbonique.

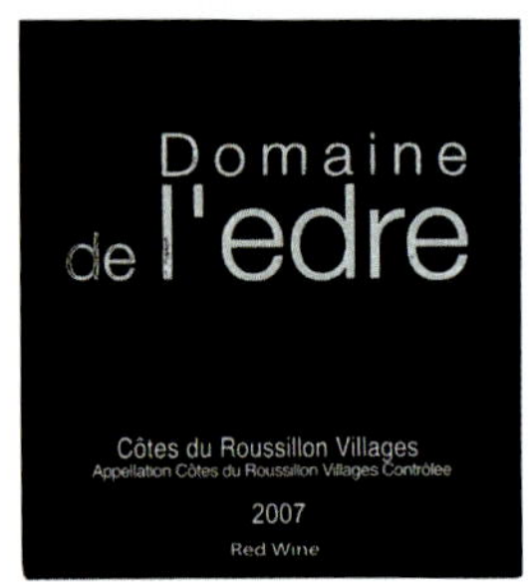

En haut : le cirque de Tautavel.

Côtes-du-vivarais

À la limite nord-ouest de la vallée du Rhône méridionale, les côtes-du-vivarais chevauchent les départements de l'Ardèche et du Gard. Ils sont implantés sur les plateaux qui encadrent les gorges de l'Ardèche. Les plants croissent dans la pierraille blanche. Le grenache et la syrah donnent naissance à des rouges et des rosés d'une finesse particulière, avec une dominante de petits fruits rouges.

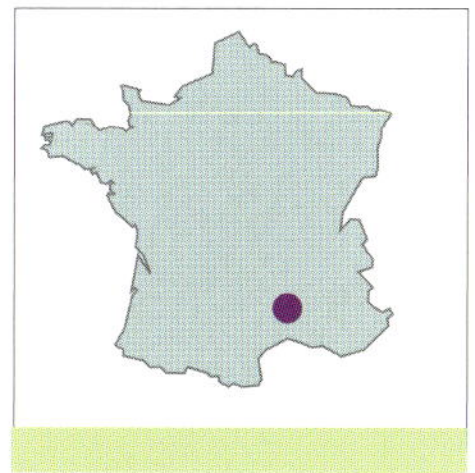

1999

Appellation
AOC Côtes-du-vivarais

Couleurs
Rouge
Rosé
Blanc

Superficie
400 ha

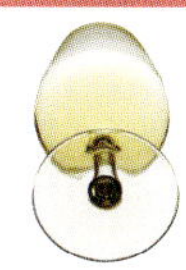

Production
14 000 hl

Principaux cépages
Rouge et rosé : grenache, syrah.
Blanc : grenache ; clairette, marsanne.

Nature des sols
Argilo-calcaires.

L'œil

• La robe des vins rouges est marquée par une couleur rouge profonde et une nuance violine ou pourpre.
• Les côtes-du-vivarais rosés ont une jolie robe saumonée.
• Les vins blancs sont brillants, clairs.

Le nez

• Les fruits s'expriment d'emblée dans les vins rouges. Des tonalités épicées, poivrées, réglissées sont assez fréquentes.
• Les rosés ont un nez très fruité (ananas, pamplemousse, groseille, cassis).
• Les vins blancs libèrent un bouquet intense, complexe, expressif. Parmi les parfums, on reconnaît le tilleul, le jasmin, la pêche, l'abricot,
l'ananas et le pamplemousse.

La bouche

• Les vins rouges présentent des sensations tanniques plutôt souples. En outre, la situation climatique tardive apporte légèreté et fraîcheur.
• Dans les rosés, la bouche est fraîche, vive et longue.
• Les vins blancs livrent une matière ronde, empreinte des arômes perçus à l'olfaction.

Mets et vins
Rouge et rosé : charcuterie, viande grillée, gibier, entremets au sabayon.
Rosé : tout un repas.
Blanc : poisson.

Température de service
Rouge : 15-18 °C.
Rosé et blanc : 10 °C.

Potentiel de garde
1 à 3 ans.

Cour-cheverny

Appellation
AOC Cour-cheverny
Couleur
Blanc
Superficie
50 ha
Production
1 800 hl

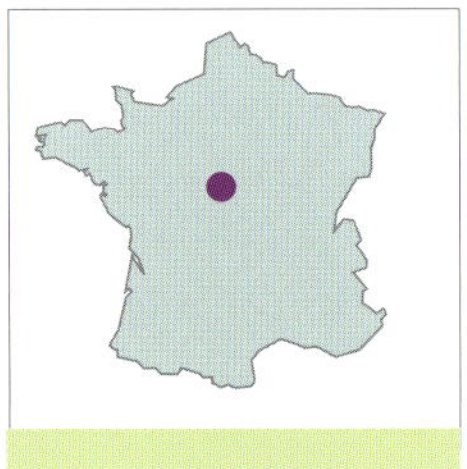

1993

Cette appellation, héritière d'un long passé viticole puisque le vignoble remonte à François Ier, est située au sud-est de Blois, au sein de la Sologne viticole qui s'étend de la Loire à la Grande Sologne. Sur ce terroir sillonné par trois vallées, le Beuvron, le Cosson et la Bièvre, les vignes trouvent des sites privilégiés. Un seul cépage, le romorantin, produit des vins blancs secs, obtenus après de longues fermentations, et quelques moelleux.

L'œil

Le cour-cheverny se pare d'une robe jaune paille, assez soutenue. Il peut être d'or.

Le nez

La palette rappelle la pomme ou la poire et la fleur d'acacia. Après quelques années de garde, se développent des arômes de miel.

La bouche

Le cour-cheverny a une attaque tout en délicatesse avec des évocations empyreumatiques et minérales. La vivacité est de bon aloi et la longueur surprenante dans une note élégante.

Le château de Cheverny, emblème du vignoble de la Sologne.

Cépage
Romorantin.
Nature des sols
Silico-argileux et parfois argilo-calcaires.
Potentiel de garde
Sec : 5 ans.
Moelleux : jusqu'à 10 ans.

Température de service
8-10 °C.

Mets et vins
Charcuterie, fruits de mer, poisson, coquelet grillé.

Crémant

Synonyme d'effervescent, le terme de crémant est réservé aux appellations alsace, bourgogne, bordeaux, limoux, jura, die et aux vins de Loire élaborés selon la méthode traditionnelle. Les vins sont francs, élégants, avec leur cortège de petites bulles et d'arômes typés. Les vignobles sont généralement implantés sur des sols sablo-argileux.

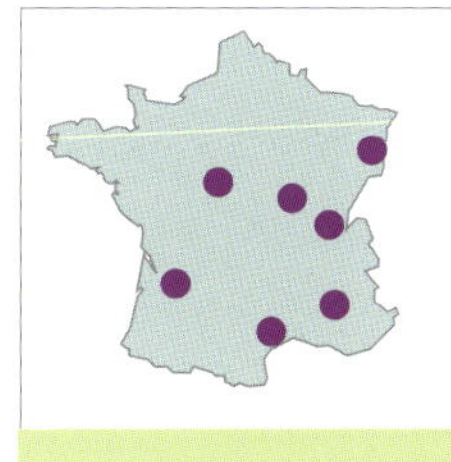

CRÉMANT D'ALSACE

La reconnaissance de cette appellation, en 1976, a donné un nouvel essor à la production de vins effervescents élaborés selon la méthode traditionnelle, comparable à celle du champagne, qui existait depuis longtemps à une échelle réduite. L'Alsace se situe aujourd'hui en tête des régions françaises pour son volume de production.
Le crémant-d'alsace se distingue surtout par sa légèreté et sa finesse.
Couleurs : blanc, rosé.
Production : 241 000 hl.
Cépages : pinot blanc, auxerrois, riesling, pinot gris, pinot noir, chardonnay.

CRÉMANT DE BOURGOGNE

Reconnue en 1975, l'appellation crémant-de-bourgogne a remplacé l'AOC bourgogne mousseux en 1984, dont la qualité n'était pas très homogène, sans doute parce que les mousseux se faisaient à partir de vins trop lourds. Elle impose des conditions de production aussi strictes que celles de la région champenoise et calquées sur celles-ci. Elle connaît actuellement un bon développement. Le crémant-de-bourgogne est le plus proche du champagne. Il peut être un blanc de blancs, élaboré généralement par un assemblage de chardonnay et d'aligoté, ou assembler des cépages blancs avec le pinot noir et/ou le gamay vinifiés en blanc. Le premier se distingue par sa grande finesse, le second par sa vigueur.
Couleurs : blanc, rosé.
Production : 112 000 hl.
Cépages : pinot noir ; chardonnay, pinot blanc, pinot gris, melon de Bourgogne, sacy, aligoté, gamay.

Comme pour le champagne, le crémant connaît une seconde fermentation, pendant laquelle les bouteilles sont inclinées sur leur pointe, jusqu'à ce que les dépôts de levure soient remontés dans le col en attendant le dégorgement.

Mets et vins
Apéritif, entrées, poisson, dessert.

Potentiel de garde
À boire jeune.

Température de service
6-8 °C

CRÉMANT DU JURA

Reconnue en 1995, l'AOC crémant-du-jura s'applique à des mousseux élaborés selon les règles strictes des crémants (la méthode traditionnelle), à partir de raisins récoltés à l'intérieur de l'aire de production de l'AOC côtes-du-jura. Plusieurs cépages sont autorisés : le poulsard (ou ploussard), le pinot noir (appelé localement gros noirien), le pinot gris et le trousseau en rouge ; le savagnin (appelé localement naturé) et le chardonnay (appelé melon d'Arbois ou gamay blanc) en blanc. Le crémant-du-jura exprime avec force les caractères des terroirs jurassiens.

Couleurs : blanc, rosé.

Production : 15 000 hl.

Cépages : chardonnay, savagnin, pinot noir, pinot gris, trousseau, poulsard.

CRÉMANT DE BORDEAUX

AOC depuis 1990, le crémant-de-bordeaux est un vin effervescent de méthode traditionnelle, élaboré selon les règles très strictes communes à toutes les appellations de crémant. Les cépages sont ceux du Bordelais. Les vins de base doivent être produits dans l'appellation bordeaux, la prise de mousse doit être effectuée dans la région de Bordeaux. Généralement blanc, à l'acidité bien fondue, le crémant-de-bordeaux peut être aussi rosé.

Couleurs : blanc, rosé.

Production : 19 600 hl.

Cépages : sémillon, sauvignon (blanc et gris), muscadelle, colombard ; cabernet-sauvignon, cabernet franc, carmenère, merlot, malbec, petit verdot.

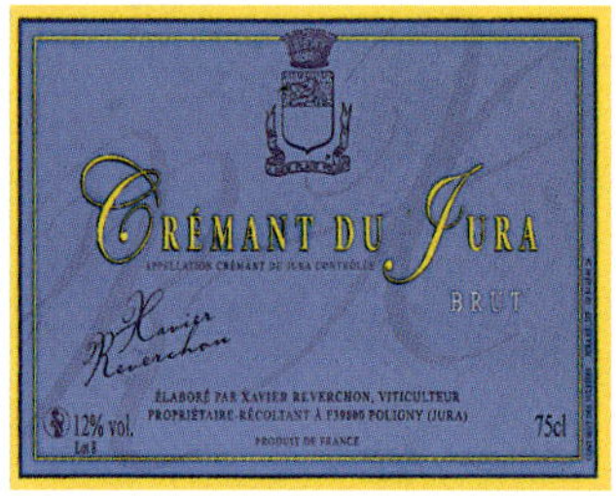

CRÉMANT DE DIE

L'AOC a été reconnue en 1993. Le crémant-de-die est produit uniquement à partir du cépage clairette selon la méthode traditionnelle qui consiste en une seconde fermentation en bouteille. La mousse est fine et légère, les arômes à dominante de fruits verts.

Couleur : blanc.

Production : 2 500 hl.

Cépage : clairette (55 % minimum), aligoté, muscat blanc à petits grains (10 % maximum).

CRÉMANT DE LOIRE

Cette appellation régionale peut s'appliquer à des vins effervescents surtout blancs, parfois rosés, produits selon la méthode traditionnelle dans les limites des appellations anjou, saumur, touraine et cheverny. Les cépages, nombreux, sont les variétés plantées dans les différents secteurs du Val de Loire : chenin ou pineau de Loire, cabernet-sauvignon et cabernet franc, pinot noir, chardonnay... Cette variété crée une palette de caractères assez large. Reconnue en 1975, l'AOC a trouvé son public.

Couleurs : blanc, rosé.

Production : 80 000 hl.

Cépages : chenin (ou pineau de la Loire), chardonnay, orbois ; cabernet franc, cabernet-sauvignon, pinot noir, pineau d'Aunis, grolleau noir et gris.

CRÉMANT DE LIMOUX

Reconnu seulement en 1990, le crémant-de-limoux n'en bénéficie pas moins de la solide expérience et de l'exigence des producteurs de la région en matière de vins effervescents. Les conditions de production de la blanquette étant déjà très strictes, les Limouxins n'ont eu aucune difficulté à adopter la rigueur de l'élaboration propre au crémant. Depuis déjà quelques années s'affinaient dans leurs chais des cuvées issues de subtils mariages entre la personnalité et la typicité du mauzac, l'élégance et la rondeur du chardonnay, la jeunesse et la fraîcheur du chenin. Depuis 2004, le mauzac, cépage traditionnel de la région, est désormais réservé à la blanquette et c'est le chardonnay qui règne en maître dans l'appellation crémant-de-limoux. Plus récemment, le pinot noir participe à l'élaboration de rosés.

Couleur : blanc rosé.

Production : 30 000 hl.

Cépages : chardonnay (50 % minimum), chenin, pinot noir, mauzac (20 % maximum pour ces deux derniers).

Criots-bâtard-montrachet

Au sud de la Côte de Beaune, ce grand cru de Bourgogne occupe le versant sud-sud-est d'un coteau joignant le bâtard-montrachet, à 240 m d'altitude. Il offre des vins plus secs que bienvenues et de longue garde. L'idée d'une appellation criots-bâtard-montrachet est née en 1939, en même temps que la délimitation du bienvenues-bâtard-montrachet. Il s'agissait alors d'apaiser les nombreuses revendications autour du bâtard-montrachet dont l'aire n'était pas clairement définie. Le criots est situé sur Chassagne, tandis que le bienvenues repose sur Puligny.

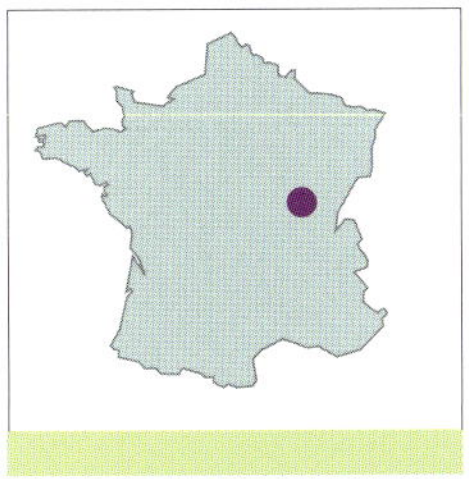

1937

Appellation
AOC Criots-bâtard-montrachet

Classement
Grand cru

Couleur
Blanc

Superficie
2 ha

Production
75 hl

L'œil

Le criots-bâtard-montrachet brille d'une couleur or vert cristalline, limpide.

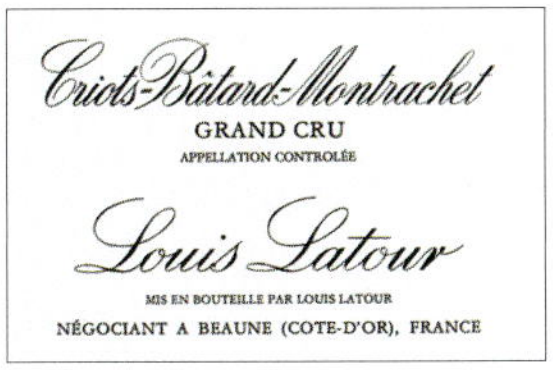

Le nez

Les arômes floraux d'aubépine, de tilleul, de fruits blancs, sur fond vanillé, sont d'une extrême complexité et tirent parfois sur le silex, la pierre à fusil.

La bouche

La texture généreuse, nette et persistante est d'une grande élégance.

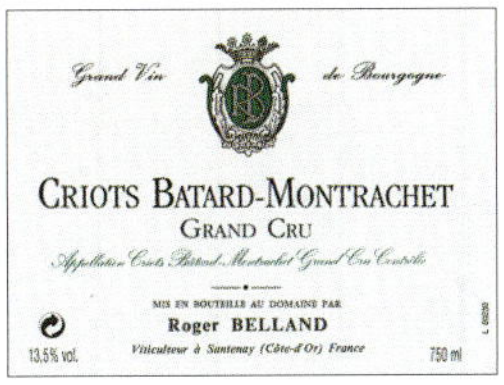

Mets et vins
Dodine de canard, quenelles de brochet, poularde de Bresse à la crème et aux morilles.

Température de service
12-14 °C.

Potentiel de garde
10 à 15 ans (jusqu'à 30 ans dans les grandes années).

Nature des sols
Sols bruns calcaires, peu épais, et plus chauds que ceux de montrachet.

Cépage
Chardonnay.

Crozes-hermitage

Appellation
AOC Crozes-hermitage
Couleurs
Rouge
Blanc
Superficie
1 500 ha
Production
64 000 hl

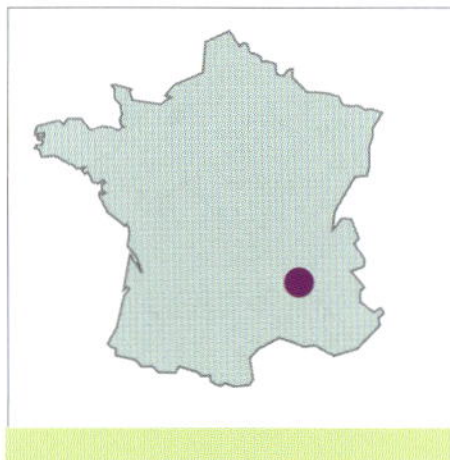

1937

Au nord et au sud de Tain-l'Hermitage, les vignes de crozes-hermitage entourent l'appellation hermitage. Dans cette vaste zone, relativement plane, la surface du vignoble, en expansion, est aujourd'hui pratiquement équivalente à celle des pêchers. Les différents affleurements géologiques apportent une certaine diversité aux vins ; le cépage syrah règne en maître dans les vins rouges fruités, tandis que la marsanne, grand cépage des blancs, produit des vins frais et agréables à boire.

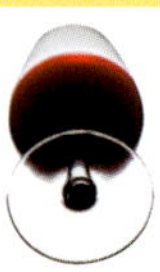

L'œil

- La robe rouge violine rappelle la couleur de la cerise burlat bien mûre.
- Les vins blancs sont légers en couleur.

Le nez

- Complexe, la palette des crozes-hermitage rouges affiche des fruits rouges et des fruits noirs bien mûrs. Toute une gamme aromatique accompagne cette sensation : des arômes empyreumatiques (fumé, grillé), des arômes de sous-bois, de tourbe, d'humus, des arômes d'épices et de réglisse, des arômes entêtants de fleurs (pivoine).
- En blanc, des notes d'amande, de fruit de la Passion et de fleurs blanches se manifestent.

La bouche

- Les tanins sont ronds, bien fondus dans ces vins rouges de semi-garde qui ont de la finesse, de la matière, de l'élégance et de la réserve. Les crozes-hermitage possèdent moins de puissance tannique que les hermitage, mais plus de souplesse dès leur jeune âge.
- Dans certains crozes-hermitage blancs à consommer jeunes, il peut être recherché de la fraîcheur, mais cette production est en général peu marquée par l'acidité. Les vins évoluent sur un bel équilibre et persistent agréablement.

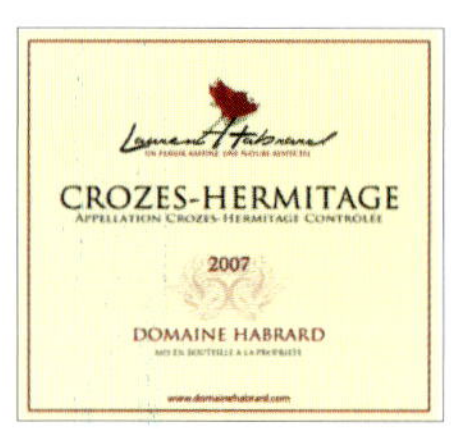

Cépages
Rouge : syrah.
Blanc : marsanne, roussanne.

Nature des sols
Arènes granitiques, sols graveleux plus ou moins calcaires.

Potentiel de garde
2 à 5 ans (selon les terroirs et les millésimes).

Température de service
Rouges et certains blancs très riches : 16-18 °C.
Blanc : 12-14 °C.

Mets et vins
Rouge : charcuterie, cuisine assez relevée.
Blanc : crudités, poisson d'eau douce.

Échézeaux

Au milieu de la Côte de Nuits, entre chambolle-musigny et vosne-romanée, dominant le clos de Vougeot, les échézeaux constituent l'un des plus grand crus rouges de Bourgogne. Une création des moines de Cîteaux, il y a neuf siècles. Le nom vient de chezeaux, groupe de maisons, hameau. On disait autrefois Écheuzaux, d'où la prononciation de cette appellation… malgré l'orthographe actuelle. Les échézeaux, beaucoup plus étendus que les grands-échézeaux, comportent des *climats* aux aptitudes diverses. Ces vins solides, charpentés, pleins de sève sont de longue garde.

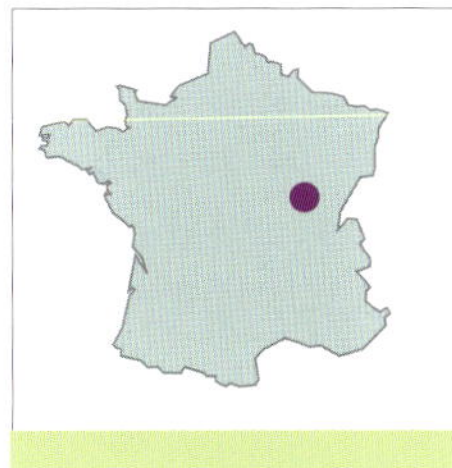

1937

Appellation
AOC Échézeaux
Classement
Grand cru
Couleur
Rouge
Superficie
35 ha
Production
1 200 hl

L'œil

Rubis pur, vif et profond, une robe limpide dont les nuances tirent en général sur des teintes grenat, violet pourpre, assez sombres.

Le nez

Avec l'âge, un nez fait de poivre et de musc, de fourrure, de cuir et d'épices, de pruneau. Un sous-bois de mousse, de champignons, de terreau humide, de gibier. Le fruit dans l'alcool, la mûre complètent cette gamme aromatique. Dans les vins encore jeunes, on rencontre le pin, l'églantine, la rose, la violette, la cerise fraîche.

La bouche

L'échézeaux est parfait au bout de deux ou trois ans, puis il se ferme et réapparaît après cinq à dix ans. L'attaque est enlevée, l'équilibre plaisant sur des tanins assez souples, la rondeur goûteuse et souvent framboisée.

Mets et vins
Gigot d'agneau, viande rouge, gibier, fromages (cîteaux, saint-nectaire, coulommiers, brillat-savarin, reblochon).

Température de service
15-16 ° C.

Potentiel de garde
10 à 15 ans (15 à 20 ans dans les grands millésimes).

Cépage
Pinot noir.

Nature des sols
Marne bajocienne et revêtement caillouteux.

L'Étoile

Appellation
AOC L'Étoile
Couleur
Blanc
Superficie
60 ha
Production
2 400 hl

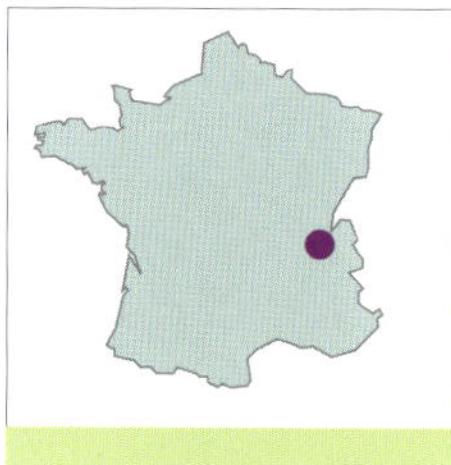

1937

Petite appellation jurassienne au nord-ouest de Lons-le-Saunier, l'Étoile se situe dans l'aire des côtes du Jura. Ce village doit peut-être son nom aux cinq collines qui l'entourent, disposées comme cinq branches d'une étoile, ou bien au sol qui recèle une multitude de petits fossiles étoilés. Chardonnay, savagnin et poulsard sont à l'origine de vins blancs complexes. La gamme inclut des produits aussi originaux que le vin de paille et le vin jaune.

L'œil

Lorsque le vin est issu majoritairement du chardonnay, la robe est jaune pâle à reflets verts. S'il résulte de l'assemblage des trois cépages, elle prend une teinte jaune paille, limpide et brillante. Elle peut évoluer vers le doré après un vieillissement en fût.

Le nez

D'une complexité remarquable, le nez est marqué par un côté floral (acacia). Il évolue au cours du vieillissement vers des notes plus intenses évoquant la noisette ou l'amande.

La bouche

D'une excellente tenue, l'étoile présente une certaine vivacité sans jamais être agressif. Le chardonnay lui apporte de la fraîcheur, le savagnin un côté typé caractéristique du Jura, et le poulsard une certaine rondeur. Élevé en fût, le vin évolue vers des notes de vanille, voire de pruneau.

Cépages
Blanc sec et vin de paille : chardonnay, savagnin, poulsard.
Vin jaune : savagnin.

Nature des sols
Marnes bleues, grises ou noires du lias ; éboulis calcaires en surface.

Potentiel de garde
Vin tranquille : 5 à 10 ans.
Vin de paille : plus de 10 ans.
Vin jaune : plus de 50 ans.

Le vin de paille

Naturellement doux, le vin de paille est élaboré à partir des plus belles baies. Les raisins sont mis à sécher pendant une durée minimale de six semaines sur des lits de paille ou sur des claies ; parfois, ils sont suspendus dans un grenier bien aéré. Après avoir subi cette déshydratation et donc une concentration des sucres, les grappes sont pressurées et le moût mis en fût pour fermentation. Un long vieillissement vient parfaire l'ouvrage.

Température de service
Vin tranquille : 12 °C.
Blanc effervescent et vin de paille : 6 °C.
Vin jaune : légèrement chambré.

Mets et vins
Vin tranquille : crustacés, poisson, viande blanche, fondue savoyarde, fromages (mont-d'or chaud).
Vin jaune : poisson de rivière, coq au vin, fromages (comté).

Faugères

Ce terroir du nord du département de l'Hérault est adossé aux premiers contreforts de la montagne noire, entre la vallée de l'Orb et la plaine de Béziers. Les coteaux schisteux portent une végétation qui se distingue nettement de celle des garrigues calcaires avoisinantes, notamment par la présence de cistes odorants. C'est un pays rude, évoquant la Cévenne. Le climat est méditerranéen, chaud en été, sec et doux en hiver. Les précipitations, de l'ordre de 800 à 1 000 mm par an, sont très irrégulières d'une année à l'autre. L'AOC produit des vins rouges, blancs et rosés. Comme dans la plupart des vignobles méridionaux, c'est avec l'assemblage de plusieurs cépages que l'on obtient les vins les plus complets.

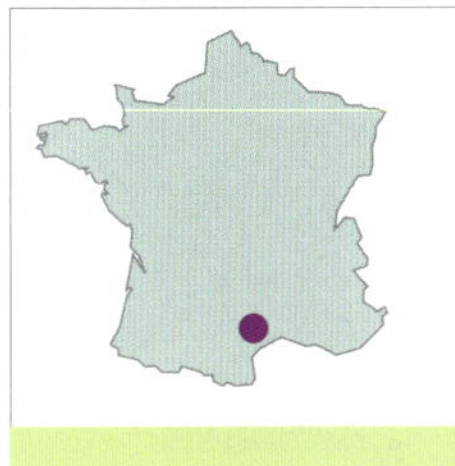

1982

Appellation
AOC Faugères

Couleurs
Rouge
Rosé
Blanc

Superficie
2 000 ha

Production
68 000 hl

L'œil

- La robe des faugères rouges est d'une teinte soutenue, à reflets violacés dans leur jeunesse, évoluant vers des nuances pourpres.
- La robe des rosés est claire et vive.
- Les faugères blancs se parent d'une teinte jaune paille.

Le nez

- Les faugères rouges sont marqués par des odeurs de type empyreumatique (grillé, café torréfié, fumé), associées à des arômes de petits fruits rouges ou d'épices. Ils atteignent leur apogée entre deux et cinq ans. Ensuite, des notes de cuir ou des arômes de type animal apparaissent.
- Les vins rosés présentent un nez fin de type floral, avec parfois des accents de peau de pêche.
- Les vins blancs offrent tout le caractère de la roussanne conduite à faibles rendements, à travers des arômes d'abricot intenses.

La bouche

- Amples et ronds, les vins rouges sont puissants et présentent à maturité des tanins fondus d'une grande finesse. Cette caractéristique permet une large expression des arômes, conférant aux vins une persistance aromatique surprenante.
- Dans les rosés, l'équilibre des saveurs se fait autour de la rondeur.
- Les faugères blancs sont riches et gras.

Mets et vins
Rouge léger et fruité : viande blanche.
Rouge corsé : viande en sauce, gibier.
Rosé et blanc : tielles à la sétoise, charcuterie, escargots.

Température de service
Rouge : 16-18 °C.
Rosé et blanc : 10-12 °C.

Nature des sols
Schistes.

Potentiel de garde
Rouge : 4 à 5 ans.
Rosé et blanc : à boire jeune.

Cépages
Rouge et rosé : grenache noir, syrah, mourvèdre ; carignan, cinsault.
Blanc : roussanne (30 %), grenache blanc, marsanne et vermentino.

Fronsac

Appellation
AOC Fronsac
Couleur
Rouge
Superficie
800 ha
Production
39 000 hl

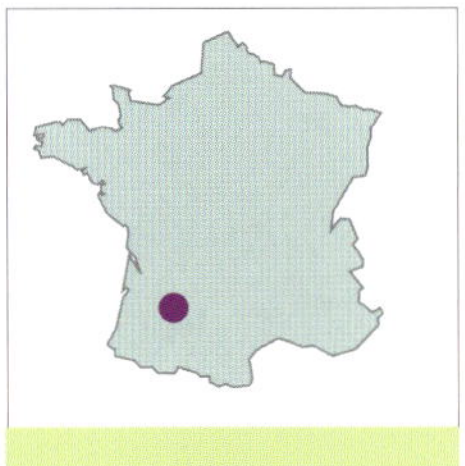

1937

Sur le tertre de Fronsac, dominant le confluent de la Dordogne et de l'Isle, Charlemagne avait fait bâtir une forteresse pour contrôler la navigation ainsi que la route terrestre menant à Bordeaux. Aujourd'hui, le Fronsadais est à l'écart des grands axes de communication. S'étendant sur six communes, l'aire se distingue par son terroir de coteau. À l'intérieur de l'AOC fronsac, deux communes ont droit à une appellation spécifique : Fronsac et Saint-Michel-de-Fronsac, domaine de canon-fronsac.

L'œil

La robe peut varier du rouge sombre à reflets violacés au rubis foncé ou au grenat. Dans tous les cas, elle possède une densité qui annonce la puissance du vin.

Le nez

Intenses et d'une grande diversité, les parfums vont des fruits rouges aux épices. Une analyse approfondie fait apparaître des touches de fruits noirs, de café et de grillé.

La bouche

C'est souvent par son expression tannique que le fronsac affirme le mieux sa typicité. Aussi denses que puissants, les tanins restent toujours élégants, avec généralement un côté bien enrobé et très mûr.

Le château La Rivière.

Principaux cépages
Merlot (dominant), cabernet franc, cabernet-sauvignon ; malbec (rare).
Potentiel de garde
4 à 9 ans.

Mets et vins
Lamproie à la bordelaise, viande rouge, gibier, fromage.

Température de service
16-17 °C.

Nature des sols
Calcaires, argilo-calcaires, molasses gréseuses.

Fronton

Au nord de Toulouse, sur des terrasses entre Tarn et Garonne, ce vignoble tire son originalité de la négrette, cépage qui lègue aux vins des arômes de violette. Appelé désormais fronton, le côtes-du-frontonnais est le vin des Toulousains. Rosé, il est vif et fruité. Rouge, il est aromatique, plus ou moins léger.

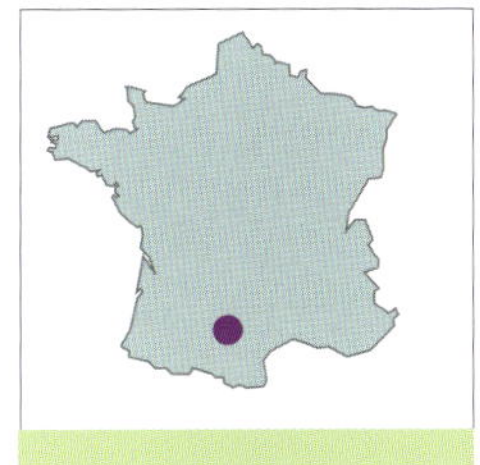

1975

Appellations
AOC Fronton
Couleurs
Rouge
Rosé
Superficie
2 000 ha
Production
97 000 hl

Température de service
Rouge : 15-17 °C.
Rosé : 8-10 °C.

L'œil

- Négrette oblige, le côtes-du-frontonnais rouge se reconnaît à sa robe d'un rubis profond.
- Le rosé est aussi d'une couleur soutenue.

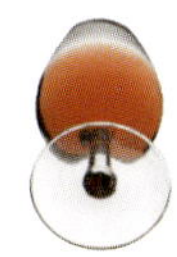

Le nez

- De la violette aux épices, en passant par les fruits rouges, la réglisse, le cassis ou la framboise. Cette diversité constitue l'un des traits marquants des vins rouges du Frontonnais.
- Le rosé possède un bouquet expressif : fruits rouges, fruits exotiques et fleurs blanches (acacia).

La bouche

- À dominante cabernets, gamay ou syrah, les rouges sont souples, aromatiques et élégants, à boire jeunes. À forte proportion de négrette, ils sont plus puissants, avec un parfum de terroir marqué et de plus grande garde.
- D'une agréable rondeur, le rosé est à boire jeune.

Nature des sols
Rougets, graves et boulbènes.

Potentiel de garde
Rouge : 4 à 5 ans
Rosé : à boire jeune.

Principaux cépages
Négrette, cabernet franc, cabernet-sauvignon, côt, mérille, syrah.

Mets et vins
Rouge : grillade, volaille, gibier, fromages.
Rosé : charcuterie, poisson, viande blanche.

Les fronton Haute Expression

Afin de mettre en avant l'appellation et son cépage phare, la négrette, les vignerons de la cave coopérative de Fronton ont mis au point en 2001 une charte commune qui définit le fronton « haute expression ». Cette charte de qualité, d'un vingtaine d'articles et autant de critères de sélection, porte notamment sur le choix des raisins et des parcelles, sur les rendements limités, sur l'encépagement et l'assemblage (la négrette doit représenter 50 % minimum de la composition du vin), sur l'élevage (un élevage en fût doux qui ne doit pas dénaturer la personnalité de la cuvée) et la vinification… Les vignerons sont libres d'adhérer à cette charte. S'ils remplissent les conditions, ils peuvent dès lors afficher la mention « Haute Expression » sur l'étiquette.

Gaillac

De part et d'autre du Tarn, à une cinquantaine de kilomètres au nord-est de Toulouse, à l'ouest d'Albi, le vignoble gaillacois s'étend sur soixante-treize communes. Sa diversité de terroirs – premières côtes, hauts coteaux, plaine – lui permet d'offrir une large gamme de vins : rouges, blancs secs ou doux (dont des vendanges tardives), rosés, mousseux et perlants (dits « perlés »). L'appellation doit aussi son originalité à ses cépages locaux, tels le mauzac, l'ondenc, le len de l'el ou le duras. Exposées au sud, sur les premières pentes de la rive droite du Tarn, les « premières côtes » donnent des vins blancs secs, ronds et élégants, produits à petits rendements.

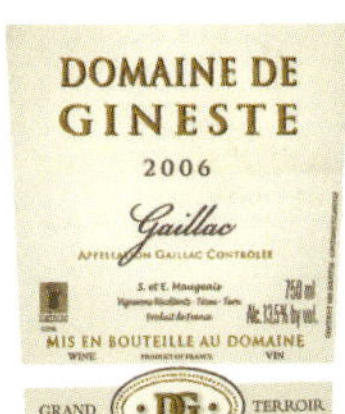

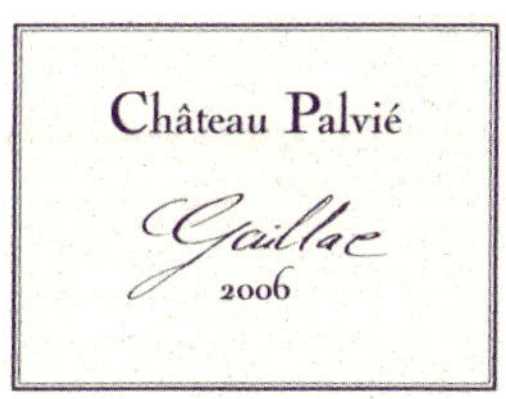

Principaux cépages
Rouge et rosé : duras, braucol, syrah ; cabernet-sauvignon, gamay, cabernet franc, merlot.
Blanc : mauzac, len de l'el ; muscadelle, sauvignon, ondenc.

Nature des sols
Argile à graviers, molasses, argilo-calcaires, calcaires.

Potentiel de garde
Rouge : 4 à 5 ans.
Blanc et rosé : à boire jeune.

Mets et vins
Rouge : viande rôtie, daube, fromages (bleu d'Auvergne).
Blanc : poisson de rivière, écrevisses.
Perlé : apéritif.
Moelleux : fromages (roquefort).

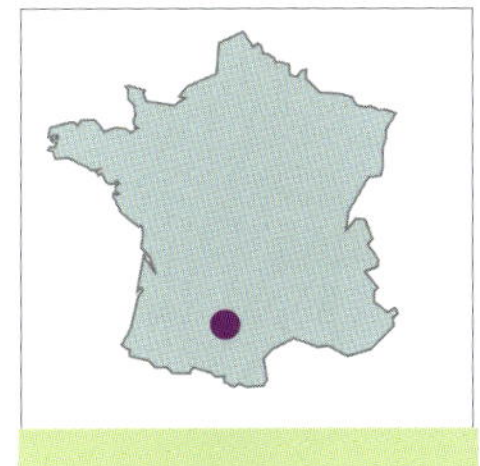

1938

Appellations
AOC Gaillac (rouge, rosé et blanc)
AOC Gaillac doux
AOC Gaillac méthode ancestrale

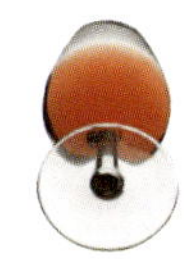

AOC Gaillac vendanges tardives
AOC Gaillac premières-côtes
AOC Gaillac-perlé
Couleurs
Rouge
Rosé
Blanc
Superficie
4 000 ha
Production
192 000 hl

L'œil

- D'un beau rubis foncé, la couleur des vins rouges annonce leur caractère chaleureux.
- Les vins rosés révèlent une teinte saumonée.
- Les vins blancs secs ont une robe dorée. Le gaillac mousseux, notamment de méthode gaillacoise, laissent apparaître une abondante mousse naturelle tandis que les gaillac perlés s'animent de fines bulles sur fond or pâle.

Le nez

- Les gaillac rouges développent une palette d'une réelle richesse, avec une dominante fruitée très marquée et des accents épicés.
- Les vins rosés associent les arômes de fruits rouges au bonbon anglais.
- Les vins blancs se distinguent par leur bouquet, notamment les perlés ou les mousseux de méthode gaillacoise, avec des parfums bien typés, tels ceux de pêche blanche, de pomme cuite, de poire william, ainsi que des notes épicées ou miellées.

La bouche

- Élaborés à partir du cépage gamay, les rouges primeurs présentent un caractère souple, rond, gouleyant et fruité, très différent du gaillac de garde. Ce dernier se caractérise par sa solide charpente, bien bâtie sur des tanins ronds et épicés. Le résultat est un vin chaleureux et charnu.
- Frais et fruités, les rosés sont des vins légers et faciles à boire. Ils sont destinés à être bus jeunes, comme les blancs.
- Bien typés, notamment lorsqu'ils sont issus du mauzac, les vins blancs varient selon leur style. Les secs sont vifs, avec une pointe d'acidité de bon aloi ; les liquoreux se montrent riches et suaves ; les mousseux possèdent un caractère fruité. Quant au perlé idéal, il se montre aussi aromatique qu'au nez ; il réussit à être rafraîchissant par une petite note d'amertume qui arrive à point.

L'abbaye de Saint-Michel à Gaillac, sur la rive droite du Tarn. Créé sous les Carolingiens, ce monastère a développé le vignoble gaillacois.

Température de service
Rouge : 16 °C.
Blanc et rosé : 8-10 °C.

La méthode gaillacoise

Les vins effervescents sont obtenus selon deux techniques différentes : la méthode traditionnelle et la méthode gaillacoise, ou artisanale, selon laquelle la fermentation en bouteille s'opère après interruption spontanée de la fermentation en cuve, sans adjonction de liqueur de tirage, mais avec les sucres naturels du raisin.

Gevrey-chambertin

À une douzaine de kilomètres au sud de Dijon, au pied de la combe de Lavaux, Gevrey-Chambertin est l'un des premiers bourgs vignerons de la Côte ; il possède toute la hiérarchie des appellations bourguignonnes. Les coteaux portent au sud de la combe les neuf grands crus, auxquels on accole le nom de Chambertin – ruchottes, mazis, mazoyères, griotte, clos de Bèze, chapelle, latricières, chambertin et charmes –, au nord, les premiers crus sur des terrains graveleux, tandis que l'appellation gevrey-chambertin se concentre sur le piémont. D'un sol brun-rouge peu profond, caillouteux et calcaire, le pinot noir tire ici des accents sublimes et produit des vins concentrés.

1936

Appellations
AOC Gevrey-chambertin
AOC Gevrey-chambertin premier cru

Couleur
Rouge

Superficie
410 ha (sur Gevrey-Chambertin et Brochon), dont 50 ha en premier cru (sur Gevrey-Chambertin)

Production
17 400 hl, dont 3 200 hl en premier cru

Le château de Gevrey-Chambertin.

Potentiel de garde
3 à 15 ans.

Température de service
Vin jeune : 12-14 °C.
Vin plus âgé : 16 °C.

Mets et vins
Coq au vin, bœuf en daube, sandre au vin rouge, fromages (chaource).

Cépage
Pinot noir.

Nature des sols
À forte teneur calcaire et caillouteux, puis se mariant à l'argile en descendant la pente.

L'œil

Un vin très coloré dont l'éclat de jeunesse (rubis vif) s'assombrit souvent pour prendre une teinte presque noire aux reflets rougeâtres.

Le nez

La fraise, le cassis, la violette et le réséda font partie des arômes de jeunesse du gevrey-chambertin, tandis qu'en vieillissant, le vin évolue vers le cuir, la fourrure et la réglisse. Quelques *climats* et styles de vinification donnent des vins aux arômes de terre ou de terrier, d'humus, de venaison. Ceux-ci renardent parfois. Les Cazetiers en offrent un bon exemple.

La bouche

Le gevrey-chambertin apparaît carré, puissant. Un grand bourgogne. Son corps est ferme, soutenu, équilibré par l'accent du terroir qui est l'un des plus graveleux de la Côte de Nuits. La plupart des vinifications actuelles tendent cependant à un vin plus spontané, plus riche en fruit, moins austère, déjà très agréable au bout de deux ou trois ans.

Ci-dessous, la vigne est délimitée en parcelles par des murets.

Les premiers crus

Au Closeau
Aux Combottes
Bel Air
La Bossière
Les Cazetiers
Champeaux
Champonnet
Cherbaudes
Clos des Varoilles
Clos du Chapitre
Clos Prieur
Clos Saint-Jacques
Combe au Moine
Les Corbeaux
Craipillot
En Ergot
Estournelles-Saint-Jacques
Fonteny
Les Goulots
Issarts
Lavaut Saint-Jacques
Petite Chapelle
Petits Cazetiers
La Perrière
Poissenot
La Romanée

Gigondas

Le village de Gigondas est adossé à l'un des plus beaux sites naturels de la vallée : le massif des Dentelles de Montmirail. Ce terroir a dû patienter pendant plusieurs siècles avant d'affirmer sa personnalité viticole en conquérant les anciennes oliveraies. L'orientation de l'encépagement vers le grenache noir, la faiblesse des rendements conduisent à l'élaboration de vins rouges solides, charpentés, très structurés et de longue garde. Grâce à eux, le gigondas a forgé son image ; aussi les rosés ne représentent-ils qu'une infime part de la production. Avec les châteauneuf-du-pape, les vins rouges de gigondas sont les seigneurs de la basse vallée du Rhône.

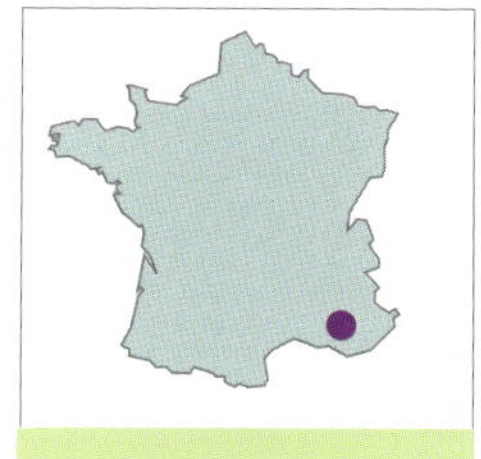

1971

Appellation
AOC Gigondas
Couleurs
Rouge
Rosé (rare)
Superficie
1 200 ha
Production
37 000 hl

Entre le mont Ventoux (ci-dessus) et les Dentelles de Montmirail (à droite), le vignoble de Gigondas bénéficie d'un climat méditerranéen sec.

Potentiel de garde
Rouge :
8 à 10 ans.
Rosé : 2 à 3 ans.

Principaux cépages
Grenache noir, syrah, mourvèdre ; cinsault.

Nature des sols
Sols sableux sur molasses ; sols à cailloux roulés d'alluvions anciennes.

L'œil

• En rouge, la robe est souvent soutenue, sombre, voire austère. Avec l'âge, elle prend des nuances discrètement tuilées qui sont un régal pour les yeux. Le vin s'écoule, dense dans le verre, riche d'une matière première concentrée et soigneusement triée.

• En rosé, la teinte est tout aussi soutenue.

Le nez

• Le nez des vins rouges est d'abord fruité (fruits rouges, du type mûre ou cassis, fruits à noyau, kirsch). Apparaissent ensuite des arômes de torréfaction (café, cacao), d'épices, de réglisse et de fruits confits. Pour des millésimes plus anciens, les notes animales sont toujours présentes. Elles évoquent le cuir, la fourrure et le gibier, ce qui prédispose ces vins à l'accompagnement des plats d'hiver.

• Les rosés se distinguent par des parfums de fruits cuits et d'amande grillée.

La bouche

• Les gigondas rouges sont des vins très charpentés, surtout dans leur première jeunesse. Leur caractère tannique nécessite un lent vieillissement pour leur permettre de s'épanouir. Cette structure puissante associée à la richesse en alcool compense la faible acidité et permet une bonne conservation.

• Les rosés sont des vins capiteux et élégants. Leur présence sur la table estivale ouvre l'appétit et entretient la convivialité.

Température de service

Rouge : 15-16 °C.
Rosé : 10 °C.

Mets et vins

Rouge : gibier (lièvre, marcassin, canard), bœuf en daube.
Rosé : charcuterie, grillade.

Givry

Le bourg de Givry a donné son nom à l'une des cinq appellations de la Côte chalonnaise, qui prolonge en Saône-et-Loire l'axe de la célèbre Côte d'Or. Ce sont les moines de Cluny, puis les Cisterciens qui ont développé la viticulture sur cette ligne de collines bordant la façade orientale du nord du Massif central.

1946

Appellations
AOC Givry
AOC Givry premier cru

Couleurs
Rouge
Blanc

Superficie
300 ha

Production
13 000 hl

L'œil

- Le givry rouge porte une robe brillante, aux nuances carmin ou pourpre agrémentées de reflets souvent violacés.
- Limpide et vif, le givry blanc est or clair, sans aller jusqu'au jaune qui est plutôt un signe de maturité.

Le nez

- En rouge, le bouquet évoque la violette, la fraise ou la mûre, avec des variations réglissées, des accents animaux ou fauves. On y trouve parfois des épices (clou de girofle).
- Les arômes du givry blanc peuvent être miellés, citronnés. Ils rappellent le tilleul, le lys, les fruits secs (noisette).

La bouche

- Épicé, assez tannique dans sa jeunesse, le givry rouge devient souple et aimable avec l'âge. Il faut souvent le déguster après trois à cinq ans de garde.
- Fin, harmonieux, partagé entre le moelleux et l'acidité, le givry blanc tient bien en bouche. Il est capable de bien se conserver.

Les premiers crus

À Vigne Rouge
Clos du Cellier aux Moines
Champ Nalot
Clos Charlé
Clos de la Baraude
Clos du Cras Long
Clos du Vernoy
Clos Jus
Clos Marceaux
Clos Marole
Clos Salomon
Clos Saint-Paul
Clos Saint-Pierre
Crausot
Crémillons
En Choué
En Veau
La Brûlée
La Grande Berge
La Matrosse
La Petite Berge
La Plante
Le Champ Lalot
Le Médenchot
Le Paradis
Le Petit Prétan
Le Vernoy
Le Vigron
Les Bois Chevaux
Les Bois Gautiers
Les Combes
Les Galaffres
Les Grandes Vignes
Les Grands Prétans
Le Pied du Clou
Petit Marole
Pied de Chaume
Servoisine

Nature des sols
Bruns calcaires ou calciques nés de l'altération des calcaires du jurassique, parfois marno-calcaires.

Température de service
Rouge : 14-15 °C.
Blanc : 11-13 °C.

Mets et vins
Rouge : charcuterie, œufs en meurette, terrine de gibier, canard aux cerises, poulet grillé.
Blanc : moules à la crème, bisque de homard, poisson au beurre blanc.

Principaux cépages
Rouge : pinot noir.
Blanc : chardonnay.

Potentiel de garde
Rouge : 5 à 8 ans.
Blanc : 3 à 6 ans.

Graves et graves supérieures

Appellations
AOC Graves
AOC Graves supérieures
Couleurs
Rouge
Blanc
(sec et moelleux)
Superficie
Graves : 3 500 ha
Graves supérieures : 230 ha

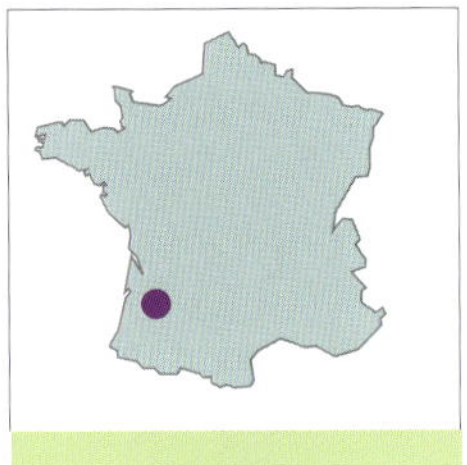

1937

Le terroir est si renommé qu'il est un des rares à avoir donné son nom à une appellation. Situé sur la rive gauche de la Garonne, limité au sud-ouest par la forêt des Landes, il est constitué de terrasses de galets et de graviers modelées en croupes. Au Moyen Âge, c'était le vignoble de Bordeaux, qui fournissait la plus grande partie des *clarets*, vins rouges légers dont raffolaient les Anglais. Aujourd'hui, les graves produisent à la fois des vins rouges, des blancs secs et des moelleux – les graves supérieures. Très vaste, l'aire de l'appellation longe la rive gauche de la Garonne sur une soixantaine de kilomètres, jusqu'à Langon. Depuis 1987, la zone nord, proche de Bordeaux, bénéficie de l'AOC pessac-léognan.

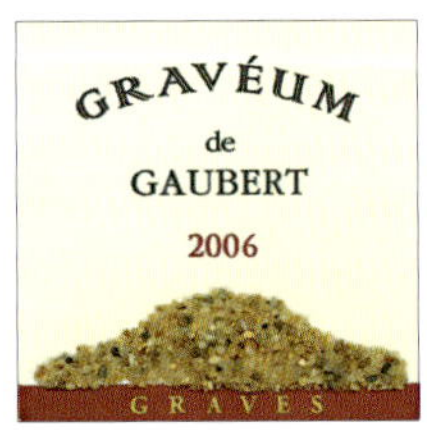

Production
Graves : 170 000 hl
Graves supérieures : 11 000 hl

Principaux cépages
Rouge : merlot, cabernet-sauvignon, cabernet franc, carmenère, côt, petit verdot.
Blanc : sémillon, sauvignon et muscadelle.

Potentiel de garde
Rouge : 2 à 8 ans.
Blanc sec : 1 à 5 ans.
Blanc moelleux : jusqu'à 10 ans.

Nature des sols
Graviers et graves sur sous-sols d'argile et de calcaire à astéries.

L'œil

• Classique du Bordelais par sa couleur, entre rubis et pourpre, la robe chatoyante des graves rouges annonce leur aptitude à la garde par sa teinte foncée.

• Or pâle à reflets verts ou jaune pâle à reflets or, la couleur du graves blanc signe souvent son mode d'élaboration.

• Les graves supérieures ont une robe jaune soutenu.

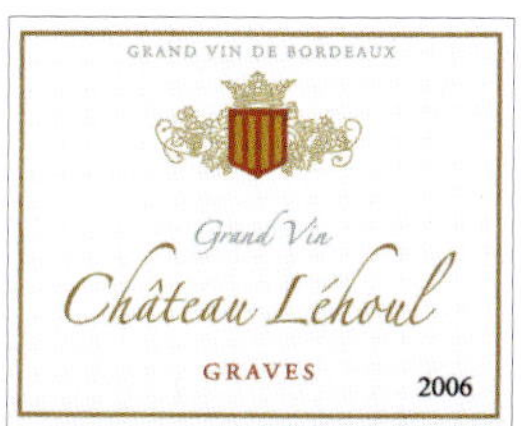

Le nez

• Ces vins sont parmi les plus typés de la Gironde. En effet, beaucoup se reconnaissent à leur parfum de violette, accompagné d'une note de fumée. On découvre aussi des fruits rouges et des notes allant du gibier aux fleurs, en passant par les épices, le moka ou la torréfaction.

• Parmi les parfums les plus caractéristiques, on décèle dans les vins blancs le genêt, les agrumes et les fruits exotiques.

• Souples et élégants, les graves supérieures privilégient la diversité aromatique (agrumes, pêche blanche, abricot et acacia).

La bouche

• C'est au palais que les graves rouges trouvent leur expression la plus complète. Celle-ci repose sur l'équilibre entre la puissance de la charpente et la rondeur. Les vins les plus réussis parviennent, en effet, à posséder beaucoup d'ampleur et de volume, tout en restant charmeurs. L'élégance du bouquet se retrouve au palais, qui débouche sur une longue finale veloutée.

• Corsés et charnus, frais et parfumés (fleurs), les graves blancs sont très aromatiques. Pour les meilleurs, on peut envisager une garde de quelques années.

• Au palais, les graves supérieures possèdent du volume, du gras et de la structure.

La villa Bel Air est un bel exemple de chartreuse bordelaise du XVIIIe siècle.

Mets et vins

Rouge : viande rouge, gibier à plume, fromages.
Blanc sec : fruits de mer, poisson en sauce, viande blanche.
Blanc moelleux : cuisine exotique, desserts, salade de fruits.

Température de service

Rouge : 16-17 °C.
Blanc sec : 10-12 °C.
Blanc moelleux : 8-9 °C.

Graves-de-vayres

Appellation
AOC Graves-de-vayres
Couleurs
Rouge
Blanc
Superficie
600 ha (rouge) ; 80 ha (blanc)
Production
30 000 hl

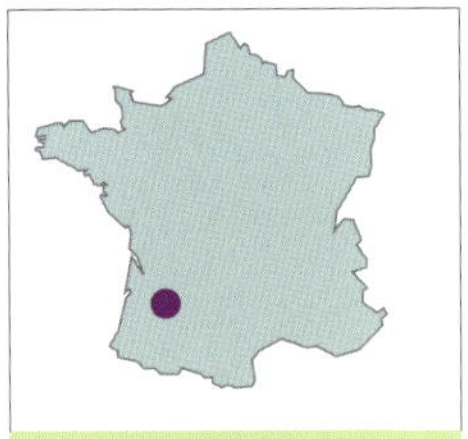

1937

Au nord-ouest du plateau de l'Entre-deux-Mers, sur la rive gauche de la Dordogne, Vayres est célèbre par son imposant château Renaissance qui domine la rivière. Son terroir est constitué de plaques de graves et de sables, formant des terrasses recouvertes de cailloux. Les graves-de-vayres rouges sont souples et fruités. Les blancs, qui étaient autrefois moelleux, sont aujourd'hui essentiellement secs. Ils se rapprochent des entre-deux-mers.

L'œil

- La robe des vins rouges est intense et colorée, avec des teintes rubis et cerise.
- Les vins blancs s'annoncent par une couleur jaune pâle.

Le nez

- Les vins rouges portent la marque du merlot dans leur bouquet avec un côté fruité qui leur donne beaucoup de charme et de fraîcheur.
- Le bouquet des vins blancs propose d'élégants parfums mariant les fruits et les fleurs, le genêt et le buis.

La bouche

- Souples et bien équilibrés, les vins rouges ont un corps qui s'arrondit assez rapidement. Ils peuvent aussi se bonifier en cave pendant quelques années.
- Vifs et frais, les vins blancs trouvent un bon équilibre grâce à de la souplesse et du gras. Ils conservent au palais le fruité de leur bouquet.

Potentiel de garde
Rouge : 3 à 7 ans.
Blanc : dans l'année.

Nature des sols
Graves et sables.

Température de service
Rouge : 16-17 °C.
Blanc : 10-12 °C.

Mets et vins
Rouge : viande blanche, volaille, fromages.
Blanc : entrée, fruits de mer.

Principaux cépages
Rouge : merlot (dominant), cabernet-sauvignon, cabernet franc, carmenère, côt, petit verdot.
Blanc : sémillon, sauvignon, muscadelle.

Grignan-les-adhémar

Au sud de Montélimar, les collines calcaires des coteaux du Tricastin se prolongent en terrasses fluviales sur la rive gauche du Rhône. Toutefois, la vigne occupe peu de place dans ce pays de cocagne où se côtoient le lavandin, l'agneau et la truffe noire. Et la proximité de l'AOC côtes-du-rhône fait souvent dire que les grignan-les-adhémar (ex coteaux-du-tricastin) appartiennent à la même aire. Pourtant, il s'agit d'une appellation bien distincte qui a sa propre identité.

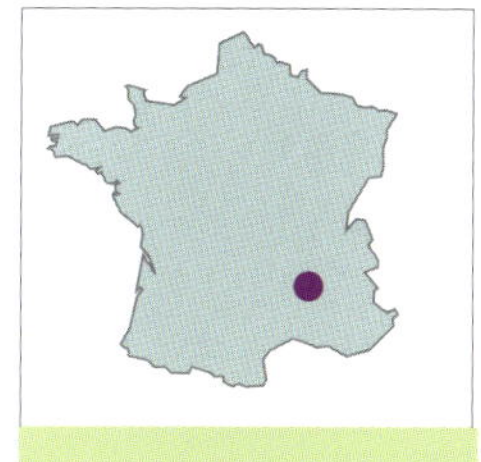

1973

Appellation
AOC Grignan-les-adhémar

Couleurs
Rouge
Rosé
Blanc

Superficie
2 000 ha

Production
112 000 hl

L'œil

Selon la proportion du cépage syrah dans l'assemblage, la robe est plus ou moins claire. Son intensité est en relation avec la capacité de garde.

Le nez

Le nez est fruité. Une petite production de vins primeurs exacerbe cette caractéristique aromatique. Dans les terroirs puissants, avec des assemblages marqués par la syrah, on peut trouver des notes originales de sous-bois, d'épices ou de fruits bien mûrs.

La bouche

La majorité des vins rouges sont marqués par le caractère gouleyant des tanins. Aussi la plupart d'entre eux doivent-ils être consommés jeunes. Sur certains terroirs plus chauds et puissants, et lorsque les assemblages font intervenir davantage de syrah, les vins sont plus structurés et peuvent alors être conservés quelques années.

Nature des sols
Sables marneux et argileux ; terrasses d'alluvions quaternaires.

Potentiel de garde
1 à 3 ans.

Température de service
Rouge : 14-16 °C
Blanc et rosé : 12 °C.

Principaux cépages
Rouge et rosé : grenache noir, syrah ; carignan, cinsault.
Blanc : bourboulenc, grenache blanc, clairette, marsanne, roussanne, viognier.

Mets et vins
Rouge : viande rouge grillée ou en sauce.
Rosé : charcuterie, salade et crudités.
Blanc : viande blanche.

Griotte-chambertin

Appellation
AOC Griotte-chambertin
Classement
Grand cru
Couleur
Rouge
Superficie
3 ha
Production
100 hl

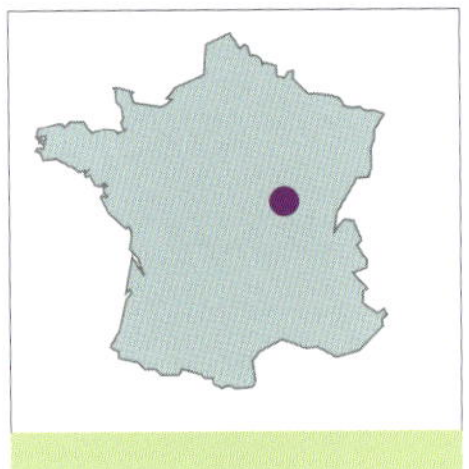

1937

Ce cru minuscule du nord de la Côte d'Or est grand par le renom : il partage avec huit autres *climats* (lieux-dits) de Gevrey-Chambertin le privilège d'accoler à son nom celui d'un des plus grands vins de Bourgogne. Situé dans un terrain en cuvette à l'est de la route des Grands Crus et du chambertin, il bénéficie comme lui d'une exposition vers le levant. Son nom ne doit rien à la cerise aigre, mais viendrait du mot « crais » qui désigne des terrains caillouteux. Ces sols produisent un vin bien soutenu par les tanins, tout en étant réputé pour sa finesse.

L'œil
La robe rouge sombre, profonde, évoque la cerise.

Le nez
La palette révèle surtout des arômes de fruits rouges et de fruits noirs bien mûrs, sur des accents réglissés.

La bouche
Le griotte-chambertin allie la finesse et la puissance. Il présente un corps structuré et long.

Cépage
Pinot noir.

Nature des sols
Terrain pierreux, caillouteux sur sous-sol calcaire du bajocien.

Potentiel de garde
10 à 15 ans (jusqu'à 50 ans dans les grandes années).

Température de service
Vin jeune : 12-14 °C.
Vin plus âgé : 15-16 °C.

Mets et vins
Poisson de rivière (truite, brochet poché, sandre), coq au vin, viande blanche, fromages (Ami du chambertin), pêches de vigne au chambertin.

Gros-plant du pays nantais

Compagnon idéal des huîtres, le gros-plant du pays nantais est un vin blanc sec et léger, parfois élevé sur lie, ce qui accentue sa fraîcheur, sa finesse et son bouquet. Il est issu d'un cépage unique d'origine charentaise, utilisé pour le cognac : la folle blanche, appelée ici gros-plant. L'aire géographique de l'AOC gros-plant du pays nantais se superpose presque à celle des AOC du muscadet. Le vignoble s'étend sur quatre-vingt-douze communes essentiellement situées au sud de la Loire à hauteur de Nantes. En AOVDQS depuis 1954, ce vignoble a accédé à l'AOC en 2011.

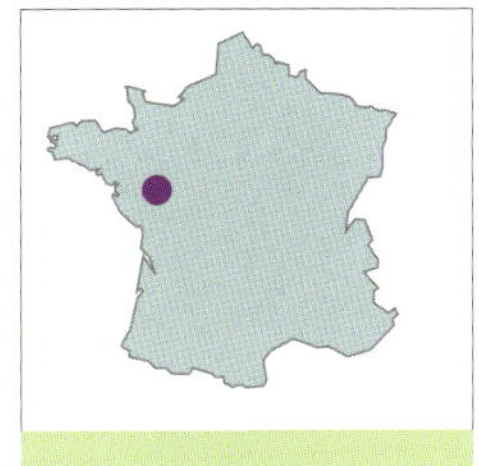

2011

Appellation
AOC Gros-plant du pays nantais
AOC Gros-plant-du-pays-nantais sur lie

Couleur
Blanc

Superficie
1 400 ha

Production
100 000 hl

L'œil
Vêtu d'une robe pâle à légers reflets verts, brillante, le gros-plant du pays nantais peut être perlant, signe d'une mise en bouteilles sur lie au printemps suivant la récolte.

Le nez
Les arômes s'inscrivent dans une dominante végétale et florale (fleurs blanches). Apparaissent également des notes minérales et des touches d'agrumes (citron, pamplemousse).

La bouche
Vif et nerveux, le gros-plant du pays nantais est un vin étonnant par sa légèreté (environ 11 % vol.) et sa fraîcheur.

Nature des sols
Sables et graviers de l'éocène, limons pliocènes ; sols bruns sur granites et roches métamorphiques.

Mets et vins
Fruits de mer.

Température de service
8-9 °C.

Potentiel de garde
À boire jeune.

Cépage
Gros plant (folle blanche).

Haut-médoc

Appellation
AOC Haut-médoc
Couleur
Rouge
Superficie
4 800 ha
Production
242 300 hl

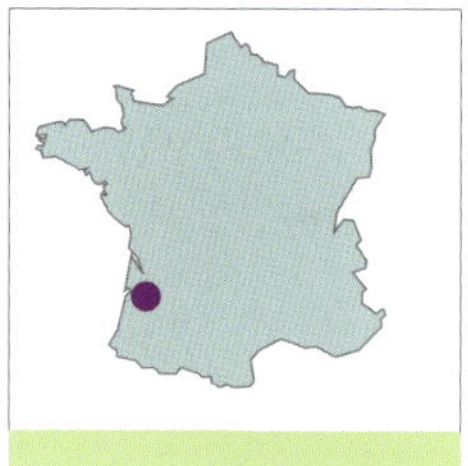

1936

Dans le vignoble du Médoc, au sud de la Gironde, l'AOC couvre une aire assez vaste qui suit le cours supérieur de l'estuaire, au nord de Bordeaux. Elle inclut six appellations communales, qui occupent les terroirs les plus prestigieux et comprennent la majorité des crus classés. De belles croupes de graves où prospère le cabernet-sauvignon, des châteaux du vin nombreux et un négoce actif expliquent la qualité de ce vignoble dont cinq crus figurent dans le classement de 1855. Les haut-médoc sont le plus souvent des vins de garde.

L'œil

La robe, intense, hésite entre le rubis, le bordeaux et le grenat. Elle annonce la solide constitution du vin. Au vieillissement, elle garde une couleur vive.

Le nez

Le bouquet s'exprime par des notes de cassis, par des arômes de torréfaction (café, grillé...) et d'épices. Les fruits rouges mûrs s'associent aux apports du bois (vanille et brûlé) pour donner un ensemble flatteur.

La bouche

Jeunes, les haut-médoc présentent un solide côté tannique : certains vins ne peuvent pas se goûter avant quelques années. Ils offrent ensuite un développement souple et charnu. On retrouve en bouche les arômes du nez. S'ils varient selon leur origine géographique, tous les haut-médoc enrichissent leur palette avec le temps.

Principaux cépages
Cabernet-sauvignon, cabernet franc, merlot, petit-verdot, malbec, carmenère.
Nature des sols
Graves et argilo-calcaires.

Potentiel de garde
7-16 ans (et plus pour certains crus).

Mets et vins
Viande rouge ou blanche, volaille, gibier, fromages.

Température de service
17-18 °C.

Les crus classés
3es cru
Château La Lagune
4es cru
Château La Tour-Carnet
5es crus
Château Belgrave
Château Camensac
Château Cantemerle

Haut-poitou

Prospères au Moyen Âge, quand le Poitou se rattachait à l'Aquitaine, les vignobles du Haut-Poitou furent très étendus jusqu'à la fin du XIXe siècle. Ils se réduisent aujourd'hui à des enclaves entre herbages et cultures, au nord et à l'est de Poitiers. Leurs vins appartiennent à la famille du Val de Loire tout en montrant des influences bordelaises. Les rouges sont généralement légers et frais, mais possèdent une bonne structure. Les rosés présentent un caractère assez proche. Les blancs sont vifs et bouquetés et le plus souvent à boire jeunes. AOVDQS depuis 1970, le haut-poitou est devenu AOC en 2011.

2011

Appellation
AOVDQS
Haut-poitou
Couleurs
Rouge
Rosé
Blanc
Superficie
500 ha

Production
29 000 hl

L'œil

- La robe des vins rouges de type traditionnel, légers, est souvent d'un rouge cerise ; celle des vins plus charpentés tend vers le grenat.
- Les blancs sont d'un jaune pâle brillant.

Le nez

- Les haut-poitou rouges affichent des notes de fraise et de griotte.
- Dans les vins blancs, le chardonnay offre des parfums de fruits blancs ou d'agrumes et des notes allant de la pêche jaune à l'anis en passant par la pomme verte. Dans les vins nés du sauvignon, les fleurs blanches se marient au genêt et au bourgeon de cassis.

La bouche

- Les vins rouges de type traditionnel sont frais, désaltérants et fruités. À leurs côtés, on trouve des vins soutenus par une bonne charpente et aptes à la garde.
- Frais et légers, les vins blancs se développent en finesse.

Mets et vins
Rouge et rosé : charcuterie, viande rouge, fromages (chabichou du Poitou).
Blanc : huîtres, poisson grillé.

Température de service
Rouge : 12-14 °C.
Blanc et rosé : 8-10 °C.

Potentiel de garde
Rouge : 4 à 5 ans.
Blanc et rosé : à boire jeunes.

Nature des sols
Calcaires, argilo-calcaires.

Cépages
Rouge et rosé : cabernet franc, gamay ; pinot noir.
Blanc : sauvignon.

Hermitage

Appellation
AOC Hermitage
Couleur
Rouge
Blanc
Vin de paille
Superficie
140 ha
Production
4 000 hl

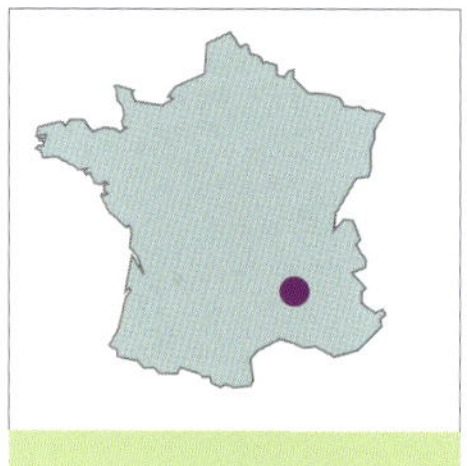

1937

Au nord-est de Tain-l'Hermitage, sur la rive gauche du Rhône, le vignoble de l'Hermitage s'accroche à un magnifique coteau escarpé où s'inscrivent les noms de négociants réputés, tels Jaboulet ou Chapoutier. Déjà célèbre à l'époque romaine, il doit plus encore sa renommée à un chevalier légendaire qui, de retour de croisades, se serait retiré près de la chapelle de l'Hermitage et y aurait planté des ceps. La syrah donne naissance à de fabuleux vins rouges de garde. Les vins blancs sont également capables d'évoluer durant plusieurs années. L'AOC fournit aussi des volumes confidentiels de vin de paille .

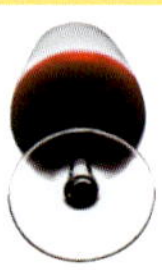

L'œil

- Les vins rouges présentent une robe très soutenue, grenat dans leur jeunesse. Ils prennent une nuance plus orangée avec l'âge.
- Jeunes, les vins blancs s'habillent d'une robe claire à reflets verts, qui devient plus soutenue, dorée, à maturité.

Le nez

- Les vins rouges allient puissance et finesse. Jeunes, ils expriment surtout la violette et les fruits rouges, avant d'évoluer vers des senteurs de fruits cuits (pruneau) associés à des épices, à du sous-bois et à des notes animales.
- Les vins blancs jeunes sont très floraux (fleurs blanches, aubépine). Dans les hermitage bien mûrs, on retrouve des notes grillées, des nuances de miel et de cire.

La bouche

- Les hermitage rouges surprennent par leur puissance tannique alliée à beaucoup de finesse dans la matière.
- La plupart des vins blancs sont peu marqués par l'acidité. En revanche, ils sont très gras, amples. Ce profil leur confère un style particulier qui les distingue dans le paysage des vins blancs français.

Cépages
Rouge : syrah.
Blanc : marsanne (surtout), roussanne.

Nature des sols
Arènes granitiques, sols graveleux plus ou moins calcaires.

Potentiel de garde
5 à 10 ans (selon le terroir et le millésime).

Température de service
Rouge et certains blancs très riches : 16-18 °C.
Blanc : 12-14 °C.

Mets et vins
Rouge : filet de bœuf à la Provençale, cuisine relevée.
Blanc : poisson en sauce, volaille rôtie.
Vin de paille : desserts.

Irancy

Blotti au fond d'un vallon débouchant sur la rive droite de l'Yonne, à 15 km en amont d'Auxerre, Irancy offre l'image pittoresque d'un vieux village vigneron. Les ceps colonisent principalement des pentes marneuses dominées par la Côte des Bars. L'irancy est un vin rouge robuste issu de pinot noir, auquel se mêle parfois un rustique cépage local, le césar. Des lieux-dits peuvent figurer sur l'étiquette : Côte du Moutier, Les Cailles, Boudardes, Vauchassy, Les Mazelots, Les Bessys et la Palotte, un *climat* estimé de longue date.

Appellation
AOC Irancy
Couleur
Rouge
Superficie
165 ha
Production
7 600 hl

L'œil

La robe est rubis, tirant parfois sur le grenat, moyennement intense mais brillante.

Le nez

Le fruit rouge « pointe » : framboise, cerise, nuance de griotte. Le fruit noir (cassis, mûre) rehausse cette gamme aromatique vive et fraîche sur un ton plus capiteux. La violette apporte parfois des accents floraux. Plus âgé, l'irancy évoque les épices, la truffe, le cuir, le sous-bois.

La bouche

Assez corpulent et riche, l'irancy présente un équilibre bien marqué entre l'étoffe et la vivacité. Jeune, il lui arrive d'être austère, un peu fermé. Quelques années de garde lui donnent de l'élégance et du relief. Un bon irancy doit exprimer une forte concentration, une charpente robuste, avec ce qu'il faut de rondeur.

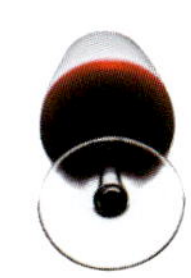

Mets et vins
Charcuterie, jambon persillé, viande en sauce, canard aux olives, petit salé aux lentilles, bœuf gros sel, fromages (époisses, chaource, soumaintrain).

Température de service
14 -16 °C.

Potentiel de garde
5 à 12 ans. L'influence du césar, quand elle existe, peut porter certains bons millésimes à une garde de 20 à 30 ans.

Nature des sols
Meilleurs terroirs sur marnes kimméridgiennes et sous la corniche calcaire du Barrois : sols très calcaires et enrichis d'éboulis.

Cépages
Pinot noir ; césaret et pinot gris (dans la limite de 10 %).

Irouléguy

Appellation
AOC Irouléguy
Couleurs
Rouge
Rosé
Blanc
Superficie
210 ha
Production
6 400 hl

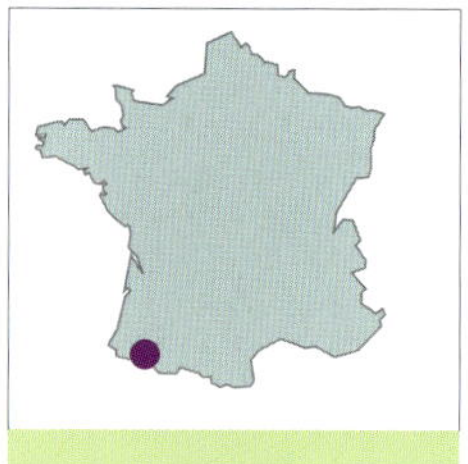

1970

Le vignoble du bout du monde… Irouléguy est aujourd'hui l'une des plus petites aires viticoles de France, au nord du Pays basque, éparpillé dans la montagne entre les communes d'Irouléguy, de Saint-Étienne-de-Baïgorry et d'Anhaux. Il est l'héritier d'une histoire riche, liée aux pèlerins de Saint-Jacques-de-Compostelle qui, au Moyen Âge, passaient par Saint-Jean-Pied-de-Port et Roncevaux. Rouge, l'irouléguy est un bon vin de garde ; rosé, il est nerveux et aromatique ; blanc, frais et fruité.

L'œil

- Les vins rouges possèdent une teinte profonde tirant sur le pourpre ou le grenat.
- Les vins rosés se parent d'une robe lumineuse, avec des notes framboise.
- Les vins blancs dévoilent une couleur paille doré à reflets verts.

Le nez

- L'une des originalités des irouléguy rouges tient aux arômes d'épices et de fleurs sauvages. Ces vins libèrent aussi des arômes de fruits rouges et noirs, d'humus et de sous-bois.
- Les vins rosés, aromatiques, évoquent les fleurs sauvages.
- Les irouléguy blancs se distinguent par leur arômes de fleurs blanches et de fruits exotiques.

La bouche

- Les vins rouges sont charnus et longs. Ils sont bien structurés et ne présentent aucune lourdeur.
- Les irouléguy rosés ont un caractère assez viril en raison de leurs solides tanins. Mais ils doivent laisser au palais une impression de fondu et de souplesse.
- L'équilibre des vins blancs est construit sur la fraîcheur et la longueur aromatique.

Mets et vins
Rouge : confit de canard, jambon de Bayonne, thon à la basquaise, fromages de brebis des Pyrénées.
Rosé : piperade, charcuterie, soupe de poissons.
Blanc : poisson avec une sauce béarnaise.

Principaux cépages
Rouge et rosé : tannat, cabernet franc et cabernet-sauvignon.
Blanc : courbu, petit courbu, gros et petit mansengs.

Nature des sols
Calcaires, schistes, argiles rouges, argilo-graveleux et argilo-limoneux.

Potentiel de garde
3 à 6 ans.

Température de service
Rouge : 16-17 °C.
Blanc et rosé : 8-10 °C.

Jasnières

Dans la Sarthe, bien délimitée sur un unique versant exposé plein sud et long de 4 km, l'appellation jasnières est incluse dans celle des coteaux-du-loir. Ce vignoble le plus septentrional de la Loire accueille le chenin blanc, seul cépage autorisé, qui s'exprime dans un vin sec, fruité, à la forte minéralité de pierre à fusil et d'une étonnante longévité.

1937

Appellation
AOC Jasnières
Couleur
Blanc
Superficie
65 ha
Production
2 300 hl

L'œil
Le jasnières présente une robe jaune d'or un peu pâle, plus dense dans les années riches.

Le nez
Des arômes primaires d'acacia, d'agrumes, d'abricot et d'aubépine composent la palette olfactive, associés à des évocations empyreumatiques.

La bouche
Le jasnières attaque avec franchise avant de livrer une sensation de fraîcheur toute ligérienne. Une certaine rondeur équilibre cette première impression et donne au vin un côté aimable. La fin de bouche délicate rappelle les fruits soulignés de notes minérales.

Le vignoble de Lhomme en AOC jasnières.

Mets et vins
Apéritif, crustacés, poisson fin, fricassée de poulet ou de lapin aux petits légumes.

Température de service
8-10 °C.

Potentiel de garde
5 à 10 ans et au-delà.

Cépage
Chenin blanc (ou pineau de la Loire).

Nature des sols
Argilo-calcaires.

Juliénas

Appellation
AOC Juliénas
Couleur
Rouge
Superficie
600 ha
Production
29 900 hl

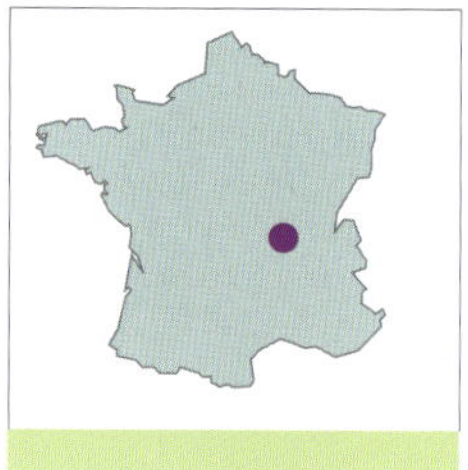

1938

L'aire du juliénas couvre la face sud et sud-ouest du mont de Bessay qui, du haut de ses 478 m, constitue au nord l'ultime colline du Beaujolais. Avec Pruzilly et Émeringes, les communes de Jullié et Juliénas délimitent le terroir de ce cru. Leur nom évoque Jules César et ses légions qui occupèrent la région et, peut-être, y cultivaient déjà la vigne. Les sols granitiques et les terres riches d'alluvions sont à l'origine de vins de caractère et de bonne garde.

L'œil
Le juliénas porte une robe violacée dans ses premiers mois. Si cette teinte persiste longtemps, elle finit par s'assombrir après cinq ans de garde.

Le nez
La palette complexe mêle des parfums floraux (pivoine ou violette) à des arômes de fruits (framboise, fraise, cassis et groseille). Dans certains millésimes, le juliénas évoque la pêche de vigne. Signe de distinction, des notes minérales et épicées complètent le nez.

La bouche
Le juliénas possède une nervosité caractéristique qui équilibre sa richesse en tanins. Sa structure lui confère un côté rustique qui affirme sa personnalité. Le vin conserve plusieurs années ses qualités et gagne beaucoup en vieillissant.

Cépage
Gamay noir.

Nature des sols
Granite, schistes et filons argileux.

Potentiel de garde
3 à 7 ans.

Température de service
13-15 °C.

Mets et vins
Viande rouge, gibier, coq au vin, volaille en sauce, fromages (neufchâtel).

Jurançon et jurançon sec

Royal, le jurançon est entré dans l'histoire lors du baptême du futur Henri IV, auquel on aurait humecté les lèvres de quelques gouttes de ce cru. Ce vin que Colette qualifiait de « prince enflammé, impérieux » ne peut cacher son origine montagnarde. Perchées sur un balcon faisant face à la chaîne pyrénéenne, les vignes bénéficient de la protection du pic du Midi d'Ossau. Les cépages locaux, comme le petit manseng, marquent la personnalité de vins moelleux, liquoreux ou secs.

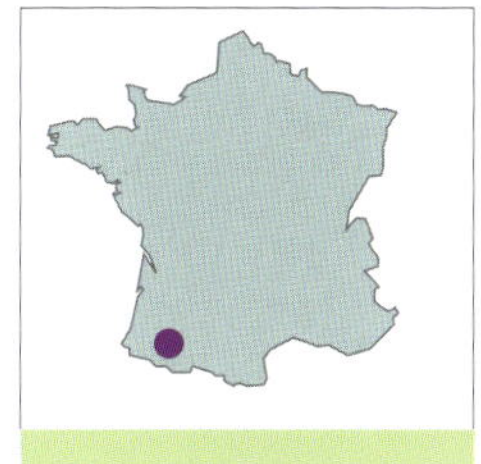

1936

Appellation
AOC Jurançon
AOC Jurançon sec
AOC Jurançon vendanges tardives

Couleur
Blanc (moelleux ou liquoreux)
Blanc (sec)

Superficie
1 100 ha

Production
49 300 hl

L'œil

- La couleur du jurançon moelleux est l'or : depuis le jaune d'or ou le doré à reflets verts dans les vins jeunes jusqu'au vieil or des bouteilles longtemps gardées en cave.
- La robe du jurançon sec reste pâle. Elle marie le jaune doré au vert.

Le nez

- Le signe de reconnaissance du jurançon est l'arôme de miel. La palette mêle les épices (noix muscade, girofle), les fleurs blanches et les fruits confits. Le petit manseng apporte des nuances de fruits mûrs (pêche) et de cannelle.
- Le jurançon sec retrouve certaines notes aromatiques du vin moelleux, notamment le côté miellé et épicé. L'intensité de ces arômes est cependant moins marquée. Ce vin possède aussi sa propre expression avec des arômes de fleurs (genêt) et de fruits exotiques.

La bouche

- La personnalité du vin moelleux varie selon chaque producteur. L'équilibre entre la douceur des sucres résiduels et la vivacité est la clé de la réussite d'un jurançon. Le vin fait preuve d'une concentration étonnante, tout en conservant de la délicatesse.
- Franc et fruité, le jurançon sec développe un palais élégant. Fringant et légèrement perlant, il dévoile une structure ronde et séveuse, avant de terminer sur une note vive de bon aloi.

Principaux cépages
Gros manseng, petit manseng ; courbu.

Nature des sols
Calcaires, sols sablonneux, caillouteux, argileux.

Mets et vins
Vin moelleux : apéritif, foie gras, poularde à la crème, fromages de brebis des Pyrénées.
Vin sec : apéritif, poisson de rivière (truite, saumon, alose, brochet), viande blanche.

Température de service
Vin moelleux : 8-9 °C.
Vin sec : 10-12 °C.

Potentiel de garde
Vin moelleux : jusqu'à 20 ans.
Vin sec : 5 ans.

Ladoix

Appellations
AOC Ladoix
AOC Ladoix premier cru

Couleurs
Rouge
Blanc

Superficie
Ladoix : 70 ha
Ladoix premier cru : 20 ha

Production
4 000 hl

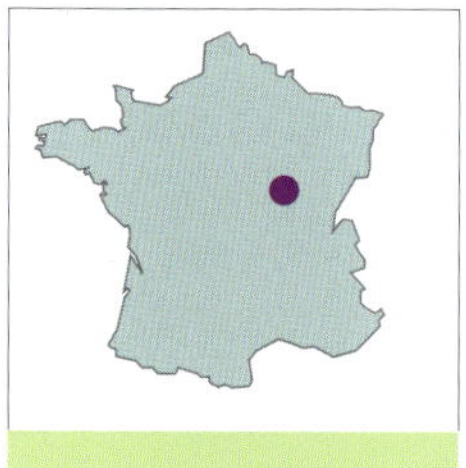

1937

En quittant la Côte de Nuits vers le sud, la Montagne de Corton forme un belvédère. Sur le territoire de Ladoix-Serrigny, les vignes se partagent entre le ladoix et le ladoix premier cru. Le vignoble implanté sur le haut du coteau fournit de grands vins blancs sur des sols assez marneux et argileux. À mi-coteau, le sol calcaire, caillouteux, donne naissance à des vins rouges puissants et corsés. Plus bas, le sol brun ou rougeâtre mêle calcaire et argile, chaillots ou résidus de calcaires à silex pour produire des vins rouges tendres et fruités.

L'œil

- La robe du ladoix rouge évoque souvent la couleur de la crème de cassis : grenat brillant, d'une nuance presque noire à reflets violacés.
- L'or et le paille clair sont les tonalités les plus fréquentes du ladoix blanc.

Le nez

- En rouge, le bouquet est marqué par la framboise et, plus encore, par la cerise confite ou à l'eau-de-vie, le fruit mûr. Des notes végétales (sureau) et épicées (girofle), des accents de café ou de cacao complètent la palette.
- En blanc, apparaît une dominante d'acacia soulignée d'une pointe beurrée. La prune, la pomme mûre, la figue, le coing, la poire épicée font partie des arômes classiques.

La bouche

- Le ladoix rouge s'exprime de façon assez tendre, en épousant une forme ronde et pleine, un velouté sphérique. Il offre une bonne structure tannique.
- Le ladoix blanc est assez ferme, vif mais retenu. Son gras et son ampleur équilibrent sa fraîcheur. L'âge lui apporte du moelleux.

Cépages
Rouge : pinot noir.
Blanc : chardonnay.

Potentiel de garde
Rouge : 5 à 8 ans.
Blanc : 3 à 5 ans.

Les premiers crus
Basses Mourottes
Bois Roussot
En Naget
Hautes Mourottes
La Corvée
La Micaude
Le Clou d'Orge
Le Rognet et Corton
Les Buis
Les Grêchons et Foutrières
Les Joyeuses

Nature des sols
Partie haute sur sols calcaires et caillouteux, rougeâtres (oolithe ferrugineuse et marnes). Partie basse sur des sols bruns rougeâtres mêlant calcaire et argile, avec beaucoup de débris de calcaires à silex.

Température de service
Rouge : 15-16 °C.
Blanc : 12 °C.

Mets et vins
Rouge : pâté en croûte, viande rouge, coq au vin, fromages (reblochon, vacherin).
Blanc : poisson d'eau douce, veau Orloff, fromages (bleu de Bresse, comté).

Lalande-de-pomerol

Séparé de Pomerol par la Barbanne, le terroir de lalande-de-pomerol est constitué de terrasses alluviales. Toutefois, recouvrant deux communes, Lalande-de-Pomerol et Néac, l'aire présente plus de diversité dans le paysage. À l'ouest, la commune de Lalande aime les horizons plats, tandis qu'à l'est celle de Néac prend du relief et se fait plus accidentée, notamment dans sa partie orientale.

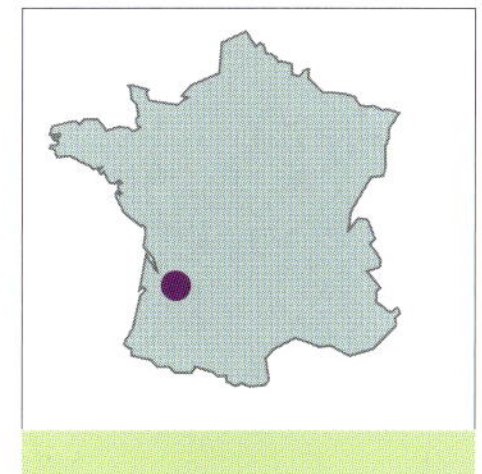

1936

Appellation
AOC Lalande-de-pomerol

Couleur
Rouge

Superficie
1 200 ha

Production
53 300 hl

L'œil

Comme tous les grands bordeaux, le lalande-de-pomerol se distingue par la puissance de sa robe de teinte foncée : rubis et grenat.

Le nez

Très expressif, le lalande-de-pomerol développe un bouquet puissant et riche. Outre les petits fruits rouges, sa palette comporte des arômes de vanille, de pain grillé, d'épices, de fruits confits ou de pruneau. Dans les grands millésimes, la gamme peut être encore plus étendue, avec des notes de cacao, d'animal et de gibier.

La bouche

La présence tannique se révèle dès l'attaque. Mais le côté chaleureux réapparaît très vite au palais, où les tanins deviennent veloutés.

Mets et vins
Viande rouge, petit gibier, fromages (maroilles).

Température de service
17 °C.

Nature des sols
Argileux, argilo-graveleux, graveleux et sableux.

Principaux cépages
Merlot (dominant), cabernet franc, cabernet-sauvignon, malbec.

Potentiel de garde
5 à 10 ans.

Languedoc

Appellation
AOC Languedoc, suivi ou non d'une dénomination
Couleurs
Rouge
Rosé
Blanc

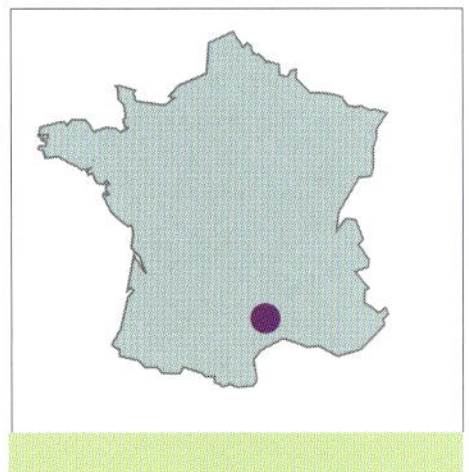

1985

Entre mistral et tramontane, les plus anciens vignobles de France. Au ve s. avant J.-C., les Grecs n'avaient-ils pas déjà planté autour d'Agde ? Quant à l'appellation coteaux-du-languedoc, elle devient en 2007 languedoc, vaste AOC régionale incluant, outre les coteaux d'origine, disséminés entre la bordure de la Montagne Noire et des Cévennes et la Méditerranée, presque toutes les aires d'appellations du Languedoc et du Roussillon. Les vins rouges naissent de carignan et de cinsault (limités à 40 %), complétés par les grenache noir, syrah, lladoner et mourvèdre ; en blanc, de grenache blanc, de clairette et de bourboulenc surtout. Quinze dénominations géographiques peuvent figurer sur l'étiquette. Les vins ? Puissants et structurés, et de types nombreux tant les sols sont variés.

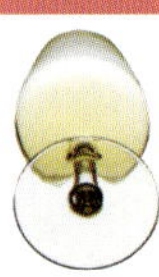

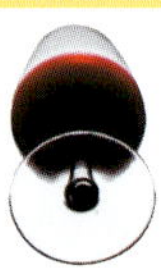

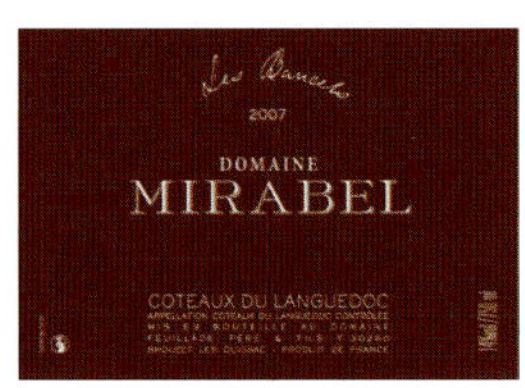

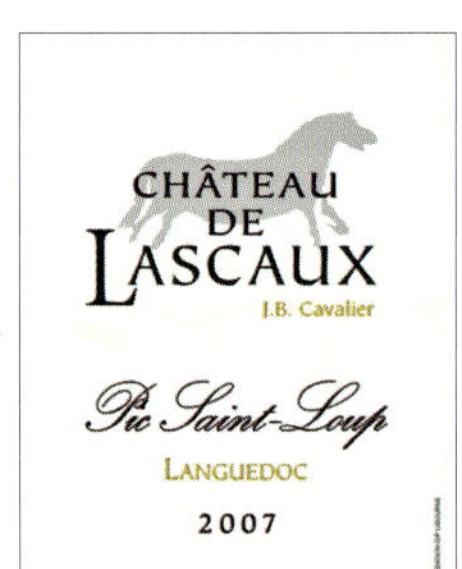

Superficie
9 500 ha
Production
400 000 hl

Potentiel de garde
2 à 4 ans.
Grands millésimes :
4 à 8 ans.

Nature des sols
Terrains quaternaires de galets roulés ; éboulis de la bordure des causses calcaires ; schistes ; calcaires plus ou moins durs.

Cépages
Rouge et rosé : grenache noir, syrah, mourvèdre, lladoner ; carignan, cinsault.
Blanc : clairette, grenache blanc, bourboulenc, picpoul, marsanne, roussanne, tourbat, vermentino.

L'œil

- Les vins rouges sont en général d'un rouge carmin, parfois profond lorsque la macération a été longue. Ils sont plus clairs sur les sols au potentiel légèrement plus élevé.
- Les rosés ont une robe rose pâle brillant.
- Les vins blancs sont d'une couleur jaune paille doré brillant.

Le nez

- Les arômes de fruits rouges (framboise et cassis) dominent dans les vins jeunes. Ils sont associés aux épices et au poivre quand le carignan et la syrah ont été vinifiés en macération carbonique. Après trois ou quatre ans, les vins évoluent vers le cuir, les fruits secs, les amandes grillées. En bordure de zones de garrigues, ils prennent l'accent du laurier sauce.
- Les rosés se distinguent par leurs notes florales très intenses (acacia) et les fruits rouges (cerise burlat).
- Le nez des vins blancs offrent des senteurs d'abricot, d'agrumes, d'infusion des garrigues, d'épices et de miel.

La bouche

- Les vins rouges se montrent puissants et un peu fermés dans les premières années. Ils s'ouvrent ensuite pour dévoiler de belles structures. Les vins produits sur les schistes offrent des arômes plus minéraux et des tanins plus fins.
- Une bouche ronde, tout en ampleur, souplesse et douceur pour les rosés.
- La bouche des vins blancs est savoureuse, fraîche. Y dominent ampleur et suavité.

Les dénominations de l'AOC Languedoc

Vins rouges et rosés

DANS L'AUDE :

La Clape, Quatourze

DANS L'HÉRAULT :

Cabrières, Coteaux de la Méjanelle
Grès de Montpellier (rouge uniquement)
Montpeyroux
Pézenas
Pic-Saint-Loup
Saint-Christol
Saint-Drézéry
Saint-Georges-d'Orques
Saint-Saturnin
Terrasses du Larzac
Coteaux de Vérargues

Vins blancs

DANS L'AUDE :

La Clape

DANS L'HÉRAULT :

Picpoul-de-Pinet

Le Pic Saint-Loup et la montagne de l'Hortus.

Température de service

Rouge : 15-17 °C.
Blanc : 10-12 °C.
Rosé : 8-10 °C.

Mets et vins

Rouge : viande rouge ou blanche.
Rosé : charcuterie, tomates farcies, calamars, artichauts à la barigoule, cuisine nord-africaine.
Blanc : poisson (brandade de morue, filets de rougets poêlés, bouillabaisse, bourride).

Latricières-chambertin

Appellation
AOC Latricières-chambertin
Classement
Grand cru
Couleur
Rouge
Superficie
7 ha
Production
280 hl

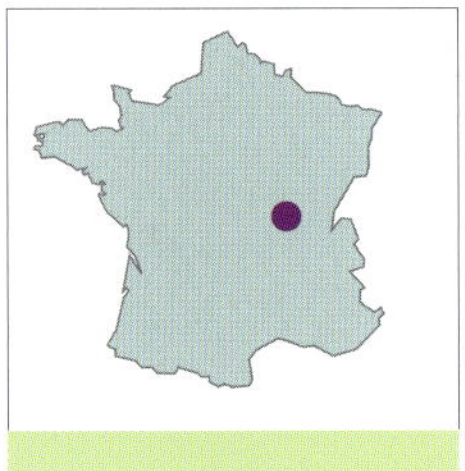

1937

Au sud de l'aire du gevrey-chambertin, vers Morey-Saint-Denis, les latricières-chambertin sont implantées sur un sous-sol dur, à la terre rare. Le nom de Latricières est apparu en 1508 : il désigne un terrain maigre, peu fertile. Seule la vigne y fait merveille. Le vin semble proche du chambertin par sa richesse aromatique, sa pureté de fruit, sa finesse. Tout juste peut-on l'en différencier par une moindre puissance.

L'œil
Le latricières-chambertin porte une robe grenat intense, violacé.

Le nez
Très entreprenant, le vin exprime le végétal noble et un boisé fin. Il évoque le sous-bois, la mousse, le champignon.

La bouche
Corsé, le latricières-chambertin offre une concentration hors du commun. C'est un vin caressant, rond et soyeux, plein de sève et très long.

Cépage
Pinot noir.

Nature des sols
Terre rare, calcaire.

Potentiel de garde
10 à 15 ans (jusqu'à 50 ans dans les grandes années).

Température de service
Vin jeune : 12-14 °C.
Vin plus âgé : 15-16 °C.

Mets et vins
Canard au sang, magret de canard grillé, coq au vin, salmis de pintade.

Limoux

Le limouxin viticole s'étend le long de l'Aude, depuis Campagne-sur-Aude et Espéraza jusqu'à Pomas au nord-est de Limoux. Quarante et une communes appartiennent à cette aire blottie sur les contreforts pyrénéens, fermée par les monts des Corbières et ouverte au nord sur le Carcassonnais. Depuis 1992, le limoux bénéficie d'une forte proportion de chardonnay et de chenin venus compléter le mauzac ; c'est un vin sec vinifié et élevé obligatoirement en barrique de chêne jusqu'au 1er mai suivant la vendange. En 2005, l'appellation a pris une nouvelle couleur : le rouge.

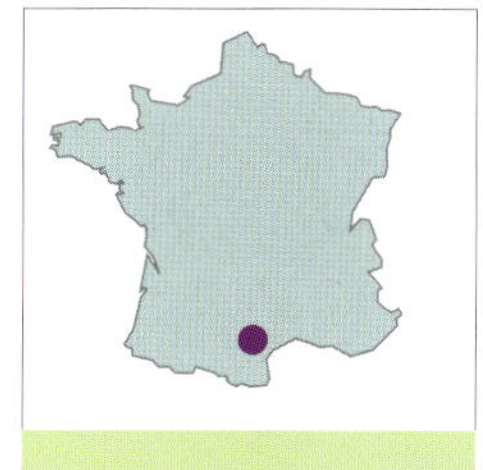

1959

Appellation
AOC Limoux
Couleurs
Blanc
Rouge
Superficie
200 ha
Production
8 000 hl

L'œil

- L'or clair habille le limoux blanc.
- Le limoux rouge est profondément coloré.

Le nez

- Fleurs et garrigue, noisette grillée, réglisse sur fond boisé caractérisent la palette aromatique en blanc.
- Le limoux rouge décline des arômes de fruits méditerranéens avec la touche pimentée et poivrée des cépages bordelais.

La bouche

- Le limoux blanc trouve son équilibre entre fraîcheur et rondeur. L'harmonie se poursuit jusqu'en finale, sur une pointe de vivacité.
- Le limoux rouge offre une matière intense et fruitée, solidement structurée.

Mets et vins
Blanc : daurade au fenouil, poulet au citron, fromages de chèvre frais.
Rouge : viande rouge et blanche.

Température de service
Blanc : 10-12 °C.
Rouge : 16 °C.

Nature des sols
Quelques terrasses ; sols issus de dégradation du calcaire dur et marneux, de grès et poudingues à ciment argileux.

Potentiel de garde
3 à 6 ans.

Principaux cépages
Blanc : chardonnay, chenin et mauzac.
Rouge : merlot (50 %), malbec, syrah, grenache, cabernet-sauvignon, cabernet franc.

Lirac

Appellation
AOC Lirac
Couleurs
Rouge
Rosé
Blanc
Superficie
800 ha
Production
21 000 hl

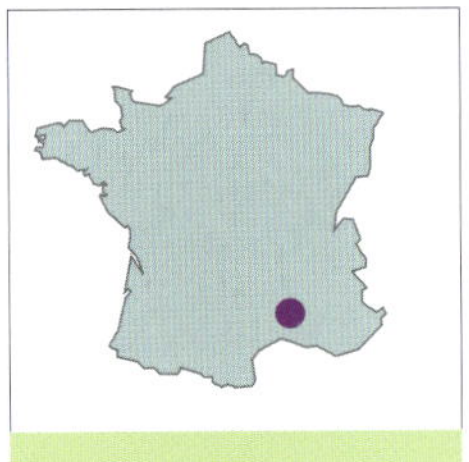

1947

Situé dans un méandre du Rhône, non loin d'Orange et d'Avignon, le vignoble s'étend sur les terrasses et les coteaux ensoleillés des quatre communes de Lirac, Roquemaure, Saint-Laurent-des-Arbres et Saint-Géniès-de-Colomas. Les sols y sont aussi divers que les cépages, mais il existe un élément fédérateur : le climat méditerranéen.

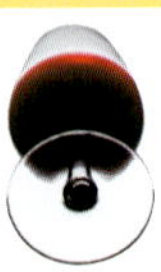

L'œil

- Du rubis profond au rouge grenat, la robe des vins rouges ne semble pas donner prise au temps.
- Les rosés affichent une teinte rose tendre allant parfois jusqu'au rubis.
- Les vins blancs possèdent des nuances jaune-vert dans leur jeunesse qui évoluent vers le jaune doré.

Le nez

- Les vins rouges jeunes se caractérisent par des arômes de petits fruits rouges ou de fruits à noyau. Ils évoluent vers des notes de cuir, de sous-bois ou de réglisse.
- Les vins rosés offrent des parfums de fruits rouges et des notes d'amande.
- Les vins blancs développent un bouquet floral intense, agrémenté de touches végétales.

La bouche

- En rouge, le lirac atteint sa plénitude après quelques années de bouteilles, lorsque ses tanins sont bien fondus et lui donnent cette forme ronde, pleine, sans excès de puissance.
- Les vins rosés présentent une certaine nervosité, renforcée par l'effet des tanins.
- Les vins blancs allient fraîcheur et rondeur ; ils sont aptes au vieillissement.

Principaux cépages
Rouge et rosé : grenache noir, syrah, mourvèdre, cinsault, carignan.
Blanc : clairette, grenache blanc, bourboulenc, roussanne ; piquepoul, ugni blanc, marsanne, viognier.

Mets et vins
Rouge : viande rouge, daube, coq au vin, fromages.
Rosé : charcuterie, crudités, grillades.
Blanc : asperges, fruits de mer, poisson.

Nature des sols
Principalement terrasses de galets roulés et collines calcaires.

Potentiel de garde
2 à 8 ans selon les couleurs.

Température de service
Rouge : 14-16 °C.
Blanc et rosé : 10-12 °C.

Listrac-médoc

À la lisière des deux Médoc, viticole et forestier, listrac-médoc est la plus jeune des appellations communales médocaines. Comme moulis, elle est située à l'intérieur des terres et composée d'un plateau de graves anciennes. C'est aussi l'une des appellations les plus originales : en effet, elle a participé à l'un des mythes de l'histoire ferroviaire, celui des *Trains bleus*. Placé sur la carte des vins de la Compagnie internationale des wagons-lits, le listrac a la réputation d'être puissant et vigoureux, même si nombre de producteurs privilégient aujourd'hui l'élégance.

1957

Appellation
AOC Listrac-médoc
Couleur
Rouge
Superficie
600 ha
Production
30 000 hl

L'œil
La robe annonce la solide constitution du vin par sa teinte sombre à frange violacée.

Le nez
Si les parfums de fruits rouges mûrs dominent, le bouquet présente bien d'autres nuances : des notes balsamiques, des touches de cuir et de réglisse et toute une gamme d'arômes épicés, telle la vanille, ou grillés hérités de l'élevage en fût de chêne.

La bouche
Jeune, le listrac-médoc s'impose par sa carrure et sa puissance. Toutefois, il laisse apparaître une rondeur qui équilibre la force tannique.

Principaux cépages
Cabernet-sauvignon (souvent majoritaire), merlot, petit verdot, cabernet franc, carmenère, malbec.

Nature des sols
Graves pyrénéennes et garonnaises, argilo-calcaires.

Potentiel de garde
7 à 18 ans.

Mets et vins
Viande rouge en sauce, gibier.

Température de service
17-18 °C.

Loupiac

Appellation
AOC Loupiac
Couleur
Blanc (liquoreux)
Superficie
350 ha
Production
13 000 hl

1936

Située sur la rive droite de la Garonne, comme cadillac à l'ouest et sainte-croix-du-mont à l'est, l'appellation loupiac bénéficie de coteaux orientés sud–sud-ouest et protégés des vents du nord. La toponymie, avec le suffixe «-ac », et les fouilles archéologiques indiquent que Loupiac était à l'origine une *villa* gallo-romaine, peut-être propriété du poète latin Ausone au IVe siècle. Aujourd'hui, l'appellation se démarque de ses voisines en produisant des vins liquoreux aériens.

L'œil
Une robe dorée ou jaune à reflets dorés habille le loupiac.

Le nez
Le bouquet élégant se compose de notes de rôti, de fruits confits ou mûrs, de figue et de miel. Il s'enrichit de nombreux autres arômes au fil de l'évolution dans le temps : grillé, pain d'épice, fleurs, agrumes, raisins de Corinthe et fruits secs, pruneau séché, genêt.

La bouche
Grasse et volumineuse, la bouche possède une structure équilibrée et élégante. Sa sève perdure longtemps en finale sur les arômes déjà perçus à l'olfaction. Avec l'âge, le vin renforce son côté onctueux et voluptueux, tout en conservant un corps suffisamment solide pour prolonger son évolution au-delà de dix ans.

Principaux cépages
Sémillon, sauvignon, muscadelle.

Nature des sols
Argilo-calcaires, argiles, graves.

Potentiel de garde
8 à 10 ans (et plus pour certains crus).

Mets et vins
Apéritif, foie gras, poissons fins (turbot), volaille, desserts (tartes aux fruits, salades de fruits, sorbets).

Température de service
8-9 °C.

Luberon

Sur la rive gauche du Rhône, l'aire géographique de l'appellation correspond aux limites naturelles du massif du Luberon. Limitées au nord par la vallée du Calavon (Apt) et au sud par celle de la Durance (Cavaillon, Pertuis, Manosque), trente-six communes du Vaucluse constituent son terroir. Une région viticole déjà provençale par sa culture, son climat méditerranéen et ses vins rosés, mais où des influences alpines induisent des températures plus fraîches que dans la vallée du Rhône, ce qui explique la part assez importante des vins blancs.

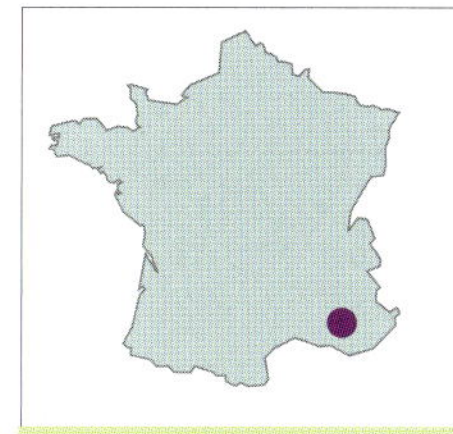

1988

Appellation
AOC Luberon

Couleurs
Rosé
Rouge
Blanc

Superficie
3 200 ha

L'œil

• Les rouges affichent une robe brillante, d'un rubis assez soutenu.
• La robe des rosés est vive, à reflets cerise.
• Les vins blancs, limpides et brillants, ont une couleur pâle.
• Les blancs expriment de frais parfums floraux, auxquels se mêle souvent un fruité dominé par les agrumes (citron, pamplemousse).

Le nez

• Les arômes des vins rouges sont à dominante fruitée (cassis, framboise), avec des nuances épicées et parfois grillées.
• Les rosés ont des arômes frais et fruités qui s'accompagnent parfois de nuances de pain grillé.

La bouche

• La bouche des vins rouges, ample, aux tanins souvent soyeux, gagne en complexité aromatique après trois à cinq ans d'élevage.
• Les rosés sont équilibrés, frais et gouleyants ; ils expriment des arômes provençaux.
• L'acidité des vins blancs forme avec le gras un ensemble bien équilibré.

Principaux cépages
Rouge et rosé : grenache noir, syrah, mourvèdre ; cinsault.
Blanc : grenache blanc, clairette, vermentino, roussanne ; bourboulenc, marsanne.

Nature des sols
Sols de cailloutis arrachés au massif ; sols sableux sur molasse miocène ; sols caillouteux des terrasses anciennes.

Production
150 000 ha

Température de service
Rouge : 15 °C.
Blanc et rosé : 10 °C.

Mets et vins
Rouge : agneau ; bœuf en daube ; gibier (sanglier).
Rosé : charcuterie, escargots, grillade.
Blanc : coquillages, poisson au fenouil.

Potentiel de garde
Rouge : 5 ans (10 ans pour certains millésimes).
Rosé : 2 ans.
Blanc : 3 ans.

Lussac-saint-émilion

Appellation
AOC Lussac-saint-émilion
Couleur
Rouge
Superficie
1 400 ha
Production
77 800 hl

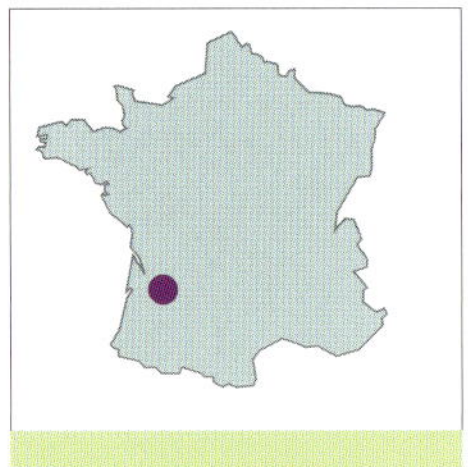

1936

Lussac-saint-émilion est une appellation vouée aux vins rouges, comme il se doit en Libournais. Elle est aussi l'une des aires les plus riches en vestiges gallo-romains. Comme les autres appellations situées au nord de Saint-Émilion, son terroir est marqué par la trilogie coteau, plateau et bas de pente. Au centre et au nord de l'AOC, le plateau est composé de sables du Périgord, à l'origine de vins agréables jeunes. Au sud, le coteau argilo-calcaire forme un arc de cercle bien exposé, où sont produits des vins de plus longue garde.

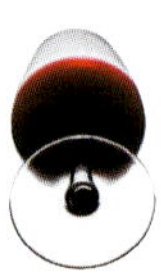

L'œil

Le lussac-saint-émilion est séduisant dans sa robe rubis sombre.

Le nez

Bien typé par le merlot, le lussac-saint-émilion développe de beaux arômes de fruits rouges. Sa palette aromatique, d'une grande complexité, évoque aussi le cuir, le pruneau, le sous-bois, le poivron, les épices et le gibier.

La bouche

Élégant et charpenté, le lussac-saint-émilion privilégie l'équilibre. Les arômes de fruits confits se marient à un bois bien dosé et à des tanins puissants mais ronds qui permettent au vin de se bonifier en cave.

Principaux cépages
Merlot (souvent majoritaire), cabernet franc, cabernet-sauvignon, malbec.

Nature des sols
Argilo-calcaires, sablo-argileux et argilo-graveleux.

Potentiel de garde
4 à 9 ans.

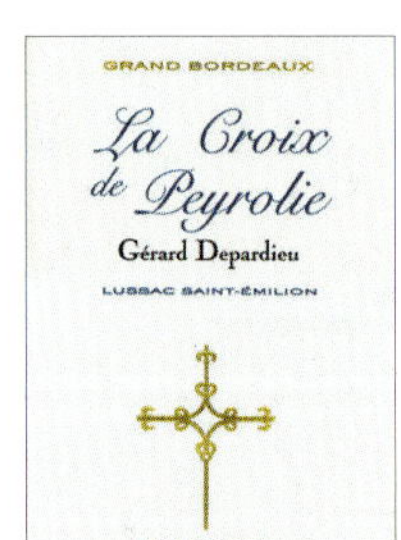

Mets et vins
Viande rouge ou blanche, gibier, fromages.

Température de service
16-18 °C.

Mâcon

Le Mâconnais, pays de Lamartine et tout entier en Saône-et-Loire, se situe entre la Côte chalonnaise, au nord, le saint-véran et le pouilly-fuissé au sud ; il occupe une aire d'une cinquantaine de kilomètres du nord au sud, et d'une quinzaine de kilomètres d'est en ouest. Le mâcon blanc est produit sur toutes les communes de l'arrondissement de Mâcon, les mâcon rouges et rosés sur douze autres communes.

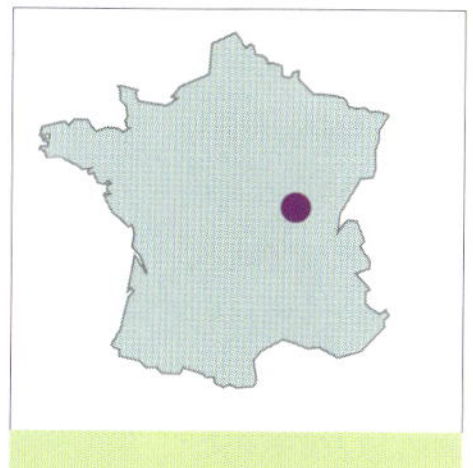

1937

Appellations
AOC Mâcon

Couleurs
Rouge
Rosé
Blanc

Superficie
1 900 ha

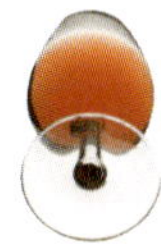

Production
119 800 hl

Mets et vins
Rouge : charcuterie, andouille aux haricots, petit salé aux lentilles, bœuf gros sel ; fromages (reblochon, tomme, abondance).
Blanc : cuisses de grenouilles, escargots, jambon persillé, poisson poché (vin jeune) ou cuisiné (vin plus mûr), andouillette, poulet de Bresse à la crème, fromages de chèvre.
Rosé : entrées, charcuterie.

Le Mâconnais se distingue certes par ses pentes couvertes de vignes, mais aussi par ses châteaux. Ci-dessus : le château de Cruzille.

Température de service
Rouge : 13-14 °C.
Blanc et rosé : 11-13 °C.

Cépages
Rouge et rosé : gamay ou pinot noir (ce dernier en très faible quantité).
Blanc : chardonnay.

Potentiel de garde
Rouge : 5 à 7 ans.
Blanc : 3 à 5 ans.
Rosé : 2 ans.

Nature des sols
Sols siliceux, argileux ou sableux, souvent mêlés à des galets de grès (chailles).

Macvin-du-jura

Appellation
AOC Macvin-du-jura
Couleurs
Blanc
Rouge
Rosé
Superficie
65 ha

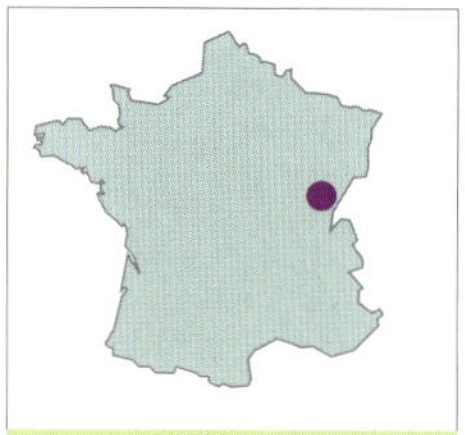

1991

Ce vin de liqueur doit probablement son origine à une recette des abbesses de l'abbaye de Château-Chalon. Pour son élaboration, le moût commence à peine sa fermentation qu'il est muté à l'eau-de-vie de marc de Franche-Comté, provenant de la même exploitation. L'eau-de-vie doit être « rassise », c'est-à-dire vieillie en fût de chêne pendant au moins dix-huit mois. Ensuite, le macvin se repose encore pendant un an en fût de chêne car sa commercialisation ne peut se faire avant le 1er octobre de l'année suivant la récolte.

L'œil

- Les macvins rouges présentent une teinte légèrement tuilée et brillante.
- Les rosés sont d'une couleur pâle.
- La robe des macvins blancs est jaune pâle, à reflets verts.

Le nez

- Des arômes de petits fruits rouges et de raisins secs sont perceptibles dans les macvins rouges.
- Les rosés libèrent un nez fruité.
- La palette des macvins blancs est très aromatique et plutôt exotique. Elle s'inscrit à la fois dans les registres floral et fruité, et s'accompagne de notes de noix et de caramel.

La bouche

- Les macvins rouges sont complexes et étonnamment aromatiques.
- Les rosés se distinguent en fin de bouche par des arômes de raisin et de griotte.
- En blanc, la matière ronde et riche est empreinte de notes de fruits frais.

Production
4 400 hl

Le village de Château-Chalon, lieu de naissance du macvin-du-jura.

Cépages
Blanc : chardonnay, savagnin, poulsard.
Rouge et rosé : trousseau, pinot noir.

Potentiel de garde
30 ans.
Nature des sols
Argiles du lias et du trias avec quelques éboulis calcaires du plateau.

Mets et vins
Apéritif, gastronomie comtoise.
Température de service
10 °C.

Madiran

Produit non loin de l'Adour, à cheval sur les départements du Gers, des Hautes-Pyrénées et des Pyrénées-Atlantiques, le madiran a joui très tôt d'une excellente réputation : il fut longtemps le vin des pèlerins de Saint-Jacques-de-Compostelle. Son cépage dominant est le tannat qui s'exprime avec force sur un terroir argilo-calcaire et siliceux mêlé de fines graves, ce qui explique la puissance et la charpente de ce vin de bonne garde. En vieillissant, pourtant, le madiran devient soyeux et caresse le palais.

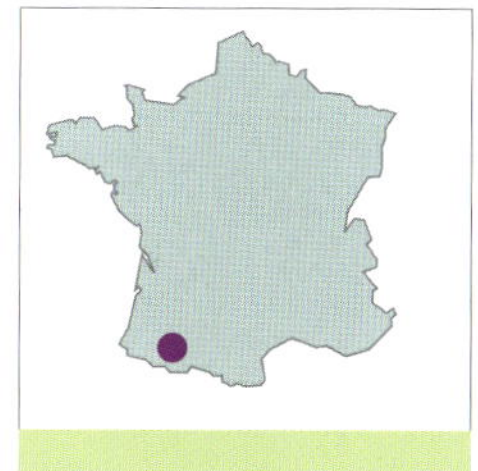

1975

Appellation
AOC Madiran
Couleur
Rouge
Superficie
1 300 ha
Production
61 700 hl

L'œil

Comme de nombreux vins du Sud-Ouest, le madiran annonce sa puissance par une robe très foncée, d'un rubis sombre.

Le nez

Le parfum le plus caractéristique du madiran est la framboise. La palette comporte aussi des notes de fruits noirs ou rouges, de genièvre.

La bouche

Quand leur vinification a été adaptée, avec une cuvaison courte, les madiran peuvent être souples, frais, parfumés et fruités. Ils sont alors destinés à être bus jeunes. Toutefois, la plus grande partie de la production comprend des vins souvent élevés en barrique qui doivent être attendus pendant quelques années. Quand ils ont atteint leur maturité et assoupli leurs tanins, ils se montrent sensuels et charnus. D'une grande ampleur, ils tapissent le palais d'arômes d'épices, de fruits noirs et de pain grillé.

Mets et vins
Cassoulet, confit, magret de canard, gibier, fromages de brebis des Pyrénées, bleu d'Auvergne.

Température de service
16-17 °C.

Potentiel de garde
5 à 10 ans.

Principaux cépages
Tannat (60 à 80 %), cabernet-sauvignon, cabernet franc, fer-servadou.
Nature des sols
Argilo-calcaires, siliceux, graveleux.

Malepère

Appellation
AOC Malepère
Couleurs
Rouge
Rosé
Superficie
500 ha
Production
20 000 hl

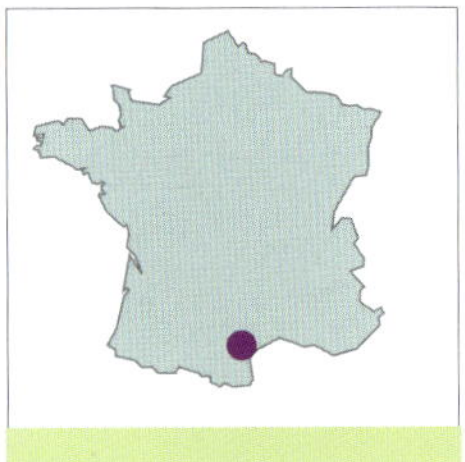

1983

A u sud-ouest de Carcassonne, les côtes-de-la-malepère sont devenues malepère en accédant à l'AOC. L'aire d'appellation couvre trente-neuf communes sur les versants du massif de la Malepère, qui culmine à 442 m. Les Corbières, à l'est, atténuent ici les influences méditerranéennes, et la vigne, surtout vers l'ouest, est soumise à un climat à tendance atlantique qui permet aux cépages bordelais de trouver leur place à côté des variétés méditerranéennes.

L'œil

• Les vins rouges présentent une robe très soutenue à reflets violine lorsqu'ils sont jeunes. La teinte évolue avec le temps en conservant toujours une grande intensité.
• En rosé, le vin est délicatement saumoné, notamment lorsqu'il est élaboré avec du cinsault.

Le nez

• Les malepère sont riches et puissants. Jeunes, ils expriment surtout les fruits rouges, avant d'évoluer vers des senteurs de fruits cuits associés à des notes de sous-bois.
• On retrouve ce fruité en rosé (notes d'agrumes fréquentes).

La bouche

• Les malepère rouges sont puissants et épicés avec un tanin présent lorsque le cabernet-sauvignon fait partie de l'assemblage. Suivant la cuvaison et l'élevage, ils sont à consommer dans leur jeunesse ou après quelques années.
• Amples et vifs, les rosés offrent une finale longue sur des arômes de groseille.

Principaux cépages
Merlot, cabernet franc ; cabernet-sauvignon, côt, grenache noir et cinsault.
Nature des sols
Molasses gréseuses, terrasses quaternaires.

Potentiel de garde
2 à 5 ans (jusqu'à 10 ans dans les grands millésimes).

Température de service
Rouge : 16-18 °C.
Rosé : 12 °C.

Mets et vins
Rouge : viande rouge, gibier.
Rosé : apéritif, entrées, grillade, cuisine exotique.

Maranges

Entre la Côte de Beaune et la Côte chalonnaise, l'appellation maranges regroupe Cheilly-lès-Maranges, Dezize-lès-Maranges et Sampigny-lès-Maranges. Le vin de l'appellation s'apparente au santenay tout proche. Toutefois, des différences apparaissent entre les terroirs : les sols légers, graveleux de Cheilly donnent un vin à la délicatesse remarquable. Structure et fermeté caractérisent les vins de Dezize et de Sampigny. Il existe aussi une petite production de vins blancs, au tempérament fleuri.

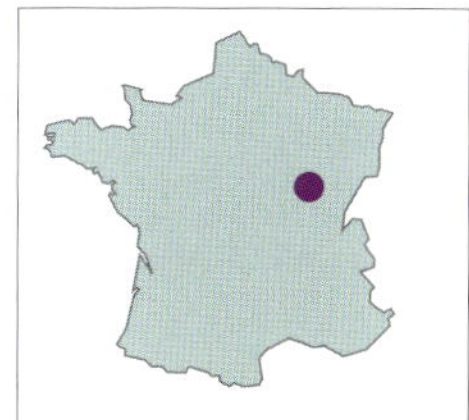

1989

Appellations
AOC Maranges
AOC Maranges premier cru

Couleurs
Rouge
Blanc (confidentiel)

Superficie
170 ha

Production
Rouge : 7 000 hl
Blanc : 191 hl

L'œil

- Les maranges présentent une teinte rubis profond, tirant parfois sur le grenat sombre. Des touches carminées ne sont pas rares.
- En blanc, la couleur est nette et lumineuse, plutôt paille clair ou or très fin, embellie souvent par des reflets émeraude.

Le nez

- Les maranges rouges dévoilent des arômes de fraise, de framboise et de griotte. Des notes fleuries (pivoine, violette) apparaissent. Puis, l'âge conduit à des sensations de pain d'épice, de venaison, de cuir.
- En blanc, l'aubépine et l'acacia composent un bouquet frais.

La bouche

- Les maranges rouges sont fermes, structurés. Du gras et une certaine complexité composent une bouche expressive. L'acidité est généralement suffisante pour assurer quelques années de garde.
- Les vins blancs ont du montant, de la sève et parfois de la vivacité.

Mets et vins
Rouge : bœuf bourguignon, perdrix au chou, osso-buco, fromages (époisses, soumaintrain, cîteaux).
Blanc : poisson de rivière.

Température de service
Rouge jeune et blanc : 12-14 °C.
Rouge plus âgé : 14-16 °C.

Les premiers crus
Clos de la Boutière
Clos de la Fussière
La Fussière
Le Clos des Loyères
Le Clos des Rois
La Croix aux Moines
Le Clos Roussots

Nature des sols
Argileux et calcaires, avec quelques présences granitiques venues du lointain Morvan.

Cépages
Rouge : pinot noir.
Blanc : chardonnay.

Potentiel de garde
Rouge : 2 à 5 ans (jusqu'à 7 ou 8 ans dans les bons millésimes).
Blanc : 5 à 6 ans.

Marcillac

Appellation
AOC Marcillac
Couleurs
Rouge
Rosé (rare)
Superficie
190 ha
Production
7 900 hl

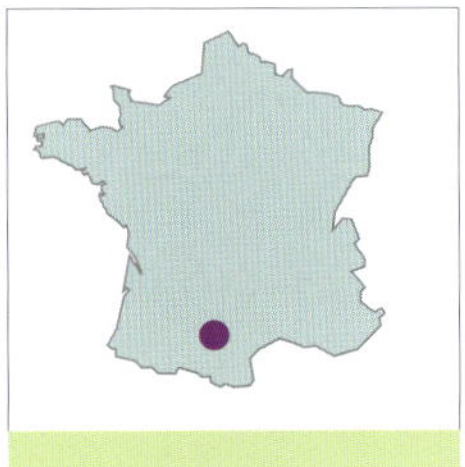

Non loin de Rodez, au pied de l'Aubrac, la plus importante appellation aveyronnaise – et la seule à bénéficier de l'AOC – est historiquement liée à l'abbaye de Conques. Le vignoble est implanté sur des coteaux à forte pente ou sur des terrasses dont le sol rouge – les rougiers – est composé d'argiles riches en oxyde de fer. Il bénéficie d'un microclimat favorable. Le fer-servadou, ou mansois, cépage principal de l'appellation, produit un vin tannique d'une grande originalité.

L'œil
Toujours sombre, le marcillac rouge s'habille d'une robe pourpre foncé.

Le nez
Ce vin propose un nez végétal sur fond de fruits rouges (framboise, cassis, myrtille) et d'épices subtiles.

La bouche
Le marcillac rouge présente un caractère rustique car ses tanins sont puissants, épicés. C'est un vin solide, mais son titre alcoométrique est modéré.

Principaux cépages
Fer-servadou (90 % minimum), cabernet-sauvignon, merlot, prunelard.

Nature des sols
« Rougiers » de Marcillac, calcaires.

Potentiel de garde
1 à 3 ans.

Température de service
Rouge : 14-16 °C.
Rosé : 8-10 °C.

Mets et vins
Charcuterie, grillade de porc, tripoux, aligot, fromages (bleu des Causses, roquefort, laguiole, cabécous).

Margaux

Margaux est la seule AOC communale du Haut-Médoc à porter le nom d'un premier grand cru classé. Son aire s'étend sur cinq communes : Margaux, Cantenac, Labarde, Soussans et Arsac. L'appellation, qui sélectionne les meilleurs sols, possède quelques-unes des plus belles croupes de graves de tout le Bordelais. Celles-ci communiquent aux margaux leur grande finesse aromatique, leur harmonie et leur aptitude au vieillissement.

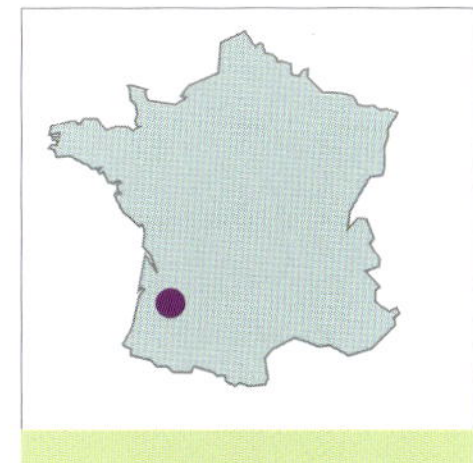

1954

Appellation
AOC Margaux
Couleur
Rouge
Superficie
1 400 ha
Production
68 000 hl

Les crus classés

1er cru
Château Margaux

2es crus
Château Brane-Cantenac
Château Durfort-Vivens
Château Lascombes
Château Rauzan-Ségla
Château Rauzan-Gassies

3es crus
Château Boyd-Cantenac
Château Cantenac-Brown
Château Desmirail
Château Ferrière
Château Giscours
Château d'Issan
Château Kirwan
Château Malescot-Saint-Exupéry
Château Marquis d'Alesme-Becker
Château Palmer

4es crus
Château Marquis de Terme
Château Pouget
Château Prieuré-Lichine

5es crus
Château Dauzac
Château du Tertre

L'œil

La robe du margaux s'inscrit dans la tradition médocaine par son intensité qui se maintient longtemps au vieillissement. Jeune, le vin annonce sa structure et son potentiel de garde par une teinte puissante, entre rubis et grenat.

Mets et vins
Viande rouge et blanche, volaille, gibier, fromages.

Température de service
17-18 °C.

Potentiel de garde
10 à 25 ans.

Cépages
Cabernet-sauvignon, merlot, cabernet franc, petit verdot.
Nature des sols
Graves.

Le nez

La vivacité et l'élégance apparaissent dans une palette exceptionnellement large et complexe. Très tôt, les fruits tiennent une place importante (cerise, groseille) auxquels se mêlent des notes qui invitent au voyage : cannelle, épices, torréfaction. En vieillissant, le bouquet offre des parfums de sous-bois et de champignon, de clou de girofle.

La bouche

Riche, ample et bien charpenté, le margaux montre dans sa jeunesse ses ambitions, mais il le fait sans aspérité ni arrogance, sa souplesse et sa complexité aromatique, qui rejoint celle du nez, lui donnant un caractère harmonieux et séduisant. Fine, savoureuse et persistante, la finale s'inscrit dans le droit fil. Parfaitement constitué, le margaux évolue très heureusement tout au long de sa vie. Les tanins se fondent peu à peu pour donner un ensemble rond, chaleureux, suave. La finale laisse le dégustateur sur une impression harmonieuse de finesse et d'élégance.

Château Margaux

Célébré par la littérature comme par le cinéma, le château Margaux est devenu un véritable mythe. La majesté de la demeure et de ses dépendances, construites dans les années 1802-1810 par l'architecte Louis Combes dans le style néoclassique, a contribué à sa renommée. Couronnée par le classement en premier cru en 1855, la qualité de ce château s'explique par les privilèges d'un terroir exceptionnel : à l'abondance et à la finesse des galets s'ajoutent la situation sur le rebord du plateau, la présence de calcaire dans le sous-sol, et l'unité du domaine. Mais tous ces atouts n'auraient rien été sans les efforts des hommes. C'est ainsi que les belles pièces d'eau agrémentant le parc ont été creusées à l'origine pour permettre de mieux drainer les vignes. Château Margaux est aujourd'hui l'un des vins les plus élégants du Bordelais.

Marsannay

Au nord de la Côte de Nuits, trois communes (Chenôve, Marsannay-la-Côte et Couchey) produisent des vins rouges, rosés et blancs. Cette appellation est exposée à l'est et parfois au sud, sur des pentes douces situées entre 260 et 320 m d'altitude. Les sols bruns, secs et calcaires, comportent des cailloux et des graviers qui permettent un bon drainage naturel. Les vins de l'AOC portent, de plus en plus souvent, le nom de leur village d'origine. En effet, les microclimats, les combes, les failles créent ici des nuances. Les vins blancs et les vins rouges sont produits au-dessus de la route des Grands Crus, tandis que les rosés, très élégants, proviennent d'une aire plus vaste.

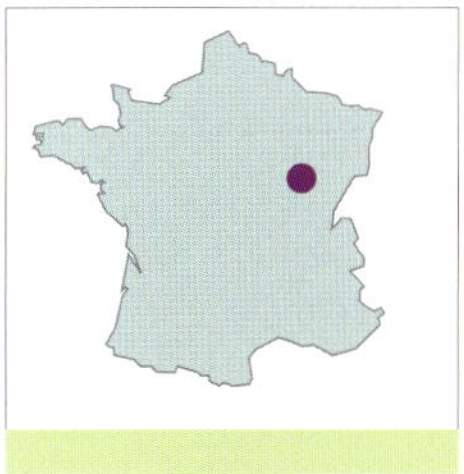

1987

Appellation
AOC Marsannay
Couleurs
Rouge
Rosé
Blanc
Superficie
200 ha

Potentiel de garde
Rouge : 5 à 10 ans (jusqu'à 15 ans les bonnes années)
Rosé : 2 ans
Blanc : 2 à 3 ans (jusqu'à 8 à 10 ans les bonnes années).

Nature des sols
Bruns calcaires surtout, marno-calcaires sur le piémont.

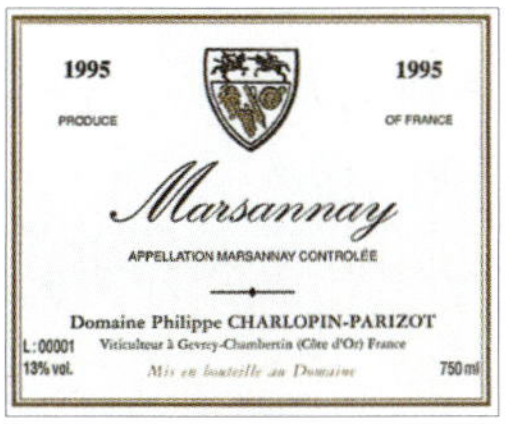

Cépages
Rouge et rosé : pinot noir.
Blanc : chardonnay, pinot blanc (rare).

Mets et vins
Rouge : viande rouge, dinde aux marrons, fromages (époisses, Ami du chambertin).
Rosé : cuisses de grenouilles, escargots, jambon persillé.
Blanc : terrine de fois de volaille, poisson de rivière, viande blanche, volaille aux morilles.

Production
Rouge et rosé : 8 000 hl
Blanc : 1 700 hl

Température de service
Rouge : 13-15 °C.
Blanc et rosé : 11-13 °C.

L'œil

- Les vins rouges, souvent assez pâles, évoluent vers une teinte grenat bleuté.
- Les vins rosés dévoilent une robe groseille ou légèrement orangée, à reflets carminés délicats.
- Les vins blancs sont d'un or blanc pâle, à reflets citron vert.

Le nez

- Les vins rouges proposent un bouquet composé de fougère, de violette, de mûre, de cassis, de pruneau sec et de réglisse. En vieillissant, ils évoluent vers le sous-bois, la mousse, le cuir et les épices.
- Les vins rosés déclinent des arômes de raisin fraîchement écrasé, de pêche et de fleurs discrètes.
- En blanc, le nez s'ouvre sur la citronnelle avant de poursuivre sur les fruits secs, l'aubépine et quelquefois le miel.

La bouche

- En rouge, le gras et la structure s'harmonisent. Le marsannay est un peu sévère dans sa jeunesse, mais atteint avec l'âge d'authentiques sommets.
- Floraux, vineux et gras, les vins rosés séduisent le palais par leur consistance.
- Les vins blancs sont souples, amples et gras.

Premier village de la Côte de Nuits, Marsannay-la-Côte se distingue par sa production de vins rosés.

Maury

À 30 km de Perpignan, le vignoble de maury se présente comme un quadrilatère de 3 km de large sur 11 km de long. Il commence dans la plaine d'Estagel pour se terminer, à l'ouest, aux portes de Saint-Paul-de-Fenouillet. La vigne occupe de petites collines dans une zone dépressionnaire délimitée au nord et au sud par de remarquables falaises calcaires. C'est sur l'une de ces arêtes que s'accroche le château cathare de Queribus. Le terroir de ce vin doux naturel est relativement homogène, avec un cépage majoritaire – le grenache noir – et des sols constitués presque exclusivement de schistes noirs, d'où le nom de Maury : « Amarioles » ou « Amariolas » signifiant « terre noire ». Depuis 2011, l'AOC produit également des vins rouges secs à dominante de grenache.

1972

Appellation
AOC Maury
Couleurs
Rouge
Blanc
Superficie
1 700 ha
Production
33 000 hl

Potentiel de garde
VDN : jusqu'à 30 ans et plus (variable selon le type de produit).
Rouge sec : 1 à 5 ans.

Nature des sols
Marnes schisteuses noires (pelites).

Cépages
VDN rouge : grenache noir (minimum 75 %) ; grenaches gris et blanc.
VDN blanc : grenache gris et blanc, macabeu, malvoisie ; muscat (rare).

Mets et vins
Apéritif.
Vin jeune : melon, desserts aux fruits.
Vin vieux : roquefort, fromages de chèvre, gâteau au chocolat ou au café.

Température de service
13-16 °C.

L'œil

Rouge rubis, dense et profond : c'est la parure des cuvées mises en bouteilles peu de temps après la récolte. Sur les produits élevés, la robe prend des reflets tuilés avant d'atteindre l'acajou, selon le mode et la durée de l'élevage : c'est l'habit du maury traditionnel. Produit rare issu d'un élevage oxydatif, le rancio est vêtu d'une robe orangée à reflets verts qui peut aller vers le brou de noix.

Le nez

Toujours intense, la palette rappelle la griotte, la mûre et les baies rouges dans les vins jeunes : c'est la marque du grenache noir, ce fruit à croquer. Le nez est parfois finement vanillé après un court séjour en barrique.

L'élevage engendre des produits très aromatiques aux senteurs complexes : pruneaux et fruits confits dans un premier temps, puis, au fil de l'élevage, notes de fruits secs, de cire, d'épices, de torréfaction, de cacao, de café, de cuir et enfin de noix lorsque le vin a acquis le caractère rancio. Cette gamme s'accompagne généralement d'une senteur d'eau-de-vie discrète.

La bouche

Chaleureux, tanniques, charpentés, les vins jeunes restituent en rétro-olfaction la sensation du fruit que l'on croque, avec parfois une note réglissée dans les produits boisés. L'accord alcool-tanins sous-tendu par le fruit omniprésent (cerise principalement) traduit tout le travail du vigneron.

Les vins élevés offrent une complexité remarquable : aux fruits mûrs, pruneau et fruits à l'eau-de-vie s'allient les fruits secs, des notes de torréfaction, de café, d'épices, de cacao et de noix sur les vins plus âgés. L'ensemble est structuré, riche : l'alcool apporte le moelleux pour enrober les tanins ; la douceur accentue la rondeur. La finale est fraîche et d'une longueur remarquable.

Les vins doux naturels

Les conditions de production des vins doux naturels sont très strictes.

- Les raisins ont une teneur en sucres naturels de plus de 252 g/l (l'équivalent de plus de 14 % vol. d'alcool).
- Le rendement est limité à 28 hl/ha pour certains muscats, à 30 hl/ha dans les autres cas.
- Seuls sont autorisés les cépages grenache, macabeu, malvoisie, muscat blanc à petits grains, muscat d'Alexandrie (uniquement pour le muscat de rivesaltes).
- Un élevage de douze à trente mois est obligatoire, sauf pour les muscats.

La particularité des vins doux naturels réside dans l'arrêt de la fermentation par ajout d'alcool neutre d'origine vinique titrant 96 % vol. d'alcool. Cette opération est réalisée généralement à mi-fermentation et permet de conserver entre 54 et plus de 125 g/l de sucres naturels. (17 g de sucre sont nécessaires pour donner 1 degré d'alcool.) Les vins titrent 15 % vol. minimum d'alcool acquis.

Située à l'extrême nord-est du Roussillon, la petite aire du maury est l'une des cinq AOC de vin doux naturel de la région.

Mazis-chambertin

Au nord du clos-de-bèze, mazis-chambertin a des airs de famille indéniables avec son grand voisin. Son nom est apparu dès 1420 : il rappelle les masures qui jalonnaient le coteau. Ici, il y a très peu de terre, mais elle est sans pareil pour produire des vins riches en nuances, puissants. Les Hospices de Beaune produisent une cuvée de ce grand cru (donation Thomas-Collignon en 1976).

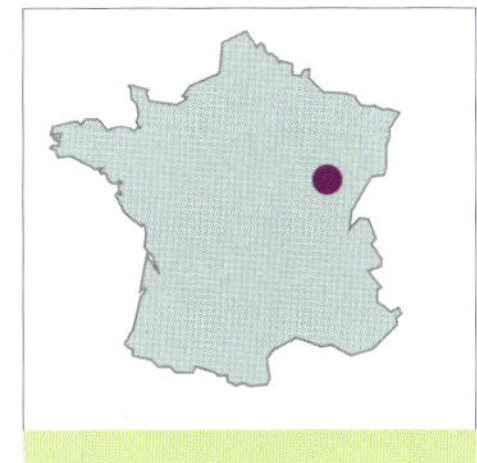

1937

Appellation
AOC Mazis-chambertin
Classement
Grand cru
Couleur
Rouge
Superficie
9 ha
Production
320 hl

L'œil
Une robe sombre, profonde, rouge rubis habille le mazis-chambertin.

Le nez
Le bouquet se compose de cerise confite, de cassis, de myrtille et d'épices. Il évoque aussi le cuir et la réglisse.

La bouche
Puissance et distinction, richesse et plénitude caractérisent le mazis-chambertin, qui se prolonge en bouche dans une longueur presque sans fin.

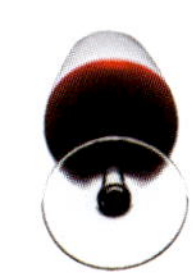

Mets et vins
Poisson (truite, brochet poché au chambertin), gibier (civet de lièvre), bœuf en daube, fromages (Ami du chambertin).

Température de service
Vin jeune : 12-14 °C.
Vin plus âgé : 15-16 °C.

Potentiel de garde
10 à 15 ans (jusqu'à 30 à 50 ans dans les grandes années).

Nature des sols
Calcaires, sur la roche, avec peu de terre ; éboulis graveleux descendus de la Montagne et emportés par l'érosion ; pente accusée, avec taux de calcaire actif élevé.

Cépage
Pinot noir.

Mazoyères-chambertin

Appellation
AOC Mazoyères-chambertin
Classement
Grand cru
Couleur
Rouge
Superficie
2 ha
Production
70 hl

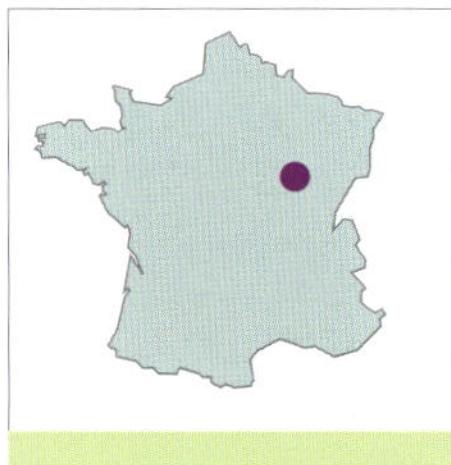

1937

Au sud de l'aire du gevrey-chambertin, ce grand cru est situé entre la route des Vins et la route nationale. Taux de calcaire actif très élevé, terre caillouteuse et habitude historique de confondre mazoyères et charmes sous l'étiquette de charmes… Telles sont les caractéristiques de cette appellation.

L'œil
Le vin est de couleur rouge vif à reflets violacés dans sa jeunesse.

Le nez
Les arômes de petits fruits rouges frais (griotte) ou confits partagent la vedette avec les notes grillées. Ils sont suivis de nuances de cuir.

La bouche
Puissant, le mazoyères-chambertin présente une grande complexité fruitée (fruits à noyau) et longueur en bouche.

Cépage
Pinot noir.

Nature des sols
Calcaires, cailloux, graviers.

Potentiel de garde
10 à 15 ans (jusqu'à 30 à 50 ans dans les grandes années).

Température de service
Vin jeune : 12-14 °C.
Vin plus âgé : 15-16 °C.

Mets et vins
Poisson de rivière, gibier, volaille aux truffes, fromages (Ami du chambertin, époisses).

Médoc

Si l'appellation médoc peut s'appliquer à l'ensemble du vignoble médocain, elle est essentiellement revendiquée dans la partie nord de la presqu'île de la Gironde. Les meilleurs terroirs de l'AOC sont formés de croupes de graves correspondant à l'ancienne île, aujourd'hui enchassée dans les palus asséchés par les Hollandais au XVIIe siècle. Le médoc affirme sa personnalité par un bouquet fruité et beaucoup de rondeur, dus à un pourcentage en merlot plus important que dans les vins du haut Médoc.

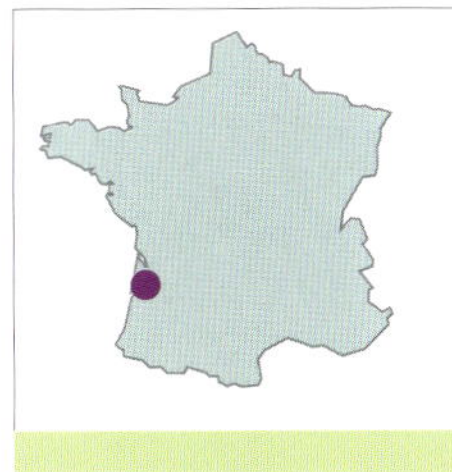

1936

Appellation
AOC Médoc
Couleur
Rouge
Superficie
5 700 ha
Production
303 000 hl

L'œil

Le médoc se reconnaît à l'élégance de sa robe : rubis profond et sombre, il évolue parfois vers des nuances pourpres ou grenat.

Le nez

La variété des arômes constitue l'un des attraits du médoc : fruits rouges, fruits cuits, confits et secs, confiture, chocolat et cacao, épices, réglisse et sous-bois. Des notes de grillé et de torréfaction, voire de toast chaud, complètent la gamme.

La bouche

Les vins issus de graves, puissants et corsés, peuvent être tanniques dans leur jeunesse et gagnent à être attendus de cinq à dix ans, ou plus. Ceux qui naissent sur des sols argilo-calcaires sont fins, élégants et subtils. Plus légers que les précédents, ils peuvent être dégustés assez jeunes (entre trois et quatre ans), tout en possédant une bonne aptitude à la garde (de cinq à dix ans).

Mets et vins
Foie gras chaud aux pommes, viandes rouge ou blanche, gibier à poil ou à plume, fromages (emmenthal, mimolette, saint-nectaire, coulommiers), tarte aux fruits rouges.

Température de service
17-18 °C.

Potentiel de garde
6 à 10 ans.

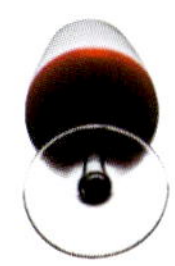

Principaux cépages
Cabernet-sauvignon, cabernet franc, merlot, petit-verdot, malbec, carmenère.
Nature des sols
Graveleux et argilo-calcaires.

L'œil

• Le mercurey rouge est souvent profond et presque sombre. Les nuances violacées et grenat foncé sont assez fréquentes. La parenté est évidente avec la robe du pommard et du volnay.

• Le mercurey blanc révèle le ton doré du chardonnay, plus ou moins pâle, animé de reflets verts.

Le nez

• Qu'il s'agisse de la framboise, de la fraise ou de la cerise, le fruit est rouge et croquant. L'âge donne au mercurey des accents classiques, tirant sur le sous-bois, la mousse ou encore le cuir, la fourrure, le gibier.

• Le mercurey blanc se montre floral ; la menthe, le tilleul et l'amande fraîche, la noisette complètent le nez.

La bouche

• Le mercurey rouge est un vin entier qui possède de la mâche. Les tanins apportent quelquefois une nuance d'amertume qui passe avec le temps. Plénitude et fermeté, selon une architecture simple et élégante.

• Le mercurey blanc, par sa rondeur, est très proche des vins blancs de la Côte de Beaune.

Les premiers crus

La Bondue
Les Byots
La Cailloute
Les Champs Martin
La Chassière
Clos de Paradis
Clos des Barraults
Clos des Grands Voyens
Clos des Montaigus
Clos des Myglands
Clos du Château de Montaigu
Clos du Roy
Clos l'Évêque
Clos Marcilly
Clos Tonnerre
Clos Voyens
Grand Clos Fortoul
Les Combins
Les Crêts
Les Croichots
Les Fourneaux
Griffères
Le Levrière
La Mission
Les Montaigus
Les Naugues
Les Puillets
Les Ruelles
Les Saumonts
Les Vasées
Les Velley
Sazenay

Avec rully, montagny et givry, mercurey est l'une des quatre AOC communales de la Côte chalonnaise.

Température de service

Rouge jeune : 14-15 °C.
Rouge plus âgé : 15-16 °C.
Blanc : 12-14 °C.

Meursault

Ce gros bourg est bordé du nord au sud, en passant par l'ouest, par volnay, monthélie, auxey-duresses et puligny-montrachet. Ses meilleurs terroirs, surtout des marnes, se situent à mi-pente, selon une exposition qui oblique du levant au midi. Si l'image du meursault est essentiellement celle d'un grand vin blanc qui magnifie le chardonnay, il existe aussi un meursault rouge.

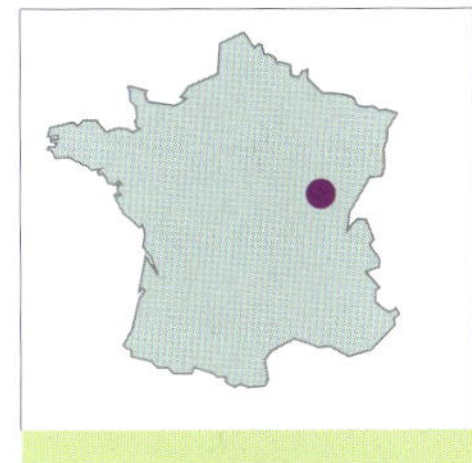

1937

Appellations
AOC Meursault
AOC Meursault premier cru

Couleurs
Blanc
Rouge

Superficie
400 ha

Production
Blanc : 20 000 hl
Rouge : 500 hl

L'œil

La robe du meursault est d'un or plus ou moins ambré selon l'âge. Limpide, brillante, elle a de l'éclat et s'accompagne souvent de reflets gris.

Le nez

Le bouquet évoque le chardonnay mûr, gorgé de soleil et empreint de l'influence du terroir. On y perçoit des arômes d'aubépine, d'abricot, de citron et de fruits exotiques (mangue, papaye). S'y mêlent les fruits secs caractéristiques du cépage (noisette et amande), ainsi que les notes de tilleul et de beurre.

La truffe et le pain grillé signent une bonne évolution.

La bouche

Le meursault est un vin d'une certaine corpulence, long et structuré. Sa texture soyeuse s'accompagne de saveurs de noisette fraîche, de miel, jusqu'à une finale originale sur la mirabelle.

Mets et vins
Blanc : foie gras, fruits de mer, quenelles de brochet, poisson, fromages (munster, époisses, roquefort ou bleu de Bresse), tarte Tatin (vin âgé).
Rouge : viande rouge grillée ou rôtie.

Température de service
Blanc : 12-14 °C.
Rouge : 15 °C.

Potentiel de garde
Blanc : 8 à 15 ans.
Rouge : 5 à 10 ans.

Nature des sols
Marnes blanches en milieu calcaire ; niveaux bathonien, callovien et argovien ; nuances magnésiennes parfois.

Les premiers crus
Blagny
Charmes
Clos des Perrières
Genevrières
Le Porusot
Les Bouchères
Les Caillerets
Les Cras
Les Gouttes d'Or
Les Plures
Les Ravelles
Les Santenots Blancs
Les Santenots du Milieu
Perrières
Porusot
La Jeunellotte
La Pièce sous le Bois
Sous Blagny
Sous le Dos d'Âne

Cépages
Blanc : chardonnay.
Rouge : pinot noir.

Minervois et minervois-la-livinière

Appellations
AOC Minervois (1985)
AOC Minervois-la-livinière (1999)
Couleurs
Rouge
Rosé
Blanc
(Minervois-la-livinière : uniquement rouge)

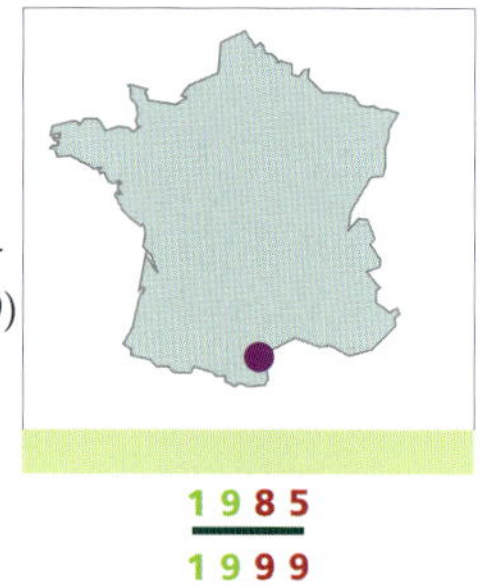

Superficie
Minervois : 4 200 ha
Minervois-la-livinière : 200 ha
Production
Minervois : 174 200 hl
Minervois-la-livinière : 7 000 hl

La vigne fait partie des paysages du Minervois depuis plus de deux millénaires. Et Minerve fut l'un des hauts lieux de l'épopée cathare. Aujourd'hui, depuis l'autoroute qui relie Narbonne à Carcassonne, le voyageur peut observer le vignoble disposé en gradins, de l'Aude jusqu'aux contreforts de la Montagne Noire. Dans cette région plutôt calcaire, aux collines douces, la vigne joue avec la garrigue comme sur un damier désordonné.

Minervois-la-livinière
Six communes (Azillanet, Cesseras, Siran, La Livinière, Félines-Minervois dans l'Hérault, et Azille dans l'Aude) sises sur les contreforts de la Montagne Noire ont obtenu une appellation spécifique : minervois-la-livinière. Elles produisent uniquement des vins rouges puissants et de garde, issus de grenache, de syrah et de mourvèdre conduits à petits rendements.

Potentiel de garde
2 à 4 ans (jusqu'à 8 ans dans les grands millésimes).

Cépages
Rouge : grenache noir, syrah, lledoner, mourvèdre ; carignan, cinsault, piquepoul.
Blanc : grenache, bourboulenc, marsanne, macabeu, roussanne, vermentino.

Nature des sols
Au nord : pentes caillouteuses essentiellement de calcaire éocène du piémont de la Montagne Noire.
Au sud : étendues planes de cailloux roulés des terrasses quaternaires ; sols les plus secs sur marnes et grès de l'éocène supérieur.

L'œil

• Les vins rouges ont une belle robe rubis ou grenat intense qui s'orne de nuances tuilées avec l'âge.
• Les vins rosés possèdent une couleur tuilée.
• Les vins blancs sont brillants, clairs et lumineux.

Le nez

• Les arômes de cassis et de violette dominent les minervois dans leurs premières années, surtout lorsque la syrah est majoritaire. Ils s'associent aux épices, ainsi qu'à la vanille et à la cannelle.
• Les arômes typiques de la garrigue apparaissent dans les vins rosés, au sein d'une palette fruitée complexe : fraise, grenadine, cassis.
• Les vins blancs révèlent des arômes de fruits blancs (pêche) et de fruits exotiques (ananas, orange, pamplemousse).

La bouche

• Les vins rouges sont en général puissants et charpentés. Sur les terrasses caillouteuses où la syrah a été le cépage le plus planté naissent des vins élégants et fruités qui peuvent être bus assez rapidement. Originaires des pentes de la Montagne Noire, les vins ont une puissance et une intensité supérieure. Ils s'ouvrent après deux ans de garde pour révéler leur ampleur. Dans les meilleurs millésimes sont produits d'excellents vins de garde.
• Les vins rosés sont des vins frais mais assez puissants, qui se terminent par une finale longue.
• Francs à l'attaque, les vins blancs livrent en finale le secret d'un élevage bien maîtrisé : la vanille, le miel et une nuance muscatée se fondent dans une douceur incomparable.

Le vignoble minervois.

Mets et vins
Rouge : médaillon de bœuf aux girolles, gibier.
Rosé : cuisine exotique, plats épicés.
Blanc : fruits de mer, poisson.

Température de service
Rouge : 15-17 °C.
Blanc et rosé : 10-12 °C.

Monbazillac

Appellation
AOC Monbazillac
Couleur
Blanc
Superficie
2 000 ha
Production
44 200 hl

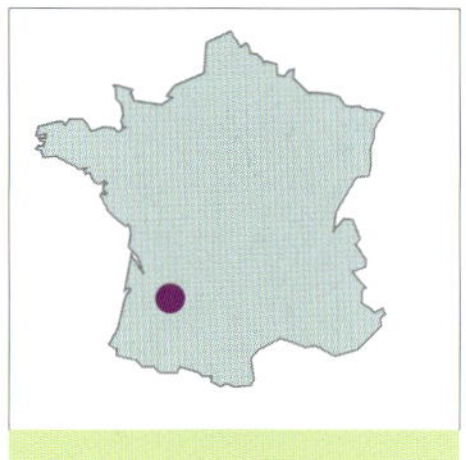

1936

Au cœur du vignoble bergeracois, l'appellation monbazillac fait figure d'exception. Une grande partie de ses vignes est en effet plantée sur une côte assez pentue et exposée en plein nord, face à la ville de Bergerac, sur la rive gauche de la Dordogne. Ici, la fraîcheur des matinées d'automne favorise la formation des brumes et donc le développement de la pourriture noble. Depuis le XVIIe siècle, les vignerons produisent grâce à ce microclimat des vins liquoreux.

L'œil

De l'or. Clair, quand il est jeune, le monbazillac peut évoluer vers une teinte de plus en plus soutenue au fil du temps, surtout s'il a été élevé en barrique. Après quelques décennies, il devient ambre.

Le nez

Tout de miel et de fleurs dans sa jeunesse, le monbazillac développe ensuite des arômes de fruits secs, d'amande et de noisette.

La bouche

Gras, puissant, le monbazillac s'équilibre grâce à une certaine vivacité. Le *Botrytis cinerea* apporte cet inimitable goût de rôti.

Principaux cépages
Sémillon, sauvignon, muscadelle.

Nature des sols
Argilo-calcaires dans l'ensemble, sur des soubassements divers selon l'étagement de la côte : alternance de molasses et de calcaires.

Potentiel de garde
3 à 10 ans.

Mets et vins
Foie gras, volaille à la crème, fraises du Périgord, melon.

Température de service
8-9 °C.

Montagne-saint-émilion

Terre de petites exploitations, Montagne-Saint-Émilion n'en possède pas moins un riche patrimoine architectural par ses édifices romans, ses anciennes forteresses, tel le château des Tours, ou ses demeures néo-classiques. La variété des terroirs de Montagne-Saint-Émilion se retrouve dans les vins : on distingue ceux issus des terrains argilo-calcaires, caractéristiques des côtes par leur robustesse, et ceux des sols plus graveleux qui gagnent en finesse ce qu'ils perdent en puissance.

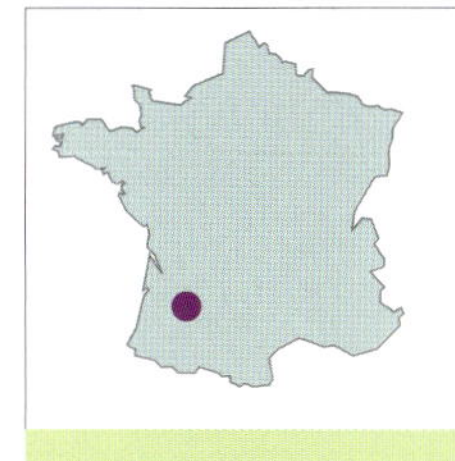

1936

Appellation
AOC Montagne-saint-émilion

Couleur
Rouge

Superficie
1 600 ha

Production
81 000 hl

L'œil

Le montagne-saint-émilion revêt une robe rubis qui, parfois, se teinte de nuances sombres, annonciatrices d'un solide potentiel d'évolution.

Le nez

Une large palette de parfums – cassis, cuir, pruneau, cerise, sous-bois, poivron, mûre, réglisse et gibier – accompagne des notes de café torréfié et de chocolat héritées de l'élevage sous bois. Des arômes parfois surprenants de fruits confits marquent l'influence du millésime.

La bouche

Élégant et charpenté, le montagne-saint-émilion est soutenu par des tanins puissants et mûrs. Bien enrobé, il révèle une ampleur et une complexité typiques de l'appellation. La finale est séduisante par sa fraîcheur, ses arômes épicés, son côté fruité et sa persistance.

Mets et vins
Charcuterie, terrine, poisson (saumon, rouget), cannette aux cerises, cassoulet, carré d'agneau, fromages (brie, pont-l'évêque, roquefort), soufflé au chocolat.

Température de service
16-18 °C.

Potentiel de garde
4 à 9 ans.

Principaux cépages
Merlot (dominant), cabernet franc, cabernet-sauvignon.

Nature des sols
Argilo-calcaire, limono-argileux et graves.

Montagny

Appellations
AOC Montagny
AOC Montagny premier cru
Couleur
Blanc
Superficie
310 ha
Production
18 000 hl

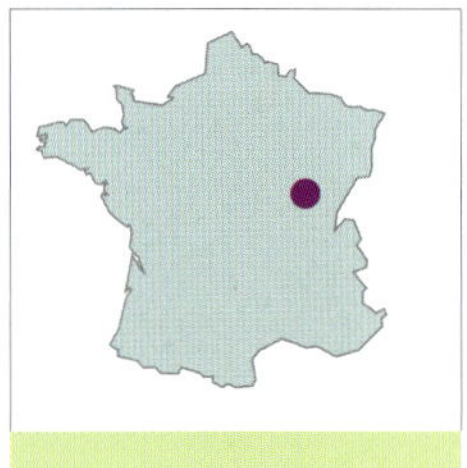

1936

À l'extrême sud de la Côte chalonnaise, les vignes de Buxy, Montagny-lès-Buxy, Jully-lès-Buxy et Saint-Vallerin sont exposées à l'est et au sud-est sur des coteaux dont l'altitude varie entre 250 et 400 m. Les sols sont ici très différents de ceux des autres appellations communales de la Côte chalonnaise. Le montagny est un vin blanc sec au bouquet délicat.

L'œil

Limpide, la robe du montagny est dorée à reflets verts. Une couleur plus jaune, bouton d'or, est un effet de l'âge.

Le nez

Les arômes évoquent l'aubépine, l'acacia, le chèvrefeuille et la fougère. Il s'y ajoute la citronnelle, la pierre à fusil, sous un angle plus vif. Dans le registre fruité, on perçoit la pêche blanche, la poire, les fruits blancs. Une touche de noisette, souvent apportée par le fût, ou encore de miel souligne la douceur de la palette.

La bouche

Le montagny est un vin frais, jeune de caractère, fringant et aimable, privilégiant le retour d'arômes (parfois un peu épicés) et la spontanéité. La structure trouve un accord remarquable avec la finesse des saveurs.

Cépage
Chardonnay.

Nature des sols
Marneux ou calcaires et marneux, du lias et du trias ; kimméridgien.

Potentiel de garde
3 à 6 ans.

Température de service
12-14 °C.

Mets et vins
Gougères, moules, écrevisses, coquilles Saint-Jacques, andouillette, cuisses de grenouilles, poisson de rivière, volaille de Bresse, fromages de chèvre ou saint-nectaire.

Quelques premiers crus
Les Coères
Montcuchot
Les Chaniots
Les Bonneveaux
Vignes sur le Cloux
Les Burnins
Le Vieux Château
Les Bordes
Les Platières

Monthélie

Le village de Monthélie occupe une situation de balcon entre les premiers reliefs de la Côte de Beaune et les Hautes-Côtes. Sur la centaine d'hectares plantés en appellation communale, 31 ha sont classés en premiers crus. Orientés sud et sud-est, reposant sur du calcaire recouvert de bonnes terres rouges et de marnes, les meilleurs *climats* occupent le coteau proche de Volnay.

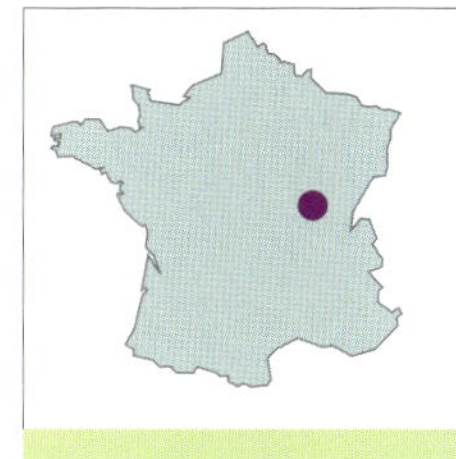

1937

Appellations
AOC Monthélie
AOC Monthélie premier cru

Couleur
Rouge
Blanc

Superficie
120 ha

Production
Rouge : 4 600 hl
Blanc : 600 hl

L'œil

- Le monthélie rouge revêt souvent une belle robe rubis vif, aux nuances presque violacées.
- En blanc, le vin est de couleur paille et brillante, claire et limpide.

Le nez

- En rouge, le fruité s'impose d'emblée : framboise, cerise, groseille, mûre, cassis. Les senteurs florales sont dominées par la pivoine. Avec le temps, le bouquet évolue vers l'épice, parfois l'animal et le sous-bois (fougère, champignon), le confit et le cuir.
- En blanc, le vin évoque l'aubépine, avec une nuance citronnée, et la pomme de reinette.

La bouche

- En rouge, la bouche harmonieuse révèle une pointe d'astringence lorsque le vin est jeune.
- En blanc, le monthélie est friand grâce à un bon équilibre entre le moelleux et la vivacité.

Les premiers crus
Les Barbières
Le Cas Rougeot
Les Champs Fulliots
Le Château Gaillard
Le Clos Gauthey
Clos des Toisières
Le clou des Chênes
Les Clous
Les Duresses
Le Meix Bataille
Les Riottes
Sur la Velle
La Taupine
Le Village (Monthélie)
Les Vignes Rondes

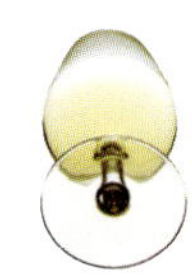

Mets et vins
Rouge : viande blanche, lapin, volaille, fromages (cîteaux, brillat-savarin, saint-nectaire, brie).
Blanc : quenelles, sandre ou brochet en sauce, fromages sauce, fromages (bleu, livarot, époisses).

Température de service
Rouge : 15-16 °C.
Blanc : 12-14 °C.

Potentiel de garde
Rouge : 5 à 10 ans (parfois au-delà).
Blanc : 3 à 5 ans.

Nature des sols
Calcaires, marneux et argilo-calcaires.

Cépages
Rouge : pinot noir.
Blanc : chardonnay.

Montlouis-sur-loire

Appellation
AOC Montlouis-sur-loire
Couleur
Blanc (moelleux, sec ou effervescent)
Superficie
370 ha
Production
15 000 hl

1938

Entre Amboise et Tours, face à Vouvray, le vignoble de Montlouis relie la Loire et le Cher. Il bénéficie des influences atlantiques qui favorisent la maturation du raisin. Exposé au sud, il est implanté sur des sols caillouteux qui captent le moindre rayon de soleil. Le chenin, ou pineau de la Loire, est le seul cépage cultivé ici. Les vins peuvent être secs, demi-secs ou moelleux selon les années et la période de récolte.

L'œil

Jeune, le montlouis est d'un jaune paille assez clair. Avec l'âge, la teinte gagne en densité pour aller jusqu'à l'or lorsque le vin est moelleux. Dans les années riches, la couleur est toujours plus soutenue.

La bouche

Les vins ont toujours une petite vivacité en bouche qui leur donne fraîcheur et gaieté, et confère aux effervescents un côté désaltérant. « Vins de taffetas », disait Rabelais, fermes et soyeux à la fois.

Le nez

Le nez est floral et fruité dans les vins jeunes (verveine, giroflée, amande amère, bergamote, etc.), puis évolue vers les fruits exotiques (mangue, litchi). Après plusieurs années de bouteille, un moelleux évoquera le miel, le coing et les fruits confits. Les effervescents rappellent la pomme, la brioche ou les fruits secs.

Mets et vins
Vin sec : apéritif, charcuterie, soufflé au fromage, viande blanche, fromages de chèvre.
Vin demi-sec apéritif, poisson fin, fromages de chèvre.
Vin moelleux : apéritif, foie gras.
Vin effervescent : apéritif, huîtres chaudes, volaille, pâtisserie.

Cépage
Chenin (ou pineau de la Loire).

Nature des sols
Argilo-siliceux.

Potentiel de garde
10 ans et au-delà.

Température de service
Vin tranquille : 10-11 °C.
Vin effervescent : 8 °C.

Montrachet

Apparu au Moyen Âge, le montrachet a pris son essor au XVIIe siècle. Ce cru sublime, classé au premier rang mondial des vins blancs secs, est issu d'un sol léger, riche en calcaire actif et en sodium. Le vignoble est exposé au sud-sud-est sur le léger versant d'une colline, au sud de la Côte de Beaune, regardant Chagny et la Côte chalonnaise. Il se répartit sur Puligny-Montrachet et sur Chassagne-Montrachet. Longtemps surnommé « l'aîné », ou « le vrai », cet empereur des vins blancs de Bourgogne est entouré de quatre grands crus terminés du nom « montrachet » : bâtard, chevalier, bienvenue-bâtard et criots-bâtard.

1937

Appellation
AOC Montrachet
Classement
Grand cru
Couleur
Blanc
Superficie
8 ha
Production
300 hl

L'œil
La robe classique du montrachet brille d'or vert illuminé de reflets émeraude. Avec le temps, cette couleur évolue vers le jaune d'or vif.

Le nez
Nuance de fougère côté Puligny, de beurre et de croissant chaud côté Chassagne. Il s'y ajoute souvent la citronnelle, les fruits secs, l'amande amère, un rien de minéral, quelques épices encore et le miel. Des notes d'orange apparaissent parfois.

La bouche
Un corps fondé dans sa jeunesse sur toute l'acidité nécessaire, miellé ; le montrachet est onctueux et pourtant sec, ferme, enveloppé et profond. Il ne dévoile aucun excès de gras ni de puissance, mais un raffinement extrême.

Mets et vins
Homard, langouste, coquilles Saint-Jacques, poularde aux morilles, poisson (bar en croûte de sel, sole, saumon).

Température de service
12-14 °C.

Potentiel de garde
10 à 15 ans (jusqu'à 30 ans dans les grandes années).

Cépage
Chardonnay.

Nature des sols
Sols bruns calcaires en faible pente, peu épais avec éboulis.

Montravel, côtes-de-montravel et haut-montravel

Appellations
AOC Montravel
AOC Côtes-de-montravel
AOC Haut-montravel
Couleur
Blanc (sec, moelleux ou liquoreux)
Rouge
Superficie
Montravel : 520 ha
Côtes-de-montravel : 70 ha
Haut-montravel : 50 ha
Production
Montravel : 15 000 hl
Côtes-de-montravel : 1 800 hl
Haut-montravel : 1 800 hl

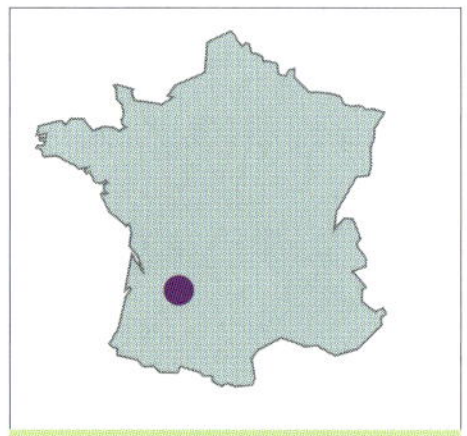

1936 (montravel)
1937 (côtes-de-montravel et haut-montravel)

Le plus célèbre enfant de Montravel est sans nul doute Michel Eyquem de Montaigne qui, après avoir exercé les fonctions de maire de Bordeaux, se retira dans ses terres, où il rédigea ses *Essais*. Sur la rive droite de la Dordogne, entre Castillon à l'ouest et Sainte-Foy-la-Grande à l'est, l'AOC montravel produit des vins blancs secs, alors que les appellations côtes-de-montravel et haut-montravel s'appliquent aux vins moelleux. Depuis 2001, les vins rouges peuvent prétendre, eux aussi, à l'AOC montravel.

L'œil

- La robe des vins blancs secs est teintée de jaune avec des reflets verts. Élevés sous bois, les montravel évoluent vers une couleur or pâle.
- Les vins moelleux varient du jaune paille à l'or pâle en fonction du vieillissement sous bois.
- Une couleur rouge profond caractérise les montravel rouges.

Le nez

- Le parfum typique est la pierre à fusil. Puis apparaissent le buis ou les agrumes, auxquels se mêlent des arômes de fruits (ananas), d'épices (clou de girofle, poivre), de pain grillé et de fruits secs (amande, noisette).
- Dans les vins moelleux et liquoreux, les arômes de fruits confits et de miel s'expriment avec un rôti plus ou moins intense.
- Un nez intense de fruits rouges mûrs associés au cuir et à une pointe animale dans les vins rouges.

La bouche

- Les vins secs ont une attaque fraîche. D'un équilibre harmonieux et d'une longueur moyenne, ils finissent par une note acidulée. Vinifiés en fût, ils sont ronds et amples. Les saveurs épicées se marient aux fruits secs et à la vanille.
- Les vins moelleux offrent beaucoup de gras et d'ampleur. L'équilibre est harmonieux, avec souvent une petite nervosité en finale.
- Les vins rouges ont une solide structure et une chair concentrée.

Potentiel de garde
Vin sec : 1 à 3 ans.
Vin liquoreux : 5 à 10 ans (davantage pour les bons millésimes).

Principaux cépages
Blanc : sémillon, sauvignon (dominant), muscadelle, ondenc.
Rouge : merlot (dominant), cabernet-sauvignon, cabernet franc, côt.

Nature des sols
Graves, argilo-calcaires et boulbènes.

Température de service
Blanc : 8-10 °C.
Rouge : 16 °C.

Mets et vins
Vin sec : fruits de mer, poisson.
Vin sec vinifié en barrique : poisson en sauce, viande blanche, volaille à la crème.
Rouge : viande rôtie, daube.

Morey-saint-denis

Entre Gevrey-Chambertin et Chambolle-Musigny, Morey-Saint-Denis est l'une des communes de la Côte de Nuits les mieux pourvues en grands crus. La vigne, exposée plein est, produit surtout des vins rouges solides et charnus dans le haut du coteau et le piémont, au-dessus et au-dessous des crus. Nés des sols graveleux descendus de la combe, les vins sont plus légers.

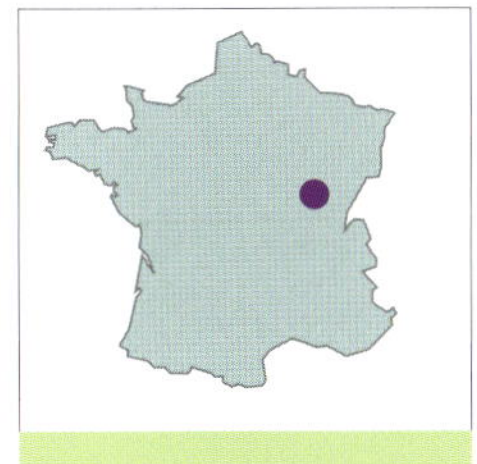

1936

Appellation
AOC Morey-saint-denis
AOC Morey-saint-denis premier cru

Couleurs
Rouge
Blanc

Superficie
100 ha
Premier cru : 40 ha

Production
Rouge : 3 700 hl
Blanc : 200 hl

Les premiers crus
Les Blanchards
La Bussière
Les Chaffots
Les Charrières
Aux Charmes
Aux Cheseaux
Les Chenevery
Clos Baulet
Clos des Ormes
Clos Sorbè
Côte Rôtie
Les Faconnières
Les Genavrières
Les Gruenchers
Les Milandes
Monts Luisants
La Riotte
Les Ruchots
Les Sorbès
Le Village

L'œil

- La robe du morey-saint-denis rouge évolue du rubis vif au grenat intense, en passant par le carmin. Les reflets violacés sont un signe de jeunesse préservée.
- En blanc, la couleur est très claire.

Le nez

- Le bouquet du morey-saint-denis rouge se partage entre les petits fruits noirs (cassis, myrtille, mûre) et le fruit rouge à noyau (cerise), mais il comporte mille variantes (prunelle, réglisse, ronce, violette, jasmin, œillet). Les arômes de fruits macérés (fruits à l'eau-de-vie) apparaissent avec l'âge.
- Les vins blancs expriment des notes florales qui l'emportent sur les épices et les arômes de beurre.

La bouche

- Un morey-saint-denis classique est soutenu, structuré. Le fruit mûrit avec les années.
- Fin, le morey-saint-denis blanc réussit le parfait équilibre entre gras et acidité.

Potentiel de garde
Rouge :
3 à 15 ans (au-delà pour les grands millésimes et les meilleurs premiers crus).
Blanc : 2 à 4 ans.

Mets et vins
Rouge : pintade au chou, lapin à la moutarde, fromages (époisses, munster, livarot).
Blanc : poisson de rivière, volaille.

Température de service
Rouge jeune et blanc : 12-14 °C.
Rouge plus âgé : 14-16 °C.

Nature des sols
Argilo-calcaires et calcaires à entroques, plus marneux en descendant le versant.

Cépages
Rouge : pinot noir.
Blanc : chardonnay et pinot blanc.

Morgon

Appellations
AOC Morgon
AOC Morgon suivi du *climat* d'origine
Couleur
Rouge
Superficie
1 100 ha
Production
56 100 hl

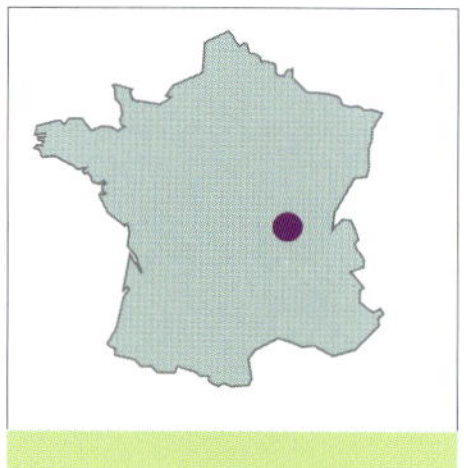

1936

« Le fruit d'un beaujolais, le charme d'un bourgogne », se plaît-on à dire du côté de Villié-Morgon pour résumer l'harmonie des vins. Au sein des dix crus du Beaujolais, morgon compte parmi ceux qui s'accordent volontiers quelques années de garde pour révéler la subtilité du terroir schisteux.

L'œil

Le morgon est un vin coloré, d'un rouge grenat soutenu et profond à maturité.

Le nez

La grande originalité du morgon réside dans ses arômes de kirsch, de fruits mûrs à noyau, d'eau-de-vie de fruit que l'on ne retrouve dans aucun autre cru du Beaujolais. Quelques cuvées révèlent des notes minérales caractéristiques.

La bouche

L'attaque est nette, la matière emplit rapidement la bouche et fait écho aux sensations perçues à l'olfaction. Le morgon est un vin corsé, robuste, dont les cuvées les plus réussies voient leur bouquet s'affiner et s'intensifier au cours du vieillissement. La particularité gustative du morgon a donné lieu à un verbe nouveau dans le vocabulaire du dégustateur : « morgonner ». Morgonner, c'est bien sûr avoir les caractères du morgon, mais aussi une bonne aptitude au vieillissement.

Cépage
Gamay noir.

Nature des sols
Schistes, arène granitique, cailloutis.

Potentiel de garde
3 à 10 ans.

Température de service
13-15 °C.

Mets et vins
Terrine, gigot d'agneau, gibier à plume (faisan, canard sauvage), fromages.

Les six *climats* de morgon
La Côte de Py
Les Micouds
Les Grands Cras
Les Charmes
Corcelette
Douby

Moselle

Le vignoble lorrain semble bien marginal quand on le situe sur la carte viticole. Pourtant, il a connu une histoire florissante. Il suffit pour s'en convaincre de passer la frontière. Que l'on regarde le versant allemand ou le versant luxembourgeois, la vigne est omniprésente. En matière d'encépagement, les usages mosellans sont le fruit d'une influence bourguignonne (gamay et pinot noir essentiellement plantés dans le sud de la Moselle) et germanique (riesling, gewurztraminer et surtout müller-thurgau, sur les communes proches de la frontière). Les rosés dominent au sud de l'AOC et les blancs au nord. AOVDQS depuis 1951, la moselle a accédé à l'AOC en 2011.

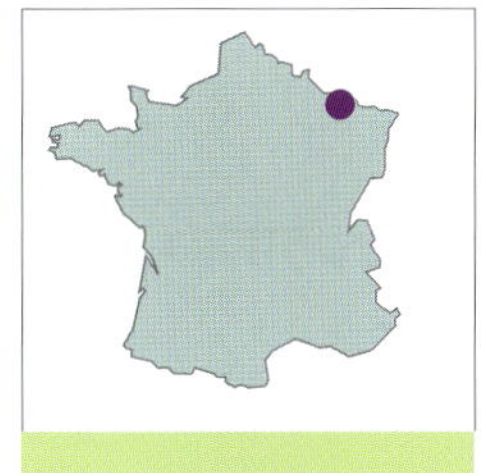

2011

Appellation
AOC Moselle
Dénomination
Nom des cépages
Couleur
Blanc
Rosé (vin gris)
Rouge

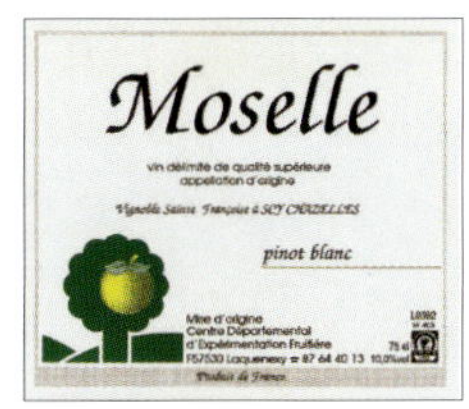

L'œil

- Les vins blancs secs présentent des nuances jaune-vert lorsqu'ils sont jeunes, plus dorées après deux ans de garde.
- Les vins rosés ont des reflets tirant plus sur le gris que sur le rose, sauf les années de forte maturité où la couleur a tendance à s'imposer.
- La robe des vins rouges de Moselle tire sur le rubis.

Le nez

- Les vins blancs sont souvent aromatiques, notamment lorsqu'ils sont issus des cépages auxerrois ou müller-thurgau.
- Les vins gris sont élégants et très fruités.
- Les vins rouges sont marqués par des arômes de fruits rouges (cerise ou framboise). Leur palette est subtile.

La bouche

- Le müller-thurgau apparaît nerveux, léger mais d'une bonne persistance aromatique (sa filiation croisée riesling et sylvaner fait apparaître des notes muscatées en fin de bouche). L'auxerrois est bien équilibré dans ces contrées où il trouve un terroir de prédilection.
- Les vins gris ont gagné en complexité et en longueur grâce à l'assemblage de pinot noir et de gamay ; ils atteignent une belle harmonie.
- Les vins rouges livrent une bouche fraîche mais suffisamment charnue pour accompagner des plats de charcuterie.

Température de service
Blanc et rosé : 8-10 °C.
Rouge : 13 °C.

Mets et vins
Entrées, charcuterie.

Principaux cépages
Blanc : Auxerrois, müller-thurgau, pinot gris, gewurztraminer, pinot blanc, riesling.
Rouge et rosé : pinot noir, gamay.

Superficie
40 ha
Production
1 600 hl

Potentiel de garde
2 ans.

Nature des sols
Argilo-calcaires principalement.

Moulin-à-vent

Appellations
AOC Moulin-à-vent
AOC Moulin-à-vent suivi du *climat* d'origine

Couleur
Rouge

Superficie
670 ha

Production
33 100 hl

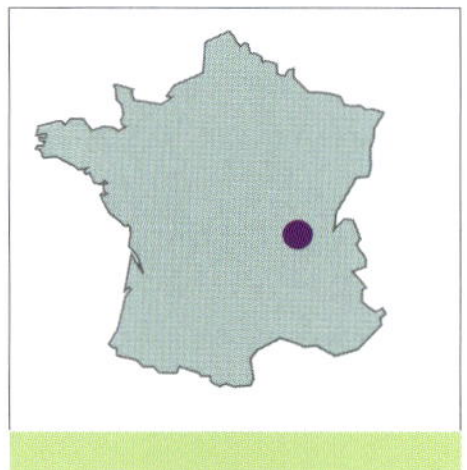

1936

En haut d'une colline, un moulin est emblématique de la plus ancienne appellation du Beaujolais. Moulin-à-vent – qui n'est pas une commune – regroupe les meilleurs coteaux de Romanèche-Thorins et de Chénas. Ses vignes sont bordées au sud-ouest par le cru de fleurie et au nord par l'appellation chénas. Les gores, granites désagrégés, donnent naissance à un vin à la fois corsé et fin, apte à la garde, et que l'on compare parfois à ses cousins bourguignons de la Côte d'Or.

L'œil

Le moulin-à-vent doit au gamay et au granite sa couleur rouge violacé qui, au fur et à mesure du temps, évolue du grenat sombre au rubis profond.

Le nez

Dans sa prime jeunesse, le moulin-à-vent exhale des senteurs fruitées, comme la cerise bien mûre, et florales, comme la violette. Puis apparaissent des parfums de rose fanée, d'iris. Plus tard, son bouquet devient plus épicé et complexe, avec des notes de truffe, de musc, de venaison et même d'ambre gris. Ces différentes nuances restent assez légères et discrètes ; elles ne nuisent ni à la finesse ni à l'élégance du vin.

La bouche

C'est surtout au palais que le moulin-à-vent affirme sa grande distinction. La juste proportion de chacun de ses constituants, la finesse de ses tanins et la persistance de ses arômes procurent un plaisir sans égal. Charnu, velouté, souvent minéral, ce vin peut hériter quelques touches boisées de son élevage. Sa race et son cachet se développent avec le temps.

Les *climats* de moulin-à-vent

Le vignoble de Romanèche se divise en neuf *climats* :
Les Carquelins,
Les Rouchaux,
Champ de Cour,
En Morperay,
Les Burdelines,
La Roche,
La Delatte, Les Bois Maréchaux,
La Pierre.
À Chénas, les plus grandes cuvées proviennent de
La Rochelle,
Les Caves, Rochegrès,
Champagne,
Les Vérillats et Les Joies.

Cépage
Gamay noir.

Nature des sols
Arènes granitiques avec filons de manganèse.

Potentiel de garde
4 à 10 ans.

Température de service
15 °C.

Mets et vins
Viande rouge, gibier, fromages (munster, époisses, camembert).

Moulis-en-médoc

Contrairement aux autres appellations communales du Médoc, moulis ne présente pas une forme ramassée mais s'étire en un étroit ruban de 12 km de long sur à peine 300 ou 400 m de large. Très importante pour l'identité de l'appellation est la forte représentation des crus bourgeois, dont Moulis est l'une des terres d'élection. Avec listrac, moulis est en effet la seule AOC communale à ne pas posséder de crus classés. Les vins savent affirmer leur personnalité, unis par leur bonne aptitude à la garde, par la complexité de leur bouquet et par leur finesse.

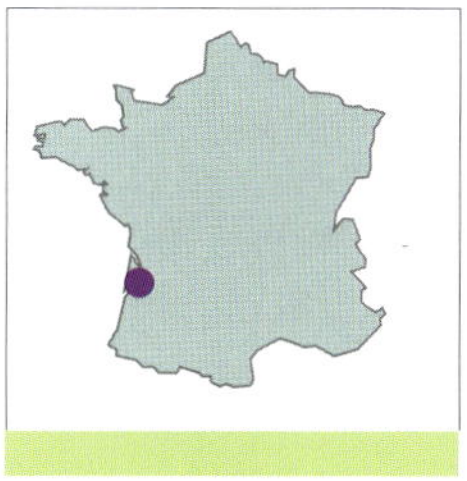

1938

Appellation
AOC Moulis-en-médoc
Couleur
Rouge
Superficie
630 ha
Production
30 000 hl

L'œil
La robe d'un beau rubis foncé à reflets sombres annonce de grandes possibilités de garde.

Le nez
Charmeurs et nombreux, les parfums forment un bouquet où dominent les notes fruitées. La palette se décline, des fruits rouges mûrs au pain grillé, en passant par la réglisse, les notes de torréfaction ou de tabac.

La bouche
On retrouve au palais l'expression aromatique complexe du bouquet : fruits rouges frais, fruits cuits, vanille, cannelle, réglisse, violette, épices, café torréfié et sous-bois. Très enrobée, la charpente est soutenue par des tanins veloutés et savoureux.

Mets et vins
Agneau, gibier à plume (perdrix).

Température de service
17-18 °C.

Potentiel de garde
7 à 18 ans.

Principaux cépages
Cabernet-sauvignon, cabernet franc, merlot, petit verdot, malbec, carmenère.
Nature des sols
Graves et argilo-calcaires.

Muscadet

Appellations
AOC Muscadet (1937)
AOC Muscadet-sèvre-et-maine (1936)
AOC Muscadet-coteaux-de-la-loire (1936)
AOC Muscadet côtes de grandlieu (1994) La mention « sur lie » est possible pour chacune des quatre AOC

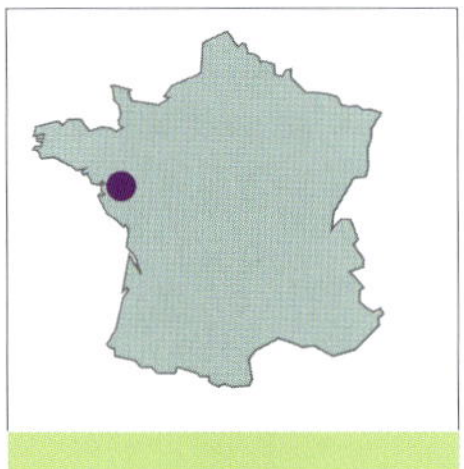

1936
1937
1994

Le muscadet présente l'originalité de ne pas porter le nom d'une région géographique ou historique. Son nom remonterait au Moyen Âge, lorsque les vins de muscat venus de Chypre étaient réputés auprès des cours féodales. Détruit totalement en 1709 par le gel, le vignoble fut reconstitué avec des plants de melon, cépage bourguignon. L'essentiel des terroirs de l'appellation se répartit en arrière de la zone littorale et en contrebas des premiers reliefs des Mauges et de la Vendée. Ce secteur relativement peu arrosé est soumis aux influences océaniques. Il bénéficie d'un ensoleillement remarquable. Vin de la façade atlantique, le muscadet est vif et désaltérant. De plus en plus, les muscadets des appellations sous-régionales, élevés sur lie, méritent l'attention des amateurs.

Couleur
Blanc
Superficie
Muscadet : 3 600 ha
Muscadet-sèvre-et-maine : 8 800 ha
Muscadet-coteaux-de-la-loire : 200 ha
Muscadet-côtes-de-grandlieu : 300 ha
Production
Muscadet : 214 000 hl
Muscadet-sèvre-et-maine : 418 000 hl
Muscadet-coteaux-de-la-loire : 11 900 hl
Muscadet-côtes-de-grandlieu : 10 500 hl

Cépage
Melon blanc.

Nature des sols
Sables et graviers de l'éocène ; sols bruns sur granites et gneiss, micaschistes, gabbros.

Potentiel de garde
2 à 5 ans (bien au-delà certaines années).

La vinification sur lie

On appelle « lie » le dépôt qui se forme au fond de la cuve après la fermentation du vin. Si les lies les plus grosses sont éliminées, certains producteurs du Muscadet conservent les lies fines susceptibles de libérer des substances aromatiques et d'apporter plus de gras au vin fini. Ainsi, la mention « sur lie » est accordée aux vins du Muscadet ayant subi un élevage de plus de quatre mois sur leurs lies fines de vinification. La mise en bouteilles s'effectue avant le 30 juin de l'année qui suit la récolte, les vins étant encore sur leurs lies fines.

L'œil

• Le muscadet présente une robe d'or vert très pâle.

• Dans les secteurs des roches basiques, notamment en muscadet-sèvre-et-maine, dans la région de Vallet et de Mouzillon, des reflets bronze peuvent apparaître.

• Le muscadet-coteaux-de-la-loire possède souvent des reflets or paille plus prononcés.

• Le muscadet-côtes-de-grandlieu dévoile des reflets d'un or bronze élégant. Le vin doit être très fluide dans le verre. Il offre un léger perlant lorsqu'il a été mis en bouteilles sur lie.

Le nez

• Les arômes de fermentation dominent le muscadet la première année, mais des nuances minérales, voire iodées, ne tardent pas à apparaître. Dans les vins blancs évolués, surtout après élevage sur lie, des arômes de fleurs blanches et d'agrumes se marient aux notes minérales et marines.

• Les muscadets-sèvre-et-maine sont plus variés, à l'image de la diversité des terroirs. Les arômes fruités et muscatés dominent parfois.

• Le muscadet-coteaux-de-la-loire se distingue par des arômes plus mûrs évoquant la violette, le fruit exotique.

• Le muscadet-côtes-de-grandlieu présente beaucoup d'élégance et de race. S'y mêlent des arômes complexes évoquant la richesse minérale d'un site naturel remarquable.

La bouche

Vins généralement légers en alcool (moins de 12 % vol.), les muscadets présentent un excellent équilibre entre les arômes, l'acidité et la rondeur. Une certaine astringence, toute d'élégance, explique l'heureux mariage de ces vins du littoral atlantique avec les produits de la mer. Certains muscadets, plus vifs et légers, sont particulièrement en harmonie avec les coquillages et les crustacés, tandis que d'autres, plus corsés, aux nuances minérales accentuées, seront en accord avec les poissons en sauce. Il ne faut pas oublier l'excellent mariage du muscadet avec les mets au beurre blanc, chef-d'œuvre de la gastronomie de la Loire.

Les muscadets

Le vignoble est réparti en trois aires d'appellation sous-régionales.

• La plus ancienne et la plus importante est celle du muscadet-sèvre-et-maine, composée de vingt-trois communes autour des vallées de la Sèvre nantaise et de la Maine. En son sein sont produits du muscadet, du muscadet-sèvre-et-maine ou muscadet-sèvre-et-maine sur lie.

• Le vignoble des muscadets-coteaux-de-la-loire se répartit sur les coteaux qui bordent la Loire, depuis Ingrandes jusqu'à Carquefou, centré autour de la ville d'Ancenis. Ses vins portent ou non la mention « sur lie ».

• Le vignoble de l'AOC muscadet-côtes-de-grandlieu se répartit sur dix-neuf communes à la périphérie du lac de Grandlieu. Dernière-née des appellations d'origine sous-régionales de muscadet, cette aire a fait l'objet d'une délimitation particulièrement sélective de ses terroirs. Sa production porte ou non la mention « sur lie ».

Température de service
8-12 °C.

Mets et vins
Fruits de mer, mouclade, poisson grillé, fromages de chèvre, pont-l'évêque, reblochon (avec un muscadet sur lie).

Muscat-de-beaumes-de-venise

Appellation
AOC Muscat-de-beaumes-de-venise
Couleurs
Blanc
Rosé
Rouge
Superficie
500 ha

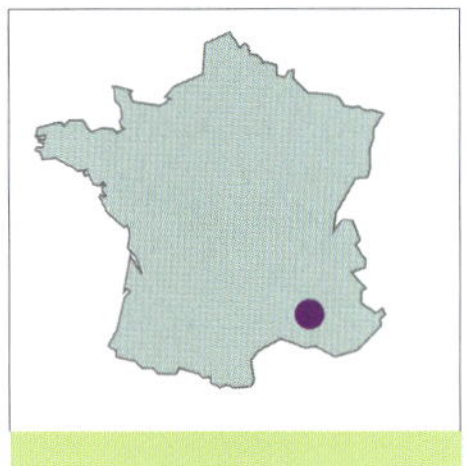

1945

Au nord-est d'Avignon, Châteauneuf-du-Pape, Vacqueyras et Gigondas servent d'écrin au terroir de Beaumes-de-Venise sur fond de mont Ventoux. À l'écart de l'axe rhodanien, les muscatières de Beaumes-de-Venise et les parcelles retenues sur Aubignan s'étagent depuis les bords de la Salette jusqu'au pied des Dentelles de Montmirail. Dans les sols profonds, très aérés, le muscat puise toute sa finesse et donne naissance à un vin doux naturel de grande élégance.

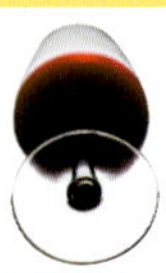

L'œil

Le muscat-de-beaumes-de-venise présente souvent une robe or à reflets verts. Toutefois, quelques producteurs restés attachés à leurs pieds de muscat rose produisent un vin or pâle à reflets grisés.

Le nez

Fruits exotiques, notes florales, senteurs d'agrumes ou de raisin à l'eau-de-vie auxquels une pointe de rose vient quelquefois se mêler : le muscat-de-beaumes-de-venise est intense et frais.

La bouche

Fraîcheur et équilibre sont une constante en muscat : la bouche révèle des notes de tilleul, des accents muscatés, des arômes d'agrumes confits et une finale souvent mentholée. Savoureux et long, le muscat-de-beaumes-de-venise propose une matière liquoreuse, jamais sirupeuse.

Production
12 300 hl

Cépage
Muscat blanc à petits grains.

Potentiel de garde
2 à 10 ans.

Nature des sols
Marnes sableuses et argileuses ; sables.

Température de service
8-10 °C.

Mets et vins
Cuisine marocaine (tajine, pastilla), tarte au citron, gâteau aux noix, crème brûlée.

Muscat-de-frontignan

Entre Sète et Mireval, l'appellation muscat-de-frontignan s'étend sur deux communes de l'Hérault, Frontignan et la partie nord-ouest de Vic-la-Gardiole. L'orientation sud-est, la protection des vents du nord par le massif de la Gardiole et l'humidité apportée par les brises marines confèrent un microclimat favorable à la maturation du muscat. La production couvre deux types de vins doux naturels : l'un, traditionnel, est issu d'un élevage en barrique propice à l'oxydation ménagée, l'autre, plus moderne, bénéficie d'une technologie sans faille qui le préserve de l'action de l'oxygène. Il est possible d'élaborer un vin de liqueur en Frontignan présentant plus de 185 g/l de sucres résiduels. Cette production reste confidentielle.

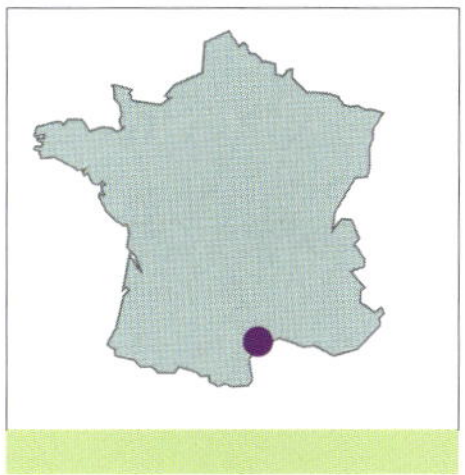

1936

Appellation
AOC Muscat-de-frontignan ou frontignan

Couleurs
Blanc

Superficie
800 ha

Production
19 700 hl

L'œil
Le muscat-de-frontignan traditionnel présente des nuances dorées, tandis que les vins modernes se parent d'une teinte or pâle, brillante.

Le nez
Le muscat-de-frontignan traditionnel dévoile des arômes de raisins secs et d'abricots secs finement muscatés. Dans le style moderne, il présente une palette fraîche d'agrumes (pomelos) et de fruits exotiques.

La bouche
Le muscat-de-frontignan traditionnel est gras, vineux et long en bouche. Élaboré avec des techniques plus sophistiquées, il donne une impression liquoreuse manifeste.

Mets et vins
Apéritif, fromages bleus.

Température de service
8-10 °C.

Cépage
Muscat blanc à petits grains.

Nature des sols
Caillouteux, pierreux, mollasses et alluvions anciennes.

Potentiel de garde
2 à 10 ans.

Muscat-de-lunel

Appellation
AOC Muscat-de-lunel
Couleur
Blanc
Superficie
320 ha
Production
8 200 hl

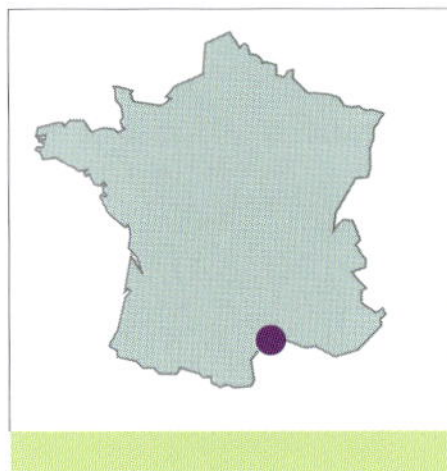

1943

Dans l'Hérault, le muscat-de-lunel, vin doux naturel, est issu du terroir de quatre communes : Lunel, Lunel-Viel, Saturargues et Vérargues. Le vignoble est implanté sur des coteaux peu élevés, ouverts sur la mer génératrice d'humidité qui permet aux raisins de supporter les fortes chaleurs estivales. L'essentiel des sols est constitué par des épandages de cailloutis rhodaniens contenus dans une gangue de sable et d'argile. Jadis singularisé par sa forte sucrosité en bouche, le muscat-de-lunel présente aujourd'hui une production de qualité remarquable.

L'œil
Une robe d'or brillant à reflets verts habille le muscat-de-lunel.

Le nez
Les arômes puissants évoquent le fruit du raisin allié à quelques notes florales.

La bouche
Le muscat-de-lunel présente une grande puissance liquoreuse, atténuée par la légèreté des arômes. Sa persistance est longue et sa finale très franche.

Cépage
Muscat blanc
Potentiel de garde
2 à 10 ans.
Nature des sols
Épandages de cailloutis, sables et argiles.

Température de service
8-10 °C.

Mets et vins
Foie gras, fromages bleus, desserts.

Muscat-de-mireval

Entre Montpellier et Sète, dans l'Hérault, le muscat-de-mireval étend son vignoble sur deux communes : Mireval et une partie de Vic-la-Gardiole. La limite sud de l'appellation est constituée par les étangs et la mer qui jouent un rôle modérateur lors de la canicule estivale. Les sols sont de nature argilo-calcaire. Longtemps resté dans l'ombre de son illustre voisin de Frontignan, ce vin doux naturel joue sa carte personnelle depuis 1959 avec succès.

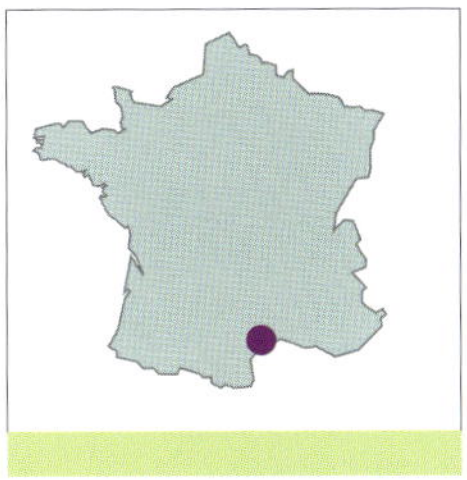

1959

Appellation
AOC Muscat-de-mireval

Couleur
Blanc

Superficie
280 ha

Production
6 200 hl

L'œil
Le muscat-de-mireval présente une robe or pâle, brillante.

Le nez
La palette laisse apparaître des arômes floraux (type fleurs blanches et rose), des notes d'agrumes et de raisins mûrs.

La bouche
Le muscat-de-mireval offre une bouche onctueuse mais franche. Tempéré par la fraîcheur aromatique, il révèle une finesse gustative originale.

Les vins doux naturels

À la fin du XIIIe siècle grâce au travail d'Arnau de Vilanova, médecin à l'université de Montpellier, est né le principe d'élaboration des vins doux naturels : le « mutage du vin par son esprit », c'est-à-dire par l'utilisation d'eau-de-vie pour arrêter la fermentation et conserver une grande quantité de sucres. Les conditions de production des muscats ont peu varié depuis l'origine, à l'exception du mutage, qui doit aujourd'hui être réalisé avec de l'alcool neutre, et de l'interdiction d'ajouter plantes ou substances aromatiques.

Mets et vins
Apéritif, melon, foie gras, tartes aux fruits.

Température de service
8-10 °C.

Cépage
Muscat blanc à petits grains.

Nature des sols
Éboulis de calcaires durs ; calcaires du jurassique et du miocène.

Potentiel de garde
2 à 10 ans.

Muscat-de-rivesaltes

Appellation
AOC Muscat-de-rivesaltes
Couleur
Blanc
Superficie
5 200 ha
Production
106 800 hl

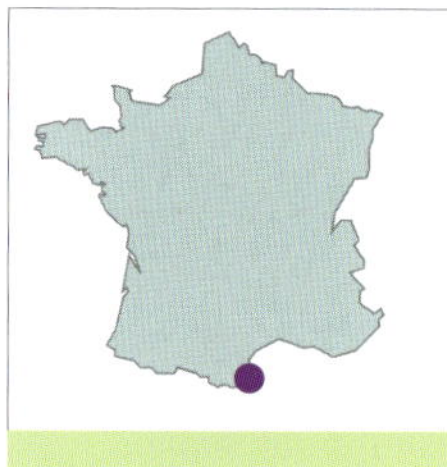

1956

C'est entre Corbières au nord, Canigou à l'ouest, Pyrénées au sud et Méditerranée à l'est que s'étend le royaume du muscat-de-rivesaltes, et ce, depuis plus de 2 000 ans comme l'attestent les écrits de Pline l'Ancien. Avec 2 600 heures d'ensoleillement par an, moins de 600 mm de précipitations, une sécheresse estivale marquée et une tramontane omniprésente, les muscat d'Alexandrie et muscat à petits grains produisent les 252 g/l de sucres naturels indispensables lors de la cueillette pour élaborer des vins doux naturels.

Cépages
Muscat d'Alexandrie ; muscat à petits grains (équilibre souhaitable : 50 % de chaque).

Nature des sols
Calcaires ; granites ; gneiss ; schistes ; sables ; cailloux (prédilection pour les terrasses de cailloux roulés et les sols argilo-calcaires).

L'œil

Une robe jaune pâle à reflets dorés présage un vin jeune élégant. Sensible à la lumière et à l'oxydation – même en bouteille –, le muscat mal conservé prend des teintes plus orangées, caramel.

Le nez

Les dominantes fruitées vont des accents de litchi aux arômes de pomelos en passant par la pêche blanche, l'abricot et les agrumes. Les notes florales rappellent la fleur d'oranger, l'églantine, la citronnelle, avec un soupçon de menthe. Puis se développent les arômes de citrus, les accents de raisin à l'eau-de-vie, de miel, d'agrumes confits.

La bouche

Très puissante dès l'attaque, la bouche offre une corbeille de fruits, jouant avec les agrumes, les fruits confits et le bouquet miellé des garrigues. La douceur fruitée s'équilibre grâce à l'acidité naturelle du raisin ; des touches de tilleul ou de menthe se déclinent en fin de bouche. Rond, moelleux, savoureux et frais, le muscat n'en finit jamais.

Potentiel de garde
À boire jeune.

Température de service
8-10 °C.

Mets et vins
Apéritif, foie gras, tarte au citron ou à l'orange, fraises, pêches.

Muscat-de-saint-jean-de-minervois

À l'extrême ouest de l'Hérault, le vignoble du muscat-de-saint-jean-de-minervois – vin doux naturel –, situé sur la seule commune de Saint-Jean-de-Minervois, s'étend au pied du versant sud de la Montagne Noire sur un plateau calcaire dont l'altitude varie entre 250 et 280 m. Le vignoble s'est accru notablement ces dernières années, mais les conditions de production restent originales : ici, le muscat parvient à maturité fin septembre-début octobre, lorsque la chaleur devient moins excessive et que la concentration des sucres et des arômes se réalise lentement. L'incidence sur la finesse et la fraîcheur des vins est indéniable.

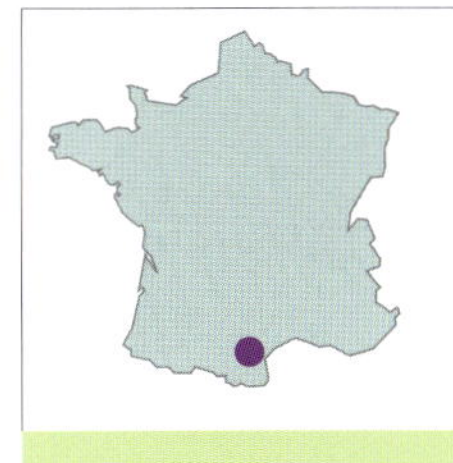

1949

Appellation
AOC Muscat-de-saint-jean-de-minervois
Couleur
Blanc
Superficie
190 ha
Production
5 500 hl

L'œil
La robe est d'un vieil or brillant.

Le nez
Le muscat-de-saint-jean-de-minervois propose des arômes de citronnelle, de litchi et de fruit de la Passion.

La bouche
Le muscat-de-saint-jean-de-minervois tire profit de ses arômes frais pour équilibrer sa liqueur. Les meilleures cuvées possèdent une trame tout en dentelle.

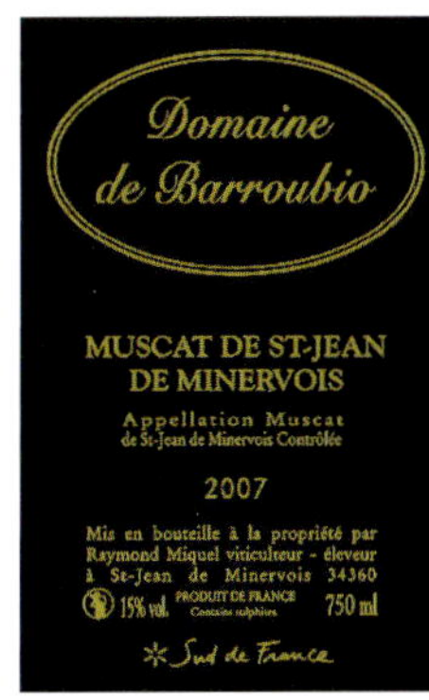

Mets et vins
Apéritif, fromages bleus, desserts (tartes au citron, aux fruits, sorbets, glaces).

Température de service
8-10 °C.

Nature des sols
Calcaires.
Potentiel de garde
2 à 10 ans.
Cépage
Muscat blanc à petits grains.

Muscat-du-cap-corse

Appellation
AOC Muscat-du-cap-corse
Couleur
Blanc
Superficie
90 ha
Production
2 000 hl

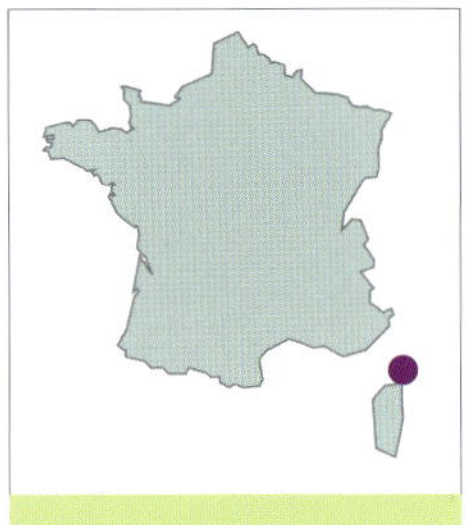

1997

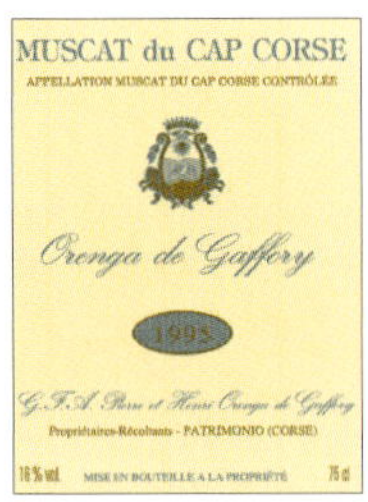

Les vignobles du cap Corse et du Nebbio sont les plus anciens de l'île. Les vins doux constituent une très vieille spécialité. Le terroir de l'appellation muscat-du- cap-corse est aussi varié que les paysages qui l'habillent. Entre roche et maquis, soumis aux vents et à l'aridité, la vigne résiste à des conditions difficiles pour exprimer le meilleur d'elle-même. Ici, les terres schisteuses sont les plus étendues, tandis que les terroirs granitiques sont limités au massif du Tenda dans le Nebbio. Des bancs calcaires apparaissent sur certaines communes du cap Corse (Rogliano, Tomino) et du Nebbio (Patrimonio), et quelques roches vertes affleurent ici et là en massifs et escarpements.

L'œil

La robe du muscat-du-cap-corse varie du jaune pâle à l'ambre doré.

Le nez

Ce vin se caractérise par sa richesse aromatique. Apparaissent des notes de muscat, des fragrances de fruits secs (abricot, figue, raisins de Corinthe), de beurre, de fruits exotiques (mangue, litchi) et des touches épicées (cannelle, poivre blanc). La palette inclut aussi des arômes d'agrumes (citron, cédrat).

La bouche

La première impression est la rondeur et le velouté. On retrouve ensuite les notes aromatiques du nez. Le vin est persistant en bouche et laisse souvent sur les papilles le goût du grain de raisin frais que l'on croque.

Chaque vigneron choisit la destination de son vin. S'il souhaite un vin d'apéritif, il privilégiera l'alcool et maintiendra un faible taux de sucre ; inversement, pour un vin de dessert, il insistera davantage sur les sucres résiduels.

Cépage
Muscat blanc à petits grains.

Potentiel de garde
2 à 10 ans.

Nature des sols
Schistes majoritaires, granites, calcaires, roches vertes.

Température de service
8-10 °C.

Mets et vins
Apéritif accompagné de charcuterie corse, viande blanche grillée, desserts (mousse de fruits, salade de fruits).

Musigny

Exposé au levant en pleine Côte de Nuits, le musigny occupe une terrasse rocheuse et calcaire, juste au-dessus du château du Clos de Vougeot. Coupé d'est en ouest par un chemin, il était jadis double, divisé entre Grand et Petit Musigny, selon la superficie des parcelles. Le décret de 1936 en a fait un seul et légitime grand cru. Ici, la vigne a souvent plus de quarante ans d'âge : elle produit un grand vin de garde qui a besoin de quatre à cinq ans pour commencer à s'ouvrir, mais qui peut ensuite s'épanouir pendant de longues années. Le musigny blanc, très rare, est produit exclusivement par le domaine Comte Georges de Vogüé.

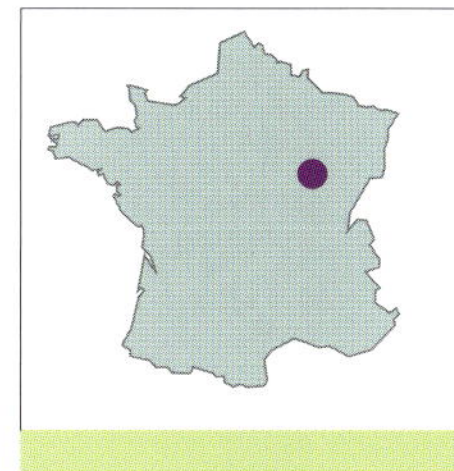

1936

Appellation
AOC Musigny
Classement
Grand cru
Couleurs
Rouge
Blanc (confidentiel)
Superficie
10 ha
Production
Rouge : 300 hl
Blanc : 20 hl

L'œil

• La robe du musigny rouge est de teinte framboise, dans une tonalité profonde.

• En blanc, le vin chardonne superbement dans des teintes or clair évoluant avec l'âge vers l'or jaune.

Le nez

• En rouge, le musigny évoque un jardin mouillé par la rosée du matin : la rose, l'églantine, la violette.

• En blanc, il mêle la violette à l'amande.

La bouche

• En rouge, on reconnaît à ce vin l'équilibre parfait entre les tanins et la délicatesse. Le corps est masqué par la rondeur. De la soie en bouche.

• En blanc, une tonalité singulière du chardonnay en pays inconnu, avec peut-être un soupçon de gravité, d'épaisseur en plus.

Mets et vins
Rouge : canard, dindonneau rôti, volaille de Bresse, fromages (cîteaux, coulommiers).
Blanc : écrevisses, homard à l'américaine.

Température de service
Rouge : 14-16 °C.
Blanc : 12-14 °C.

Nature des sols
Terrasses rocheuses et calcaires comportant de l'argile rouge sur le haut du coteau (assez rare en Côte de Nuits).

Cépages
Rouge : pinot noir.
Blanc : chardonnay.

Potentiel de garde
10 à 50 ans selon les millésimes.

Nuits-saint-georges

Appellations
AOC Nuits-saint-georges
AOC Nuits-saint-georges premier cru
Couleurs
Rouge
Blanc
Superficie
310 ha
Production
Rouge :
12 500 hl
Blanc : 200 hl

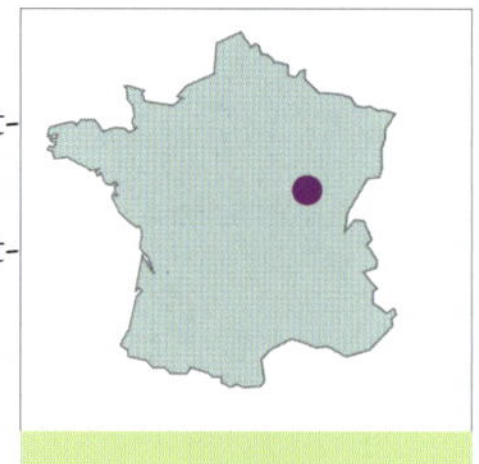

1936

Entre Dijon et Beaune, Nuits-Saint-Georges a donné son nom à la Côte de Nuits. L'appellation s'étend sur Nuits-Saint-Georges, touchant au nord Vosne-Romanée et Premeaux-Prissey en direction de Beaune. Les différences de sols, d'orientations et de situations entre les vignobles du nord et du sud de Nuits sont à l'origine de la diversité des vins, mais ceux-ci sont toujours solides et de garde. Si la production est presque entièrement consacrée au pinot noir, il existe quelques pieds de chardonnay dans les premiers crus Clos Arlot, Les Perrières et Les Porrets Saint-Georges.

L'œil

Nocturne jusque dans son nom, le nuits-saint-georges présente souvent une robe pourpre crépusculaire, intense et tirant parfois sur le mauve. Un rouge net, sombre et lumineux.

Le nez

Le nuits-saint-georges évoque souvent des nuances de rose et de réglisse. On rencontre selon l'âge du vin des parfums de jeunesse (cerise, fraise, cassis) ou des arômes plus mûrs (cuir, fourrure, truffe, gibier, épices). Les notes de fruits macérés (pruneau) sont fréquentes.

La bouche

Le tempérament est d'abord vigoureux et corsé, volontiers tannique. Du corps et de la mâche. La maturité arrondit le vin en lui donnant un excellent moelleux. Certains premiers crus ont un caractère assez tendre et peuvent être bus jeunes : par exemple, Les Damodes, Les Didiers (appartenant aux Hospices de Nuits), Les Corvées Paget, Les Saint-Georges.

Nature des sols
Appellation communale : assez profonds et limoneux (partie basse) ; peu profonds et très calcaires (partie haute).
Premier cru : bruns calcaires caillouteux à texture fine et argile (milieu de coteau).

Cépages
Rouge : pinot noir.
Blanc : chardonnay.

Potentiel de garde
5 à 15 ans.

Température de service
Rouge jeune et blanc : 12-14 °C.
Rouge plus âgé : 15-16 °C.

Mets et vins
Jambon à la crème, viande blanche, gibier, fromages (époisses, langres).

Quelques premiers crus
Aux Boudots
Aux Chaignots
Clos de la Maréchale
Clos des Corvées
Clos des Corvées Paget
Les Damodes
Les Didiers
Les Porrets
Les Pruliers
La Richemone
Les Saint-Georges

Orléans et orléans-cléry

Le nom de l'Orléanais évoque l'image d'une province dont les cultures céréalières annoncent déjà l'Île-de-France. Pourtant, la vigne connut des heures glorieuses au Moyen Âge, bénéficiant de la proximité de Paris, de villes développées, de monastères et d'un fleuve pour le transport de son vin. Si, en théorie, l'aire d'appellation s'étend sur vingt-cinq communes, en réalité le vignoble n'occupe qu'une centaine d'hectares sur les plateaux qui encadrent la Loire. Les principales parcelles se trouvent au sud du fleuve, près de Notre-Dame-de-Cléry, profitant des excellents sols de graviers siliceux que leur offre la région. L'AOC orléans-Cléry est réservée aux vins rouges issus du cabernet franc, toutefois, le cépage le plus original reste le pinot meunier, qui produit un vin rouge bouqueté et très coloré sous l'appellation orléans.

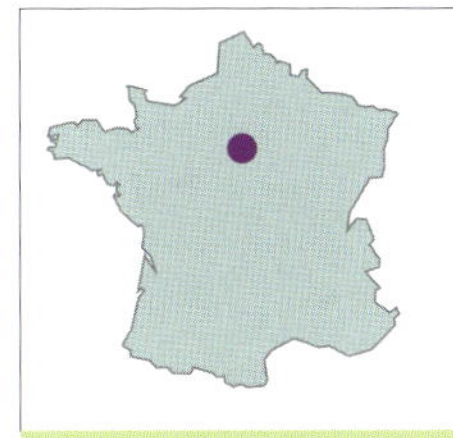

2006

Appellation
AOC Orléans
AOC Orléans-Cléry

Couleurs
Rouge
Rosé
Blanc
(Orléans-cléry : uniquement rouge)

Superficie
Orléans : 80 ha
Orléans-Cléry : 30 ha

Production
Orléans : 3 000 hl
Orléans-Cléry : 850 hl

L'œil

- L'orléanais rouge possède une couleur soutenue.
- L'orléanais rosé affiche une robe saumon vif.
- En blanc, la teinte est des plus avenantes, jaune pâle à reflets verts.

Le nez

- Frais et bouqueté, avec des notes marquées de groseille et de cassis, l'orléanais rouge développe un palais franc et équilibré.
- En rosé, les petits fruits rouges dominent une palette fraîche.
- Fragrant, l'orléanais blanc bénéficie de la finesse du chardonnay. On y retrouve des arômes de mandarine, de citron et d'amande.

La bouche

- L'orléanais rouge allie la finesse à la générosité. Il est franc et équilibré.
- Le vin rosé possède une bouche enveloppante et une finale fraîche, toujours fruitée.
- Assez confidentiel par son volume de production, l'orléanais blanc réserve quelques belles surprises par sa délicatesse.

Mets et vins
Rouge et rosé : charcuterie.
Blanc : poisson grillé, fromages de chèvre.

Température de service
Rouge : 12-14 °C.
Blanc et rosé : 8-10 °C.

Nature des sols
Argilo-siliceux sur craie tuffeau, sols d'érosion sableux.

Potentiel de garde
Rouge : 2 à 4 ans.
Blanc et rosé : à boire jeune.

Cépages
Rouge : pinot meunier, cabernet franc, cabernet-sauvignon.
Blanc : chardonnay.

Pacherenc-du-vic-bilh

Appellation
AOC Pacherenc-du-vic-bilh
Couleurs
Blanc (sec ou moelleux)
Superficie
260 ha
Production
10 500 hl (60 % en moelleux)

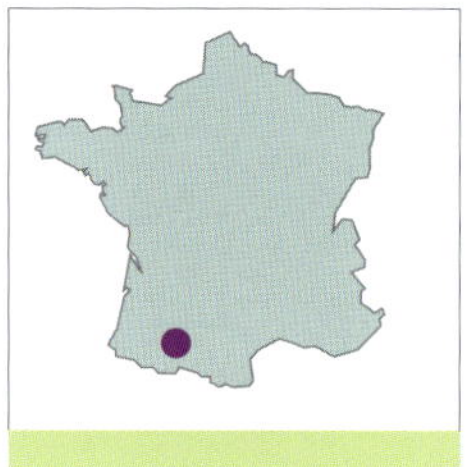

1948

Le mode de conduite de la vigne – taille haute, liée à des piquets alignés – explique le nom de pacherenc, dérivé du gascon *pachet-en-rène*, « piquets en rangs ». Dans le pays béarnais, le pacherenc-du-vic-bilh partage son aire d'appellation avec le madiran, entre Pau, Vic-en-Bigorre et Riscle. Ce vin blanc est issu de cépages locaux parfois complétés par des variétés bordelaises. Selon les conditions climatiques, il peut être sec ou moelleux. Sec, il présente un caractère fruité qui invite à le boire jeune. Moelleux, il mérite d'être attendu une dizaine d'années.

L'œil

• Le pacherenc-du-vic-bilh sec est d'une belle couleur or tendre.
• Le vin moelleux a une robe ciselée d'or et de cuivre, brillante.

Le nez

• En sec, le pacherenc-du-vic-bilh révèle la fraîcheur des arômes de citron, d'ananas, de nèfle, enrobés de miel.
• En moelleux, le vin offre avant tout des parfums de fruits secs, de fruits exotiques, de confiserie et de miel.

La bouche

• D'une grande ampleur, le palais possède autant de gras que de vivacité dans les vins secs.
• Moelleux, le pacherenc-du-vic-bilh se montre gras et puissant. Il se développe en rondeur dans un parfait équilibre.

Cépages
Petit et gros mansengs, courbu, petit courbu ; sauvignon, arrufiat.
Nature des sols
Argilo-calcaires, siliceux, calcaires.

Potentiel de garde
Vin sec : à boire jeune.
Vin moelleux ou liquoreux : jusqu'à 5 ans.

Température de service
Vin sec : 10-12 °C.
Vin moelleux : 8-9 °C.

Mets et vins
Vin sec : apéritif, fruits de mer, poisson.
Vin moelleux ou liquoreux : foie gras, desserts à base de fruits, entremets.

Palette

Le cirque de Palette, où se rassemblent les hameaux des Troits Sautets, de Palette, de Basteti et de Langesse, se trouve à 4 km au sud-est d'Aix-en-Provence. Ce vignoble prestigieux englobe le clos du bon roi René qui y introduisit les raisins muscats. Il produit des vins blancs remarquables d'intensité aromatique, des rosés structurés et fruités, et des vins rouges de garde.

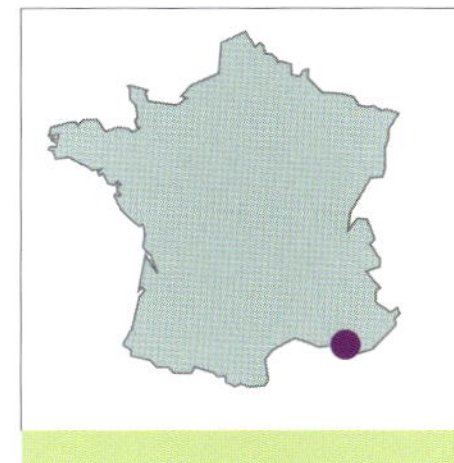

1948

Appellation
AOC Palette
Couleur
Rouge
Rosé
Blanc
Superficie
50 ha

L'œil

- Les vins rouges, d'abord rubis, deviennent grenat après dix-huit mois d'élevage sous bois.
- Les vins rosés, élaborés par saignée, vont du rose saumon à la pivoine.
- Après huit mois d'élevage, les vins blancs dévoilent une robe claire et brillante qui évolue du jaune à reflets verts au jaune paille.

Le nez

- Les palette rouges présentent des arômes grillés, animaux et des notes de sous-bois. Ils acquièrent des nuances de cacao ou de truffe fraîche.
- Les vins rosés expriment des caractères de fruits rouges (cerise, fraise).
- D'une bonne intensité olfactive et très fins, les palette blancs développent des arômes complexes de fleurs (acacia et genêt) et de fruits (agrumes, citron, pêche blanche).

La bouche

- Les vins rouges, charnus, robustes et charpentés, ont une bonne réserve tannique.
- Les vins rosés sont généralement structurés ; ils possèdent du gras et de la rondeur. Des notes fruitées et parfois balsamiques se manifestent en finale.
- Les palette blancs ont un excellent potentiel de garde. La bouche est à la fois charpentée et ronde avec du gras et une bonne longueur. En rétro-olfaction apparaissent des notes de fruits secs (noisette), de cire d'abeille, de résine et de garrigue.

Production
1 700 hl

Mets et vins
Rouge : bœuf en daube, sauté d'agneau.
Rosé : entrées provençales, poisson grillé.
Blanc : brouillade aux truffes, feuilleté de saumon, pintade à l'étuvée.

Température de service
Rouge : 14-16 °C.
Rosé et blanc : 12 °C.

Principaux cépages
Rouge et rosé : mourvèdre, grenache, cinsault.
Blanc : clairette, bourboulenc, araignan ; ugni blanc, grenache blanc, muscat blanc.

Potentiel de garde
Rouge : 10 à 15 ans.
Rosé : 1 à 3 ans.
Blanc : 5 à 10 ans.

Nature des sols
Calcaires lacustres de Langesse et du Montaiguet ; sols rendziniformes d'éboulis calcaires ; sols squelettiques peu épais et caillouteux.

Patrimonio

Appellation
AOC Patrimonio
Couleurs
Rouge
Rosé
Blanc
Superficie
420 ha
Production
16 000 hl

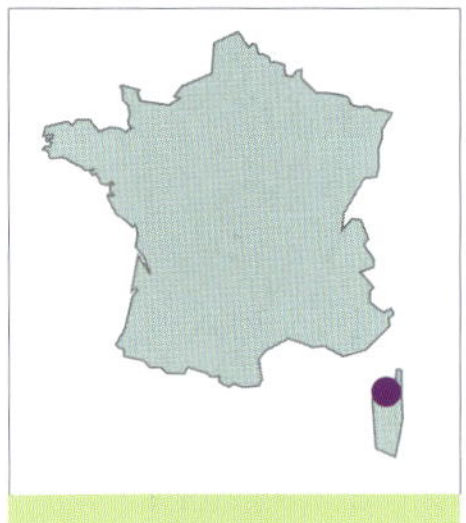

1968

Située dans un amphithéâtre au nord de l'île de Beauté, au pied du cap Corse, l'appellation patrimonio couvre la partie nord de la région du Nebbio. Le vignoble, à flanc de coteaux, domine le golfe de Saint-Florent. Plusieurs communes sont regroupées sous l'appellation : Saint-Florent et Farinole en bord de mer ; Patrimonio, Barbaggio, Poggio d'Oletta et Oletta au pied de la montagne ; Santo Pietro di Tenda à l'orée du désert des Agriates. Les sols caillouteux et le micro-climat de brumes et de brises offrent à la vigne les meilleurs atouts pour produire des vins de qualité à partir de faibles rendements.

Cépages
Rouge et rosé : niellucciu (90 % minimum pour les rouges) ; sciacarello, grenache.
Blanc : vermentino, ou malvoisie de Corse.

Nature des sols
Argilo-calcaires et caillouteux.

Potentiel de garde
Rouge : 5 ans.
Rosé : dans l'année de production.
Blanc : 2 à 3 ans.

Mets et vins
Rouge : daube, fromages corses, tarte au brocciu.
Rosé : salades, poisson grillé, cuisine orientale.
Blanc : apéritif, poisson en sauce, fromages, desserts.

L'œil

• Les vins rouges s'habillent d'une robe soutenue, d'un rouge rubis profond, annonciatrice de la puissance de la matière.
• Les vins blancs issus du vermentinu sont en général peu colorés.
• Les patrimonio rosés présentent une robe relativement soutenue grâce au niellucciu qui est un raisin bien coloré.

Le nez

• Le nez des vins rouges, épicé, presque poivré, s'accompagne d'arômes de fruits plus classiques (framboise, cassis). Ce tableau est parfois complété par des notes animales.
• Les vins blancs se distinguent par leur intensité aromatique exceptionnelle. Les arômes de fleurs blanches et de fruits exotiques dominent.
• Le niellucciu apporte aux rosés des notes épicées, des arômes de fruits printaniers (fraise, cerise).

La bouche

• Les rouges possèdent une belle charpente, mais ils doivent attendre trois ou quatre ans pour révéler toutes leurs qualités.
• Aux rosés le grenache apporte un degré alcoolique élevé. Frais et savoureux, ils doivent être bus jeunes.
• Les blancs offrent une sensation douce et soyeuse. Leur gras est dû en partie à la faible acidité naturelle du vermentinu.

Température de service
Rouge : 17-19 °C.
Blanc et rosé : 10-12 °C.

Pauillac

Capitale du Médoc viticole, la ville portuaire de Pauillac a donné son nom à une appellation d'une grande homogénéité de terroir. Sur la rive gauche de la Gironde, l'aire se présente comme un vaste plan incliné qui culmine à l'ouest et descend doucement vers l'estuaire. Elle est constituée d'un bel ensemble d'affleurements de graves. Avec dix-huit crus classés, dont trois premiers, la renommée de l'appellation est à la hauteur de son terroir et de son histoire héritée des anciennes seigneuries et des propriétés de parlementaires des XVIIe et XVIIIe siècles. Les pauillac allient finesse et puissance tannique, dont le corollaire est une exceptionnelle aptitude au vieillissement.

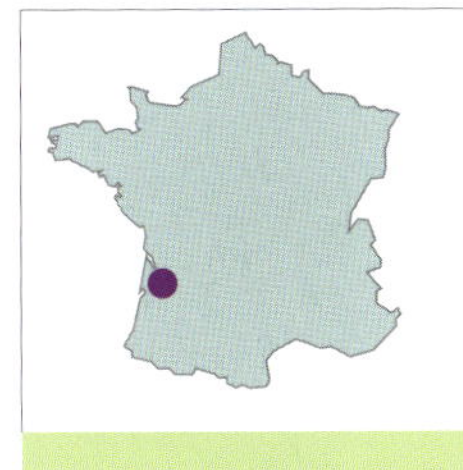

1936

Appellation
AOC Pauillac
Couleur
Rouge
Superficie
1 200 ha
Production
58 000 hl

Sudiste ou nordiste, pauillac avant tout

La présence de deux grands plateaux sur l'appellation a incité certains dégustateurs à tenter de dégager deux familles de pauillac. Ceux de Saint-Lambert, les « sudistes », se rapprocheraient ainsi des saint-julien, en privilégiant la finesse, tandis que ceux du Pouyalet, les « nordistes », tendraient vers les saint-estèphe, en accentuant le corps et la charpente. Mais cette classification résiste mal à l'épreuve de la dégustation des premiers crus : Lafite, bien qu'au nord, se distingue par son élégance, tout comme Latour, sudiste. En fait, l'étonnante homogénéité du terroir confère aux vins une réelle identité, qu'ils soient sudistes ou nordistes.

Mets et vins
Fricassée de champignons, viande rouge, gibier, gigot d'agneau.

Température de service
17-18 °C.

Potentiel de garde
10 à 25 ans et plus pour les grands crus dans certains millésimes.

L'œil

La robe des vins de Pauillac annonce leur caractère corsé par une densité et une profondeur souvent impressionnantes. Leur couleur peut aller du rubis foncé au grenat, en passant par le rouge sombre.

Le nez

Le bouquet des pauillac allie puissance, complexité et délicatesse. Couronnant le mariage parfaitement réussi des griottes et des petits fruits rouges, avec de subtiles notes de fumet, de vanille et de cuir, le cassis rappelle la place dominante du cabernet-sauvignon dans l'encépagement. L'élevage contribue lui aussi à l'enrichissement de la palette avec des notes de torréfaction, d'épices, de réglisse et de vanille.

La bouche

Corsés, puissants et charpentés, les pauillac trouvent leur parfaite expression au palais. Leur caractère évolue avec le temps. Jeunes, ils sont marqués par leur forte présence tannique qui peut leur donner un côté ferme mais qui leur permet d'affronter avec succès des mets assez goûteux. Avec les années, les tanins s'arrondissant et les arômes s'ouvrant, ils perdent assez rapidement leur agressivité pour acquérir un caractère fin et délicat, tout en conservant une grande puissance. C'est ce mélange de corps et d'élégance qui invite à les servir sur des mets à la fois forts et raffinés, comme les gibiers ou les poissons fins.

Les crus classés

1ers crus

Château Lafite-Rothschild
Château Latour
Château Mouton-Rothschild

2es crus

Château Pichon Longueville Baron
Château Pichon Longueville Comtesse de Lalande

4es crus

Château Duhart-Milon-Rothschild

5es crus

Château d'Armailhac
Château Batailley
Château Clerc-Milon
Château Croizet Bages
Château Grand-Puy-Ducasse
Château Grand-Puy-Lacoste
Château Haut-Bages-Libéral
Château Haut-Batailley
Château Lynch-Bages
Château Lynch-Moussas
Château Pédesclaux
Château Pontet-Canet

Le château Latour.

Nature des sols

Graves du günz.

Principaux cépages

Cabernet-sauvignon, cabernet franc, merlot.

Pécharmant

En Dordogne, Pécharmant est un vignoble au nom séduisant, qui bénéficie d'une exposition privilégiée sur les coteaux au nord de Bergerac. Bien que menacé par l'urbanisation et les infrastructures routières, il reste fidèle à sa tradition viticole déjà bien implantée au Moyen Âge. Sur le « Pech », la colline, est produit un vin exclusivement rouge, apte à une garde remarquable.

1946

Appellation
AOC Pécharmant

Couleur
Rouge

Superficie
420 ha

Production
15 000 hl

L'œil

Le pécharmant revêt une robe sombre, dense, de teinte grenat. Il garde cette profondeur en vieillissant tout en évoluant vers des nuances plus orangées.

Le nez

L'olfaction révèle un bouquet de fruits rouges, parfois surmûris, et de pruneau. Des notes de sous-bois et de champignon se développent à l'agitation. Le bois s'exprime par des fragrances vanillées, parfois grillées, avec des touches d'épices, de réglisse ou de chocolat. Au vieillissement, un côté animal apparaît.

La bouche

Le pécharmant surprend par une attaque franche et puissante. Jeune, il a souvent de la mâche, mais n'est jamais rustique. Les tanins s'assouplissent en vieillissant. La persistance est alors longue.

Rosette

L'appellation rosette a été délimitée la même année que celle de pécharmant. Son aire s'étend au nord-ouest de bergerac, sur 30 ha. Elle produit un vin blanc moelleux aérien, à partir des cépages sauvignon, muscadelle et sémillon (730 hl).

Mets et vins
Gibier (lièvre à la royale), confit de canard.

Température de service
18 °C.

Potentiel de garde
6 à 7 ans (10 à 15 ans dans les grands millésimes).

Nature des sols
Argilo-sableux.

Principaux cépages
Merlot, cabernet-sauvignon, cabernet franc, côt.

L'œil

• D'emblée, la robe du pessac-léognan rouge annonce l'élégance et les potentialités de garde du vin ; elle est d'un rouge profond à reflets violets ou d'une teinte cerise noire.

• Le pessac-léognan blanc a belle allure ; il peut être d'un jaune doré brillant, presque blanc, ou chatoyant à reflets verts. Il est toujours distingué.

Le nez

• Puissant et complexe, le bouquet des vins rouges développe des parfums dominants de fruits rouges bien mûrs et des notes florales, telle la violette, caractéristiques des graves. La palette aromatique s'agrémente de touches de fumée, de pain grillé et surtout de cuir.

• Le pessac-léognan blanc fait preuve d'une égale complexité. Il développe de profonds et délicats arômes qui vont du pain grillé à de fines notes de citron et de fruits exotiques, en passant par une savoureuse odeur de noisette.

La bouche

• Jeune, le pessac-léognan rouge se montre charpenté, tout en restant parfaitement équilibré et élégant. Déjà, il affirme sa typicité par des arômes de fruits, de sous-bois, de terre chaude. En vieillissant, la palette se développe : fruits cuits ou secs, confiture, gibier, cacao, café.

• Aussi concentré que complexe, le vin blanc affirme sa personnalité par un côté non seulement gras et onctueux, mais aussi d'une grande fraîcheur, caractéristique de l'appellation. Il possède un très bon équilibre.

Les crus classés

Château Bouscaut (rouge et blanc)
Château Carbonnieux (rouge et blanc)
Domaine de Chevalier (rouge et blanc)
Château Couhins (blanc)
Château Couhins-Lurton (blanc)
Château de Fieuzal (rouge)
Château Haut-Bailly (rouge)
Château Haut-Brion (rouge)
Château La Mission Haut-Brion (rouge)
Château Latour-Haut-Brion (rouge)
Château La Tour-Martillac (rouge et blanc)
Château Laville-Haut-Brion (blanc)
Château Malartic-Lagravière (rouge et blanc)
Château Olivier (rouge et blanc)
Château Pape-Clément (rouge)
Château Smith-Haut-Laffite (rouge)

Température de service
Rouge : 17-18 °C.
Blanc : 10-12 °C.

Potentiel de garde
Rouge : 7 à 20 ans (et plus pour certains crus).
Blanc : 1 à 5 ans (jusqu'à 10 à 12 ans pour certains crus).

Principaux cépages
Rouge : cabernet-sauvignon, cabernet franc, merlot, malbec, petit verdot, carmenère.
Blanc : sémillon, sauvignon, muscadelle.

Nature des sols
Graves, argiles, sables, calcaire (faluns).

Petit-chablis

Dans la partie la plus septentrionale de la Bourgogne, proche d'Auxerre, le Chablisien a réussi à imposer l'image d'un vin blanc sec à la personnalité affirmée, en adoptant très tôt une politique de qualité. La consécration du petit-chablis en AOC constitue la première marche dans la hiérarchie des quatre appellations de cette aire.

1944

Appellation
AOC Petit-chablis
Couleur
Blanc
Superficie
780 ha
Production
43 000 hl

L'œil
Or argent, le petit-chablis est plutôt pâle, doré tendre.

Le nez
Ce vin offre un bouquet de fleurs blanches et des arômes d'agrumes, de pierre à fusil et de cire d'abeille.

La bouche
Vin charpenté, frais et très sec, le petit-chablis offre un retour minéral caractéristique.

Taille de la vigne en Chablisien.

Mets et vins
Apéritif, fruits de mer (huîtres), andouillette, cuisine asiatique.

Température de service
10 °C.

Potentiel de garde
Peut être bu dans l'année qui suit la récolte, ou être conservé de 1 à 2 ans.

Cépage
Chardonnay (jadis appelé ici beaunois).

Nature des sols
Sols bruns calcaires, calcaires durs et calcaires marneux en partie kimméridgiens.

Pierrevert

Appellation
AOC Pierrevert
Couleurs
Rouge
Rosé
Blanc
Superficie
360 ha
Production
15 500 hl

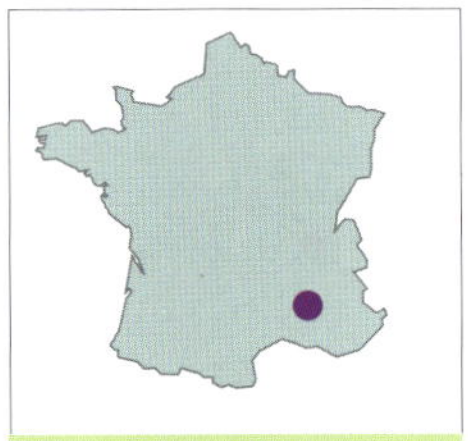

1998

Le village médiéval de Pierrevert et dix communes, non loin de Manosque, situées dans la partie la plus chaude du département des Alpes-de-Haute-Provence, région chère à Jean Giono, ont accédé à l'AOC. Les vins rouges, rosés et blancs sont d'un degré alcoolique assez faible et d'une bonne nervosité ; ils s'associent parfaitement aux produits locaux : agneau et fromages de chèvre de Banon.

L'œil

• La robe limpide des vins rouges est d'une couleur soutenue.
• La couleur des rosés varie du rosé clairet au rouge léger et transparent.
• Les blancs sont généralement d'un jaune très pâle, brillant.

Le nez

• Dans les vins rouges, les arômes de cassis, de beurre frais et de pain grillé dominent.
• Les vins rosés affichent des arômes de petits fruits rouges et parfois de bonbon anglais avec une note de pain grillé.
• Les vins blancs révèlent un nez franc aux notes citronnées.

La bouche

• En rouge : une belle présence tannique et un équilibre acide-gras apparaissent. Les arômes fruités sont parfois soulignés par une note boisée.
• Les vins rosés révèlent l'équilibre typique du terroir, une bonne acidité contrebalancée par beaucoup de gras.
• Les vins blancs bénéficient d'un bon support acide arrondi par le grenache blanc et enrichi par les arômes fruités (type agrumes) du vermentino.

Température de service
Rouge : 15 °C.
Rosé et blanc : 10 °C.

Principaux cépages
Rouge et rosé : grenache noir, syrah, cinsault ; carignan.
Blanc : ugni blanc, vermentino, grenache blanc, clairette, roussanne, marsanne, piquepoul, viognier.

Potentiel de garde
Rouge : 2 à 5 ans.
Rosé et blanc : 1 à 3 ans.

Mets et vins
Rouge : asperges, agneau grillé.
Rosé : apéritif, anchoïade.
Blanc : agneau, fromages de chèvre.

Nature des sols
Alluvions anciennes de la Durance ; conglomérats du plateau de Valensole ; sols sablo-calcaires.

Pineau-des-charentes

Le pineau-des-charentes est produit dans la région de Cognac qui, d'est en ouest, descend vers l'Atlantique. Le climat, de type océanique, se caractérise par un ensoleillement remarquable, avec de faibles écarts de température qui favorisent une lente maturation des raisins. Le vignoble, traversé par la Charente, est implanté sur des coteaux dont la vocation principale est la production du cognac. Celui-ci est « l'esprit » de ce vin de liqueur qui résulte du mélange de moûts de raisins partiellement fermentés avec la fameuse eau-de-vie.

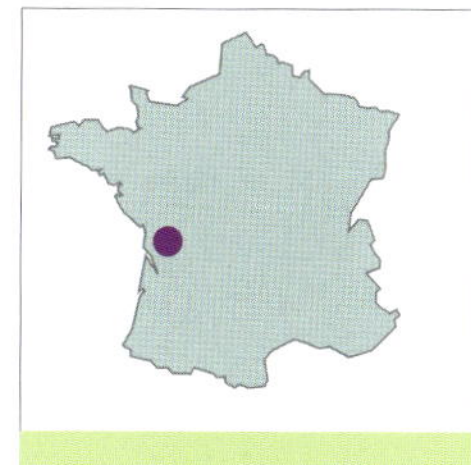

1945

Appellation
AOC Pineau-des-charentes
Couleurs
Rosé
Blanc
Superficie
80 000 ha
Production
100 000 hl

L'œil

- Le pineau-des-charentes blanc livre une teinte jaune paille à multiples reflets, ou vieil or à nuances ambrées.
- La version rosée est proche du rubis.

Le nez

Jeune, le pineau-des-charentes libère tous ses arômes de fruits, encore plus abondants dans le rosé. Avec l'âge, il prend des parfums de rancio très caractéristiques.

La bouche

- En blanc, le vin est puissant, rond et d'une grande longueur.
- La bouche du rosé est riche et longue.

Cépages
Rosé : cabernet franc, cabernet-sauvignon, malbec, merlot.
Blanc : ugni blanc, colombard, montils, sémillon, folle blanche, meslier Saint-François, jurançon blanc, sauvignon, merlot blanc.

Potentiel de garde
À boire à partir de 2 ans.
Vieux pineau : plus de 5 ans.
Très vieux pineau : plus de 10 ans.

Nature des sols
Essentiellement calcaires.

Mets et vins
Apéritif, foie gras, mouclade, roquefort, dessert au chocolat.

Température de service
5-6 °C.

Pomerol

Appellation
AOC Pomerol
Couleur
Rouge
Superficie
800 ha
Production
33 000 hl

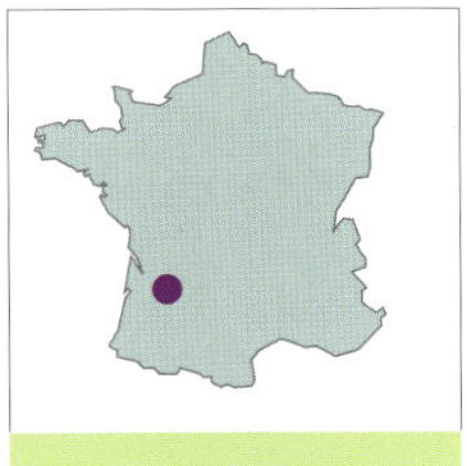

1936

Avec sa terrasse au-dessus de l'Isle, affluent de la Dordogne, et ses nombreux hameaux, Pomerol, commune sans village, aurait pu n'être qu'une banale banlieue de Libourne. Mais la nature l'a dotée d'un terroir d'exception qui lui a valu de devenir une prestigieuse appellation de vins rouges, malgré sa superficie réduite. La topographie semble ignorer les creux et les bosses, l'humilité du relief étant encore accentuée par l'omniprésence de la vigne et par l'absence de monuments importants. Les graves constituent l'élément majoritaire et unificateur du terroir. Très originaux, les pomerol présentent l'avantage de pouvoir être bus jeunes tout en faisant preuve d'une grande aptitude au vieillissement.

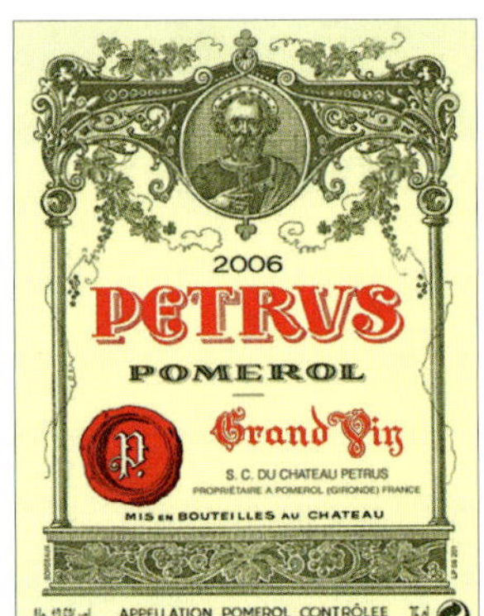

Principaux cépages
Merlot (dominant), cabernet franc, cabernet-sauvignon, malbec, petit verdot.

Mets et vins
Presque tous les mets, notamment viande rouge, gibier, fromages secs.

Température de service
17-18 °C.

Des vedettes
Pomerol est morcelée en une série de petites exploitations éparpillées. Ainsi l'appellation est-elle souvent comparée à une « république villageoise », qui s'exprime par le refus de tout classement. Ce n'est qu'au XXe siècle que sont apparus des crus vedettes. En tête arrive Petrus ; derrière lui plusieurs domaines figurent en bonne place parmi lesquels : L'Évangile, Trotanoy, Lafleur, Vieux-Château-Certan, La Conseillante, Petit-Village, Certan de May, Lafleur-Petrus et Beauregard.

L'œil

Entre le rubis et le rouge foncé à reflets grenat, la robe du pomerol annonce la richesse du bouquet et de la structure.

Le nez

Puissant, le pomerol affirme sa personnalité par des arômes bien marqués de violette (dues au merlot) et de truffe. Il se distingue par une très large palette de parfums, allant des fruits rouges au cuir noble, en passant par des notes animales.

La bouche

La richesse et la complexité aromatiques se retrouvent au palais. Jeune, le vin se développe avec force, en s'appuyant sur une charpente d'une grande puissance et une remarquable persistance. Avec les années, il prend un caractère gras, onctueux et soyeux qui s'harmonise avec son expression aromatique. Dès l'attaque, il révèle sa structure que soutiennent des tanins souples et veloutés. Son volume et sa mâche devenue légendaire laissent une impression de velours et de sève.

Le secret de Petrus

Propriété de taille modeste, Petrus est resté pratiquement inconnu jusqu'à la veille de la Seconde Guerre mondiale. Sa propriétaire et un négociant libournais prirent conscience de la qualité exceptionnelle de son terroir constitué d'une loupe d'argile sur une couche de graves. Ces sols, sur lesquels aucun technicien ne conseillerait de planter de la vigne, sont en fait très abondants en argiles. En cas de pluie, celles-ci emmagasinent un peu d'eau et gonflent très vite, empêchant ainsi la pluie de continuer à saturer le sol. L'eau ruisselle alors en surface et s'évacue. Quand le beau temps revient, les argiles reprennent leur forme initiale, libérant lentement l'eau emprisonnée. La vigne bénéficie ainsi d'une alimentation hydrique régulière, quelles que soient les conditions climatiques.

Potentiel de garde :
7 à 20 ans (et plus pour certains crus).

Nature des sols
Graves, argiles, sables.

Pommard

Appellations
AOC Pommard
AOC Pommard premier cru
Couleur
Rouge
Superficie
Pommard : 320 ha
Pommard premier cru : 120 ha
Production
12 260 hl

1936

Entre beaune et volnay, pommard marque l'endroit où la Côte de Beaune bifurque et s'oriente davantage au sud-est. Le terroir du pommard est limité à cette commune et son vignoble est implanté à flanc de coteau, à 280 m d'altitude. Mis en valeur dès le Moyen Âge, il produit exclusivement des vins rouges solides et tanniques, issus du pinot noir. Il n'y a pas ici de grands crus, mais vingt-huit premiers crus qui occupent le milieu du coteau et reposent sur des sols argilo-calcaires. La terre grasse explique la fermeté et l'excellence de ces vins. Certains crus ont acquis une importante notoriété, tels les Rugiens, les Pézerolles et les Épenots.

Cépage
Pinot noir.

Nature des sols
Partie basse : alluvions anciennes.
En montant le coteau : marnes oxfordiennes qui suivent le cours de la combe vers les Hautes-Côtes. Sommet du coteau : sols bruns calciques, puis bruns calcaires et bruns calciques.

Potentiel de garde
5 à 10 ans.

Mets et vins
Râble ou civet de lièvre, côte de bœuf, entrecôte vigneronne, gibier, fromages (munster, livarot).

Température de service
14-15 °C.

L'œil

La robe du pommard est d'un rouge profond, pourpre foncé. Elle se nuance fréquemment de reflets mauves.

Le nez

Si la gamme aromatique comprend la mûre et la myrtille, elle tend souvent vers la groseille, la cerise concentrée (noyau) ou encore la prune mûre, sinon confite. Les arômes de maturité expriment le cuir, le poivre ou le poivron, le chocolat. La croûte de pain frais et la réglisse peuvent apparaître.

La bouche

Souvent fermé dans sa jeunesse, le pommard s'épanouit au bout de quatre ou cinq ans, offrant à la dégustation sa structure tendre, son caractère charnu, sa richesse et sa puissance. Il est fruité en bouche, tout en ayant de la mâche.

Le château de Pommard.

Les premiers crus

Les Arvelets
Les Bertins
Les Boucherottes
La Chanière
Les Chanlins-Bas
Les Chaponnières
Les Charmots
Clos Blanc
Clos de la Commaraine
Clos des Épeneaux
Le Clos Micot
Clos de Verger
Les Combes Dessus
Les Croix Noires
Derrière Saint-Jean
Les Fremiers
Les Grands Épenots
Les Jarolières
En Largillière
Les Petits Épenots
Les Pézerolles
La Platière
Les Poutures
La Refène
Les Rugiens-Bas
Les Rugiens-Hauts
Les Saussilles
Le Village

Pouilly-vinzelles

Appellation
AOC Pouilly-vinzelles
Couleur
Blanc
Superficie
50 ha
Production
3 000 hl

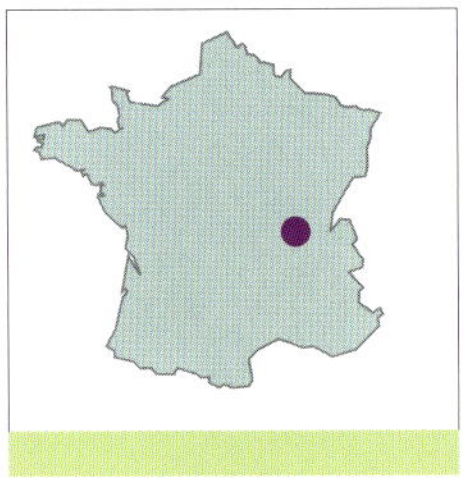

1940

Voici l'un des « jumeaux du Mâconnais », avec pouilly-loché, dont il partage l'aire de production dans cette région qui jouxte le nord du Beaujolais. Les coteaux forment de petits cirques aux versants assez abrupts, exposés à l'est et au sud-est, entre 250 et 350 m d'altitude. Le chardonnay produit des vins secs, francs et agréables, très proches du pouilly-fuissé.

L'œil
D'un ton or vert, la robe attire l'œil.

Le nez
Le pouilly-vinzelles présente des notes minérales caractéristiques. S'y mêlent des arômes de noisette et d'amande, d'agrumes, de pêche, de tilleul, de brioche. Des accents de pivoine, de poire et d'abricot, de coing, de pomme au four ou de cire sont parfois perceptibles.

La bouche
Finesse et distinction définissent la bouche grâce à un équilibre réussi entre moelleux et acidité. Le gras domine en finale. Le *climat* Les Quarts a su se faire un nom au sein de l'appellation.

Mets et vins
Poisson (turbot sauce mousseline, filets de sole au beurre citronné, saumon au vin blanc), poulet ou lapin à la crème, tartiflette au reblochon.

Nature des sols
Marnes rougeâtres du lias couvertes d'éboulis calcaires ; sols argilo-calcaires du jurassique avec zone schisteuse.

Cépage
Chardonnay.

Température de service
12-14 °C.

Potentiel de garde
5 à 10 ans.

Puisseguin-saint-émilion

Puisseguin est la plus orientale des appellations voisines de Saint-Émilion. Là ne s'arrête pas son originalité. Sa personnalité tient à l'histoire, qui dut y être souvent troublée, comme en témoignent les souterrains creusés par ses habitants. Elle est aussi liée au terroir, qui réserve une part prépondérante au merlot. Pays de petites exploitations, l'appellation réserve à l'amateur de belles découvertes.

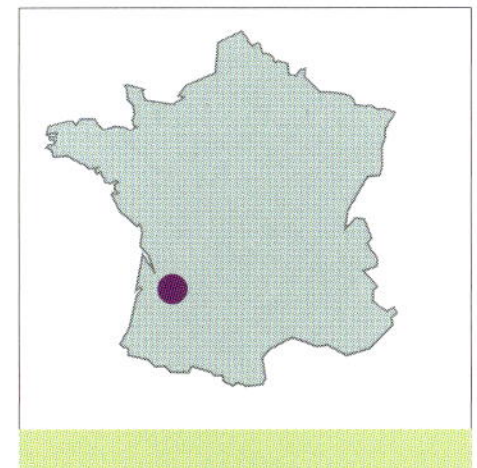

1936

Appellation
AOC Puisseguin-saint-émilion
Couleur
Rouge
Superficie
750 ha
Production
37 000 hl

L'œil
D'une couleur soutenue, la robe – entre rubis et topaze – annonce la solidité et la force du vin.

Le nez
Le puisseguin-saint-émilion développe un bouquet expressif où l'on sent fortement l'influence du merlot. Celle-ci se manifeste par des parfums bien marqués de fruits rouges mûrs, avec quelques notes de fruits à noyau. La palette aromatique du puisseguin ne s'arrête pas là. Suivant les crus, les millésimes et les bouteilles, le dégustateur rencontre ici une note de fraise, de cerise ou de prune, là une autre de menthe ou de figue sèche. Parmi les arômes les plus fréquents, on retient le cassis, la réglisse, le cuir, le sous-bois et une note assez surprenante de noix de coco. Ce dernier parfum s'harmonise avec les savoureuses fragrances de vanille qui révèlent le passage en barrique.

La bouche
La matière est moelleuse, charnue et savoureuse. Dans les vins les plus réussis, des arômes de fruits confits se fondent avec un bois bien dosé et des tanins puissants, ronds et longs.

Principaux cépages
Merlot (dominant), cabernet franc, cabernet-sauvignon, malbec.
Potentiel de garde
4 à 9 ans.

Mets et vins
Viande rouge ou blanche, gibier, fromages.

Température de service
16-18 °C.

Nature des sols
Argilo-calcaires, sables limoneux et calcaires.

Puligny-montrachet

Appellation
AOC Puligny-montrachet
AOC Puligny-montrachet premier cru

Couleurs
Blanc
Rouge (confidentiel)

Superficie
210 ha

Production
Blanc : 11 000 hl
Rouge : 200 hl

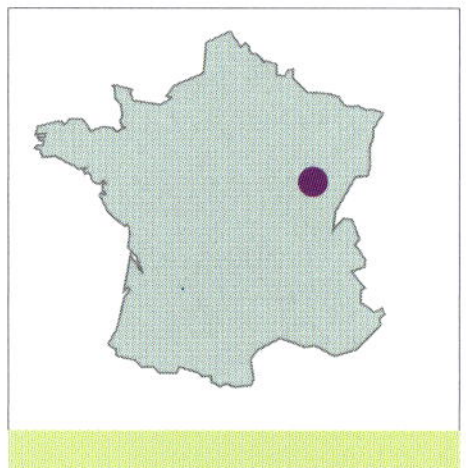

1937

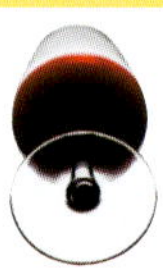

Situé entre meursault au nord et chassagne-montrachet au sud, Puligny est devenu Puligny-Montrachet en 1879. Le terroir conjugue ces deux influences. L'appellation communale produit des vins gras et charnus du côté de meursault, charpentés et bouquetés du côté de chassagne. Les *villages* se situent à la hauteur de Puligny et un peu plus haut dans l'axe de la Côte. Les premiers crus s'étagent sur le même axe, également plein sud entre 270 et 320 m d'altitude. Ils se répartissent en vingt-quatre lieux-dits, eux-mêmes assemblés en quatorze *climats*. Parmi les plus réputés : Les Combettes, Les Folatières, Les Pucelles, Clavaillon.

Mets et vins
Blanc : vol-au-vent, pauchouse de la Saône, quenelles de brochet, jambon à la crème, poularde de Bresse à la crème et aux morilles.
Rouge : filet mignon, viande grillée ou rôtie, fromages (comté, cîteaux).

Température de service
Blanc : 12-14 °C.
Rouge : 14-16 °C.

Les premiers crus
Champ Canet
Champ Gain
Clavaillon
Clos de la Garenne
Clos de la Mouchère
Hameau de Blagny
La Garenne
La Truffière
Le Cailleret
Les Chalumaux
Les Combettes
Les Demoiselles
Les Folatières
Les Perrières
Les Pucelles
Les Referts
Sous le Puits

L'œil

• En blanc, le vin est cousu d'or, luisant, à reflets verts. Cette tonalité prend de l'intensité, de la profondeur avec l'âge.

• En rouge, la robe est nette et limpide, pourpre assez vif dans sa jeunesse, assombri avec le temps.

Le nez

• Au nez, le puligny-montrachet blanc suggère la fougère, l'aubépine, le raisin mûr, la pâte d'amandes, la noisette, l'ambre, la citronnelle, la pomme verte. Les arômes minéraux (silex, pierre à fusil) et lactiques (beurre) sont fréquents. Le miel est habituel, surtout au bout de quelques années de garde.

• En rouge, la fraise, le cassis, les petits fruits rouges et noirs se déclinent. Avec l'âge, les accents tirent sur le cuir, le musc et la fourrure.

La bouche

• En blanc, le corps et le bouquet se fondent avec l'âge. La concentration est remarquable.

• En rouge, le vin se révèle tendre et fruité, charnu au bout de quelques années.

Le château de Puligny.

Nature des sols
Divers avec des sols bruns calcaires, calcaires alternant avec des bancs marneux, argilo-calcaires, tantôt riches et profonds, tantôt à même la roche dure.

Potentiel de garde
Blanc : 5 à 15 ans.
Rouge : 4 à 12 ans.

Cépages
Blanc : chardonnay.
Rouge : pinot noir.

Quarts-de-chaume

Appellation
AOC Quarts-de-chaume
Couleur
Blanc (liquoreux)
Superficie
50 ha
Production
750 hl

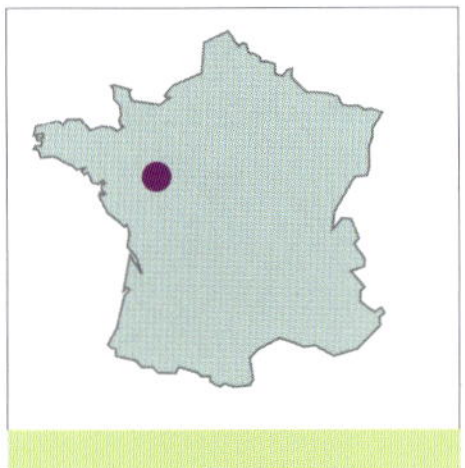

1954

Entre la Loire et le Layon, au sud-ouest d'Angers, l'appellation est située à l'abri des vents au bas d'un coteau, plein sud. Le hameau de Chaume se trouve entre Beaulieu-sur-Layon et Saint-Aubin-de-Luigné, mais il appartient depuis le XIe siècle à Rochefort-sur-Loire. Le vignoble, implanté sur des schistes, comporte une forte proportion de vignes âgées de chenin, dont la production est assez faible mais de qualité. Il en résulte des vins moelleux ou liquoreux nés de vendanges botrytisées, récoltées par tries successives. L'AOC doit son nom au fait qu'au Moyen Âge le seigneur de Chaume se réservait le quart de la production des vignes de ses terres. Depuis 2011, l'étiquette des quarts-de-chaume peut afficher la mention « grand cru ».

L'œil
Le quarts-de-chaume livre une couleur or paille à reflets gris.

Le nez
La palette décline des arômes agréables de fruits frais – cerise, agrumes, pêche –, de fruits secs et de pain d'épice. Elle laisse une impression de légèreté malgré sa richesse, ce qui est caractéristique de l'appellation.

La bouche
Les notes de fruits mûrs compotés et de fruits secs annoncent une bouche équilibrée, harmonieuse et fraîche grâce à l'acidité naturelle du chenin.

Cépage
Chenin blanc (ou pineau de la Loire).

Nature des sols
Sols peu profonds sur schistes gréseux altérés du briovérien.

Potentiel de garde
Sans limite pour les grands millésimes. 5 à 20 ans pour les années moyennes.

Mets et vins
Foie gras, volaille à la crème, tartes aux fruits, sorbets et glaces.

Température de service
8-10 °C.

Quincy

À mi-chemin entre Loire et Bourgogne, le vignoble de Quincy s'étend sur la rive gauche du Cher, non loin de Bourges et près de Mehun-sur-Yèvre. Des plateaux viticoles situés à 125 m d'altitude, recouverts de sables et de graviers anciens s'inscrivent dans un pays au relief à peine marqué. Quincy produit des vins blancs issus du seul sauvignon qui se distinguent par la fraîcheur et la finesse de leurs arômes.

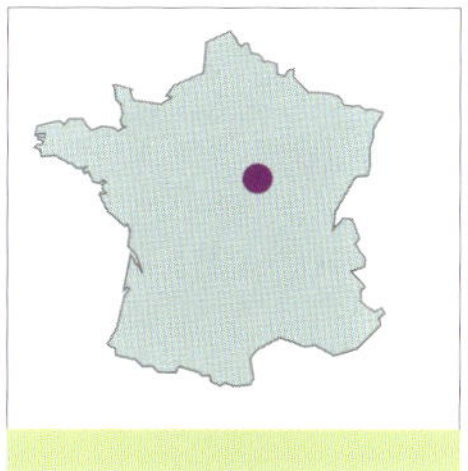

1936

Appellation
AOC Quincy
Couleur
Blanc
Superficie
230 ha
Production
12 300 hl

L'œil
Le quincy se singularise par une robe or pâle.

Le nez
Sur ses terroirs graveleux, le quincy développe des arômes de buis, de bourgeon de cassis et de fleurs blanches.

La bouche
Cépage aromatique par excellence, le sauvignon trouve ici des expressions variées. Épices, pomme mûre, bourgeon de cassis, miel : la palette est vaste. La fraîcheur et la finesse des arômes s'allient à une structure souple pour créer une harmonie sans égal.

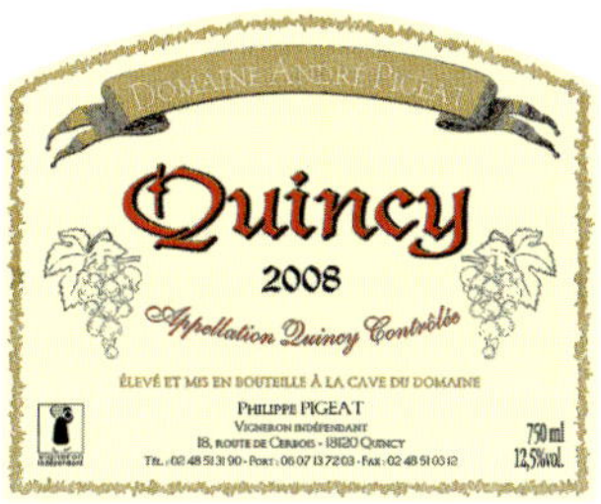

Mets et vins
Fruits de mer, poisson (sole grillée, saumon à l'oseille), mouclade, fromages de chèvre (crottin de Chavignol, pyramide de Valençay).

Température de service
12 °C.

Le vignoble recouvre la commune de Quincy et une partie de celle de Brinay.

Potentiel de garde
2 ans.

Nature des sols
Alluvions sablo-graveleuses ; calcaires lacustres.

Cépage
Sauvignon.

Reuilly

Appellation
AOC Reuilly
Couleurs
Blanc
Rouge
Rosé (gris)
Superficie
190 ha
Production
9 000 hl

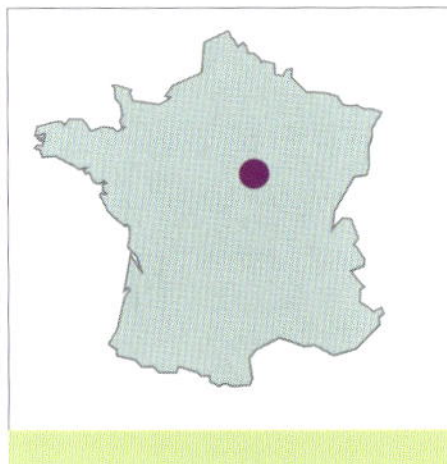

1937

À la limite des départements de l'Indre et du Cher, à 30 km au sud de Vierzon, l'aire du reuilly possède une modeste superficie d'une dizaine de kilomètres, entrecoupée par un plateau agricole. La vigne occupe de beaux coteaux ensoleillés au bord de l'Arnon et de La Théols. Ce terroir produit des vins blancs secs et fruités, des vins rouges légers au fruité affirmé et des vins gris originaux.

L'œil

- Le reuilly blanc se singularise par une robe or pâle.
- Le reuilly rouge est d'une teinte rubis du plus bel effet.
- Le vin gris présente une couleur saumonée.

Le nez

- Le vin blanc décline des notes de citron mêlées aux fruits blancs.
- Le reuilly rouge fait la part belle aux fruits rouges (cerise notamment).
- Le vin gris de reuilly privilégie les arômes de pêche et d'abricot.

La bouche

- Les vins blancs révèlent une ampleur remarquable. Les parfums fruités restent longtemps perceptibles.
- Les vins rouges et rosés explosent en bouche dans des expressions de cerise et de pêche. Les tanins sont très souples.

Cépages
Blanc : sauvignon.
Rouge : pinot noir et pinot gris.

Nature des sols
Marnes kimméridgiennes.

Potentiel de garde
Blanc et rosé : 2 ans.
Rouge : 4 ans.

Température de service
Blanc et rosé : 12 °C.
Rouge : 17 °C.

Mets et vins
Blanc : poisson, fricassée de veau, lapin à la crème, fromages de chèvre.
Rouge et rosé : charcuterie, volaille, fromages de chèvre.

Richebourg

On dit les Richebourgs pour la vigne et le richebourg pour le vin. Il existe en effet deux *climats* jumeaux sur le coteau de Vosne-Romanée qui ont le droit de produire du richebourg : « les Richebourgs » proprement dits et « les Véroilles ». Seul un sentier sépare la romanée-conti de richebourg. Les fins éboulis offrent au vignoble une implantation exceptionnellement favorable associée à des microclimats parfaits. Le terroir exposé au levant et à l'est-nord-est produit l'un des plus grands vins de Bourgogne.

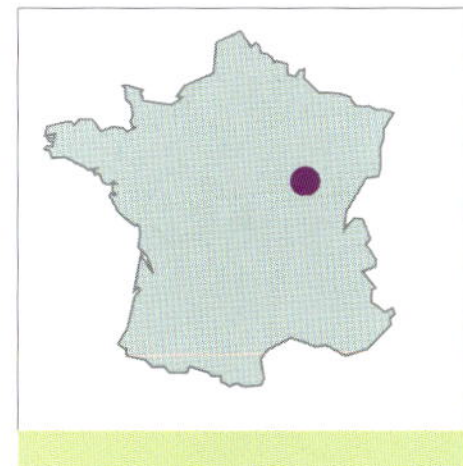

1936

Appellation
AOC Richebourg
Classement
Grand cru
Couleur
Rouge
Superficie
8 ha
Production
250 hl

L'œil

Un richebourg peut être rubis léger ou drapé de velours, ou bien rouge sombre tirant sur le pourpre. Cependant, la robe est presque toujours intense et dense, lumineuse et parcourue de reflets carmin.

Le nez

Jeune, le vin dévoile des arômes de musc, de cuir de Russie et des nuances de santal. Il évolue vers l'aubépine et la fleur de pêcher. Puis, deux familles aromatiques se distinguent à travers les nuances de lichen, de sous-bois, de champignon et les notes de cerise, de cassis, de fruits cuits ou confits.

La bouche

Il faut laisser à ce vin le temps nécessaire à sa montée en puissance, à la recherche de son équilibre. Car jeune, il est intense, violent. Le richebourg devient, les grandes années, élégant et racé, très concentré et capable d'une longue garde.

Mets et vins
Pièce de charolais, pigeonneau, chapon aux truffes, faisan au céleri, noisette de chevreuil aux raisins, lièvre à la royale.

Température de service
Vin jeune : 14-15 °C.
Vin âgé : 15-16 °C.

Potentiel de garde
5 à 15 ans (souvent bien au-delà).

Cépage
Pinot noir.

Nature des sols
Bruns calcaires et rendzines, plus ou moins argileux selon la pente et le versant, sur le calcaire dur de Premeaux et mêlés à de fins éboulis.

Rivesaltes

Appellation
AOC Rivesaltes
Couleurs
Blanc (ambré)
Rouge (grenat ou tuilé)
Rosé (rare)
Superficie
5 200 ha

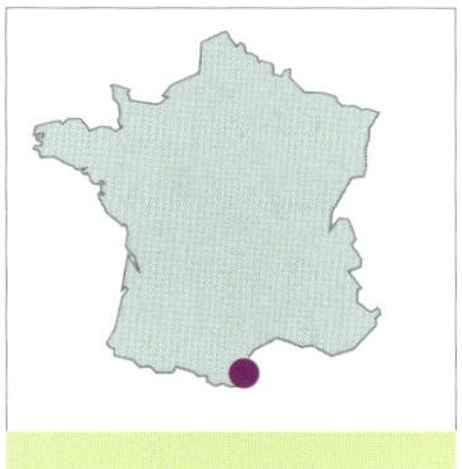

1936

Production
107 900 hl
Nature des sols
Schistes, argilo-calcaires, sablonneux, terrasses.
Principaux cépages
Grenache noir ; grenaches blanc et gris, macabeu ; malvoisie (rare) et muscats.

Le vignoble de Rivesaltes, le plus vaste et le plus important en production des vins doux naturels, est implanté dans les Pyrénées-Orientales et dans l'Aude. Les cépages grenache, muscats, macabeu et malvoisie s'accordent sous un climat chaud et sec, aux étés venteux, pour livrer des raisins naturellement riches. En rouge, le vigneron décide de la durée de macération, de l'instant du mutage et de son application (sur jus de coule ou sur grains). En blanc, il procède ou non à une macération, mais c'est surtout par l'élevage qu'il marque son empreinte.

L'œil

• Les vins blancs perdent vite la nuance or pour se parer d'une teinte ambrée. Les très vieux produits rappellent le brou de noix.
• Les rivesaltes rouges jeunes sont d'un grenat soutenu. En vieillissant, ils arborent une robe tuilée. Les plus anciens tendent vers l'acajou et rejoignent la teinte des vieux vins blancs.

Le nez

• Les vins blancs délaissent vite les notes florales d'acacia, les parfums d'anis ou de fenouil pour des arômes de miel, de genêt, de ciste et de cire d'abeille. Après un long vieillissement, ils évoquent les fruits secs et héritent des vieux foudres une touche grillée.
• Un fruit rouge intense, des notes de cerise, de mûre, une touche épicée marquent les vins rouges jeunes. Leur palette marie les fruits à des nuances de sous-bois, de confit et de cuir. L'oxydation, qui donne naissance aux vins tuilés, apporte des arômes de fruits cuits, de pruneau et de fruits confits. Puis apparaissent des senteurs empyreumatiques (fruits secs, cacao et café).

Potentiel de garde
Jusqu'à 30 ans et plus.

La bouche

• En blanc, la fraîcheur est recherchée lorsque les vins sont jeunes. L'élevage donne aux rivesaltes ambrés ampleur, finesse, gras et subtilité aromatique. Écorce d'orange, fruits confits, abricot, miel, puis noisette, amande, pain grillé, et enfin noix sur les rancio : c'est le monde des rivesaltes, avec une longueur toujours surprenante.
• En rouge, dominent la force des tanins et la fraîcheur du fruit. Le temps et l'élevage apportent onctuosité, fondu, suavité des tanins. Pruneau, fruits cuits, tabac, épices, torréfaction apparaissent en rétro-olfaction.

Mets et vins
Apéritif, foie gras de canard chaud aux pommes, soupe de fruits rouges, pain à l'anis.

Température de service
Blanc : 10 °C.
Rouge : 15 °C.

La romanée

Dominant la romanée-conti, dont elle n'est séparée que par un chemin au-dessus du village de Vosne, la romanée constitue la plus petite appellation de France. Ce grand cru est depuis 1833 la propriété de la famille Liger-Belair, célèbre dynastie de la Bourgogne viticole issue d'un général d'Empire qui constitua un prestigieux vignoble en Côte de Nuits.

1936

Appellation
AOC
La romanée
Classement
Grand cru
Couleur
Rouge
Superficie
0,85 ha
Production
30 hl

L'œil

D'une tonalité très soutenue et profonde durant les premières années, la robe devient vivace, intense après quinze ans de garde.

Le nez

Le fruit noir (cassis et mûre) constitue l'entrée en matière d'une jeune romanée, qui reste assez fermée dans ses cinq ou six premières années. Avec le temps s'ajoutent des arômes de figue ou de datte, de prune et de fruits confits qui évoluent à l'aération vers des senteurs animales (musc, cuir, fourrure).

La bouche

Souvent un peu dure dans sa jeunesse, plus veloutée ensuite, la bouche est tout en arômes de cerise fraîche. Elle s'exprime différemment selon le millésime, tantôt fruitée, tantôt corsée.

Cépage
Pinot noir.

Nature des sols
Rendzines reposant sur le calcaire de Premeaux et l'oolithe, à la texture assez peu argileuse, comportant beaucoup de cailloutis. Sol plus épais, tirant sur le sol brun calcaire dans la partie haute.

Mets et vins
Gibier à plume (faisan, perdreau, pigeon) ou à poil (noisette de chevreuil aux raisins), chapon aux truffes, gigot ou selle d'agneau, fromages (époisses ou cîteaux).

Température de service
15-16 °C.

Potentiel de garde
20 ans et plus de 50 ans dans les grands millésimes.

Rosé-d'anjou

Appellation
AOC Rosé-d'anjou
Couleur
Rosé
Superficie
2 400 ha
Production
150 000 hl

1957

Les vins rosés d'Anjou, apparus à la fin du XIXe siècle, représentent aujourd'hui le tiers des vins produits dans cette région. Un vignoble à reconstruire après la crise phylloxérique, l'apparition de nouveaux cépages et la reconversion de l'encépagement traditionnel vers des variétés rouges, le succès des vins rosés dans une consommation populaire en plein essor : ces facteurs expliquent leur importance croissante. Frais, fruités et légers, à consommer dans l'année, ils sont obtenus après un pressurage direct des vendanges, voire une macération de quelques heures. Ils sont agréablement désaltérants.

L'œil

Les rosés-d'anjou affichent une teinte allant du rose pâle au rose intense. Quelques reflets orangés peuvent apparaître. Dans tous les cas, une impression de délicatesse se dégage d'emblée.

Le nez

Les rosés-d'anjou libèrent un agréable nez de petits fruits mûrs (pêche, grenade, cerise) et quelques notes amyliques (banane, fraise, bonbon anglais). Des effluves de pétales de rose se déclinent en accompagnement de cette palette fraîche.

La bouche

Souple et harmonieuse, la bouche des rosés-d'anjou donne l'impression de croquer dans le fruit mûr. Elle reste très fruitée.

Cépages
Cabernet franc, cabernet-sauvignon, pineau d'Aunis, gamay, côt, grolleau.

Nature des sols
Tous les terroirs d'Anjou classés en AOC.

Potentiel de garde
À boire jeune.

Température de service
8-10 °C.

Mets et vins
Terrine, quiche lorraine, soupe de fruits rouges.

Rosé-de-loire

Les rosés-de-loire peuvent être produits dans les limites des aires d'appellations régionales anjou, saumur et touraine. Ces vins sont très marqués par le caractère des cépages qui les composent et par les terroirs où ils sont nés. La production rassemble aussi bien des vins légers que des vins plus charpentés.

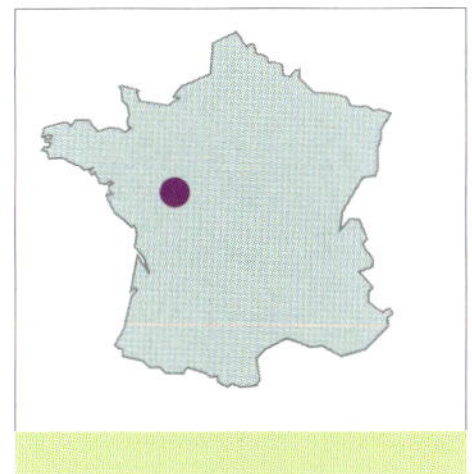

1974

Appellation
AOC Rosé-de-loire
Couleur
Rosé
Superficie
1 200 ha
Production
67 600 hl

L'œil

La robe est de couleur rose pâle, à reflets saumonés.

Le nez

Le rosé-de-loire est flatteur, puissant et complexe. Marqué par les petits fruits rouges (framboise, cerise), il exprime aussi des arômes de fleurs et de bonbon anglais.

La bouche

Une belle expression est perceptible en bouche. Équilibrée, celle-ci se termine sur une impression de fraîcheur et de légèreté.

L'appellation rosé-de-loire se répartit entre l'Anjou-Saumur et la Touraine.

Mets et vins
Repas d'été, quiche lorraine, tarte salée, viande blanche, poisson froid, salade de fruits.

Température de service
8-10 °C.

Potentiel de garde
À boire jeune.

Cépages
Cabernet franc, cabernet-sauvignon, pineau d'Aunis, grolleau, gamay, pinot noir.

Nature des sols
Schistes et tuffeau.

Rosé-des-riceys

Appellation
AOC Rosé-des-riceys
Couleur
Rosé
Superficie
100 ha
Production
370 hl

1947

Les Riceys et ses trois villages se trouvent au sud de l'aire d'appellation champagne, dans l'Aube. Seules les meilleures parcelles, complantées de vieilles vignes de pinot noir, ont la capacité de produire des raisins suffisamment riches en sucre pour être vinifiés en rosé-des-riceys, dont le goût est si spécifique qu'il a été baptisé de « goût des Riceys ». On distingue deux types de rosé- des-riceys : le premier, élevé en cuve, se boit dans sa jeunesse et se fane après trois ans ; le second, qui bénéficie d'un élevage d'un à deux ans sous bois, possède un meilleur potentiel de garde.

L'œil

Le rosé-des-riceys peut être rose pâle ou très foncé, rouge. Des nuances violacées traduisent un élevage en cuve.

Le nez

Le parfum est complexe, riche, difficile à définir. Parmi les arômes, il faut retenir la cerise mûre et les petits fruits rouges et noirs – de la nuance framboise à celle du cassis (faible). Le fameux « goût des Riceys » comporte une touche d'amande vanillée et de grenadine, soulignée par la bergamote.

La bouche

Les vins de grands millésimes sont ronds, pleins, amples. La richesse de la texture et la densité de la trame les apparentent plutôt à des vins rouges qu'à des rosés classiques. Dans les autres millésimes, les rosés-des-riceys tendent davantage vers un caractère gouleyant.

Cépage
Pinot noir.

Nature des sols
Argilo-calcaires et marnes kimméridgiennes.

Potentiel de garde
Élevé en cuve : avant 3 ans.
Élevé en fût : 3 à 8 ans.

Mets et vins
Viande blanche, volaille, poisson maigre, fromages (cendré des Riceys).

Température de service
Élevé en cuve : 8-9 °C.
Élevé en pièces : 10-12 °C.

Roussette-de-savoie

L'appellation roussette-de-savoie désigne des vins blancs secs élaborés à partir d'un cépage blanc typique de la région, l'altesse, autrement appelé roussette. Le vignoble se trouve essentiellement à Frangy, le long de la rivière des Usses, à Monthoux et à Marestel, au bord du lac du Bourget. D'une grande finesse, les vins se bonifient après quelques années de garde, alors que la plupart des crus de la région sont à boire jeunes.

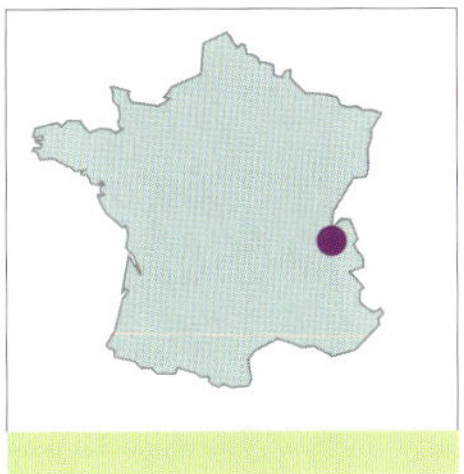

1973

Appellation
AOC Roussette-de-savoie
Couleur
Blanc
Superficie
50 ha
Production
2 400 hl

L'œil

Une jolie couleur or paille habille la roussette-de-savoie.

Le nez

Frais et ouvert, le vin manifeste des notes grillées et des arômes rappelant la noisette, la noix et les fruits secs.

La bouche

Après une attaque franche et vive, la bouche apparaît assez longue, avec des flaveurs de fruits secs et de noix fraîche.

Sur les coteaux de Jongieux, le cépage altesse (ou roussette) a trouvé son lieu de prédilection et donne des vins riches et parfumés.

Mets et vins
Poisson, écrevisses, viande blanche (escalope de veau panée), fromages (beaufort, reblochon).

Température de service
10-12 °C.

Roussette-du-bugey

Au sein du vignoble du Bugey (Ain), la roussette a obtenu sa propre appellation en 2009 (22 ha ; 1 000 hl), couvrant les 67 communes de l'AOC bugey. Deux crus ont été définis : la roussette-du-bugey Montagnieu (8 ha), né sur un coteau dominant le Rhône, à Briord, Montagnieu et Seillonnaz ; la roussette-du-bugey Virieu-le-Grand (1 ha), né d'un petit vignoble au pied d'un massif calcaire.

Cépage
Altesse.

Nature des sols
Argilo-calcaires, éboulis de chaînons jurassiques.

Potentiel de garde
2 à 5 ans.

L'œil

• Le rully rouge revêt une robe rubis ou grenat profond.

• Le rully blanc présente une teinte dorée à reflets verts. Avec l'âge, il acquiert une couleur souvent assez prononcée : jaune soutenu, bouton d'or.

Le nez

• En rouge, les fruits noirs (cassis, mûre) et rouges (bigarreau) composent la note de tête du bouquet. Ils s'accompagnent d'arômes de réglisse, de lilas, de pétale de rose. Le nez évolue vers le fruit cuit et des sensations mi-kirsch mi-poivre.

• En blanc, les notes de « fleurs de haie », ou acacia, de chèvrefeuille, de sureau très fin, de violette, de pêche blanche, de citron et de silex se marient souvent au miel et au toast beurré. Avec le temps, apparaissent des nuances de coing et de fruits secs.

La bouche

• En rouge, les tanins n'écrasent ni le fruit ni le relief du vin, mais il faut laisser un peu de temps au temps, sans excès de vieillissement, pour que la légère astringence et la mâche se fondent délicieusement au palais sur une longue persistance.

• En blanc, le rully est très marqué par le fruit. Rond, ferme cependant, il possède de la chair et de la longueur.

Le château de Rully, bâti au XIIe siècle.

Les premiers crus

Agneux
La Bressande
Champs Cloux
Chapitre
Clos du Chaigne
Clos Saint-Jacques
Cloux
La Fosse
Grésigny
Margotés
Marissou
Le Meix-Cadot
Le Meix-Caillet
Molesme
Mont-Palais
Les Pierres
Pillot
Préaux
La Pucelle
Rabourcé
Raclot
La Renarde
Vauvry

Mets et vins

Rouge : gibier à plume, canard à l'orange, fromages (reblochon).
Blanc : andouillette, cuisses de grenouilles, brochet au beurre blanc, moules et coquilles Saint-Jacques, volaille à la crème.

Saint-amour

À l'extrémité septentrionale du Beaujolais et à 15 km de Mâcon, Saint-Amour-Bellevue enfante un cru au nom enchanteur. Ses vignes situées pour la plupart à 250 m d'altitude sont plantées sur des terrains granitiques et argilo-siliceux, des cailloutis, des couches schisteuses. Elles produisent un vin pourpre, élégant et charmeur.

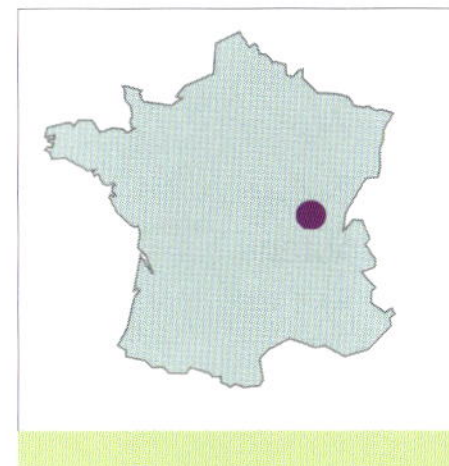

1946

Appellations
AOC Saint-amour
AOC Saint-amour suivi du *climat* d'origine

Couleur
Rouge

Superficie
320 ha

Production
16 000 hl

L'œil

Le saint-amour est généralement paré d'une robe rubis soutenu, à reflets violines.

Le nez

Des parfums de pêche et d'abricot émanent du vin. Ces arômes peuvent être très marqués, notamment dans sa première année d'existence ; ils s'allient à de petits fruits rouges comme le cassis, la framboise. Puis, à partir de deux ou trois ans de garde, ils deviennent plus épicés.

La bouche

Une cuvaison courte de huit à dix jours produit des vins tendres, fruités et floraux qui font la joie de l'amateur impatient de découvrir le vin à peine dix-huit mois après la récolte. Lorsque la macération est plus longue, les vins semblent plus solides, un peu rudes dans leur jeune âge. Ils révèlent toutes leurs qualités après trois ou quatre ans et se conservent encore quelques années.

Un délicieux breuvage

Si le Paradis est un climat fameux de saint-amour, il désigne aussi le délicieux breuvage qui coule du pressoir. Dans la vinification en rouge classique, le vin de presse est âpre et désagréable au palais. Il n'en est pas de même en Beaujolais où le raisin resté entier au cours de la macération libère un suc coloré, fruité, parfumé et encore très riche en sucre. À chaque « pressurée », le vigneron choisit le moment opportun pour tirer quelques litres de paradis. Régal pour les visiteurs, ce jus poursuivra sa fermentation alcoolique et abandonnera bien vite sa douceur initiale.

Mets et vins
Gibier à plume, viande rouge.

Température de service
14 °C.

Potentiel de garde
2 à 5 ans.

Nature des sols
Coteaux granitiques sableux ; colluvions argilo-siliceuses et cailloutis.

Cépage
Gamay noir.

Saint-bris

Appellation
AOC Saint-bris
Couleur
Blanc
Superficie
130 ha
Production
7 300 hl

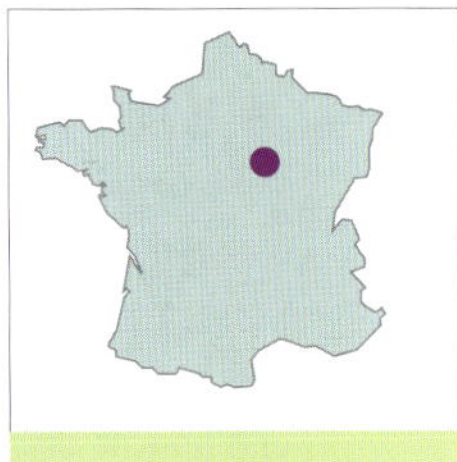

2003

Enfant de la Loire, le sauvignon a fait souche en Bourgogne, à deux pas du Chablisien et non loin du Sancerrois. Il est apparu en Auxerrois après la crise phylloxérique, au début du XXe siècle. Sur les plateaux calcaires de Saint-Bris, le long de la vallée de l'Yonne, il délivre un message original dans des vins aromatiques qui s'épanouissent jeunes.

L'œil

Le saint-bris est souvent or clair, d'un blanc mat. Parfois, un jaune plus soutenu l'habille.

Le nez

La palette dévoile des arômes minéraux de silex, de pierre à fusil. Le côté chablisien du vin se révèle à travers des notes de champignon et de sous-bois. Le cuir et les épices sont également perceptibles. Certains saint-bris sont plus aromatiques encore ; ils déclinent les agrumes – notamment le pamplemousse –, les fleurs blanches, le bois de rose, la feuille de cassis, la pomme, l'amande amère et parfois même la framboise.

La bouche

Très sec, le saint-bris laisse une impression de vivacité grâce à ses notes acidulées de pomme verte. Floral et tendre, il délaisse sa verdeur de jeunesse pour acquérir plus de sève après deux ou trois ans de garde.

Cépage
Sauvignon.

Nature des sols
Calcaire à astartes (kimméridgien inférieur) au bord des alluvions de l'Yonne et au pied de pentes marno-calcaires. Meilleure situation : hauts de coteaux d'exposition nord.

Potentiel de garde
5 à 6 ans.

Mets et vins
Vin jeune : apéritif.
Vin plus âgé : fruits de mer, quiche lorraine, escargots de Bourgogne, poisson de mer, fromages (crottin de Chavignol).

Température de service
12-13 °C.

Saint-chinian

L'appellation saint-chinian s'étend sur vingt communes situées au nord-ouest du département de l'Hérault, de part et d'autre de l'Orb et du Vernazobre, entre les aires du minervois au sud-ouest et du faugères au nord-est. Les vignes sont plantées sur les pentes sud-sud-est de la Montagne Noire, des monts de Pardailhan aux monts de Faugères et, vers le sud, jusqu'à la plaine du Biterrois. Au nord du Vernazobre, affluent de l'Orb, dominent les schistes, tandis qu'au sud les terrains sont très variés, essentiellement argilo-calcaires : ils donnent naissance à deux familles de vins rouges, à des vins rosés et à quelques rares vins blancs.

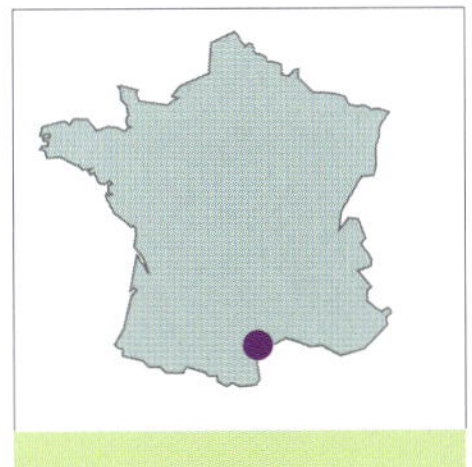

1982

Appellation
AOC Saint-chinian
AOC Saint-chinian Berlou
AOC Saint-chinian Roquebrun

Couleurs
Rouge
Rosé
Blanc (rare)

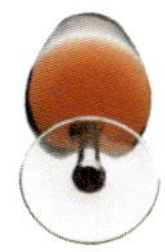

Superficie
3 300 ha

Production
138 000 hl, dont 500 hl de blanc

Mets et vins
Rouge : viande et gibier en sauce ou à la broche pour les plus corsés, viande rouge et volaille pour les plus légers et les plus gouleyants.
Rosé : salades composées, charcuteries (même fumées).

Température de service
Rouge : 16-18 °C.
Rosé et blanc : 10 °C.

Nature des sols
Schistes, argilo-calcaires.

Cépages
Rouge : grenache, syrah, mourvèdre, lledoner pelut ; carignan, cinsault.
Blanc : grenache (30 % minimum), marsanne, roussanne, vermentino (rolle).

Potentiel de garde
Rouge : 4 à 5 ans.
Rosé et blanc : à boire jeune.

L'œil

- Les vins rouges issus de la zone schisteuse sont sombres et denses lorsque l'extraction a été élevée.
- Les vins rouges issus de la zone argilo-calcaire sont caractérisés par une robe d'un beau rouge, animée de légers reflets violets lorsqu'ils sont jeunes.
- La robe des vins rosés oscille entre le rose vif et une teinte plus pâle.
- Les vins blancs présentent une teinte jaune intense.

Dénominations Berlou et Roquebrun

Les villages de Roquebrun et de Berlou, situés dans la zone des schistes, bénéficient d'un microclimat particulièrement doux. Y naissent des vins, toujours rouges, issus de raisins cultivés à plus faible rendement que dans le reste de l'AOC et vendangés à la main.

Le nez

- Les arômes des vins rouges de la zone schisteuse sont de type empyreumatique. Ils varient de la note légèrement fumée jusqu'à l'expression franche de café torréfié, voire de cacao dans certains millésimes.
- Les vins de la zone argilo-calcaire sont marqués par des notes de fruits frais, avec parfois une touche florale de violette. Les fruits confits sont très présents dans les cuvées récoltées à pleine maturité. Les arômes évoluent ensuite vers des notes de garrigue, de laurier sauce, de ciste et des accents épicés. L'élevage en bois apporte des touches supplémentaires de vanille et de réglisse.
- Le nez des saint-chinian rosés est discret mais élégant, de type fruité. Il libère parfois une note de bonbon anglais.
- Les vins blancs doivent au grenache des parfums de fleurs blanches.

La bouche

- Les vins rouges de la zone schisteuse ont une faible acidité associée à un pH élevé. Les tanins évoluent rapidement et parviennent à maturité dès la deuxième année. Ils présentent alors un velouté remarquable qu'ils conservent pendant cinq ans.
- À côté d'une bonne impression de gras et de rondeur, la trame tannique des rouges de la zone argilo-calcaire est importante. L'évolution des tanins est longue. Ce sont des crus que l'on pourra conserver jusqu'à dix ans pour les meilleures cuvées.
- Les rosés ont beaucoup de rondeur et un bon équilibre acide. Ils doivent être consommés dans les deux ans pour conserver toute leur fraîcheur.
- Les saint-chinian blancs offrent fraîcheur et légèreté.

Vignoble aux environs de Cessenon-sur-Orbe.

Sainte-croix-du-mont

C'est du ciel qu'il faudrait découvrir Sainte-Croix-du-Mont. Le visiteur verrait alors, à côté de l'église, un étrange château fort presque en équilibre au sommet d'un coteau escarpé. Située sur la rive droite de la Garonne, en face de Sauternes, l'aire d'appellation bénéficie elle aussi des brouillards qui se forment au confluent du Ciron et de la Garonne. Ses vins liquoreux, bouquetés et aptes à la garde, naissent d'un beau terroir reposant sur d'épais bancs calcaires.

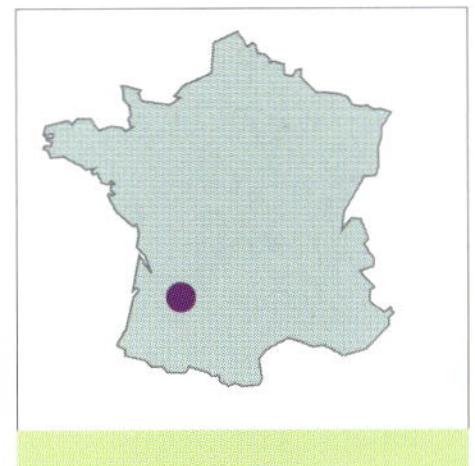

1936

Appellation
AOC Sainte-croix-du-mont

Couleur
Blanc (liquoreux)

Superficie
400 ha

Production
15 000 hl

L'œil

Or pâle dans sa jeunesse, le sainte-croix-du-mont acquiert en vieillissant une teinte ambrée.

Le nez

Le bouquet est une déclinaison d'arômes de raisins secs, de fleurs (acacia ou chèvrefeuille) et de fruits mûrs (abricot, pêche). Le registre fruité domine cependant. De délicates notes de miel viennent en outre aiguiser la curiosité du dégustateur.

La bouche

Le sainte-croix-du-mont peut être dégusté jeune ou être attendu longtemps. Dans ses premières années, il paraît fruité et nerveux. Son caractère assez explosif le rend séduisant. En prenant de l'âge, il devient de plus en plus onctueux et racé, tout en gardant un corps solide.

Mets et vins
Apéritif, foie gras, poisson fin, volaille, desserts (tartes, fruits, sorbets).

Température de service
8-10 °C.

Potentiel de garde
8 à 10 ans (25 ans et plus pour certains crus).

Principaux cépages
Sémillon (dominant), sauvignon, muscadelle.

Nature des sols
Calcaires et argilo-calcaires.

Sainte-foy-bordeaux

Appellation
AOC Sainte-foy-bordeaux
Couleurs
Rouge
Blanc (sec et moelleux)
Superficie
300 ha
Production
13 000 hl

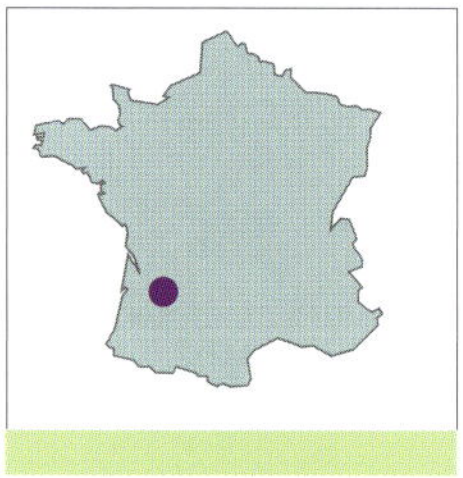

1937

Entre Bordelais, Périgord et Agenais, Sainte-Foy est une ancienne cité médiévale et un foyer d'humanisme et d'érudition. Cette enclave girondine entre le Lot-et-Garonne et la Dordogne déroule des paysages proches de ceux de l'Entre-deux-Mers oriental : les vignes occupent les plateaux, tandis que les vergers se concentrent dans les vallées. Pendant longtemps, les sainte-foy-bordeaux les plus connus étaient des vins moelleux. Les vins rouges et les vins blancs secs dominent aujourd'hui.

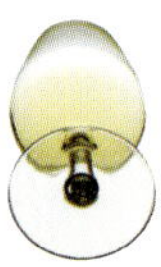

L'œil

• La robe des vins rouges, intense, présente une tonalité rubis ou cerise.

• Les vins blancs secs possèdent une jolie couleur jaune pâle, tandis que les moelleux se rapprochent de l'or.

Le nez

• Les vins rouges portent la marque du merlot dans leur bouquet. Un côté délicatement fruité leur donne charme et fraîcheur. Se développent également des notes de grillé et de fruits mûrs ou confits.

• Les vins blancs secs sont finement fruités. Leurs arômes portent souvent la marque du sauvignon. Les sainte-foy-bordeaux moelleux associent les notes de cire et d'abricot aux senteurs de fleur de tilleul.

La bouche

• Corsés et charnus, les vins rouges reflètent le caractère des terroirs. Issus des coteaux argilo-calcaires, ils dévoilent une solide charpente.

• Vifs et frais, les vins blancs secs dévoilent de la souplesse et du gras. Ils gardent au palais le fruité de leur bouquet. Les moelleux trouvent un réel équilibre entre le gras et l'acidité.

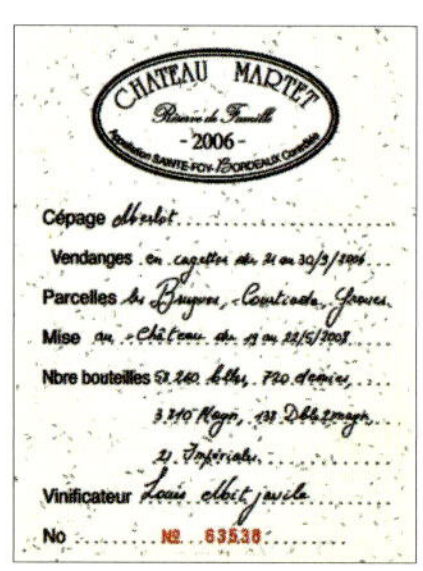

Principaux cépages
Rouge : merlot (dominant), cabernet-sauvignon, cabernet franc ; côt.
Blanc : sémillon, sauvignon, muscadelle.

Nature des sols
Graves et sables.

Potentiel de garde
Rouge : 3 à 7 ans.
Blanc : 1 à 5 ans.

Température de service
Rouge : 16-17 °C.
Blanc : 8-10 °C.

Mets et vins
Rouge : viande blanche, volaille, fromages.
Blanc : entrée, fruits de mer.

Saint-émilion

Saint-Émilion, jolie cité médiévale du Libournais classée au patrimoine mondial de l'Unesco, donne son nom à deux appellations : saint-émilion et saint-émilion grand cru. Le vignoble s'étend sur les huit communes qui ont succédé aux paroisses dépendant de la jurade. Ce pays de petites exploitations possède des terroirs d'une grande diversité. Les vins ont ainsi chacun leur personnalité. L'Union des producteurs de Saint-Émilion, structure coopérative, a joué un rôle non négligeable dans le développement du saint-émilion.

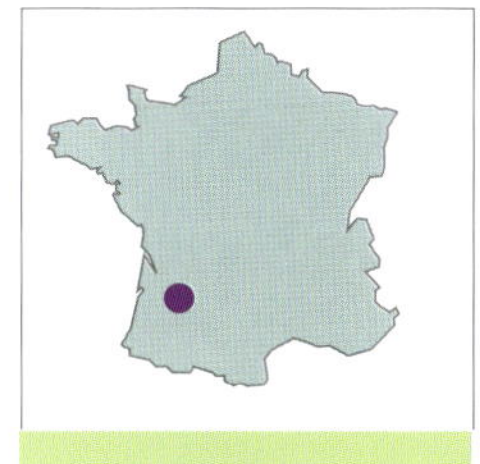

1936

Appellation
AOC Saint-émilion

Couleur
Rouge

Superficie
1 880 ha

Production
101 600 hl

L'œil

Rubis dans leur jeune âge, les saint-émilion évoluent vers une couleur grenat soutenu après quelques années de garde.

Le nez

Des arômes frais et fruités (groseille, fraise sauvage) marquent les saint-émilion issus de millésimes bien mûrs. Des notes d'épices, de vanille discrète se mêlent à la palette après un élevage sous bois. Dans l'idéal, le bouquet se développe en une multitude de nuances liées à l'évolution : fleurs, cacao, fumée, cuir, grillé se marient au fruit initial.

La bouche

Amples et certes très divers selon leur terroir d'origine, les saint-émilion ont du grain. Leur structure, étayée par des tanins solides, s'arrondit avec le temps et s'enveloppe, dans les bons millésimes, d'une chair savoureuse.

Mets et vins
Charcuterie, selle d'agneau provençale, pintadeau aux girolles, gigue de chevreuil grand veneur, escalopes à la Basquaise.

Température de service
16-17 °C.

Potentiel de garde
2 à 6 ans.

Principaux cépages
Merlot (dominant), cabernet franc, cabernet-sauvignon ; carmenère, côt.

Nature des sols
Calcaire, graveleux, sablonneux, argilo-calcaire.

Saint-estèphe

Appellation
AOC
Saint-estèphe
Couleur
Rouge
Superficie
1 200 ha
Production
63 000 hl

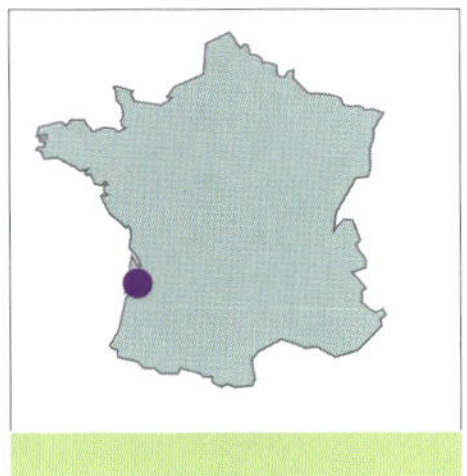

1936

À Saint-Estèphe, fière terre viticole située vers la pointe septentrionale du Haut-Médoc, les vignes recouvrent le plateau dominant la Gironde. L'appellation n'est séparée de pauillac que par un simple ruisseau. Trois propriétés ont marqué son histoire. La plus ancienne, fief de la maison noble de Calon, troisième cru classé en 1855, est connue aujourd'hui sous le nom de Calon-Ségur. La deuxième, Cos d'Estournel, célèbre pour ses chais à la décoration orientale, est un deuxième cru classé, à l'instar de Montrose créée en 1815. Le sol de graves légèrement plus argileuses que dans les AOC plus méridionales du Médoc confère au saint-estèphe un caractère solide dans son jeune âge et une grande aptitude à la garde.

Principaux cépages
Cabernet-sauvignon, merlot, cabernet franc, petit-verdot.

Nature des sols
Alluvions graveleuses reposant sur des calcaires ou des marnes à huîtres.

Potentiel de garde
10 à 20 ans (30 ans dans les grandes années).

Les crus classés
Château Cos d'Estournel (2e cru classé)
Château Montrose (2e cru classé)
Château Calon-Ségur (3e cru classé)
Château Lafon-Rochet (4e cru classé)
Château Cos-Labory (5e cru classé)

L'œil

Le saint-estèphe possède une couleur intense entre le rubis carminé et le pourpre à reflets noirs. Au fil de son évolution, sa robe décline toute la gamme des rouges profonds.

Le nez

Le bouquet est riche et soutenu : fruits mûrs (cassis) apportés par le cabernet et notes florales (violette) venues du merlot accompagnent les arômes hérités de l'élevage, selon les proportions de bois neuf (torréfaction, épices, réglisse).

La bouche

La structure est puissante ; la grande longueur est assurée par la constitution du vin. Après une garde de dix ans, la bouche du saint-estèphe met en valeur un bouquet complexe, et les tanins se fondent pour créer une sensation de parfaite harmonie.

Mets et vins
Civet de lièvre, gibier à plume (faisan, pigeon aux petits pois).

Température de service
17-18 °C.

La folie de Louis Gaspard d'Estournel

Propriétaire de Cos au début du XIXe siècle, Louis Gaspard d'Estournel avait trois passions : les chevaux arabes, la navigation et le vin. Ses voyages dans l'océan Indien lui donnèrent l'idée de construire non pas un château mais des chais monumentaux dans un style éclectique, mêlant classicisme et orientalisme. Stendhal écrivit à ce sujet : « Bâtiment fort élégant, d'une brillante couleur jaune clair [qui] n'est à la vérité d'aucun style ; cela n'est ni grec, ni gothique, cela est fort gai et serait plutôt dans le genre chinois. »

L'œil

• Le saint-joseph rouge revêt une robe assez soutenue. Il évolue de la teinte grenat de sa jeunesse à une nuance plus orangée après un certain vieillissement.

• Le vin blanc présente une robe claire à reflets verts au début de sa vie. Après une certaine évolution, il gagne des reflets plus ou moins dorés.

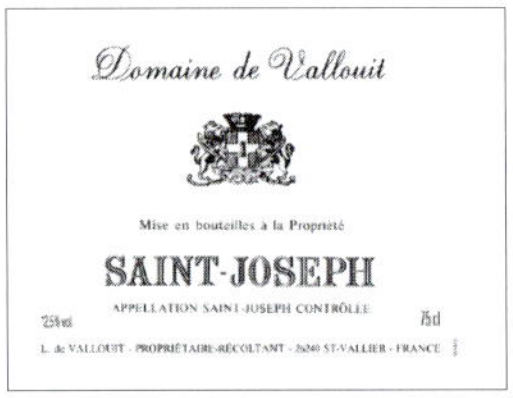

Le nez

• Très riche et fin, le saint-joseph rouge se caractérise par des arômes de fruits rouges frais lorsqu'il est jeune. Le parfum de cassis peut y être très marqué. Au vieillissement, les notes fruitées subsistent mais évoluent vers des expressions de fruits bien mûrs, voire cuits. Ce caractère est associé à des sensations épicées, notamment poivrées.

• Le saint-joseph blanc se caractérise par un nez élégant et subtil, dont les notes florales s'apparentent à des fleurs mellifères comme l'aubépine. L'âge laisse apparaître des arômes épicés qui se développent davantage dans les vins élevés en fût de chêne.

La bouche

• Le saint-joseph rouge bénéficie de tanins élégants et fins. Une sensation de rondeur et de gras prédomine. L'acidité étant souvent en retrait, le saint-joseph rouge paraît velouté dans une bouche gourmande et riche.

• Le saint-joseph blanc est remarquable par son équilibre entre acidité et moelleux. Dans les meilleurs terroirs, le caractère gras et rond s'impose devant la vivacité. Dans les vinifications traditionnelles, cet aspect est souvent amplifié par la fermentation malolactique. En rétro-olfaction, on retrouve alors les mêmes arômes que ceux rencontrés par voie nasale directe.

Situées sur les deux rives du Rhône, les villes de Tournon et de Tain-l'Hermitage. Les vins de Tournon (dont l'origine remonte au Moyen Âge) se virent attribuer l'AOC saint-joseph en 1956.

Température de service

Rouge : 16-18 °C.
Blanc : 12-14 °C.

Mets et vins

Rouge : viande blanche ou rouge grillées, lièvre à la royale.
Blanc : poisson en sauce.

Saint-julien

La commune de Saint-Julien-Beychevelle possède des terroirs exceptionnels, caractérisés par de doux vallonnements. Associés aux graves, ces versants assurent un bon écoulement des eaux pluviales. Ainsi n'est-il pas étonnant de trouver ici quelques-uns des crus les plus réputés, tels les châteaux Beychevelle, Talbot, Ducru-Beaucaillou. La position de saint-julien en fait le centre géographique du Médoc viticole, à mi-chemin entre Blanquefort et Jau, comme entre Margaux et Saint-Estèphe. Les saint-julien, qui présentent une remarquable aptitude au vieillissement, ont la réputation d'associer la puissance et la sève des vins des appellations communales du nord (saint-estèphe et pauillac) avec la finesse des margaux.

1936

Appellation
AOC Saint-julien

Couleur
Rouge

Superficie
900 ha

Production
45 000 hl

Potentiel de garde
10 à 20 ans (et plus pour certains crus dans certains millésimes).

Nature des sols
Graves du günz.

Principaux cépages
Cabernet-sauvignon, cabernet franc, merlot, petit-verdot, malbec, carmenère.

L'œil

D'une couleur rubis foncé dans sa jeunesse, le saint-julien conserve longtemps une robe profonde. Dix ou douze ans après la vendange, il continue de surprendre par son côté sombre, presque noir.

Le nez

La complexité du bouquet est grande. La violette se marie aux arômes empyreumatiques, autour desquels gravitent de multiples notes : myrtille, mûre, tabac brun, griotte, cacao, pruneau, vanille, caramel... Avec l'âge apparaissent des senteurs de gibier, de truffe ou de cuir de Russie.

La bouche

Le palais révèle de la richesse, de la sève et beaucoup d'élégance. Fermes et puissants, les tanins se portent garants des chances d'évolution du saint-julien, qui possède une trame serrée et une grande concentration. Toutefois, ils charment par leur velouté que soutient un boisé de qualité. L'impression d'harmonie que procure la dégustation d'un saint-julien jeune se renforce lorsqu'il avance en âge. C'est un vin qu'il faut savoir oublier dans sa cave pour le redécouvrir dix, douze, voire quinze ou vingt ans plus tard. Alors, la trame a changé. Délicate, parfois même fleurie, elle s'est délicieusement enrobée. La charpente tannique est encore bien présente, mais le vin peut montrer son ampleur et sa plénitude sans manifester la moindre agressivité. Avec le temps, la finale a gagné en complexité et en élégance pour parvenir à un niveau de subtilité aromatique exceptionnel.

Les crus classés

Château Ducru-Beaucaillou (2e cru classé)
Château Gruaud-Larose (2e cru classé)
Château Léoville Las Cases (2e cru classé)
Château Léoville-Poyferré (2e cru classé)
Château Léoville-Barton (2e cru classé)
Château Lagrange (3e cru classé)
Château Langoa (3e cru classé)
Château Beychevelle (4e cru classé)
Château Branaire-Ducru (4e cru classé)
Château Saint-Pierre (4e cru classé)
Château Talbot (4e cru classé)

Beychevelle

Avant d'être un château du vin, Beychevelle fut une imposante forteresse. Elle contrôlait le point où les navires affalaient leurs voiles pour remonter jusqu'à Bordeaux en naviguant à l'ancre flottante, grâce à la marée. D'où le nom du château (« baisse voile » en gascon). Vers le milieu du XVIIIe siècle, le château fort fut abattu pour laisser place à la belle demeure néoclassique que nous connaissons aujourd'hui. Après avoir appartenu, au XVIIe siècle, au duc d'Épernon, amiral de France et gouverneur de Guyenne, le domaine resta pendant plus d'un siècle, de 1874 à 1984, entre les mains de la famille Fould qui compta plusieurs ministres.

Température de service

17-18 °C.

Mets et vins

Viande rouge ou blanche, volaille, gibier à plume, fromages.

Saint-nicolas-de-bourgueil

Saint-nicolas-de-bourgueil, à mi-chemin entre Langeais et Saumur, donne son nom à un vignoble en terrasses sur la rive droite de la Loire, planté presque exclusivement de cabernet franc ou breton. Sur un terroir de tuf et de graves sont produits des vins d'une grande richesse aromatique, qu'il faut savoir attendre quatre ou cinq ans.

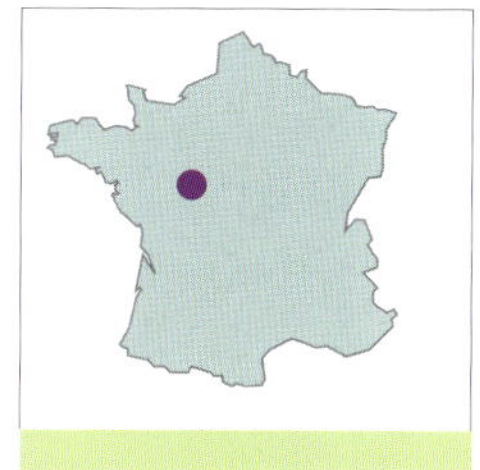

1937

Appellation
AOC Saint-nicolas-de-bourgueil
Couleurs
Rouge
Rosé
Superficie
1 000 ha
Production
59 000 hl

L'œil

Le saint-nicolas-de-bourgueil s'habille d'une robe soutenue, presque noire, avec des nuances violettes. Au vieillissement, la teinte s'oriente vers le grenat foncé, moiré de légères nuances tuilées.

Le nez

Intense, le nez livre des arômes de fruits rouges mûrs, soulignés d'une pointe de poivron ou de réglisse qui fait « bretonner » ce vin, selon l'expression régionale. Un élevage sous bois laisse parfois une sensation épicée.

La bouche

D'une bonne présence tannique et vif à l'attaque quand il est jeune, le saint-nicolas-de-bourgueil a l'avenir devant lui. Avec le temps, il enveloppe cette trame d'une matière ronde et aromatique qui perdure remarquablement.

Mets et vins
Rouge jeune : charcuterie, viande blanche, grillade, pot-au-feu, fromages de chèvre.
Rouge plus âgé : viande rouge, gibier, fromages (tomme de Savoie, gouda, saint-paulin).

Température de service
Rouge : 14-16 °C.
Rosé : 10 °C.

Potentiel de garde
Rouge : 5 à 10 ans.
Rosé : à boire jeune.

Nature des sols
Tuf (argilo-calcaire) ; graves (silico-argileuses ou siliceuses) des terrasses de Loire.

Cépage
Cabernet franc (10 % maximum de cabernet-sauvignon autorisé).

Saint-romain

Appellation
AOC
Saint-romain
Couleurs
Blanc
Rouge
Superficie
100 ha
Production
4 500 hl
(60 % blanc)

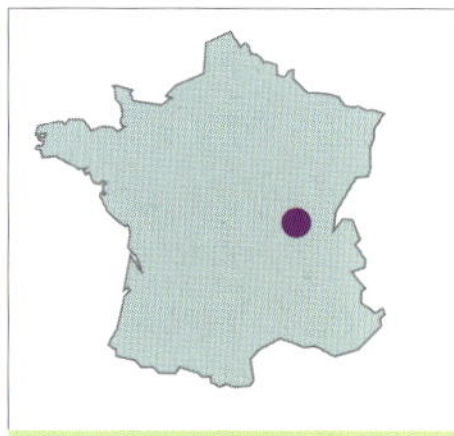

1947

À cet endroit de la Côte de Beaune, à l'ouest de meursault, le paysage se creuse et s'évase en larges perspectives jusqu'à auxey-duresses. La falaise ménage l'un des plus beaux points de vue de la région depuis ses 450 m d'altitude. Abritées par la roche, les vignes occupent les versants assez encaissés d'un passage taillé dans la Côte. Elles sont exposées sud–sud-est et nord-nord-est. Dans un ensemble marno-calcaire, des bancs argileux conviennent parfaitement à la production de vins blancs.

Les *climats* de saint-romain
S'il n'existe pas de premier cru à Saint-Romain, certains *climats* sont appréciés. Les plus connus sont : Sous-le-Château, Sous-la-Velle, ouverts à l'est, au pied de Saint-Romain-le-Haut. Face à ce coteau, exposés à l'ouest, Sous Roche et La Combe Bazin révèlent aussi leurs ambitions. Le Jarron, proche d'Auxey-Duresses, bénéficie d'une bonne notoriété, de même que La Perrière et En Poillange près du hameau de Melin.

Cépages
Blanc : chardonnay.
Rouge : pinot noir.

Nature des sols
Marnes calcaires présentant des bancs d'argile favorables au vin blanc.

Potentiel de garde
Blanc : 5 à 10 ans.
Rouge : 6 à 12 ans.

Mets et vins
Blanc : crustacés, poissons notamment fumés, cuisses de grenouilles, truite en gelée, fromages de chèvre.
Rouge : œufs en meurette, pâté en croûte, volaille rôtie, blanquette de veau, navarin d'agneau, fromages (cîteaux, brillat-savarin).

L'œil

• En blanc, le vin s'habille d'or pâle à reflets verts. Cette nuance fonce légèrement avec l'âge.

• En rouge, le saint-romain présente une robe cerise noire qui évolue vers le carmin.

Le nez

• En blanc, toute la gamme des fleurs blanches se décline. Le tilleul, la citronnelle, le buis se distinguent nettement, sous des accents fréquemment minéraux. L'essence de rose, le coing apparaissent parfois. Après trois ou quatre ans de vieillissement, émergent les fruits jaunes mûrs (prune, mirabelle) et un léger miellé.

• En rouge, le bouquet se compose de cerise aigre, de groseille, de bourgeon de cassis et de sous-bois. Vers quatre ou cinq ans, le saint-romain évolue vers des sensations de fruits macérés dans l'alcool, d'épices ou de fumé.

La bouche

• En blanc, le saint-romain révèle l'empreinte d'un chardonnay assez vif. Il a de la sève et du montant dès ses premières années. L'âge (quatre ou cinq ans) lui apporte un moelleux qui caresse le palais, avec le rappel du fruit.

• En rouge, le saint-romain est souvent un peu sévère dans sa prime jeunesse. Il a besoin de quelques années de garde pour parfaire ses qualités, exprimant alors sa maturité. Si l'acidité le porte, si ses tanins restent discrets, le corps apparaît bientôt, ferme et élégant, possédant tout ce qu'il faut de chair pour impressionner.

Sous la falaise de Saint-Romain, dont les grottes furent occupées depuis le néolithique jusqu'à l'an mil, le vignoble se partage entre Côte et Hautes-Côtes de Beaune.

Température de service
Blanc : 12-14 °C (frais quand il est jeune).
Rouge : 12-15 °C (on peut le boire légèrement frais).

Saint-véran

Appellation
AOC Saint-véran
Couleur
Blanc
Superficie
670 ha
Production
41 400 hl

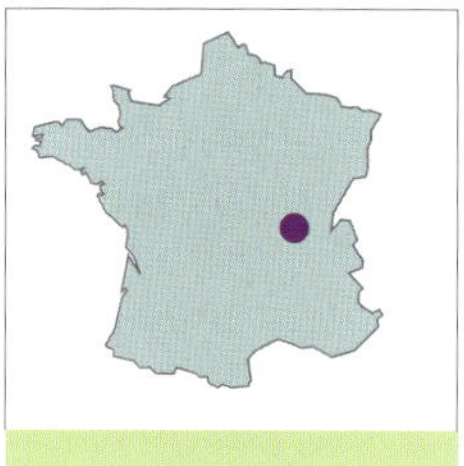

1971

Dans la partie la plus méridionale de la Saône-et-Loire, à la limite du Beaujolais, la vallée de l'Arlois définit nettement la coupure géologique entre le Mâconnais et son voisin du sud. À proximité du pouilly-fuissé, le saint-véran septentrional s'étend sur Prissé et Davayé, le saint-véran méridional sur Chasselas, Leynes, Chânes, Saint-Vérand et quelques parcelles sur Solutré-Pouilly et Saint-Amour-Bellevue. Ce vin blanc, que l'on surnommait autrefois le beaujolais blanc, tire du chardonnay sa générosité et sa subtilité.

Cépage
Chardonnay.

Nature des sols
À la limite du granitique sur la partie sud, calcaires et marno-calcaires sur la partie nord.

L'œil

Le saint-véran est un vin cristallin, or pâle. Des reflets verts animent sa robe. Un élevage sous bois se traduit par une teinte bouton d'or.

Le nez

Les arômes de fruits (pêche, poire) se mêlent à l'acacia, à la fougère, au chèvrefeuille. Les notes d'amande fraîche, de noisette et de beurre sont également fréquentes, tandis que le miel, les fruits exotiques et les agrumes (écorce d'orange) ne se distinguent que dans les vins les plus mûrs.

La bouche

Le saint-véran est un vin sec et rond, souvent minéral (la pierre à feu, le silex glorieux des environs de Solutré). Il a de la flamme, de l'ardeur en bouche. Le gras et l'acidité s'équilibrent. Une sensation muscatée s'exprime parfois en finale.

Potentiel de garde
5 à 7 ans.

Température de service
11 à 13 °C.

Mets et vins
Huîtres gratinées, andouillette au vin blanc, blanquette de veau, fricassée de veau aux girolles, fromages de chèvre (saint-marcellin, bouton de culotte, crottin).

Sancerre

Bâti sur une butte, sur la rive gauche de la Loire, Sancerre commande un vignoble historique, dont le vin fut cité par les poètes dès le règne de Philippe Auguste. Le dégustateur trouve ici une parfaite illustration de l'expression du terroir et de son influence sur les cépages : implanté sur des coteaux sculptés par le fleuve, le sauvignon restitue une multitudes de nuances aromatiques qui font du sancerre un vin élégant et racé. Le sancerre rouge, au caractère friand, est un produit récent dans le vignoble, mais déjà très apprécié.

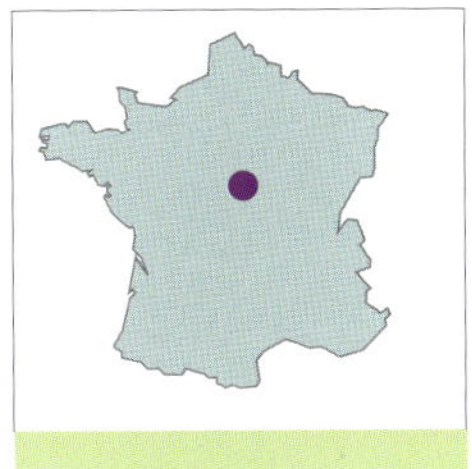

1936

Appellation
AOC Sancerre (1936, sancerre blanc ; 1959, sancerre rouge et rosé)

Couleurs
Blanc
Rouge
Rosé

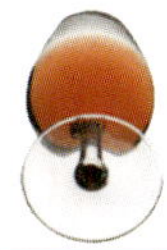

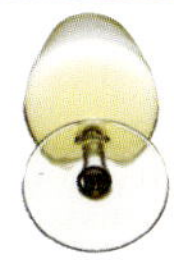

Superficie
2 750 ha

Production
165 000 hl

Mets et vins
Blanc : fruits de mer, poisson en sauce (brochet), fromages (crottin de Chavignol).
Rouge : volaille, fromages (crottin de Chavignol, salers).
Rosé : charcuterie, entrées.

Température de service
Blanc et rosé : 12 °C.
Rouge : 14 °C.

Nature des sols
Terres blanches (marnes calcaires riches en coquillages), calcaires durs (caillottes), argiles à silex.

Potentiel de garde
1 à 5 ans.

Cépages
Blanc : sauvignon.
Rouge : pinot noir.

L'œil

• Le sancerre blanc présente une teinte or pâle.

• En rouge, le vin fait éclater le rubis dans le verre.

• Le sancerre rosé, issu du pinot noir, s'oriente vers le gris.

Le nez

• Le cépage sauvignon trouve à Sancerre son terroir de prédilection. Aux notes d'agrumes, d'orange, de pamplemousse et de citron se marient délicatement la menthe, la fougère ou l'acacia. Dominés par le cassis ou le buis dans les caillottes, les vins acquièrent des notes tubéreuses ou évoquent le narcisse dans les terres blanches. Ils adoptent des odeurs d'acacia, de genêt ou de « pierre à fusil » sur les sols à silex.

• Le cépage pinot noir produit des vins rouges aux notes de griotte, de cerise (de la queue de cerise au bigarreau bien mûr) et de venaison. Quelques vignerons élaborent les vins rouges en fût de chêne.

• La pêche se dégage finement des vins rosés.

La bouche

• Cépage aromatique par nature et sensible au terroir, le sauvignon empreint la bouche du sancerre des flaveurs d'orange ou de fleur d'oranger, de coing, de cassis, de pomme, de menthe, de miel et d'épices, avec de notables différences en fonction des terroirs. Les terres blanches argilo-calcaires donnent naissance à des vins corsés et charpentés, dont les arômes se développent assez lentement. Les caillottes, terrain très pierreux, fournissent des vins élégants, légers, dont le bouquet se développe plus rapidement. Enfin, les sols à silex produisent des vins fermes et structurés, au bouquet caractéristique, souvent qualifié de « pierre à fusil ».

• Les vins rouges ont une structure souple grâce à des tanins fondus. On retrouve la cerise et la violette en rétro-olfaction.

• Le sancerre rosé est un vin frais et fruité.

Santenay

Tout au sud de la Côte de Beaune, à la limite de la Côte-d'Or et de la Saône-et-Loire, Santenay partagea longtemps ses ambitions entre le vin et les eaux thermales. Aujourd'hui, le village se consacre pleinement à Bacchus, oubliant qu'il s'appelait naguère Santenay-les-Bains. Seuls les hasards des limites départementales, fixées lors de la Révolution, ont séparé Santenay des Maranges. Le vignoble, traversé par une douce rivière, la Dheune, produit des vins rouges de garde, qui ont « l'âme du volnay et le corps du pommard ».

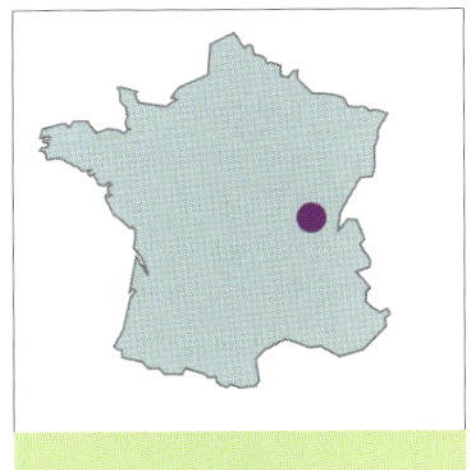

1936

Appellation
AOC Santenay
AOC Santenay premier cru

Couleurs
Rouge
Blanc

Superficie
329 ha

Production
Rouge : 13 000 hl
Blanc : 2 000 hl

Les premiers crus

Beauregard
Beaurepaire
Clos de Tavannes
Clos des Mouches
Clos Faubard
Clos Rousseau
Grand Clos Rousseau
La Comme
La Maladière
Les Gravières
Les Gravières – Clos de Tavannes
Passetemps

Nature des sols
Calcaires durs renforcés de marnes ; bruns calcaires ou marnes calcaires, plus ou moins caillouteux selon la pente (meilleurs terroirs sur le calcaire magnésien de la grande oolithe).

Potentiel de garde
5 à 10 ans (jusqu'à 20 à 25 ans dans les bons millésimes).

Cépages
Rouge : pinot noir.
Blanc : chardonnay.

L'œil

- La robe du santenay rouge est parfaitement définie par le nom d'un des *climats* du vignoble : Beauregard. Un regard rouge sombre tirant sur le noir – cerise noire, tulipe noire –, ou encore pivoine très soutenu, rubis violacé.
- Jaune léger, le santenay blanc évolue vers l'or et l'émeraude.

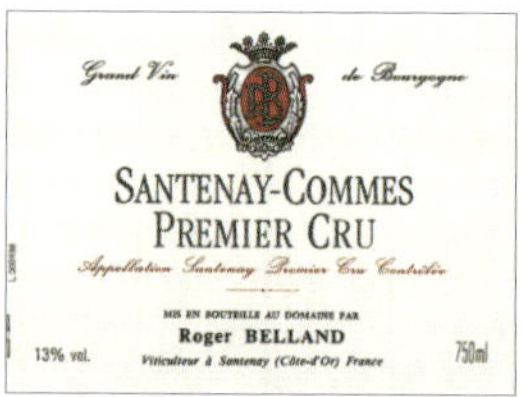

Le nez

- Les arômes du santenay rouge s'inscrivent dans des gammes classiques en pinot noir : les petits fruits (framboise, groseille, myrtille), les épices (poivre, cannelle), des nuances de violette, de menthe, de réglisse, ou encore des notes balsamiques (résine de pin). Le champignon n'est pas rare. Avec l'âge, le vin dévoile des arômes de cuir et de fruits confits, macérés, qui tirent sur le noyau (pruneau).
- Le santenay blanc offre des touches de fleurs blanches, d'agrumes, d'amande douce et de pain grillé.

La bouche

- Le santenay rouge peut se présenter d'emblée sous des traits suaves, tendres et ronds, avec une jolie suite en bouche d'arômes fruités. Charpenté, il est sérieux et accompli. Un vin de garde, assurément.
- En blanc, le santenay a une parenté évidente avec le chassagne-montrachet, son voisin. Vigoureux, corsé, il s'exprime de façon bouquetée (noisette, fougère).

Le village de Santenay.

Mets et vins

Rouge : rôti de veau, canard au poivre vert, coq au vin, gibier, fromages (morbier, pont-l'évêque, chaource).

Blanc : fruits de mer, poisson (truite aux amandes).

Température de service

Rouge jeune et blanc : 12-14 °C.

Rouge plus âgé : 14-15 °C.

Saumur

Centre de la viticulture angevine, Saumur est la grande place de négoce des vins de Loire depuis le XVIIe siècle. Dispersé en îlots, son vignoble repose sur les célèbres sols de craie tuffeau de l'Anjou blanc, par opposition aux terres sombres de l'Anjou noir. Si la région du Saumurois est traditionnellement productrice de vins blancs et a acquis sa notoriété dès le Moyen Âge grâce à ce type de vin, ce sont aujourd'hui les vins rouges qui font sa renommée. Toutefois, qu'ils soient rouges, rosés ou blancs, tranquilles ou effervescents, les vins ont en commun souplesse et fraîcheur. Par leur délicatesse, ils témoignent de cette douceur de vivre angevine proverbiale.

1936

Appellation
AOC Saumur
AOC Saumur mousseux (1976)

Couleurs
Rouge
Blanc

Superficie
2 800 ha

Production
166 000 hl
Mousseux : 90 000 hl

Les coteaux-de-saumur

Les coteaux-de-saumur (1962), équivalents en Saumurois des coteaux-du-layon en Anjou, sont élaborés à partir du chenin pur planté sur la craie tuffeau. Ces vins moelleux, élégants, à la fois onctueux et vifs, produits sur 12 ha méritent d'être conservés 5 à 15 ans, voire plusieurs décennies dans les grands millésimes, et peuvent être servis sur un foie gras ou un dessert.

Cépages
Rouge : cabernet franc ; cabernet-sauvignon, pineau d'Aunis.
Blanc : chenin (ou pineau de la Loire, 80 %), chardonnay, sauvignon.
Effervescent : chenin blanc, chardonnay, sauvignon, cabernet franc, cabernet-sauvignon, côt, gamay noir, grolleau, pineau d'Aunis et pinot noir.

Nature des sols
Argilo-calcaires développés sur la craie tuffeau ; sableux développés sur les sables du sénonien en situation de haut de coteau.

Potentiel de garde
3 à 5 ans (jusqu'à 10 ans dans les grandes années).

L'œil

- Les vins rouges dévoilent une robe rubis intense, rappelant la cerise bien mûre.
- En blanc, la robe pâle s'anime de quelques reflets verts. Les vins effervescents libèrent des bulles délicates et persistantes.

Les vins du Thouarsais

Cette AOVDQS produit des vins des trois couleurs sur 15 ha. Le volume ne dépasse pas 800 hl par an.

Le nez

- Les vins rouges évoquent intensément les fruits rouges (framboise), accompagnés de notes florales (violette), épicées ou d'accents de fruits noirs. Les arômes végétaux de poivron indiquent une maturité insuffisante.
- Le nez des vins blancs, tranquilles ou effervescents, associe des arômes minéraux à des notes de fleurs blanches (acacia) ou jaunes (tilleul). Il offre en outre des accents fruités (pêche, poire, prune). Cette palette aromatique laisse une impression de fraîcheur.

La bouche

- La bouche des vins rouges semble ronde, sans aspérité. L'équilibre gustatif est dominé par le moelleux. La structure tannique est simple mais présente des tanins fondus. On note une constance dans les impressions aromatiques, la sensation de croquer des fruits rouges revenant toujours.
- Les vins blancs possèdent une bouche rafraîchissante. Une impression de légèreté et de finesse domine dans les vins effervescents, où le gaz carbonique éveille agréablement les papilles gustatives.

L'aire du saumur comprend vingt-neuf communes dans le département du Maine-et-Loire, neuf dans celui de la Vienne et deux dans celui des Deux-Sèvres. Il est limité au nord par la Loire et traversé par la vallée du Thouet et de la Dive.

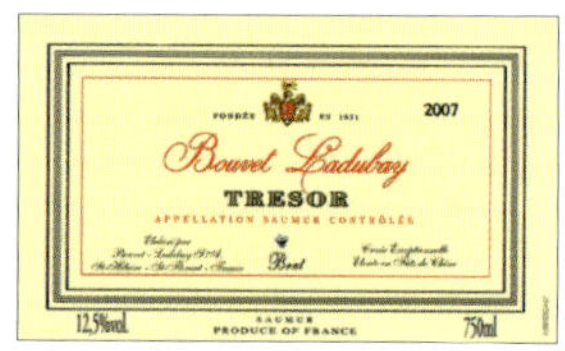

Mets et vins

Rouge : grillade de bœuf, escalope de veau panée, fromages (cantal, salers, coulommiers).
Blanc : coquilles Saint-Jacques, poisson, fromages.
Effervescent : apéritif, desserts (clafoutis, tarte aux fruits, sorbet).

Température de service

Rouge : 16 °C.
Blanc : 14 °C.
Effervescent : 12 °C.

Saumur-champigny

Dans le Maine-et-Loire, saumur-champigny se trouve à proximité des aires de chinon, bourgueil et saint-nicolas-de-bourgueil. Son vignoble s'étend sur les coteaux calcaires de la rive gauche de la Loire, autour de la ville de Saumur. L'originalité du terroir de Champigny est de produire des vins rouges denses, charnus et élégants, aux tanins intenses mais souples, à partir du cépage cabernet franc, appelé ici breton.

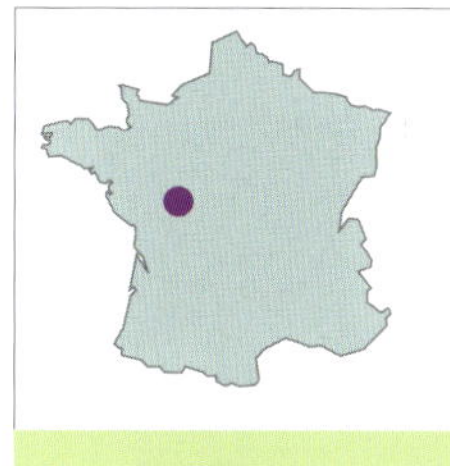

1957

Appellation
AOC Saumur-champigny
Couleur
Rouge
Superficie
1 500 ha
Production
85 000 hl

L'œil

La robe est d'un rouge rubis franc, intense et brillant. Au fil des ans, le saumur-champigny acquiert des reflets sombres, le rubis devenant grenat.

Le nez

Les arômes de fruits rouges et noirs dominent dans les vins jeunes (framboise, mûre, cassis, groseille, etc.) ; ils sont étoffés d'épices (muscade, tabac, réglisse) et de fragrances végétales (menthe, fougère, bourgeon de cassis). On décèle parfois des nuances de poivron vert.
Au vieillissement, les notes épicées et empyreumatiques (fumé, grillé) prennent de l'ampleur et évoluent vers des évocations plus profondes (ventre de lièvre, cuir frais, cave de tuffeau).

La bouche

La souplesse des tanins explique sans doute le succès de ces vins souvent consommés jeunes. Une telle charpente est un excellent support pour la persistance des arômes décelés à l'olfaction. Et la qualité des tanins est aussi un atout pour une longue garde.

Mets et vins
Andouillette grillée, agneau, bœuf bourguignon, poisson (pour un vin jeune), soufflé au fromage, desserts aux fruits rouges et parfois au chocolat.

Température de service
12-14 °C.

Potentiel de garde
10 ans.

Cépages
Cabernet franc ; cabernet-sauvignon.

Nature des sols
Sablo-graveleux à sablo-argileux sur craie tuffeau ; sables verts à glaucomie sur craie du turonien supérieur.

Savennières-coulée-de-serrant

Appellation
AOC Savennières-coulée-de-serrant
Couleur
Blanc
Superficie
7 ha
Production
200 hl

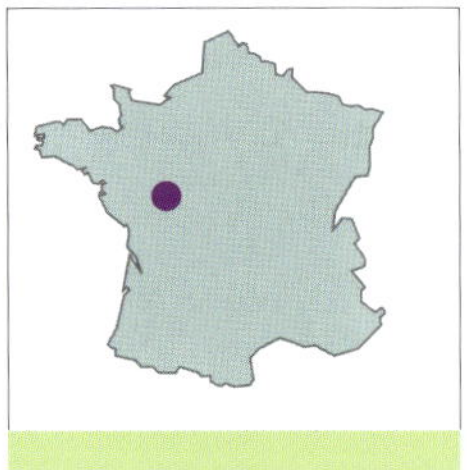

1952

Au sein du vignoble de savennières, la coulée-de-serrant est devenue l'AOC la plus réputée d'Anjou. L'aire est située sur un éperon rocheux s'avançant sur la Loire, au pied duquel fut construite une forteresse au Moyen Âge. La Coulée de Serrant comprend trois parcelles : le Grand Clos de la Coulée, sur le flanc ouest du coteau de Chambourreau ; le Clos du Château aux pentes symétriques à celles du Grand Clos, et les Plantes. Ses vins blancs secs de longue garde sont produits par le seul domaine de La Coulée de Serrant, travaillé en biodynamie.

L'œil
La robe délicate, jaune pâle, dévoile de nombreuses nuances, mais les reflets verts sont les plus manifestes.

Le nez
Chaque note aromatique de la palette s'exprime avec franchise. Les fleurs blanches et le tilleul se marient à des notes minérales, puis à des accents de fruits mûrs ou secs.

La bouche
L'équilibre de la bouche se réalise avec finesse. La complexité de l'ensemble est liée aux expositions des trois parcelles de la Coulée de Serrant (exposition est, ouest et sud). Sur chaque terroir, le raisin s'exprime différemment.

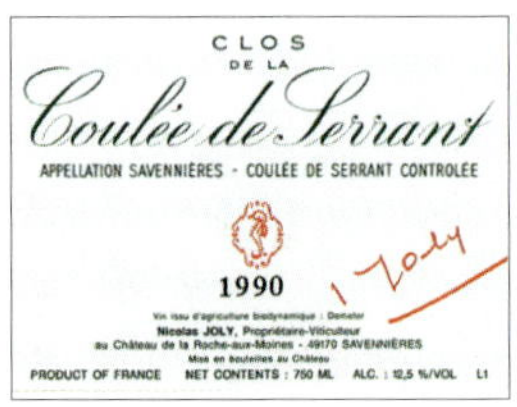

Cépage
Chenin blanc (pineau de la Loire).

Nature des sols
Sols superficiels sur schistes ou schistes gréseux.

Potentiel de garde
10 à 20 ans.

Mets et vins
Quenelles de brochet, saumon à l'oseille.

Température de service
10-12 °C.

Savennières-roche-aux-moines

Enclavé dans le vignoble de Savennières, ce lieu-dit fut appelé Roche-aux-Moines après sa donation aux moines de Saint-Nicolas en 1285. Au cours de l'Histoire, il fut diversement rebaptisé : Roche-au-Duc lors de son acquisition en 1370 par le duc Louis II d'Anjou, Roche-de-Serrant en 1481 par la volonté de Louis XI de récompenser son chambellan Perthus de Brie, seigneur de Serrant, puis Roche Vineuse à la Révolution. Les souterrains sur lesquels est bâti le château servent aujourd'hui à conserver les vins.

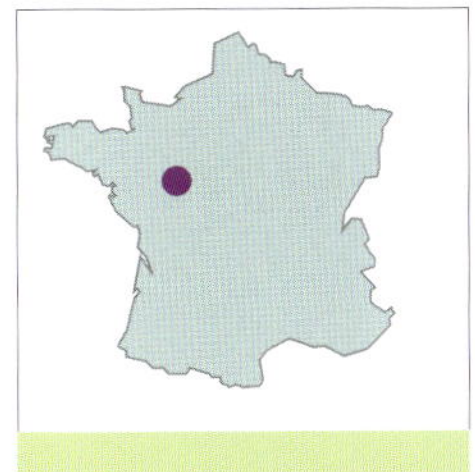

1984

Appellation
AOC Savennières-roche-aux-moines

Couleur
Blanc

Superficie
20 ha

Production
600 hl

L'œil
La robe or pâle brille de reflets verts.

Le nez
Le savennières-roche-aux-moines est un vin frais et intense. Le bouquet révèle des arômes d'acacia et de miel, des notes de noisette et de fruits confits, avec une nuance minérale.

La bouche
La fraîcheur, l'ampleur et la longueur font du savennières-roche-aux-moines un vin harmonieux.

Le château de la Roche-aux-Moines.

Mets et vins
Langoustines, poisson grillé, andouillette au vin blanc, lapin au vin blanc, côte de veau à la crème.

Température de service
10-12 °C.

Nature des sols
Sols superficiels sur schistes ou schistes gréseux.

Principaux cépages
Chenin (pineau de la Loire).

Potentiel de garde
10 à 20 ans.

Savigny-lès-beaune

Appellation
AOC Savigny-lès-beaune
AOC Savigny-lès-beaune premier cru
Couleurs
Rouge
Blanc
Superficie
350 ha
Production
Rouge : 13 000 hl
Blanc : 1 800 hl

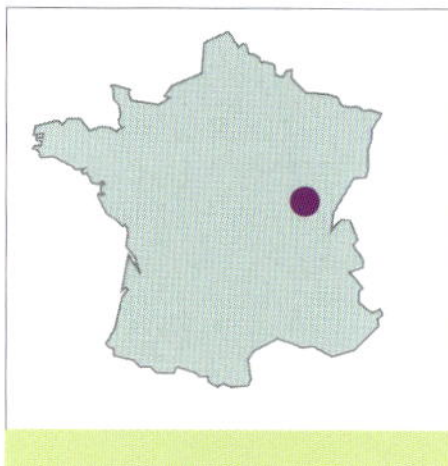

1937

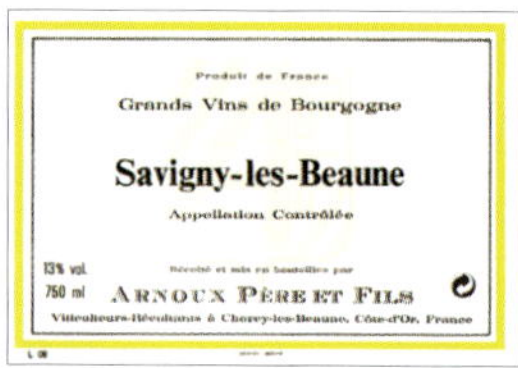

Juste au nord de Beaune, le village de Savigny-lès-Beaune se glisse au creux de la vallée d'une petite rivière, le Rhoin. Son vignoble a appartenu au domaine des ducs de Bourgogne, aux abbayes et aux chevaliers de Malte. Il se divise en deux parties assez distinctes. L'une est proche de Pernand-Vergelesses, exposée plein sud ; l'autre se situe sous le mont Battois, du côté beaunois. Les terrains sont assez sableux, et les vignes regardent l'est et le nord-est. Le savigny-lès-beaune est pour l'essentiel un vin rouge, mais la production de vins blancs progresse.

L'œil

• En rouge, la robe grenat intense tire parfois jusqu'à la tulipe noire.
• En blanc, la teinte or pâle se pare de reflets verts.

Le nez

• Le savigny-lès-beaune rouge livre des arômes de fruits rouges (cerise, framboise) et noirs (cassis, mûre), de fleurs (violette), de fruits à noyau macérés dans l'alcool et des nuances de réglisse. Les notes animales, les accents d'humus et de sous-bois mariés aux épices apparaissent fréquemment avec l'âge.
• En blanc, se déclinent l'aubépine, l'amande fraîche, la menthe, le citron, la poire, la feuille de cassis, la rose, la muscade, le pain de mie et la noisette.

La bouche

• En rouge, la bouche du savigny-lès-beaune a parfois le goût de mûre et de réglisse. Les tanins bien présents construisent une charpente robuste.
• En blanc, le dégustateur perçoit le fruit du chardonnay, ses fleurs. Souvent assez vif, le vin s'apaise avec le temps, pour laisser monter un gras voluptueux.

Cépages
Rouge : pinot noir.
Blanc : chardonnay.

Potentiel de garde
Rouge : 5 à 15 ans.
Blanc : 4 à 12 ans.

Nature des sols
Côté Pernand-Vergelesses : graveleux et parsemés d'oolithe ferrugineux, puis en descendant le coteau plus argileux, plus caillouteux, associés au même calcaire brun-rouge.
Côté Beaune : plus sableux mais toujours argilo-calcaires.

Température de service
Rouge : 14-16 °C.
Blanc : 12-14 °C.

Mets et vins
Rouge : jambon persillé, volaille en sauce, chevreuil en sauce, fromages (époisses, soumaintrain, langres, munster).
Blanc : quiche lorraine, andouillette, escargots de Bourgogne, filets de sole, turbot, bar, fromages (comté, saint-nectaire).

Savoie (vin de)

Du lac Léman à la rive droite de l'Isère, des îlots de vignes, exposés au sud, ponctuent les vallées de la Savoie et de la Haute-Savoie. Le climat est ici tempéré par la proximité des lacs. Sur les premiers coteaux des Alpes sont produits des vins vifs comme l'air de montagne : des vins blancs issus le plus souvent d'un cépage local, la jacquère ; des vins rouges à base de mondeuse, du gamay importé du Beaujolais ou même du pinot noir bourguignon ; des vins rosés de gamay, pétillants à Ayze.

1973

Appellation
AOC vin-de-savoie
AOC vin-de-savoie-Ayze
AOC vin-de-savoie mousseux
AOC vin-de-savoie pétillant

L'œil

- Les vins de mondeuse se caractérisent par une robe pourpre. Des reflets cerise noire apparaissent dans les vins les plus typés, originaires d'Arbin.
- La robe des vins blancs présente des reflets paille.

Mets et vins
Rouge : viande des Grisons, gibier, poulet aux girolles, grillade de porc, fromages de Savoie (beaufort, tomme, reblochon).
Blanc : poisson (truite, omble), cuisses de grenouille, escargots.

Température de service
Rouge : 16-18 °C.
Blanc : 10-12 °C.

Nature des sols
Argilo-calcaires, éboulis de chaînons jurassiques.

Potentiel de garde
Rouge : 2 à 6 ans.
Blanc : 2 ans.

Principaux cépages
Rouge et rosé: mondeuse, gamay noir, pinot noir (90 % minimum), persan, cabernet franc, cabernet-sauvignon.
Blanc : aligoté, altesse, chardonnay, jacquère, mondeuse blanche, chasselas, gringet.

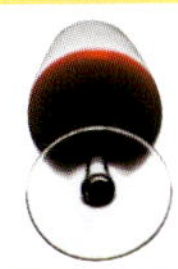

Couleurs
Blanc (sec, moelleux, effervescent)
Rouge
Rosé (tranquille ou effervescent)

Superficie
2 000 ha

Production
129 000 hl

Le nez

• La palette des vins rouges issus de mondeuse rappelle la fraise, la framboise et le cassis. Elle se nuance d'expressions florales (violette, iris) et épicées qui se développent intensément au cours du vieillissement.

• En blanc, le nez est marqué par les fleurs blanches, les arômes de fruits exotiques et de mirabelle.

La bouche

• La mondeuse, qui était avant la crise phylloxérique le cépage majoritaire dans la région, donne naissance à des vins charpentés par des tanins soyeux. Les arômes perçus en rétro-olfaction sont intenses.

• Les vins blancs de jacquère sont légers, frais et friands dès leur jeunesse, tandis que l'altesse – ou roussette de Savoie – produit des vins très fins qui méritent de vieillir un peu. Enfin, les vins de roussanne – appelée ici bergeron – possèdent une bouche équilibrée et rafraîchissante.

Les vignes du domaine de Ripaille sont plantées sur les rives du lac Léman.

Seyssel

Coincé entre les Préalpes du nord et l'extrémité méridionale du massif jurassien, le vignoble de Seyssel occupe les deux rives du Rhône entre Haute-Savoie et Ain. Sur les communes de Corbonod et de Seyssel, il couvre les pentes douces de la cluse du Rhône avant que le fleuve ne s'enfonce dans le Bugey. Les vins sont issus pour l'essentiel de terrains morainiques, adossés aux chaînons jurassiques. Les cépages altesse et molette leur lèguent une grande finesse. Ne cherchez pas dans les seyssel puissance et opulence mais plutôt esprit et retenue.

1942

Appellation
AOC Seyssel
AOC Seyssel mousseux
Couleur
Blanc
Superficie
83 ha
Production
Vin tranquille : 4 000 hl
Vin effervescent : 550 hl

L'œil

- Les vins blancs secs présentent une teinte paille à reflets verts.
- Les vins effervescents, plus pâles, dévoilent un cordon de bulles persistantes et fines.

Le nez

Les vins tranquilles ou effervescents présentent des arômes de type floral et fruité. Une touche franche de violette est également perceptible, souvent accompagnée de fruits blancs.

La bouche

Discrets à l'attaque, les seyssel s'affirment par leur équilibre entre fraîcheur et rondeur. Les arômes emplissent généreusement le palais.

Le village de Seyssel, sur les bords du Rhône.

Mets et vins
Vin tranquille : poisson en sauce, crustacés.
Vin effervescent : apéritif.

Température de service
10-12 °C.

Potentiel de garde
2 ans.
Nature des sols
Bassin tertiaire à substratum détritique.
Cépages
Altesse et molette ; chasselas (mousseux).

Touraine

Appellation
AOC Touraine
Couleurs
Rouge
Rosé
Blanc (sec et effervescent)
Superficie
4 475 ha

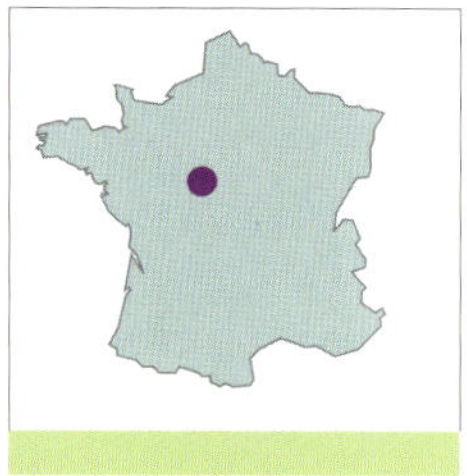

1939

Production
248 391 hl

La Loire coule en Touraine sur près de 100 km, recevant le Cher, l'Indre et la Vienne au sud, la Cisse et la Brenne au nord : ce sont autant de vallées qui se dessinent, dont les coteaux sont couverts de vignes. Les vins de l'appellation touraine diffèrent ainsi selon les terroirs, mais ils ont en commun beaucoup de fraîcheur et de fruit. Les zones les plus occidentales bénéficient des influences atlantiques et de belles journées d'automne qui favorisent la maturation des cépages tardifs comme le cabernet franc. À l'est, où le caractère continental est marqué, le sauvignon gagne en expression dans des vins secs. Le touraine primeur, issu essentiellement du gamay noir, a été reconnu comme une appellation à part entière en 1979.

Cépages
Rouge : gamay noir, cabernet franc, cabernet-sauvignon, côt.
Rosé : gamay noir (avec parfois du cabernet et du côt), pineau d'Aunis.
Blanc : sauvignon, chenin blanc (pineau de la Loire).

Potentiel de garde
Gamay et sauvignon : à boire jeunes.
Cabernet franc, cabernet-sauvignon et côt : 2 à 4 ans.
Chenin : 5 à 15 ans.

Nature des sols
Argilo-calcaires et sables sur argiles.

Mets et vins
Rouge : viande rouge ou blanche, fromages.
Blanc : charcuterie, fruits de mer, poisson.
Effervescent : apéritif.

Température de service
Rouge : 12-14 °C.
Blanc tranquille et effervescent : 8-10 °C.

L'œil

• La robe des vins de gamay ou de cabernets s'apparente à la cerise.

• Le touraine issu du sauvignon affiche une teinte jaune paille à reflets verts. Le pineau de la Loire dévoile une couleur plus soutenue qui évolue vers l'or dans les vieilles bouteilles.

• Le touraine rosé, qu'il soit issu de gamay ou de cabernet, est rarement très coloré. Quand il naît du pineau d'Aunis, il se teinte de gris.

Le nez

• Le vin de gamay évoque la fraise et la cerise, tandis que le touraine issu du cabernet rappelle la framboise, le poivron et la réglisse. Dans un assemblage, le gamay cède la vedette au cabernet qui s'exprime par des arômes de tabac ou de cuir. Le côt offre des senteurs de fruits rouges qui évoluent vers l'animal avec le temps. Le nez du touraine primeur évoque le bonbon anglais et la banane.

• Les évocations du sauvignon peuvent être florales avec une touche de groseille à maquereau ou de bourgeon de cassis, mêlée d'un peu de musc et d'épices. Un côté minéral est souvent présent. Le pineau de la Loire enchante par ses arômes d'acacia, de coing, de fruits secs, de miel ou d'agrumes.

La bouche

• Les vins de gamay possèdent des tanins discrets ; c'est le fruit qui s'impose en bouche. Ce sont des vins à boire dans les deux ans. Le cabernet et le côt bénéficient d'un bon support tannique qui leur permet d'être conservés de deux à quatre ans.

• Les touraine rosés à base de pineau d'Aunis rappellent les épices et le clou de girofle. Ils sont toujours secs et frais.

• Le sauvignon possède une légère vivacité. Le pineau de la Loire, également vif, libère un bouquet riche et élégant. Élaboré en effervescent par la méthode traditionnelle, il emplit le palais de flaveurs de brioche, de pomme.

Un lieu de rencontre de plusieurs cépages

En blanc, le vin de sauvignon est produit essentiellement dans la vallée du Cher en amont de Montrichard. Très parfumé, il est consommé jeune. Le pineau de la Loire donne naissance à un vin tranquille, sec la plupart du temps, ou à un vin effervescent élaboré selon la méthode traditionnelle. Le chardonnay, très peu planté en Touraine, est obligatoirement assemblé au pineau de la Loire.

Touraine-chenonceaux et touraine-oisly

Ces deux nouvelles AOC ont vu le jour en 2011. Touraine-chenonceaux couvre les premières « côtes » des deux rives du Cher, sur 27 communes de l'Indre-et-Loire et du Loir-et-Cher. Des sols riches en silex, des rendements plus faibles, des élevages plus longs en rouge contribuent au caractère des vins blancs secs expressifs, issus du seul sauvignon, et des vins rouges, amples et ronds, nés du côt, du cabernet franc (dominants) et du gamay. Sur la rive gauche de la Loire, le terroir d'Oisly s'étend sur 10 communes de la partie orientale de l'AOC touraine, implanté sur le plateau de la Sologne viticole, propice à l'expression du sauvignon. Ce cépage donne ici des vins blancs secs frais, fins et légers.

Touraine-amboise

Appellation
AOC Touraine-amboise
Couleurs
Rouge
Rosé
Blanc
Superficie
220 ha

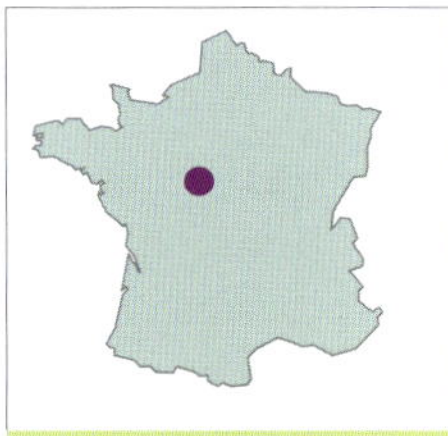

1939

Situé entre Tours et Blois, le vignoble d'Amboise se répartit sur les deux rives de la Loire, où l'on retrouve la classique argile à silex de Touraine. Le climat a perdu une partie de son caractère atlantique mais reste favorable aux cépages tardifs. En blanc, le chenin blanc donne naissance à des vins secs, demi-secs ou moelleux. Les vins rouges comme les rosés sont généralement à base de gamay, mais il existe des assemblages de semi-garde à forte proportion de cabernet et de côt.

L'œil

- Les vins rouges, issus d'un assemblage de gamay noir et de cabernet, révèlent une couleur cerise franche.
- Les vins rosés ont une teinte claire.
- Les touraine-amboise blancs, jaune paille dans leur jeunesse, se teintent d'or après trois ou quatre ans de garde.

Le nez

- Les vins rouges déclinent les fruits rouges. Des arômes de gibier apparaissent au cours du vieillissement.
- Les vins rosés évoquent un bouquet de rose et de lilas, souligné de notes d'amande.
- Les touraine-amboise blancs ont un nez de coing et de miel.

La bouche

- Les vins rouges sont solides et amples.
- Les touraine-amboise rosés présentent un caractère désaltérant.
- Les vins blancs révèlent une certaine souplesse due à l'influence du climat plus continental.

Production
9 000 hl

Cépages
Rouge et rosé : gamay, cabernet franc, cabernet-sauvignon, côt.
Blanc : chenin blanc.
Nature des sols
Argilo-siliceux, argilo-calcaires.

Potentiel de garde
Rouge : 2 à 5 ans.
Rosé : à boire jeune.
Blanc : 5 à 15 ans.

Température de service
Rouge : 12-14 °C.
Blanc et rosé : 8-10 °C.

Mets et vins
Rouge : viande rouge ou blanche, fromages.
Rosé : charcuterie, grillade.
Blanc sec : charcuterie, fruits de mer, poisson, volaille à la crème, dessert.

Touraine-azay-le-rideau

Le vignoble d'Azay-le-Rideau s'étend le long de la vallée de l'Indre, entre Montbazon et la Loire, sur des sols constitués d'argile à silex. Le confluent de l'Indre et de la Loire confère à cette petite région un climat particulièrement doux, favorable à la maturation des raisins tardifs. Les vins rosés et les vins blancs secs ou demi-secs sont fins et élégants.

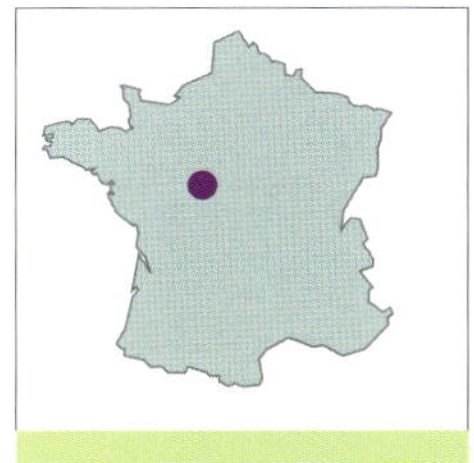

1939

Appellation
AOC Touraine-azay-le-rideau

Couleurs
Rosé
Blanc

Superficie
60 ha

Production
1 800 hl

L'œil

- Les vins rosés emplissent le verre d'une teinte claire.
- Les vins blancs ne sont jamais très colorés. Ils conservent longtemps une robe jaune paille.

Le nez

- Les vins rosés, tout en délicatesse, rappellent la rose, la guimauve, le lilas et l'amande.
- Les vins blancs sont riches d'arômes de fleurs et de fruits : acacia, églantine, pêche blanche, abricot, pomme verte. Ils dévoilent en outre un côté minéral hérité des sols décapés des coteaux de l'Indre. Avec un peu de garde, les touraine-azay-le-rideau évoquent le miel et le coing.

La bouche

- Les vins rosés ont une vivacité de bon aloi qui laisse une impression de fraîcheur appréciable en été.
- Les vins blancs renforcent leur fraîcheur par des arômes minéraux. En effet, l'influence du terroir se traduit par des notes de silex.

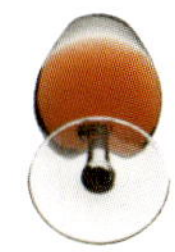

Mets et vins
Rosé : charcuterie, grillade.
Blanc sec : charcuterie, fruits de mer, poisson.
Blanc demi-sec : apéritif, volaille à la crème, dessert.

Température de service
8-10 °C.

Potentiel de garde
Rosé : à boire jeune.
Blanc : 5 à 15 ans.

Nature des sols
Argilo-siliceux, argilo-calcaires.

Cépages
Rosé : grolleau, gamay noir, côt, cabernet franc et cabernet-sauvignon.
Blanc : chenin blanc (ou pineau de la Loire).

Touraine-mesland

Appellation
AOC Touraine-mesland
Couleur
Rouge
Rosé
Blanc
Superficie
105 ha

1939

Le vignoble de Mesland est implanté sur les coteaux de la rive droite de la Loire, à l'ouest de Blois. Il fait face au château de Chaumont, construction gothique et Renaissance entourée d'un parc planté d'essences rares. Dans les années 1840, le gamay noir fut implanté aux dépens du côt dans cette aire, où il s'adapta parfaitement. Sols d'argiles à silex mêlés de sables granitiques, climat continental et faibles rendements : autant d'atouts pour la production de vins amples et de bonne longévité.

Production
5 000 hl

L'œil

• La robe des touraine-mesland rouges rappelle la couleur de la cerise bien mûre.
• Les vins rosés brillent de reflets saumon.
• Les touraine-mesland blancs dévoilent une couleur jaune paille.

Le nez

• Les vins rouges révèlent un nez complexe de fruits bien mûrs.
• Les touraine-mesland rosés manifestent des arômes frais et fins d'épices et de fruits rouges.
• Les vins blancs évoquent les fruits blancs (poire) épicés.

La bouche

• Les vins de gamay révèlent une matière pleine, empreinte d'arômes de fruits rouges bien mûrs et de pruneau.
• Les touraine-mesland rosés affirment une structure solide qui leur permet d'accompagner tout un repas.
• Les vins blancs, vifs dès l'attaque, bénéficient de la rondeur apportée par le sauvignon.

Mets et vins
Rouge : petit salé aux lentilles, rôti de porc, lapin à la moutarde, fromages (cantal, tomme de Savoie), clafoutis.
Rosé : charcuterie, grillade, brochette d'agneau.
Blanc : fruits de mer, poisson (truite grillée, saumon à l'oseille), volaille à la crème, boudin blanc.

Cépages
Rouge et rosé : gamay noir, cabernet franc (ou breton), côt.
Blanc : chenin blanc (ou pineau de la Loire), sauvignon, chardonnay.

Nature des sols
Argilo-siliceux, argilo-calcaires ; riches en sable granitique.

Potentiel de garde
Rouge :
2 à 5 ans.
Rosé :
à boire jeune.
Blanc de chenin :
5 à 15 ans.

Température de service
Rouge : 12-14 °C.
Blanc et rosé :
8-10 °C.

Touraine-noble-joué

Après être longtemps restée sous l'égide de l'AOC touraine, l'aire du Noble-Joué a retrouvé sa dénomination d'origine, en reconnaissance de la typicité de ses vins rosés. Présente bien avant le XVe siècle, sa vigne fait partie du patrimoine viticole de la Touraine. À la fin du XIXe siècle, elle constituait l'un des plus grands vignobles de la région mais, victime d'aléas climatiques et de l'urbanisation, elle disparut après la Première Guerre mondiale. En 1970, des viticulteurs la firent renaître en ne gardant de l'ancien terroir que les parcelles situées à l'est de Tours, entre le Cher et l'Indre, sur les coteaux les mieux exposés. Aujourd'hui, le vignoble se développe progressivement.

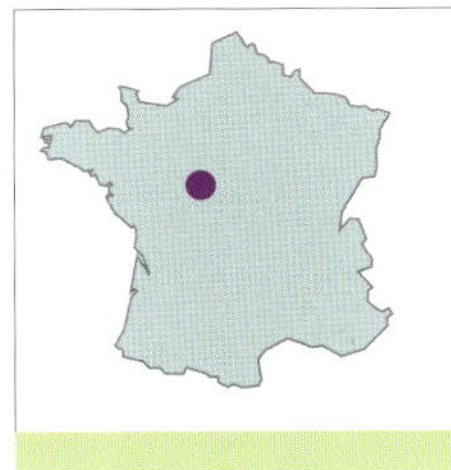

2001

Appellation
AOC Touraine-noble-joué
Couleur
Rosé
Superficie
30 ha
Production
1 700 hl

L'œil
Plutôt gris, le touraine-noble-joué évolue vers une teinte œil-de-perdrix.

Le nez
Les arômes de fleurs (pivoine, jacinthe) se dévoilent dès le premier nez. Ils sont suivis de notes de fruits rouges (groseille, cerise, griotte) ou de fruits à chair blanche (poire mûre).

La bouche
Le touraine-noble-joué est empreint de flaveurs de griotte, à peine épicées par des nuances de clou de girofle. Jamais tannique, il laisse une impression de rondeur.
Le cépage malvoisie lui donne du corps et des arômes de poire mûre en finale. Le pinot meunier apporte le fruité et la fraîcheur, le pinot noir la finesse aromatique.

Mets et vins
Apéritif, charcuterie, poisson, viande blanche, cuisine nord-africaine.

Température de service
10-12 °C.

Potentiel de garde
À boire jeune. Jusqu'à 5 ans dans les bons millésimes.

Nature des sols
Argiles à silex, cailloux.

Cépages
Pinot meunier (50-60 %), pinot gris ou malvoisie (30-40 %), pinot noir (10-20 %).

Tursan

Appellation
AOC Tursan
Couleurs
Rouge
Rosé
Blanc
Superficie
300 ha
Production
16 500 hl

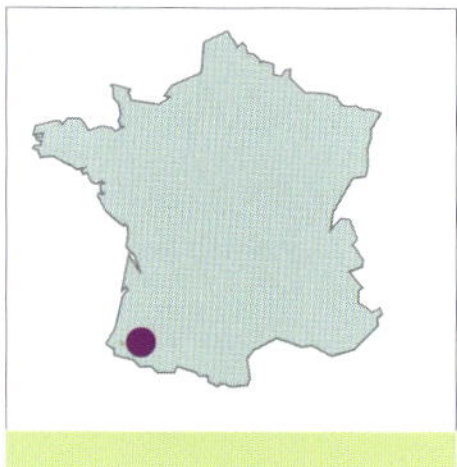

2011

Vignoble d'Aliénor d'Aquitaine, Tursan s'inscrit dans le prolongement du Madirannais. Il s'étend sur les coteaux de l'est de la Chalosse, dans les cantons d'Aire-sur-Adour et de Geaune. Comme tous les vignobles de la région, Tursan a très tôt exporté ses vins : au XIIe siècle, ils sont vendus à Londres, ainsi qu'à Cordoue et à Séville ; entre les XVe et XVIIIe siècles, ils s'imposent sur les marchés hanséatiques. Les vins blancs doivent leur originalité à un cépage local, le baroque, mais les vins rouges et rosés présentent également un indéniable caractère.

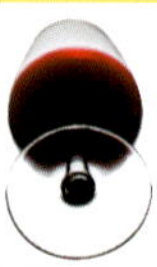

L'œil

- Entre pourpre foncé et grenat, presque noire, la robe des tursan rouges annonce la puissance de la bouche.
- Les vins rosés sont d'une couleur pâle.
- Jaune paille, assez claire, la robe des tursans blancs est typée.

Le nez

- Jeunes, les vins rouges libèrent des arômes de fruits rouges. Puis ils évoluent vers des notes de pruneau, de gibier et de vieux cuir.
- Les vins rosés développent des arômes fruités d'une réelle finesse.
- Les tursan blancs exhalent des senteurs de fruits blancs, de verveine et de tilleul.

La bouche

- Les tursan rouges sont des vins tanniques, corsés et charpentés, qui demandent une petite garde.
- Au palais, les vins rosés affirment leur caractère et leur fraîcheur par des notes minérales (pierre à fusil).
- Les tursan blancs sont secs, nerveux et très bouquetés.

Cépages
Rouge : tannat, cabernet-sauvignon, cabernet franc et pinenc.
Blanc : baroque, gros manseng.

Nature des sols
Graviers, marnes et calcaires.

Potentiel de garde
Rouge : 4 à 8 ans.
Blanc et rosé : à boire jeunes.

Température de service
Rouge : 15-17 °C.
Blanc et rosé : 8-10 °C.

Mets et vins
Rouge : grillade, confit, garbure.
Rosé : charcuterie, grillade.
Blanc : poisson grillé.

Les saint-mont

Sur les rives de l'Adour, voisin du madiran et du tursan, le vignoble de saint-mont (AOVDQS depuis 1981 et AOC depuis 2011) tire son nom et son origine d'une abbaye fondée au XIe. Le cépage rouge principal est ici le tannat, toujours associé au fer-servadou et au cabernet-sauvignon, les cépages blancs étant dominés par le gros manseng, toujours marié à l'arrufiac et au petit courbu. L'essentiel de la production est assuré par l'union dynamique des caves coopératives Plaimont. Colorés et corsés, rapidement ronds et plaisants, les rouges accompagnent grillades et garbure gasconne. Les rosés sont fins et fruités, les blancs secs et nerveux.

Vacqueyras

Vacqueyras tire son nom du latin *Vallea quadreria*, la vallée des pierres. Dernière-née des appellations communales de la vallée du Rhône, son aire s'étend sur les communes vauclusiennes de Vacqueyras et de Sarrians, au pied des Dentelles de Montmirail. La rivière Ouvèze a déposé ici des nappes de cailloux roulés qui tempèrent la sécheresse estivale. S'ils ont acquis une telle notoriété, les vignerons de Vacqueyras le doivent surtout à leurs vins rouges complexes et concentrés.

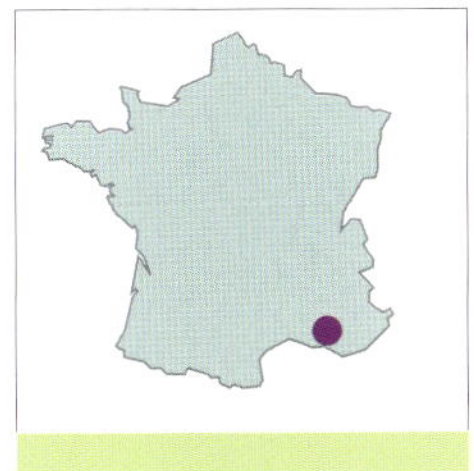

1990

Appellation
AOC Vacqueyras
Couleurs
Rouge
Rosé (rare)
Blanc (rare)
Superficie
1 500 ha
Production
44 000 hl

L'œil

- Les vacqueyras rouges s'habillent d'une robe rubis lorsqu'ils sont jeunes. La teinte s'assombrit au cours du vieillissement.
- Une couleur rose soutenue enveloppe les vins rosés.
- Les vins blancs emplissent le verre d'une couleur brillante, or pâle à reflets verts.

Le nez

- En rouge, les fruits rouges se libèrent (cassis, cerise) dès la première année, tandis que les notes de fruits cuits ou confits (figue) apparaissent à la garde.
Ces arômes s'accompagnent de nuances épicées (poivre, garrigue), empyreumatiques (fumée) et parfois de touches de cuir et de gibier.
- Les vins rosés développent le registre des agrumes, avec une dominante de pamplemousse.
- En blanc, le nez floral fait la part belle aux arômes d'acacia et de genêt. Une touche fruitée, type agrume (pamplemousse), surgit de cette palette.

La bouche

- Les vacqueyras rouges sont puissants et riches, tout en restant fins. Les tanins bâtissent une architecture qui résiste aux années.
- Les rosés sont parfumés, aux accents du terroir et de la garrigue.
- Les blancs ont suffisamment de gras et de fraîcheur pour atteindre l'équilibre. Ils font preuve de persistance aromatique.

Mets et vins
Rouge : agneau, viande rouge grillée.
Rosé : poisson.
Blanc : charcuterie.

Température de service
Rouge : 14-16 °C.
Rosé et blanc : 10-12 °C.

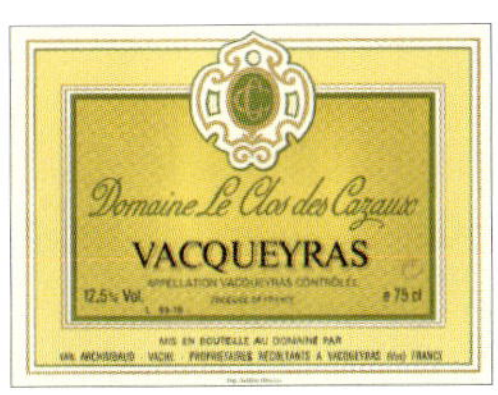

Principaux cépages
Rouge et rosé : grenache noir, syrah, mourvèdre.
Blanc : clairette, grenache blanc, bourboulenc, roussanne, viognier, marsanne.

Potentiel de garde
1 à 5 ans.

Nature des sols
Calcaire, cailloux roulés.

Valençay

Appellation
AOC Valençay
Couleurs
Rouge
Rosé
Blanc sec
Superficie
140 ha
Production
6 800 hl

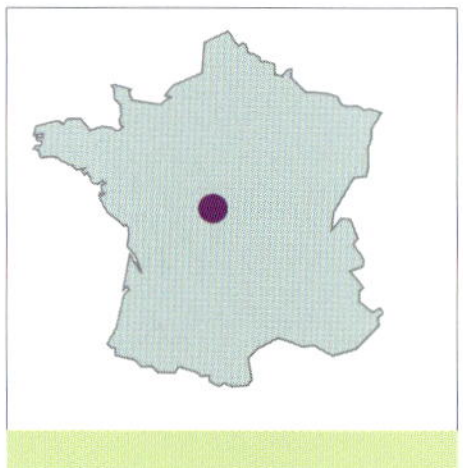

2004

Porte nord-ouest du Berry, le vignoble de Valençay s'inscrit dans le prolongement du Val de Loire. Son aire se répartit sur quatorze communes de l'Indre et une du Loir-et-Cher (Selles-sur-Cher), sur la rive gauche du Cher. Les vignes couvrent les coteaux formés par les nombreuses rivières qui entaillent les plateaux. Elles produisent des vins frais et bouquetés, marqués par des arômes de pierre à fusil.

L'œil

- La robe des vins rouges est d'une couleur légère qu'enrichissent quelques nuances violettes.
- Les vins rosés dévoilent une teinte pâle.
- Les valençay blancs s'habillent d'une robe jaune pâle à reflets verts.

Le nez

- Les valençay rouges mêlent les fruits rouges (cassis) aux épices.
- Les vins rosés font la part belle aux fruits.
- Fragrants, les valençay blancs portent la marque du sauvignon dans leurs arômes de cassis et de genêt, dont la puissance s'équilibre avec la finesse du chardonnay.

La bouche

- La structure du valençay rouge est influencée par la composition de l'encépagement. Le gamay donne la tonalité générale, tandis que les cabernets et le côt renforcent la structure tannique, et le pinot noir accroît la finesse.
- Les valençay rosés se montrent frais et délicats.
- Les vins blancs développent une structure soyeuse et enveloppante. Vifs et souples, ils séduisent par leur fraîcheur.

Cépages
Rouge et rosé : côt, gamay, pinot noir ; cabernet franc, pineau d'Aunis (rosé).
Blanc : sauvignon blanc ; chardonnay, orbois blanc, sauvignon gris.

Potentiel de garde
Rouge : 2 à 4 ans.
Blanc et rosé : à boire jeunes.

Nature des sols
Argilo-siliceux sur craie tuffeau, sols d'érosion sableux.

Température de service
Rouge : 12-14 °C.
Blanc et rosé : 8-10 °C.

Mets et vins
Rouge et rosé : charcuterie.
Blanc : poisson grillé, fromages de chèvre.

Ventoux

Cette appellation est située à l'est de la vallée du Rhône, dans un secteur abrité du mistral par la chaîne des Dentelles de Montmirail, les contreforts du mont Ventoux, désormais appelé Ventoux et les monts du Vaucluse. Le vignoble des côtes-du-ventoux s'étend sur cinquante et une communes, entre Vaison-la-Romaine au nord et Apt au sud. Il produit des vins très fruités caractérisés par un savant équilibre entre fraîcheur et élégance.

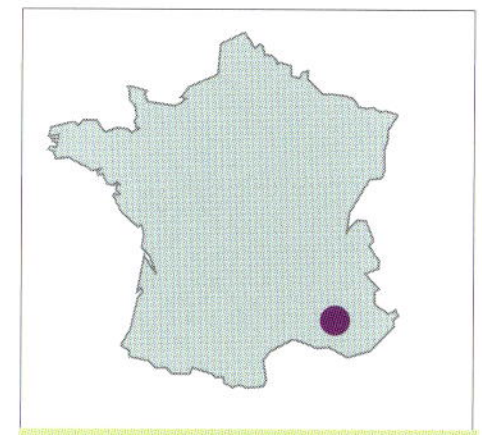

1973

Appellation
AOC Côtes-du-ventoux

Couleurs
Rouge
Rosé
Blanc

Superficie
6 300 ha

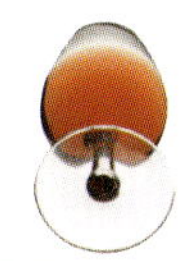

Production
263 000 hl

L'œil

- La robe des vins rouges est rubis, brillante et franche.
- Les rosés varient du rose très pâle au rubis clair.
- Les vins blancs ont une robe limpide et brillante, ornée de légers reflets verts ou jaunes.

Le nez

- Fruits rouges et épices caractérisent les vins rouges. Des notes de réglisse, de boisé, de truffe et de cuir peuvent compléter la gamme.
- Les rosés laissent apparaître des accents fleuris (rose, genêt) faisant contrepoint aux nuances de cerise et de framboise.
- Dans les vins blancs, touches florales (narcisse, iris) et fruitées (poire, pomme verte, amande, agrumes) forment la palette aromatique.

La bouche

- Les vins rouges sont gouleyants, plutôt en finesse qu'en charpente. Des arômes de fruits, d'épices, puis des notes de cuir et de gibier se manifestent.
- En rosé, les arômes de fruits rouges dominent dans une matière gouleyante.
- En blanc, on retrouve les arômes floraux et fruités.

Principaux cépages
Rouge et rosé : grenache, cinsault, syrah, mourvèdre, carignan.
Blanc : clairette, grenache blanc, bourboulenc, roussanne.

Nature des sols
Rouges méditerranéens ; caillouteux sur substrat calcaire ; sableux sur molasses ; alluvions anciennes à cailloux roulés.

Potentiel de garde
Rouge : 3 à 5 ans.
Blanc et rosé : 1 à 2 ans.
Primeur : dans les 6 mois suivant la récolte.

Température de service
Rouge : 15 °C.
Blanc et rosé : 10 °C.
Primeur : 12 °C.

Mets et vins
Rouge primeur : viande grillée.
Rouge âgé : viande en sauce, gibier à plume, fromages forts.
Rosé : charcuterie.
Blanc : apéritif, poisson grillé.

Volnay

Appellations
AOC Volnay
AOC Volnay premier cru
Couleur
Rouge
Superficie
Volnay : 90 ha
Volnay premier cru : 110 ha
Volnay-Santenots : 30 ha
Production
9 000 hl

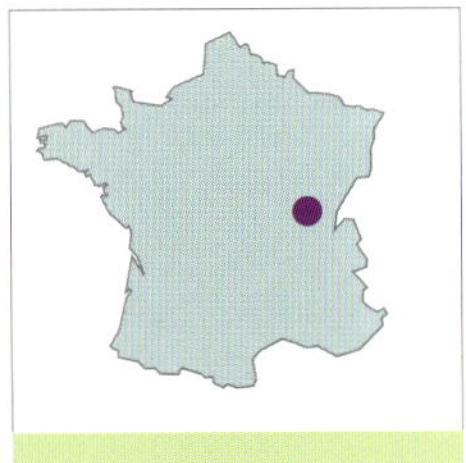

1937

Entre Pommard au nord et Meursault au sud, Volnay est situé à 275 m d'altitude : ce village étroit et pentu occupe une position assez élevée dans la Côte. Adossé à la petite montagne du Chaignot, le vignoble est implanté sur des sols calcaires exposés au sud-est. Le volnay passe pour un vin féminin, suave et subtil : le vin rouge le plus fin de la Côte de Beaune. Il est assez précoce.

Volnay-Santenots
Produit sur Meursault, à la limite de Volnay, le volnay-Santenots est un premier cru rouge. Ayant toujours appartenu à la famille du volnay en raison de son style et de sa couleur, il s'étend sur 29 ha. Le *climat* de Santenots du Milieu est en général placé en tête, mais les différences avec le Clos de Santenots et les Santenots Dessus sont mineures. Le volnay-Santenots dévoile une charpente soyeuse. Aux Hospices de Beaune, il tient le haut du pavé parmi les cuvées de volnay.

Cépage
Pinot noir.

Potentiel de garde
3 à 8 ans.

Nature des sols
Calcaire blanc argovien en partie haute du coteau ; calcaire et sol ferrugineux rougeâtre en milieu de pente ; bancs schisteux ; sol graveleux et plus profond en bas de pente.

Température de service
15-16 °C.

Mets et vins
Viande rôtie, volaille (canard rôti, caille farcie), filet mignon. Premiers crus plus corsés : viande rouge, fromages (chaource, brie, reblochon).

Les premiers crus

Volnay possède une trentaine de premiers crus qui se répartissent en quatre groupes présentant de nettes nuances de typicité.

- La partie haute, côté Pommard, produit des vins empreints de douceur et de sensualité. Citons les Clos des Ducs, Pitures Dessus, Fremiets, Bousse d'Or, la Barre ou Clos de la Barre.
- La partie médiane, côté Pommard, se distingue avec des crus comme Les Mitans.
- La partie médiane, côté Meursault, offre des vins à la chair harmonieuse et à la finesse exquise. Carelles, Caillerets et Champans sont des *climats* fort célèbres.
- La partie haute, côté Monthélie, séduit par ses vins assez toniques et puissants, au souffle lyrique et parfois fauve. Ce sont les moins féminins de l'appellation. Ils proviennent notamment du Clos des Chênes et de Taillepieds.
- Beaucoup de *climats* sont devenus des clos : Clos de la Rougeotte, du Verseuil, de l'Audignac, de la Chapelle, de la Cave, de la Barre, de la Bousse d'Or, des Soixante Ouvrées, entre autres.

Il existe encore : Carelle sous la Chapelle, Clos du Château des Ducs, En Chevret, Fremiets-Clos de la Rougeotte, La Gigotte, Lassolle, Le Ronceret, Le Village, Les Angles, Les Brouillards, Les Lurets, Robardelle, Santenots.

L'œil

D'un éclat brillant, la robe est rouge vif, mais elle peut aller jusqu'au grenat foncé. On y distingue souvent des flammes rubis.

Le nez

Les arômes frais et légers tendent vers des notes végétales et fleuries (la violette, arôme classique du vin rouge de Bourgogne, ou encore la rose). Des touches de fruits rouges (framboise, groseille) ou noirs (mûres) sont également perceptibles.

La bouche

Le volnay est un réel séducteur grâce à sa bouche légère, fruitée. Bien souvent, le volnay premier cru montre davantage de concentration et d'élégance que le volnay, mais ces nuances dépendent beaucoup des domaines et des années.

Le Clos de la Bousse d'Or.

Vosne-romanée

Appellations
AOC Vosne-romanée
AOC Vosne-romanée premier cru
Couleur
Rouge
Superficie
Vosne-romanée : 100 ha
Vosne-romanée premier cru : 60 ha
Production
7 000 hl

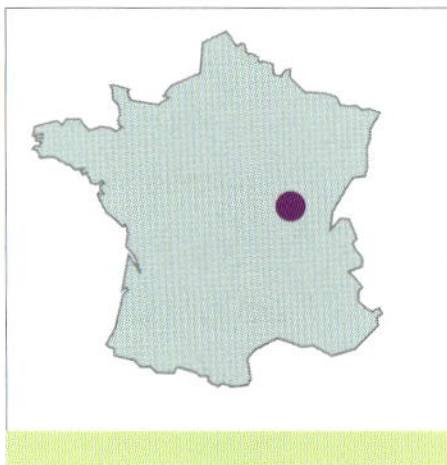

1936

Vosne-romanée a accolé à son nom celui de Romanée en 1866. Le vignoble couvre une centaine d'hectares sur cette commune et sur Flagey-Échézeaux. Il touche à la romanée-conti, à la romanée, à la romanée-saint-vivant et à la tâche, aux échézeaux et aux grands-échézeaux, aux richebourgs… Si ces merveilleux grands crus révèlent une complexité qui n'a guère d'équivalent pour le pinot noir, les premiers crus et les *villages* ont souvent des qualités bien proches.

Nature des sols
L'appellation communale se situe soit en haut du coteau, soit sur le début du piémont, de part et d'autre des grands crus, prolongeant parfois ceux-ci à la même hauteur : calcaires mêlés à des marnes argileuses selon une profondeur variable (de quelques dizaines de cm à 1 m).

Les premiers crus
Sur Flagey-Échézeaux, ce sont Les Beaux Monts, Les Rouges et En Orveaux, trois *climats* situés auprès des échézeaux et s'en approchant beaucoup. Sur Vosne-Romanée, au nord et du côté de Flagey : Les Suchots dans l'environnement de romanée-saint-vivant et des richebourgs, *climats* souvent supérieur aux échézeaux et à la hauteur d'un grand cru ; Les Beaux Monts au-dessus du coteau ; Aux Brûlées dans le voisinage des richebourgs. Au-dessus de la romanée et des richebourgs : Cros Parantou, Les Petits Monts et Les Reignots qui prolongent la romanée sur le haut du coteau et sont de très grande tenue.
Du côté de Nuits et vers le sud : Les Malconsorts et Dessus des Malconsorts contre la tâche ; Les Chaumes, le Clos des Réas, La Croix Rameau, enclave auprès de la romanée-saint-vivant. Et aussi les Gaudichots.

Potentiel de garde
5 à 15 ans.

Cépage
Pinot noir.

L'œil

La robe pourpre intense, rouge feu, s'oriente parfois vers le grenat.

Le nez

Le fruit bien mûr sur fond épicé constitue l'arôme dominant. La fraise et la framboise pour les petits fruits rouges ; la mûre, la myrtille et le cassis pour les petits fruits noirs. Ces arômes fondus et raffinés évoluent avec l'âge vers la cerise à l'eau-de-vie, le confit, le cuir et la fourrure. Des notes torréfiées dues à l'élevage en fût peuvent apparaître.

La bouche

Velours et distinction : la plénitude du pinot noir. Le vosne-romanée est un vin de garde qui nécessite plusieurs années de maturité. Quelque peu austère et ferme dans sa jeunesse, il tire profit du temps pour enrober ses tanins. La finale est d'une longueur remarquable.

Le vignoble de Vosne-Romanée jouxte celui d'Échézeaux au nord.

Mets et vins
Œufs en meurette, gibier à poil, canard aux navets, poulet de Bresse, fricassée de champignons, fromages (brie, saint-nectaire, coulommiers).

Température de service
Vin jeune : 13-14 °C.
Vin plus âgé : 14-16 °C.

Vougeot

Appellations
AOC Vougeot
AOC Vougeot premier cru
Couleurs
Rouge
Blanc (13 %)
Superficie
20 ha
Production
Rouge : 500 hl
Blanc : 180 hl

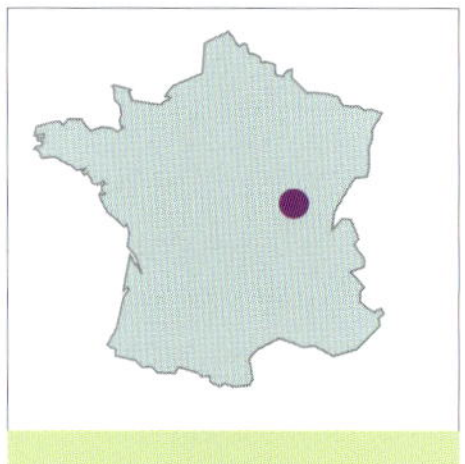

1936

Une petite rivière rejoint la Saône, la Vouge, qui a donné son nom à un village au cœur de la Côte de Nuits, niché entre Chambolle-Musigny et Flagey-Échézeaux. Vougeot est une minuscule appellation qui peut difficilement grandir entre le célèbre clos-de-vougeot et le musigny. Les deux tiers de son vignoble sont occupés par les premiers crus répartis entre pinot noir et chardonnay. Car dans une région vouée aux crus rouges, l'originalité de vougeot tient à ses vins blancs historiques nés au Clos blanc.

Les premiers crus
Clos de la Perrière
Le Clos blanc
Les Crâs
Les Petits Vougeots

Le village de Vougeot.

Mets et vins
Rouge : viande rouge grillée ou rôtie, gibier (faisan, chevreuil), fromages (cîteaux, brillat-savarin, reblochon, vacherin, mont-d'or).
Blanc : poisson grillé ou au four, fromages (comté, chèvre).

Température de service
Rouge : 16-17 °C.
Blanc : 8-10 °C.

Nature des sols
Bruns calcaires et peu profonds en partie haute, calcaires et marneux à texture fine et d'argile en descendant vers le piémont où se situe l'appellation village.

Cépages
Rouge : pinot noir.
Blanc : chardonnay.

Potentiel de garde
5 à 15 ans.

L'œil

- En rouge, la couleur est profonde et lumineuse, avec une tonalité pourpre.
- En blanc, la robe est fine, délicate. Après une décennie, elle évolue vers une teinte or plus soutenue.

Le nez

- En rouge, le nez évoque les fleurs (violette) et les fruits rouges ou noirs (framboise, griotte, cassis). Les vins âgés développent des notes de sous-bois, de feuille morte, de truffe, accompagnées d'évocations animales.
- En blanc, les arômes d'aubépine et d'acacia sont d'un abord aimable. Puis apparaît une nuance minérale héritée du sol pierreux, très calcaire de Vougeot. Pomme et agrumes se manifestent quelquefois, tandis que l'ambre et les épices se révèlent dans les vins plus âgés.

La bouche

- Le vougeot blanc est sec, vif, avec cette nuance corsée, assez particulière du chardonnay en Côte de Nuits.
- Le gras et l'acidité composent l'harmonie du vougeot rouge. Les tanins sont certes présents, mais délicatement enrobés. Une touche réglissée est fréquente.

L'appellation vougeot compte une dizaine de producteurs pour une production d'environ 41 000 bouteilles.

Vouvray

Appellation
AOC Vouvray
Couleur
Blanc (sec, moelleux et effervescent)
Superficie
2 000 ha
Production
Vin tranquille : 50 000 hl
Vin effervescent : 60 000 hl

1946

Au cœur de la Touraine, le vignoble de Vouvray couvre les coteaux qui bordent la rive droite de la Loire et les vallées qui sillonnent le plateau, à l'est de Tours. Les sols bien drainés se réchauffent facilement et sont propices à la maturation du chenin. Le climat de Vouvray n'est jamais excessif, mais l'ensoleillement et la pluviométrie sont si variables d'une année à l'autre que la notion de millésime prend toute son importance. En année favorable, le raisin est vendangé tardivement pour élaborer des vins demi-secs ou moelleux. Récolté plus précocement, il donne naissance à des vins secs. Les vins effervescents, apparus à la fin du XIXe siècle, complètent la vaste gamme des vouvray.

Cépage
Chenin blanc (ou pineau de la Loire).

Potentiel de garde
Tranquille :
5 ans.
Moelleux :
10 ans et au-delà dans les grands millésimes.
Effervescent :
à boire jeune.

Nature des sols
Argilo-siliceux (présence importante de silex) ; argilo-calcaires (argile sur tuffeau).

Mets et vins
Vin sec : charcuterie, andouillette au vouvray, blanquette de veau, gâteau au vouvray, tarte Tatin.
Vin demi-sec ou moelleux : dessert.

Température de service
10-11 °C.

L'œil

• Le vouvray sec dévoile une teinte pâle animée de reflets verts.

• Jeune, le vouvray moelleux est d'un jaune paille franc. En vieillissant, il prend une couleur plus soutenue qui peut aller jusqu'à l'ambre. Certaines années, quand les vendanges sont riches, il se pare d'une belle robe dorée.

• Le vouvray effervescent inscrit de fines bulles dans une robe jaune soutenu.

Le nez

• Le vouvray sec évoque les agrumes et les fruits blancs (pomme, pêche). Dans les années de grande maturité, il évolue vers les fruits mûrs, l'amande et la noisette.

• Le vin moelleux décline, quand il est jeune, l'acacia, la giroflée, la rose, auxquels se mêlent les fruits frais, comme la pomme, la poire ou parfois les agrumes. Le miel, la cire d'abeille, le tabac de Virginie, avec des évocations de coing mûr, sont des signes de richesse. Avec l'âge, le nez rappelle la confiture d'abricots ou de coings.

• Les vouvray effervescents surprennent par leur côté brioché, leurs notes de noisette ou d'amande. La pomme verte est souvent présente. Lorsqu'ils ont du caractère, ces vins se rapprochent des vins tranquilles.

La bouche

• Le vouvray sec ne fait pas sa fermentation malolactique. Aussi présente-t-il toujours une petite vivacité qui reste de bon aloi et lui donne une agréable fraîcheur.

• Les vins demi-secs ou moelleux réussissent le délicat équilibre entre douceur et vivacité jusqu'à une finale tout en longueur.

• Le vouvray effervescent laisse une impression d'élégance et de fraîcheur. La vivacité s'équilibre avec une certaine rondeur.

Mousseux ou pétillant ?

Les vouvray effervescents sont élaborés selon la méthode traditionnelle avec une seconde fermentation en bouteille. Ils sont dits « pétillants » lorsque la pression dans la bouteille est de 2,5 kg/cm² et « mousseux » quand elle est de plus de 5 kg. Selon la réglementation en vigueur, les vins doivent rester sur lattes neuf mois au minimum. Toutefois, les viticulteurs les élèvent bien souvent plus d'une année.

Le tuffeau est propice à la garde du vin.

Crédits photographiques

Les photographies de bouteilles ont été réalisées par **Charlus**.

Couverture :

D.R. : 92, 96.

C. Sarramon : 88 (haut), 90, 110 (x2), 130 (x2), 145, 155 (droite), 169 (x2), 192, 229, 230 (x2), 242, 293, 313, 329, 346, 370.

Service Cartographie Hachette Éducation : 4.

SCOPE-IMAGE
- **J.-L. Barde :** 33 (x2), 41, 47 (x2), 48, 54 (x2), 57, 117, 164, 177, 194, 199, 208, 221, 251, 268, 271, 316, 322, 350, 355.
- **B. Blondel :** 215.
- **J. Guillard :** 8, 11, 12, 22, 23, 24, 26 (x2), 29, 37, 38, 43, 51, 55, 56, 63 (droite), 64, 66, 67, 88 (bas), 89, 91, 93, 94, 97, 98 (droite), 103, 104, 106, 120,131, 132 (x2), 135, 138, 143, 149, 155 (gauche), 161, 166, 171, 179, 197, 198, 199, 200, 202, 222, 223, 240, 248, 285, 299, 301, 311, 332, 339, 342, 353, 359, 366, 373, 375, 376, 377, 379.
- **M. Guillard :** 9, 63 (gauche), 83, 98 (gauche), 107, 176, 195, 238, 280, 314, 342.
- **N. Hautemanière :** 173,174.
- **F. Jalain :** 17.
- **M. Plassart :** 28.
- **G. Thouvenin :** 9.

Collection BNI Armagnac : 35.

BNIC/ Gérard Martron : 126.

Direction éditoriale : Catherine Saunier-Talec
Responsable d'édition : Stéphane Rosa
Édition : Elsa Bonnier, Laurence Lehoux
Conception couverture : Pauline Ricco
Conception graphique (intérieur) : Graph'm / François Huertas
Mise en page : Les PAOistes
Fabrication : Patricia Coulaud, Isabelle Simon-Bourg
Prépresse : Reproscan
Édité par Hachette Livre
(43, quai de Grenelle, 75905 Paris Cedex 15)
Dépôt légal : avril 2013
Achevé d'imprimer : juin 2014
ISBN : 978-2-01-238444-6
23.8444.4/02
Imprimé en Espagne par Estella Gráficas